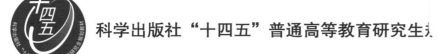
科学出版社"十四五"普通高等教育研究生规

U0559768

能源经济分析模型与方法

主 编◎周 鹏

副主编◎王 梅 闻 雯

科学出版社

北 京

内 容 简 介

　　能源经济学是一门涉及能源科学、管理科学、经济学、系统工程等多领域的交叉学科，能源经济问题研究在"碳达峰、碳中和"时代愈发成为人们关注的焦点。本书从发展历程、基本思想、模型构建及应用案例等方面，系统介绍了能源经济分析的主流方法工具，内容涵盖计量经济、博弈分析、分解分析、边界分析和仿真建模。本书整体安排力求系统性和实用性相结合，旨在为读者提供深入洞悉数理模型核心思想的实用指南，提升其分析和解决能源经济与绿色低碳发展问题的能力。

　　本书可作为高等院校经济管理类、能源科学与工程类、环境科学与工程类专业的研究生和高年级本科生学习能源经济学的教材，也可以供政府部门、企事业单位、科研机构的专业技术人员参考。

图书在版编目（CIP）数据

能源经济分析模型与方法 / 周鹏主编. -- 北京 ：科学出版社，2024.12. --（科学出版社"十四五"普通高等教育研究生规划教材）.
ISBN 978-7-03-080158-6

Ⅰ. F407.2

中国国家版本馆 CIP 数据核字第 2024PN7084 号

责任编辑：王京苏 / 责任校对：姜丽策
责任印制：张　伟 / 封面设计：有道设计

科 学 出 版 社 出版
北京东黄城根北街 16 号
邮政编码：100717
http://www.sciencep.com
涿州市般润文化传播有限公司印刷
科学出版社发行　各地新华书店经销

*

2024 年 12 月第　一　版　开本：787×1092　1/16
2024 年 12 月第一次印刷　印张：16 1/4
字数：385 000
定价：88.00 元
（如有印装质量问题，我社负责调换）

前　　言

　　能源，作为人类文明进步的物质基础和动力源泉，其生产及利用方式正经历深刻变革。党的二十大报告强调要"加快规划建设新型能源体系"，"积极稳妥推进碳达峰碳中和"[①]，面向实现"双碳"目标及推动高质量发展的战略需求，能源低碳转型已成为历史的必然选择。能源转型是一项复杂的系统工程，其不仅涉及科技创新，还涉及政策与管理创新。在这一进程中，亟须探究和回答诸多能源经济管理理论与实践层面的重要议题，能源经济学相关问题已成为国内外不同学科领域关注的热点问题。

　　能源经济学是一门整合经济学、管理学、资源环境科学等学科优势而形成的前沿性、交叉性新兴学科，旨在通过经济手段改善能源资源的配置和利用效率。能源经济学的研究范畴涵盖了能源供给、能源需求、能源市场、能源与碳金融、能源政策以及低碳发展等领域。为科学分析能源经济管理问题，学者提出或采用了诸多定量分析模型工具，涉及统计学、计量经济学、运筹优化、博弈论、系统建模及仿真等，并且方法间呈现不断交叉融合的趋势。熟悉和掌握这一领域的基本方法和工具，是分析及研究能源经济管理问题的基础。本教材正是在这一需求驱动下而生的，旨在为能源经济管理领域师生和研究人员分析与解决能源经济管理问题提供比较系统且全面的定量化方法和工具，进一步培养更具实践操作能力的能源经济专业化人才。

　　国外大学纷纷增设能源经济学学科和能源经济学课程，积极培养能源经济学专业人才。近年来，我国能源经济学科发展势头良好，但在教材建设方面，相较于其他传统经济管理领域仍需要加强。能源经济学的理论基础主要来源于新古典经济学、资源与环境经济学、气候经济学、产业经济学、规制经济学及工程技术经济学等领域，目前国内的几种主要能源经济学教材侧重于能源经济理论分析，缺乏能源经济数理模型与方法的系统性指导。本教材旨在与该领域已有的教材实现优势互补。

　　本书编写团队长期从事能源经济管理领域的研究与教学工作，围绕能源与环境效率测度、碳交易与减排成本估计、新能源投资决策、能源与碳排放分解分析等方向取得了一系列研究成果。借助团队长期教学科研经验，本书注重把握研究方法与现实问题相结合，系统总结梳理能源经济分析的常用方法，并注重深入浅出与中国实践相结合。本教材总共分为五个篇目。第一篇为计量经济模型与应用，具体包括面板数据模型、双重差分法、合成控制法、断点回归法和事件研究法。第二篇为博弈模型与应用，具体包括博弈论简介、完全信息博弈、不完全信息博弈、合作博弈和演化博弈。第三篇为分解分析模型与应用，具体包括指数分解模型、结构分解模型和生产分解分析模型。第四篇为边界分析模型与应用，具体包括数据包络分析模型和随机前沿分析模型。第五篇为仿真模

[①]《习近平：高举中国特色社会主义伟大旗帜　为全面建设社会主义现代化国家而团结奋斗——在中国共产党第二十次全国代表大会上的报告》，https://www.gov.cn/xinwen/2022-10/25/content_5721685.htm，2024-11-14。

型与应用，具体包括基于主体的仿真模型和系统动力学模型。本书略去了一些烦琐的模型推导，一定程度上降低了学习门槛，注重阐释方法的思想与原理以及方法的适用条件和应用场景。重点梳理了模型的基本概念、发展历程、主要特点，并归纳了模型的具体使用步骤，最后通过典型案例分析演示该方法在能源经济领域中如何进行实际应用，力求帮助读者快速且准确掌握方法的精髓和应用思路。

  本书由周鹏主编，并负责组织和统筹各章节的总体安排。王梅负责编写第一篇计量经济模型与应用，闻雯负责编写第二篇博弈模型与应用，周鹏和孟凡一负责编写第三篇分解分析模型与应用，周鹏和安超负责编写第四篇边界分析模型与应用，邱云秋负责编写第五篇仿真模型与应用。在全书统稿、校对的过程中，于莎莎、张丹阳、车晓静、李整军、万广晓、魏琪、赵歌、孙杰、杨硕、吕悦、张慧、刘嘉庚、高朱红等做了很多细致工作。教材的出版是团队集体智慧的结晶，在此，我向参与教材编写的人员及能源经济与政策研究院的全体师生表示衷心感谢！在写作过程中，我们参阅了大量前沿的文献资料和数据，并尽可能地在参考文献中列出引文作者，在此，特别感谢引文中所有作者的智慧成果！若有遗漏，在此深表歉意，并将在修订版中进行相应补充和完善。

  本书在编写及出版过程中，得到中国石油大学（华东）研究生规划教材、泰山学者专项、国家自然科学基金（71934007、72243012）的支持。另外，科学出版社王京苏老师对本书的出版付出了大量心血，在此一并表示感谢。

  尽管作者对书稿进行了多轮修改，但限于水平，本教材难免存在疏漏和不足，恳请各位专家、同仁及读者朋友批评指正。

周 鹏

2024 年 11 月

目　录

第一篇　计量经济模型与应用

第二篇　博弈模型与应用

第三篇　分解分析模型与应用

第四篇　边界分析模型与应用

第五篇　仿真模型与应用

第一篇 计量经济模型与应用

计量经济学是以经济理论为基础，以经济数据表现的事实为依据，以建立经济计量模型为主要手段，运用数学和统计学方法，定量分析研究具有随机性特性的经济变量关系的一门经济学学科。计量经济模型包括一个或一个以上的随机方程式，能够简洁有效地描述、概括某个真实经济系统的数量特征，深刻地揭示出该经济系统的数量变化规律。常用的计量经济学模型包括面板数据模型、双重差分法、合成控制法和断点回归法等，能够解决结构分析、经济预测、政策评价，以及经济理论检验与发展等问题。在能源经济领域中，计量经济学模型可用来研究能源需求预测、影响因素识别、能源政策效果评估以及作用机理分析等问题，如能源消耗预测及其与经济增长之间的因果关系检验、能源效率影响因素识别以及低碳城市试点政策效果评估。本篇内容分为五章，分别介绍了面板数据模型、双重差分法、合成控制法、断点回归法和事件研究法的基本原理、分析步骤及其在能源经济分析中的应用。

第1章 面板数据模型

本章提要

面板数据（panel data）或纵向数据（longitudinal data）综合了横截面数据和时间序列数据，同时反映了空间和时间两个维度的经验信息，可以更有效地帮助研究者揭示事物的因果关系、相关关系以及动态过程，被广泛应用于经济学、生物医学和心理学等领域。本章首先概述面板数据的基本概念、特点与适用情境；其次介绍静态面板数据模型和动态面板数据模型的构建过程与估计方法，归纳总结面板数据模型应用的一般流程；最后举例说明面板数据模型在能源经济分析中的应用。

1.1 面 板 数 据

1.1.1 面板数据的基本概念

面板数据指的是在一段时间内跟踪同一组个体的数据，一般指由一部分家庭、国家或企业等在一段时期内的观测值所构成的集合。面板数据同时具有时间（T 个时期）和截面空间（N 个个体）两个维度，如五个国家在 2001—2010 年这十年间的国内生产总值（GDP），总共包含 50 个观测值。

一般来说，面板数据分为以下几类：①长面板和短面板，长面板是 T 较大，而 N 较小，短面板是 T 较小，而 N 较大；②动态面板和静态面板，在面板数据中，解释变量中包含被解释变量滞后项的被认为是动态面板，静态面板是解释变量中不包含被解释变量的滞后项的面板；③平衡面板和非平衡面板，平衡面板样本中的个体在每个时期完全一样，非平衡面板样本中的个体在每个时期不完全一样（陈强，2014）。

早在 20 世纪 60 年代中期，美国密歇根大学社会研究所为了研究美国的贫困特征及其原因，建立了收入动态面板调查（panel study of income dynamics，PSID）数据集，美国劳工统计局也开发了全国纵向调查（national longitudinal surveys，NLS）数据集。除了 PSID 和 NLS 这两个面板数据集，美国陆续建立了关于退休、人口和健康的面板数据集：当前人口调查（current population survey，CPS）和健康与退休研究（health and retirement study，HRS）。1989 年德国建立了德国社会经济面板（German socio-economic panel，GSOEP）数据集，1993 年加拿大建立了劳动力和收入动态调查（survey of labour and income dynamics，SLID）面板数据。

面板数据在发展中国家的应用也越来越多，如国务院发展研究中心与世界银行合作开发 1984—1990 年中国 200 家大型乡镇企业年度数据，以及 2011 年北京大学国家发展研究院建立了中国健康与养老追踪调查（China Health and Retirement Longitudinal Study，

CHARLS）数据集。当前，面板数据分析的应用范围涵盖经济学、心理学、医学等多个学科，研究主题非常广泛。在能源经济领域，学者应用面板数据研究能源消费或生产的影响因素、能源政策效果等科学问题。

1.1.2　面板数据的特点与适用情境

与传统的横截面数据或时间序列数据相比，面板数据主要具有以下几个优势。

（1）面板数据既可以对群体的共同行为进行建模，也可以对个体行为进行建模。

（2）面板数据通常能为研究人员提供大量的数据点，因此提高了数据的自由度并降低了解释变量间的共线性，从而提高了模型估计的精确度。

（3）面板数据可以处理由不可观测的个体异质性所导致的内生性问题。

（4）面板数据同时具有时间和横截面两个维度，故可以解决时间序列数据或横截面数据不能解决的一些经济问题。

但面板数据也存在一些问题，如面板数据的收集成本通常比较高，大多数面板数据分析技术针对的都是短面板数据，以及面板数据结构工具变量不易寻找等。

1.2　面板数据模型的分类

本节将介绍静态面板数据模型和动态面板数据模型的基本形式和估计方法，这些模型可以采用 Stata、EViews、R 语言等软件实现。

1.2.1　静态面板数据模型

静态面板数据是指解释变量中不包含被解释变量滞后项的面板数据。静态面板数据模型通常可以分为三类，混合回归模型、固定效应模型和随机效应模型。

1. 混合回归模型

如果一个面板数据集，从截面上看，不同截面之间不存在显著差异，从时间上看，不同个体之间也不存在显著差异，就可以将面板数据混合在一起视为横截面数据进行建模，建立的模型称为混合回归模型。混合回归模型的一般形式为

$$y_{it} = \lambda + X_{it}^{\mathrm{T}} \beta + u_{it} \tag{1-1}$$

其中，$i = 1, 2, \cdots, N$，表示 N 个个体；$t = 1, 2, \cdots, T$，表示 T 个时期；y_{it} 表示被解释变量个体 i 在 t 时的观测值；X_{it} 表示 $k \times 1$ 阶解释变量列向量（包括 k 个解释变量）；β 表示 $k \times 1$ 阶回归系数列向量（包括 k 个回归系数）；λ 表示截距项；u_{it} 表示随机误差项。

混合回归模型的特点是假设所有个体都拥有完全一样的回归方程，将面板数据混合在一起视为横截面数据进行处理，故可采用普通最小二乘法（ordinary least squares，OLS）进行参数估计，但若样本容量 N 和 T 远远小于参数个数，模型（1-1）将无法估计。为了得到模型参数的理想估计量，必须假设混合回归模型满足如下条件。

假设 1.1　　$E(u_{it}) = 0$。

假设 1.2　　$V(u_{it}) = \sigma^2$。

假设 1.3　　$\text{Cov}(u_{it}, u_{is}) = 0$，$\forall i$，$t \neq s$。

假设 1.4　　解释变量与误差项不相关，即 $\text{Cov}(u_{it}, x_{it}) = 0$。

假设 1.5　　解释变量之间线性无关，即 $\text{rank}(X_{it}^{\text{T}} X_{it}) = \text{rank}(X_{it}) = k$。

假设 1.6　　解释变量是非随机的，且当 $N \to \infty, T \to \infty$ 时，$T^{-1} X_{it}^{\text{T}} X_{it} \to Q$，其中 Q 是一个有限值的非退化矩阵。

混合回归模型的基本假设是不存在个体效应，该假设在现实研究中具有较强的约束性，Mairesse 和 Griliches（1988）认为混合回归模型在许多研究中的适用性并不强，因为无法保证所有解释变量的系数与个体无关，且将面板数据视为横截面数据，不能体现面板数据的优势。

2. 固定效应模型

在面板数据线性回归模型中，如果对于不同的截面或不同的时间序列，模型的截距项是不同的，而模型的斜率系数是相同的，则称此模型为固定效应模型。固定效应模型可分为三种类型：个体固定效应模型、时间固定效应模型和个体时间固定效应模型。例如，在研究能源消费问题时，影响能源消费的因素除经济发展之外，可能还有地区的地理位置、资源禀赋等因素，这些因素一般不随着时间的推移而变化，但在各地区之间存在显著差异，故将模型设定为面板数据的个体固定效应模型。

1）个体固定效应模型

个体固定效应模型可以解决随个体而变但不随时间而变的遗漏变量问题。个体固定效应模型的一般形式为

$$y_{it} = \lambda_i + X_{it}^{\text{T}} \beta + u_{it} \tag{1-2}$$

其中，$i = 1, 2, \cdots, N$，表示 N 个个体；$t = 1, 2, \cdots, T$，表示 T 个时期；λ_i 表示个体效应，即随个体变化但不随时间变化的变量，反映了个体 i 的非时变异质性；λ_i 与 u_{it} 相互独立。

2）时间固定效应模型

时间固定效应模型可以解决随时间而变但不随个体而变的遗漏变量问题。时间固定效应模型的一般形式为

$$y_{it} = \gamma_t + X_{it}^{\text{T}} \beta + u_{it} \tag{1-3}$$

其中，$i = 1, 2, \cdots, N$，表示 N 个个体；$t = 1, 2, \cdots, T$，表示 T 个时期；γ_t 表示时间效应，即随时间变化但不随个体变化的变量，反映了时间 t 的时变同质性；γ_t 与 u_{it} 相互独立。

不同于混合回归模型，个体固定效应模型和时间固定效应模型分别考虑了不可观测的非时变异质性效应以及不可观测的时变同质性。一般来说，个体固定效应模型和时间固定效应模型的参数估计方法主要有两种，一种是最小二乘虚拟变量（least square dummy variable，LSDV）估计法，另一种是组内估计法。以下以个体固定效应模型估计为例，对这两种估计方法进行简单介绍，假定个体效应 λ_i 是待估计的固定参数，随机误差项 u_{it} 是独立同分布的，解释变量 X_{it} 与随机误差项 u_{it} 是相互独立的。

A. LSDV 估计法

LSDV 估计法的基本思想是在传统的线性回归模型中加入虚拟变量，通过虚拟变量把个体效应（和时间效应）从误差项中分离出来，使分离后剩余的误差项与解释变量不相关，以便进行 OLS 估计。

因此，在方程（1-2）中引入 $N-1$ 个虚拟变量（若没有截距项，则引入 N 个虚拟变量）来代表不同的个体，然后就可以使用 OLS 得到回归系数列向量 $\boldsymbol{\beta}$ 的估计值，记为 $\hat{\boldsymbol{\beta}}_{\text{LSDV}}$。该方法的缺点是当个体数 N 很大时，需在回归模型中引入很多个虚拟变量，会加剧回归模型的多重共线性问题，还可能会超出计量软件所允许的解释变量个数。

B. 组内估计法

为了剔除方程（1-2）中的个体效应，只需对原方程进行离差变换，具体步骤如下。

对于给定个体 i，将方程（1-2）两边对时间取平均可得

$$\bar{y}_i = \lambda_i + \bar{\boldsymbol{X}}_i^{\text{T}} \boldsymbol{\beta} + \bar{u}_i \tag{1-4}$$

将方程（1-1）减去平均后的方程（1-4）可得原模型的离差形式：

$$y_{it} - \bar{y}_i = \left(\boldsymbol{X}_{it} - \bar{\boldsymbol{X}}_i\right)^{\text{T}} \boldsymbol{\beta} + \left(u_{it} - \bar{u}_i\right) \tag{1-5}$$

定义 $\tilde{y}_{it} \equiv y_{it} - \bar{y}_i$，$\tilde{\boldsymbol{X}}_{it} \equiv \boldsymbol{X}_{it} - \bar{\boldsymbol{X}}_i$，$\tilde{u}_{it} \equiv u_{it} - \bar{u}_i$，则

$$\tilde{y}_{it} = \tilde{\boldsymbol{X}}_{it}^{\text{T}} \boldsymbol{\beta} + \tilde{u}_{it} \tag{1-6}$$

方程（1-6）中已将个体效应 λ_i 消去，故只要 $\tilde{u}_{it}$ 与 $\tilde{\boldsymbol{X}}_{it}$ 不相关，则可以用 OLS 一致估计 $\boldsymbol{\beta}$，估计结果称为"固定效应估计量"，记为 $\hat{\boldsymbol{\beta}}_{\text{FE}}$。该方法的优势是即使个体效应 λ_i 与解释变量 $\tilde{\boldsymbol{X}}_{it}$ 相关，也可以得到一致估计。但该方法的缺点是无法估计不随时间而变的变量的影响。

3）个体时间固定效应模型

个体时间固定效应既考虑了个体效应，又考虑了时间效应。个体时间固定效应模型的一般形式为

$$y_{it} = \gamma_t + \lambda_i + \boldsymbol{X}_{it}^{\text{T}} \boldsymbol{\beta} + u_{it} \tag{1-7}$$

类似于个体固定效应模型，个体时间固定效应模型也可采用 LSDV 估计法估计模型系数。但由于 LSDV 估计法不适用于 N 或 T 较大的情景，通常采用广义最小二乘法（generalized least squares，GLS）的协方差分析（analysis of covariance，ANCOVA）法对该模型进行估计。

3. 随机效应模型

在面板固定效应模型中，对于不同的截面或不同的时间序列，模型的截距项是不同的，模型的斜率系数是相同的，而随机效应模型把原来固定的回归系数看作随机变量。

1）个体随机效应模型

对于个体效应模型，若 λ_i 与所有解释变量 $\boldsymbol{X}_{it}$ 均不相关，则称该模型为个体随机效应模型。个体随机效应模型的一般形式为

$$y_{it} = \lambda_i + \boldsymbol{X}_{it}^{\text{T}} \boldsymbol{\beta} + u_{it} \tag{1-8}$$

其中，$i = 1, 2, \cdots, N$，表示 N 个个体，N 个个体是从某个总体中随机抽取的一个样本；$t = 1, 2, \cdots, T$，表示 T 个时期；λ_i 表示个体效应，代表了不随时间变化的不可观测随机信息的效应；u_{it} 表示随机误差项；解释变量 $\boldsymbol{X}_{it}$、个体效应 λ_i、随机误差项 u_{it} 之间相互独立，其中 $\lambda_i + u_{it}$ 为复合扰动项。

　　2）时间随机效应模型

　　对于时间效应模型，若 γ_t 与所有解释变量 X_{it} 均不相关，则称该模型为时间随机效应模型。时间随机效应模型的一般形式为

$$y_{it} = \gamma_t + \boldsymbol{X}_{it}^{\mathrm{T}} \boldsymbol{\beta} + u_{it} \tag{1-9}$$

其中，γ_t 表示时间效应，代表了不随个体变化的不可观测的随机信息的效应；解释变量 $\boldsymbol{X}_{it}$、随机误差项 u_{it}、时间效应 γ_t 之间相互独立。

　　对于个体随机效应模型和时间随机效应模型，扰动项由 $\lambda_i + u_{it}$ 或 $\gamma_t + u_{it}$ 组成，不属于球形扰动项，采用 OLS 进行估计不是最有效的，故一般采用可行广义最小二乘法（feasible generalized least squares，FGLS）对随机效应模型进行估计。如果进一步假设扰动项服从正态分布，Amemiya（1971）提出可以用最大似然估计（maximum likelihood estimate，MLE）对模型参数进行估计。

　　3）个体时间随机效应模型

　　若模型既考虑了个体效应，又考虑了时间效应，且个体效应和随机效应是随机的，则称该模型为个体时间随机效应模型。个体时间随机效应模型的一般形式为

$$y_{it} = \gamma_t + \lambda_i + \boldsymbol{X}_{it}^{\mathrm{T}} \boldsymbol{\beta} + u_{it} \tag{1-10}$$

其中，$i = 1, 2, \cdots, N$，表示 N 个个体；$t = 1, 2, \cdots, T$，表示 T 个时期；个体效应 λ_i、时间效应 γ_t 和随机误差项 u_{it} 相互独立；解释变量 $\boldsymbol{X}_{it}$、个体效应 λ_i、时间效应 γ_t 以及随机误差项 u_{it} 也相互独立。对于个体时间随机效应模型可以采用广义最小二乘法对模型的参数进行估计。

1.2.2　动态面板数据模型

　　动态面板数据模型就是在静态面板数据模型中引入滞后被解释变量来反映动态滞后效应的模型。动态面板数据模型的一般形式为

$$y_{it} = \rho y_{it-1} + \boldsymbol{X}_{it}^{\mathrm{T}} \boldsymbol{\beta} + \lambda_i + u_{it} \tag{1-11}$$

其中，$i = 1, 2, \cdots, N$，表示 N 个个体；$t = 1, 2, \cdots, T$，表示 T 个时期；y_{it-1} 表示第 i 个变量在 $t-1$ 时刻的观测值；ρ 表示滞后内生变量的待估参数，$|\rho| < 1$。

　　由于动态面板数据模型中 y_{it-1} 与个体效应 λ_i 相关，这表明方程（1-11）中滞后回归元的系数 ρ 的 OLS 估计值是有偏且非一致的。Hsiao（1986）研究发现如果无视 y_{it-1} 与个体效应 λ_i 的相关性，依然使用 OLS 估计，得到的 ρ 的估计结果将是有偏的，且 ρ 的估计值较真实值上偏。Nickell（1981）也指出组内估计量虽然可以通过方程的转换消除个体效应 λ_i，但 ρ 的估计结果也是不一致的，ρ 的估计结果较真实值下偏。

　　为了解决动态面板数据模型组内估计量的非一致性问题，学者提出可采用工具变量法和广义矩估计法（generalized method of moments，GMM）对动态面板数据模型进行参数估计。

工具变量（instrumental variable，IV）法由 Anderson 和 Hsiao（1982）首先提出，IV 法是用来消除解释变量与随机误差项的相关性，从而纠正估计的渐进有偏性的一种估计方法。GMM 由 Hansen（1982）提出，在此基础上，Arellano 和 Bond（1991）使用一阶差分广义矩估计法（difference generalized method of moments，DIF-GMM）对动态面板数据模型进行估计，该方法又被称为 Arellano-Bond 估计量或差分 GMM，主要做法是将所有可能的滞后变量作为工具变量，进行 GMM 估计。但差分 GMM 也存在一些问题，如在进行差分时，不仅消除了非观测截面的个体效应，也消除了不随时间变化的其他变量的影响。为此，Arellano 和 Bover（1995）提出了水平 GMM。随后，Blundell 和 Bond（1998）将差分 GMM 与水平 GMM 结合在一起，将差分方程与水平方程作为一个方程系统进行 GMM 估计，该方法被称为系统 GMM。需要特别指出的是，差分 GMM 和系统 GMM 主要适用于短动态面板数据。

1.3　面板数据模型应用的一般流程

面板数据模型的主要研究步骤如图 1.1 所示。

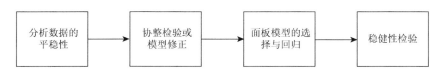

图 1.1　面板数据模型的主要研究步骤

1.3.1　分析数据的平稳性（单位根检验）

为了避免伪回归，确保估计结果的有效性，必须对各面板序列的平稳性进行检验，通常采用的检验办法是单位根检验。常用的单位根检验方法有 LLC（Levin Lin Chu）检验（Levin et al.，2002）、HT（Harris Tzavalis）检验（Harris and Tzavalis，1999）等。

1.3.2　协整检验或模型修正

协整检验是考察变量间长期均衡关系的方法。若基于单位根检验的结果发现变量之间是同阶单整的，则可以进行协整检验。若对于两个或多个非平稳的变量序列，其某个线性组合后的序列呈平稳性，则称这些变量序列间有协整关系存在。若基于单位根检验的结果发现变量之间是非同阶单整的，即面板数据中有些序列平稳而有些序列不平稳，此时不能进行协整检验或直接对原序列进行回归，需对前面提出的模型进行修正，以消除数据不平稳对回归造成的不利影响。

1.3.3　面板模型的选择与回归

面板数据模型通常包含混合回归模型、固定效应模型和随机效应模型。在面板数据模型形式的选择方法上，通常先采用 F 检验决定是选择混合回归模型还是选择固定效应模型，再采用 Hausman 检验确定是选择随机效应模型还是选择固定效应模型。

1. 读入数据

```
use"文件名",clear
```

2. 设定面板数据

```
xtset panelvar timevar(panelvar 为面板个体变量;timevar 为面板时间
变量)
```

3. 回归

```
混合回归:reg y x1 x2,vce(cluster panelvar)
固定效应:xtreg y x1 x2,fe r
随机效应:xtreg y x1 x2,re r
```

以上命令为短面板的 Stata 命令，可参照伍德里奇的《计量经济学导论》、斯托克的《计量经济学》以及陈强的《高级计量经济学及 Stata 应用》等对相关内容进行学习。

1.3.4　稳健性检验

稳健性检验考察的是评价方法和指标解释能力的强壮性，也就是当改变某些参数时，评价方法和指标是否仍然对评价结果保持比较一致、稳定的解释。不同情况下可选择合适的稳健性检验方法以检验结果是否具有稳健性，如变量的替换、估计方法的替换等。

1.4　面板数据模型在能源经济分析中的应用

面板数据模型被学者广泛应用于能源经济领域，研究主题包括二氧化碳排放、能源消耗和经济增长的关系、能源消耗或二氧化碳排放影响因素识别、能源政策效果评估等。本节将通过三篇文献对面板数据模型在能源经济分析中的应用做进一步说明。

1.4.1　案例 1：测度二氧化碳排放、能源消耗与经济增长之间的关系

作为主要的发展中国家，中国现在面临着降低能耗和减少二氧化碳排放的巨大压力。一方面，由于中国的人均收入相对较低，中国政府会在相当长的时期内把经济发展作为首要任务，要在保证经济发展的同时实现节能减排目标，需要寻找低碳发展等新的发展路径。另一方面，在制定区域节能减排目标或促进区域和国家低碳发展时，必须考虑不同地区在经济发展和能源消耗方面的差异。因此，有必要根据中国各省的面板数据，清

楚地了解经济增长、能源消耗和二氧化碳排放之间的关系。Wang 等（2011）采用面板数据模型实证分析了二氧化碳排放、能源消耗与经济增长之间的因果关系。

1. 变量选取

被解释变量：二氧化碳排放量。
核心解释变量：能源消耗、人均 GDP。

2. 模型设定

选取 1995—2007 年中国省级区域面板数据，探究二氧化碳排放量、能源消耗与经济增长之间的因果关系，构建了如下面板数据模型：

$$C_{it} = \alpha_{it} + \beta_{1i}E_{it} + \beta_{2i}G_{it} + \beta_{3i}G_{it}^2 + \varepsilon_{it}$$

其中，$i = 1, 2, \cdots, N$，表示中国的各个省份；$t = 1, 2, \cdots, T$，表示时间；C 表示二氧化碳排放；E 表示能源消耗；G 表示人均 GDP；$\beta_1, \beta_2, \beta_3$ 表示回归系数；ε 表示随机误差项。

3. 结论

通过面板单位根、面板协整和面板格兰杰因果关系检验，发现二氧化碳排放、能源消耗和经济增长之间存在长期协整关系，二氧化碳排放与能源消耗之间存在双向因果关系，能源消耗与经济增长之间也存在双向因果关系。能源消耗和经济增长是二氧化碳排放的长期原因，二氧化碳排放和经济增长是能源消耗的长期原因。

1.4.2 案例 2：评估城市化对能源使用和二氧化碳排放的影响

全世界只有一半人口住在城市里，城市只占地球表面积很小的一部分，但却消耗了全世界大约三分之二的能源，排放了全球大约 70%的温室气体。大部分研究认为城市化过程增加能源消耗，导致更多的碳排放。Poumanyvong 和 Kaneko（2010）采用面板数据模型在考虑不同国家发展阶段的基础上，实证研究了城市化对能源使用和二氧化碳排放的影响。

1. 变量选取

被解释变量：能源使用量、二氧化碳排放量。
核心解释变量：城市化水平。
控制变量：人口规模、人均 GDP、能源强度、工业产值占 GDP 的比重、服务业产值占 GDP 的比重。

2. 模型设定

选取 1975—2005 年 99 个国家（地区）的平衡面板数据，利用 STIRPAT 模型实证研究了城市化对能源使用和二氧化碳排放的影响，并考虑了不可观测效应（个体效应和时间效应)，具体模型如下：

$$\ln \text{Energy}_{it} = \alpha_0 + \alpha_1 \ln(P_{it}) + \alpha_2 \ln(A_{it}) + \alpha_3 \ln(\text{IND}_{it}) + \alpha_4 \ln(\text{SV}_{it}) + \alpha_5 \ln(\text{URB}_{it}) + Y_t + C_i + u_{1it}$$

$$\ln \text{CO}_{it} = b_0 + b_1 \ln(P_{it}) + b_2 \ln(A_{it}) + b_3 \ln(\text{IND}_{it}) + b_4 \ln(\text{SV}_{it}) + b_5 \ln(\text{URB}_{it}) + b_6 \ln(\text{EI}_{it})$$
$$+ Y_t + C_i + u_{2it}$$

其中，$i = 1, 2, \cdots, 99$，表示国家（地区），$t = 1975, 1976, \cdots, 2005$，表示各个年份；$P$ 表示人口规模；A 表示人均 GDP；IND 表示工业产值占 GDP 的比重；SV 表示服务业产值占 GDP 的比重；URB 表示城市化水平；EI 表示能源强度；C_i 表示国家效应，用来捕捉未观测到的国家特有效应，如地理位置和资源禀赋；Y_t 表示时间效应，用来捕捉全球能源价格变化和技术进步的影响；u_{1it} 和 u_{2it} 表示随机误差项；Energy 表示能源使用量；CO 表示二氧化碳排放量。

3. 结论

采用混合 OLS、固定效应、Prais-Winsten 估计方法和一阶差分法估计了城市化对所有国家（地区）以及其分别对低、中、高收入国家（地区）能源使用和二氧化碳排放影响。研究表明：城市化对处在不同发展阶段的国家（地区）的能源使用和二氧化碳排放的影响存在差异；城市化减少了低收入国家（地区）的能源使用量，却增加了中高收入国家（地区）的能源使用量；城市化对所有国家（地区）的二氧化碳排放的影响都是正向的，但对中等收入国家（地区）的影响更为显著。

1.4.3　案例 3：评估城市层面电动汽车政策的有效性

普及电动汽车是中国促进可再生能源发展和控制二氧化碳排放的重要战略，中国各试点城市相继出台了多项激励性措施和政策。Qiu 等（2019）对不同城市电动汽车激励性政策的有效性进行了评价。

1. 变量选取

被解释变量：电动汽车销售量。
核心解释变量：购置补贴、充电优惠、停车优惠、基础设施建设补贴、车型开发奖励、生产奖励。
控制变量：人均可支配收入、人口密度、汽油价格。

2. 模型设定

选取 88 个电动汽车试点城市 2014 年 1 月到 2015 年 8 月的月度数据，分别构建了静态面板数据模型和动态面板数据模型，如下：

$$\text{Sales}_{it} = \alpha + \beta_{it} X_{it} + \gamma_{it} C_{it} + \varepsilon_{it}$$
$$\text{Sales}_{it} = \alpha + \tau_{it} \text{Sales}_{i(t-1)} + \beta_{it} X_{it} + \gamma_{it} C_{it} + \varepsilon_{it}$$

其中，$i = 1, 2, \cdots, 88$，表示电动汽车试点城市；i 和 t 分别表示第 i 个城市和第 t 个月份；

Sales 表示电动汽车销售量；α 表示截距项；β 表示解释变量的回归系数；X 表示解释变量；γ 表示控制变量的回归系数；C 表示控制变量，ε 表示随机误差；τ 表示滞后一年电动汽车销售量的回归系数。

3. 结论

通过回归分析以及稳健性检验，发现电动汽车销售量与充电优惠和基础设施建设补贴这两项需求侧政策之间存在正相关关系。然而，购置补贴和停车优惠未起到显著的促进作用。另外，两种供给侧政策车型开发奖励和生产奖励是无效的。建议地方政府保留上述两项有效政策，逐步取消购置补贴政策，车型开发奖励和生产奖励可适时退出，停车优惠政策可依据地方现实情况择时终结。

本章参考文献

陈强, 2014. 高级计量经济学及 Stata 应用. 2 版. 北京: 高等教育出版社.

Amemiya T. 1971. The estimation of the variances in a variance-components model. International Economic Review, 12(1): 1-13.

Anderson T W, Hsiao C. 1982. Formulation and estimation of dynamic models using panel data. Journal of Econometrics, 18(1): 47-82.

Arellano M, Bond S. 1991. Some tests of specification for panel data: Monte Carlo evidence and an application to employment equations. The Review of Economic Studies, 58(2): 277-297.

Arellano M, Bover O. 1995. Another look at the instrumental variable estimation of error-components models. Journal of Econometrics, 68(1): 29-51.

Blundell R, Bond S. 1998. Initial conditions and moment restrictions in dynamic panel data models. Journal of Econometrics, 87(1): 115-143.

Hansen B E. 1992. Efficient estimation and testing of cointegrating vectors in the presence of deterministic trends. Journal of Econometrics, 53(1/2/3): 87-121.

Hansen L P. 1982. Large sample properties of generalized method of moments estimators. Econometrica, 50(4): 1029-1054.

Harris R D F, Tzavalis E. 1999. Inference for unit roots in dynamic panels where the time dimension is fixed. Journal of Econometrics, 91(2): 201-226.

Hsiao C. 1986. Analysis of Panel Data. Cambridge: Cambridge University Press.

Levin A, Lin C F, Chu C S J. 2002. Unit root tests in panel data: asymptotic and finite-sample properties. Journal of Econometrics, 108(1): 1-24.

Mairesse J, Griliches Z. 1988. Heterogeneity in panel data: are there stable production functions? Cambridge: National Bureau of Economic Research.

Nickell S. 1981. Biases in dynamic models with fixed effects. Econometrica, 49(6): 1417-1426.

Poumanyvong P, Kaneko S. 2010. Does urbanization lead to less energy use and lower CO_2 emissions? A cross-country analysis. Ecological Economics, 70(2): 434-444.

Qiu Y Q, Zhou P, Sun H C. 2019. Assessing the effectiveness of city-level electric vehicle policies in China. Energy Policy, 130: 22-31.

Sharma S S. 2011. Determinants of carbon dioxide emissions: empirical evidence from 69 countries. Applied Energy, 88(1): 376-382.

Wang S S, Zhou D Q, Zhou P, et al. 2011. CO_2 emissions, energy consumption and economic growth in China: a panel data analysis. Energy Policy, 39(9): 4870-4875.

第2章　双重差分法

本章提要

本章介绍双重差分（double-difference 或 difference-in-differences，简称 DD 或 DID）法，与倾向评分匹配（propensity score matching，PSM）方法相比，双重差分法依旧采用"反事实分析框架"，因此可以视为一种特殊的匹配方法，即对潜在结果增量进行匹配，而不是直接对潜在结果进行匹配。通常可以将倾向评分匹配方法同双重差分模型结合使用以消除不随时间变化且未观测到的混杂因素，缓解内生性问题。本章首先概述双重差分法的基本概念、特点与适用情境；其次介绍经典双重差分模型、多时点双重差分模型、广义双重差分模型、异质性双重差分模型，以及三重差分（difference-in-difference-in-differences，DDD）法和基于倾向评分匹配的双重差分模型；再次介绍双重差分模型应用的一般流程；最后举例说明双重差分模型在能源经济分析中的应用。

2.1　双重差分法概述

2.1.1　双重差分法的基本概念

双重差分法又名"倍差法"或"差中差法"，是政策分析和工程评估中广为使用的一种计量经济方法。其原理是基于一个"反事实分析框架"来评估政策发生和不发生这两种情形下被观测因素的变化，如图 2.1 所示，使用时需将调查样本分为两组，一组是政策或工程作用对象，即处理组，一组是非政策或工程作用对象，即对照组，根据处理组和对照组在政策或工程实施前后的相关信息，可以计算得出在政策或工程实施前后处理组某指标的变化量，以及对照组同一指标的变化量，通过计算上述两个变化量的差值（即倍差值），从而得到双重差分估计量，即政策或工程的作用效果，可表示为如下公式：

$$\text{DID} = \Delta \bar{Y}_{\text{treatment}} - \Delta \bar{Y}_{\text{control}} = \left(\bar{Y}_{\text{treatment},t_1} - \bar{Y}_{\text{treatment},t_0} \right) - \left(\bar{Y}_{\text{control},t_1} - \bar{Y}_{\text{control},t_0} \right) \tag{2-1}$$

其中，DID 表示双重差分估计量；$\bar{Y}$ 表示研究的结局变量；右侧角标 treatment 和 control 分别表示处理组和对照组；t_0 和 t_1 分别表示政策干预前和干预后。

双重差分思想最早由物理学家 Snow（1855）提出，用于研究 19 世纪中期伦敦市存在的霍乱传染问题。当时，人们认为霍乱始于"糟糕的空气"，而 Snow 则认为霍乱由受污染的水传染而来：1849 年，水厂 Southwark and Vauxhall 以及水厂 Lambeth 都是从伦敦市中部卫生较差的泰晤士河地区汲取用水供给家庭，而后在 1852 年，水厂 Lambeth 将工厂迁往了水污染程度较轻的地区。为了证明自己的观点，Snow 比较了上述两个水厂的供水地区的霍乱死亡率变化，最终结果显示，由水厂 Lambeth 供水的地区，其霍乱死亡率剧降。

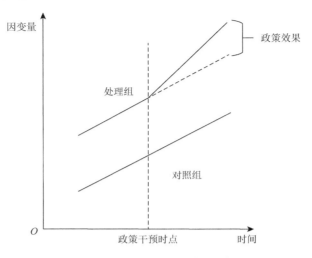

图 2.1　双重差分法基本原理示意图

随后，双重差分法被广泛应用于经济学、教育学、心理学、社会学、医学等诸多领域，其中 Ashenfelter（1978）最早将该方法引入经济学，用以探究美国政府继续教育培训项目对于受训者收入的影响。Heckman 和 Robb（1985）则最早提出将双重差分模型用于公共政策效应评估。随后该模型的研究和应用成果层出不穷，其中较为典型的研究包括：Card（1990）分析了移民政策对当地居民工资与就业的影响；Puhani（2000）对失业救济政策对失业持续周期的影响进行了评估；Donohue 和 Wolfers（2005）探究了美国恢复死刑制度对降低谋杀率的影响。2001 年 6 月，哈佛大学公共卫生学院学者对中国海南省医疗报销付费制度改革进行了分析（Yip and Eggleston，2001），同年 12 月，杜克大学卫生政策研究中心的学者探究了美国保险制度对妇幼健康的影响。自此，双重差分模型开始在医学和公共卫生领域得到广泛应用。周黎安和陈烨（2005）则将双重差分模型首次应用于国内医疗卫生领域，运用 591 个县市级数据评估了农村税费改革对农民收入增长的影响。在能源经济领域，双重差分法被广泛应用于能源环境政策效果评估中，如评估碳交易政策影响（Hu et al.，2020）、低碳政策空气污染治理效果（宋弘等，2019）等。

2.1.2　双重差分法的特点与适用情境

1. 双重差分法的特点

双重差分法的本质为面板数据固定效应估计方法，综合比较各政策评价手段及方法，双重差分法具有以下特点。

（1）政策相对于微观主体而言一般是外生的，不存在逆向因果问题，故其能够在很大程度上避免内生性问题。此外，使用固定效应估计方法也能在一定程度上减小遗漏变量偏误。

（2）使用传统方法，如 LSDV 估计法评估政策效应，主要是通过设置一个政策发生与否的虚拟变量进行回归，相较而言，双重差分法的模型设置更加科学，估计结果更加准确。

（3）"自然实验"中不同组间样本可能在政策实施前就存在差异，仅通过单一前后纵向对比或个体横向对比无法观测到这种差异，导致出现有偏估计，而双重差分模型能够有效控制事前差异，从而将政策实际效果有效分离出来。

2. 双重差分法的适用情境①

双重差分法在应用时，应满足如下前提条件。

（1）满足共同趋势假设，也称平行趋势（parallel trend）假定，即处理组与对照组在政策实施前应具有相同的变化趋势，也可以认为二者受其他因素影响的程度相同，此为双重差分法最为重要和关键的前提条件。

（2）满足个体处理值稳定性假设（stable unit treatment value assumption，SUTVA），即政策干预只影响处理组，不会对对照组产生交互影响，或者不会产生外溢效应。

（3）满足线性形式条件，即潜在结果变量同处理变量和时间变量满足一定的线性关系。

（4）一般而言，双重差分法仅适用于面板数据，横截面数据无法使用该方法，但在某些情况下，通过对模型的巧妙构造也能对横截面数据进行回归分析。

（5）应具有相应地区至少两期的面板数据集，其中必须同时包含政策实施前与政策实施后的数据。

2.2　双重差分模型

2.2.1　经典双重差分模型

1. 基本模型

双重差分法基本模型如下：

$$Y_{it} = \alpha_0 + \alpha_1 \text{Treat}_i + \alpha_2 \text{Post}_t + \delta \text{Treat}_i \times \text{Post}_t + \eta X_{it} + \varepsilon_{it} \quad （2\text{-}2）$$

其中，α_0 表示所有地区共同的初始均值。Treat_i 表示分组虚拟变量，若个体 i 受政策实施影响，则个体 i 属于处理组，对应的 Treat_i 取值为 1；若个体 i 不受政策实施影响，则个体 i 属于对照组，对应的 Treat_i 取值为 0。α_1 表示处理组与对照组在政策实施前的初始差异。Post_t 表示分期虚拟变量，即政策实施虚拟变量，政策实施前 Post_t 取值为 0，政策实施后 Post_t 取值为 1，举例来说，假设有一个五期面板数据，处理组个体在第二期同时受到冲击，那么在利用 Stata 进行定义时，对于处理组全部个体，第一期取值为 0，之后四期则取值为 1，即 $\text{Post}_t = (0,1,1,1,1)$。$\alpha_2$ 表示处理组与对照组在政策实施前后共同发生的变化，即共同趋势。$\text{Treat}_i \times \text{Post}_t$ 为分组虚拟变量与分期虚拟变量的交互项。系数 δ 表示政策实施所产生的净效应（表 2.1），即处理组产生的额外变化。X_{it} 表示一系列控制变量。η 表示控制变量 X_{it} 影响效应的回归系数。ε_{it} 表示随机误差项或暂时性冲击。

---

① 大部分双重差分模型满足本条所列出的全部五个前提条件，包括下文所介绍的经典双重差分模型、多时点双重差分模型、广义双重差分模型、异质性双重差分模型，以及基于倾向评分匹配的双重差分模型。

表 2.1 政策实施前后系数变化

项目	政策实施前	政策实施后	差异
处理组	$\alpha_0 + \alpha_1$	$\alpha_0 + \alpha_1 + \alpha_2 + \delta$	$\alpha_2 + \delta$
对照组	α_0	$\alpha_0 + \alpha_2$	α_2
差异	α_1	$\alpha_1 + \delta$	δ

2. 固定效应模型

考虑到某些特征的可变性和差异性，引入固定效应模型以消除某些不可观测因素的影响，从而减小遗漏变量所产生的偏误，模型如下：

$$Y_{it} = \alpha_0 + \lambda_i + v_t + \delta \text{Treat}_i \times \text{Post}_t + \eta X_{it} + \varepsilon_{it} \tag{2-3}$$

此模型相对于基本模型来说使用更为广泛，其中 λ_i 表示个体固定效应（即个体层面不随时间改变的影响因素，如个人特征）；v_t 表示时间固定效应（即时间层面不随个体改变的影响因素，如金融危机）。二者分别代替原有的分组虚拟变量 Treat_i 和分期虚拟变量 Post_t（此时无须再添加分组虚拟变量及分期虚拟变量，否则将导致严重的多重共线性）。上述模型为双向固定效应模型，为使用 OLS 一致地估计方程，除应满足平行趋势假定外，还应满足暂时性冲击 ε_{it} 与交互项 $\text{Treat}_i \times \text{Post}_t$ 不相关，以此保证双向固定效应为一致估计量。在具体回归时，个体固定效应 λ_i 可通过加入个体虚拟变量来实现（即使用 LSDV 法，或进行组内离差变换），时间固定效应 v_t 可通过加入每期的时间虚拟变量来实现。

2.2.2　多时点双重差分模型

经典双重差分模型中的隐含假设为所有试点地区政策实施的时间均一致，即受到政策冲击的时间完全相同。当政策分批实施时，就要用到多时点双重差分模型，部分文献也称为渐进双重差分模型。其关键在于每个个体受到政策冲击的时间不同，故处理组分期虚拟变量也因个体而异，具体模型设定如下：

$$Y_{it} = \alpha_0 + \lambda_i + v_t + \delta \text{Treat}_i \times \text{Post}_t + \eta X_{it} + \varepsilon_{it} \tag{2-4}$$

多时点双重差分模型与经典双重差分模型中的固定效应模型设定完全一致，而区别在于回归估计过程中变量的取值不同，仍以一个五期面板数据为例，假设第一个个体在第二期受到冲击，第二个个体在第三期受到冲击，第三个个体在第四期受到冲击，那么在利用 Stata 进行定义时，对于第一个个体，Post_t 第一期取值为 0，之后四期则取值为 1，即 $\text{Post}_t = (0,1,1,1,1)$；对于第二个个体，$\text{Post}_t$ 第一、二期取值为 0，之后三期则取值为 1，即 $\text{Post}_t = (0,0,1,1,1)$；以此类推，相关内容可参见 Beck 等（2010）。

2.2.3　广义双重差分模型

经典双重差分模型要求存在处理组与对照组，即政策并非在全部范围内实施。当政策统一铺开不存在处理组与对照组时，就要用到广义双重差分模型。

　　运用该方法的前提是：尽管政策在全部地区实施，但其对不同地区的实施力度或影响程度不同，在这里用 Intensity 这一虚拟变量进行表示。在具体实践中，可以人为地设定一个门槛，将所有地区进一步划分为处理组与对照组，或者可以寻找某一其他变量来代替经典双重差分模型中原有的虚拟变量（一般从某一经济理论出发来寻找），具体模型设定如下：

$$Y_{it} = \alpha_0 + \lambda_i + \nu_t + \delta \text{Treat}_i \times \text{Post}_t + \eta X_{it} + \varepsilon_{it} \tag{2-5}$$

　　广义双重差分模型设定仍与经典双重差分模型中的固定效应模型相同，但二者区别在于，广义双重差分模型将根据 Intensity 变量是否超过门槛值"c"来定义处理组与对照组。具体来说，定义如下：

$$\text{Treat}_i = \begin{cases} 1, & \text{Intensity} \geqslant c \\ 0, & \text{Intensity} < c \end{cases} \tag{2-6}$$

　　相关内容参见 Bai 和 Jia（2016）。

　　但这种方法的缺点在于，划分处理组与对照组时过于依赖主观行为，因此需要进行一系列稳健性检验，即设定不同的门槛来验证结论是否成立。同时，人为地将连续变量压缩为二分变量，会损失掉许多信息，因此该方法并不多见。

2.2.4　异质性双重差分模型

　　经典双重差分模型一般假设满足同质性处理效应（treatment effects），即所有个体的处理效应相同，但大多数时候并非如此，更为合理的假设是异质性处理效应，此时就要用到异质性双重差分模型。

　　该模型的关键在于对交互项 $\text{Treat}_i \times \text{Post}_t$ 的调整。为简单起见，假设根据经济理论，可将所有个体分为两类，并以时间趋势虚拟变量 $\text{Group}_i = 0$ 或 1 来表示。在理论上，预期这两类个体的处理效应并不相同，并在经典双重差分模型中引入三重交互项，具体模型设定如下：

$$Y_{it} = \alpha_0 + \lambda_i + \nu_t + \delta \text{Treat}_i \times \text{Post}_t + \varphi \text{Treat}_i \times \text{Post}_t \times \text{Group}_i + \eta X_{it} + \varepsilon_{it} \tag{2-7}$$

　　由式（2-7）可知，对于 $\text{Group}_i = 0$ 类处理组个体，其处理效应为 δ。对于 $\text{Group}_i = 1$ 类处理组个体，其处理效应为 $\delta + \varphi$，显然，对于这两类个体，只要三重交互项的系数显著，那么其处理效应就是异质的。

　　推而广之，如果要考察 N 类个体的异质性效应，则可设立 $N-1$ 个虚拟变量，如 $\text{Group}_{2i}, \text{Group}_{3i}, \cdots, \text{Group}_{Ni}$，然后分别生成三重交互项，引入回归方程中，则可得到如下模型：

$$Y_{it} = \alpha_0 + \lambda_i + \nu_t + \delta \text{Treat}_i \times \text{Post}_t + \sum_{n=2}^{N} \varphi_n \text{Treat}_i \times \text{Post}_t \times \text{Group}_{ni} + \eta X_{it} + \varepsilon_{it} \tag{2-8}$$

　　在式（2-8）中，第 1 类个体的处理效应为 δ，第 2 类个体的处理效应为 $\delta + \varphi_2$，以此类推，然后进行 OLS 估计即可。

2.2.5 双重差分模型的拓展

1. 三重差分法

双重差分法的重要前提假设是对照组和处理组满足平行趋势假定，而当处理组和对照组无法满足该假设时，则无法得到一致的实验估计量。通常可以采用合成控制法（synthetic control method，SCM）和三重差分法解决上述问题，二者相比，三重差分法操作要更加简单。

三重差分法，具体来说，即先分别计算两个双重差分估计量，再对这两个估计量进行差分以消除处理组与对照组的时间趋势差异。因此，在双重差分基础上建立三重差分估计量可以进一步研究政策影响的异质性差异，从而更好地评估政策效应。

标准三重差分模型设定如下：

$$
\begin{aligned}
Y_{it} = \alpha_0 + \lambda_i + \nu_t & \beta_1 \text{Treat}_i \times \text{Post}_t \times \text{Group}_i + \beta_2 \text{Treat}_i \times \text{Post}_t + \beta_3 \text{Post}_t \times \text{Group}_i \\
& + \beta_4 \text{Treat}_i \times \text{Group}_i + \eta X_{it} + \varepsilon_{it}
\end{aligned} \tag{2-9}
$$

其中，Group_i 表示时间趋势虚拟变量，此变量的引入将有效控制政策外溢所造成的系统性差异，其他变量设置与经典双重差分模型相同，相关内容可参见齐绍洲等（2018）。

基于上述标准模型所产生的变异模型有许多，但只要其中包含三重交互项，即双重差分模型交互项乘以其他任一变量，即可视为三重差分模型，由此可见，上文所介绍的异质性双重差分模型在两类个体情形下的本质即为三重差分模型。

2. 基于倾向评分匹配的双重差分模型

当处理组与对照组不满足平行趋势假定，存在选择性偏误（即处理组与对照组存在随时间变化但无法观测到的异质性因素，使得两组存在基本特征差异）时，可以考虑先使用倾向评分匹配将处理组与对照组进行匹配，再将匹配完成的具有相似特征的个体进行双重差分。这样得到的结果将更加接近真实的政策效果，且处理组和对照组所包含的样本量越大，通过该方法所估计的政策效果就越准确。

2.3 双重差分模型应用的一般流程

使用双重差分模型进行政策或事件效果评估时，应按照图2.2中的步骤进行。

2.3.1 确定处理组与对照组

处理组即为受到政策冲击或事件影响的地区，对照组则为未受到政策冲击或事件影响的地区，为了确保处理组与对照组除政策效果外的基本特征相似或相同，必要时可以采取倾向评分匹配方法选择对照组。

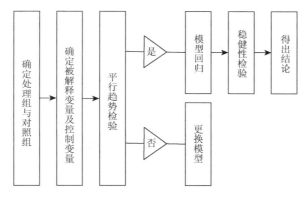

图 2.2　双重差分模型研究步骤图示

2.3.2　确定被解释变量及控制变量

被解释变量即所关心的受政策或事件影响的某一个或几个变量，为双重差分研究中的核心变量，控制变量能够控制其他所有无关因素对评估结果的影响。

2.3.3　平行趋势检验

在探究处理组与对照组是否满足平行趋势假定时，可以采用绘图法（仅适用于样本数据容量较小的情况）或者构造一个时间趋势变量以考察处理组与对照组之间的线性时间趋势。具体模型设定如下：

$$Y_{it} = \alpha_0 + \alpha_1 \text{Treat}_i + \alpha_2 \text{Post}_t + \sum_{n=a}^{n=b} \beta_n \times D_{i,t_0+n} + \varepsilon_{it} \tag{2-10}$$

其中，D_{i,t_0+n} 表示年份虚拟变量与分组虚拟变量的交互项；i 表示地区；t_0 表示政策实施第一年；n 表示政策实施后的第 n 年；若地区 i 为试点地区，则 D_{i,t_0+n} 在 t_0+n 年取 1，否则取 0。若系数 β_n 在政策实施前，即 $n < 0$ 期间不显著异于 0（置信区间包含 0 值），则此时处理组与对照组并不存在显著差异，二者在政策实施前是可比的，即平行趋势假定成立。

2.3.4　模型回归

可以使用 SPSS、Python、Stata 等软件对以上变量及数据进行回归，其中 Stata 应用最为广泛，因此本书着重介绍 Stata 的操作方法及主要命令。

（1）读入数据。

```
use"文件名",clear
```

（2）生成政策前后及处理组虚拟变量。

假设 2001 年为政策实施年份：

```
gen post=(year>=2001)&!missing(year)
```

假设数据集中 id 编号大于 4 的地区为处理组，其余为对照组：

```
gen treat=(id>4)&!missing(id)
```

（3）生成交互项。

```
gen DID=post*treat
```

（4）回归。

```
reg y DID post treat,r
```

以上命令仅为其中一种方法，此外读者还可以使用 diff 等命令进行操作，在具体执行时还要注意是否存在控制变量，可参照伍德里奇的《计量经济学导论》、斯托克的《计量经济学》以及陈强的《高级计量经济学及 Stata 应用》等对相关内容进行学习。

2.3.5　稳健性检验

除平行趋势检验外，为使估计结果更加接近真实值，还应该根据研究内容及研究目的进行其他一系列稳健性检验，如安慰剂检验、排他性检验、随机性检验等，以确保实证结果的鲁棒性。在检验时，可以从以下几个角度出发，包括变量（改变被解释变量）、数据（改变对照组）、内生性处理等。

以安慰剂检验为例进行介绍。若在真实的样本中在第 t 期实施了某项政策，记 $t-1$ 期为 t 期的前一期，$t+1$ 期为 t 期的后一期，可以"假想"政策是在 $t-1$、$t+1$ 等时期实施的，并利用双重差分模型估计这种人为"假想"出来的政策处理效应，因为这些政策变量是人为"假想"出来的，所以期望估计出来的处理效应不显著。若处理效应显著，则可能原因有两个：一是在受到"假想"政策冲击时，目标群体已经预想到政策的实施并有所行动；二是处理组与对照组不满足平行趋势假定，"假想"政策应属于"选择性偏误"。此时，可根据样本数据情况选择基于倾向评分匹配的双重差分法或三重差分法进行修正。

2.4　双重差分模型在能源经济分析中的应用

双重差分模型在能源经济领域的应用逐渐增加，研究主题主要围绕能源和环境政策效果评估。本节将通过三篇文献对双重差分模型在能源经济分析中的应用做进一步说明。

2.4.1　案例 1：评估低碳城市试点政策对空气质量的影响

1. 问题描述

自 2010 年印发《关于开展低碳省区和低碳城市试点工作的通知》，国家发展和改革委员会陆续启动两批试点省市。第一批试点自 2010 年开始实施，包括广东、辽宁、湖北、陕西、云南五个省份与天津、重庆、深圳、厦门、杭州、南昌、贵阳、保定八个城市，第二批试点自 2013 年开始实施，包括海南省及其他 28 个城市和地区。宋弘等（2019）以低碳城市试点政策为切入点，探讨政府环境治理的污染防治效应。

2. 变量选取及模型设定

被解释变量：PM_{10} 及 API 的 3 个维度的指标（年度平均污染指标、年度污染最大指数以及一年内重度污染的日数）。

解释变量：低碳城市试点政策。

控制变量：天气控制变量包括降水量、风度、湿度等日度天气指标变量；城市-年份层面控制变量包括城市生产总值、总人口、城镇登记失业人数和普通高校学生人数。

模型如下：

$$Y_{ct} = \alpha + \beta \text{Treat}_{ct} + X_{ct}^{\text{T}} \varphi + \eta_c + \gamma_t + \varepsilon_{ct}$$

其中，c 表示城市；t 表示年份；$\text{Treat}_{ct} = 1$ 表示城市 c 在年份 t 属于低碳试点城市，$\text{Treat}_{ct} = 0$ 表示城市 c 在年份 t 不属于低碳试点城市；Y_{ct} 表示空气质量；X_{ct}^{T} 表示一系列控制变量（天气控制变量及城市-年份层面控制变量）；η_c 表示城市固定效应，控制了所有城市层面不随时间变化而变化的因素，如地理位置等；γ_t 表示时间固定效应，控制了时间层面不随地区变化而变化的特征，如宏观经济形势等。

3. 结论及发现

结果表明，低碳城市试点政策使得试点城市 PM_{10} 污染指数下降了 9.31，API 下降了 4.92。对照组城市的 PM_{10} 均值为 93.56，API 均值为 70.69，这一估计系数表明低碳城市试点政策使城市 PM_{10} 降低了约 10%，API 降低了约 7%，即低碳城市建设能够显著降低城市空气污染程度，提高空气质量。

2.4.2　案例 2：评估中国碳排放权交易试点能否实现节能减排

1. 问题描述

为低成本实现减排目标，国家发展和改革委员会于 2011 年批准北京、天津、上海、重庆、湖北、广东和深圳七省市开展碳排放权交易试点工作。Hu 等（2020）选取 2005—2015 年省级产业面板数据，采用双重差分法检验了碳排放权交易试点政策对能源消耗和碳排放的影响。

2. 变量选取及模型设定

被解释变量：能源消耗量、二氧化碳排放量。

解释变量：碳排放权交易试点政策。

控制变量：工业规模、收入、外商直接投资、出口学习、人均 GDP、工业总产值比重、技术创新以及其他环境法规的影响。

根据试点政策，试点地区包括北京、天津、上海、重庆、湖北、广东和深圳（隶属广东），则其他 24 个省区市被视为非试点地区，建立双重差分模型如下：

$$Y_{ict} = \beta_0 + \beta_1 ETS_{ic} \times Time_t + \beta_2 X_{ict} + Province_i + Industry_c + Year_t + \varepsilon_{ict}$$

其中，i 表示省区市；c 表示行业；t 表示年份；被解释变量 Y_{ict} 表示能源消耗量和二氧化碳排放量的对数；如果该行业位于该政策涵盖的 7 个省市，则 ETS_{ic} 等于 1，否则，等于 0；在 2011 年试点工作开展之后，时间虚拟变量 $Time_t$ 等于 1，否则，等于 0；交互项系数 β_1 表示碳排放权交易试点政策对能源消耗量和二氧化碳排放量的平均处理效应，如果 β_1 显著为负，可以推断出碳排放权交易机制（emissions trading scheme，ETS）对节能减排具有显著影响；X_{ict} 包括一组省级工业控制变量；$Province_i$ 和 $Industry_c$ 控制了所有未观测到的特定的不随时间发生变化的因素，这些因素影响了被解释变量，如区域资源禀赋；$Year_t$ 表示影响所有省区市的一般宏观经济因素的年度固定效应；ε_{ict} 表示随机误差项。

3. 结论及发现

实证结果表明，碳排放权交易政策试点地区的能源消耗量降低了 22.8%，二氧化碳排放量降低了 15.5%，进一步分析表明，该政策效应主要是由技术效率和产业结构调整所驱动的。此外，碳排放权交易政策在环境执法和市场化水平较高的地区表现较好。

2.4.3 案例 3：评估光伏扶贫政策是否降低了中国农村的贫困率

1. 问题描述

为降低贫困率，中国曾推出十余项针对性扶贫政策，包括小额信贷、电子商务、创业培训及太阳能光伏发电等。太阳能扶贫项目（the solar energy for poverty alleviation program，SEPAP）于 2013 年首次在安徽省合肥市及金寨县建立光伏扶贫试点，并已于 2020 年在国家大力扶持下全面完成。截至 2020 年，全国累计建成 26.36GW 光伏扶贫电站，惠及近 6 万个贫困村、415 万个贫困户，每年可产生发电收益约 180 亿元，相应安置公益性岗位 125 万个，光伏扶贫工作取得显著成果。

Zhang 等（2020）采用基于倾向评分匹配的双重差分法，利用 2013 年至 2017 年 211 个试点县及通过倾向评分匹配得到的对照县所组成的面板数据，探究太阳能光伏扶贫政策对于提高农村居民可支配收入的有效性水平。

2. 变量选取及模型设定

被解释变量：农村居民人均可支配收入。

解释变量：太阳能光伏扶贫政策。

控制变量：产业结构、扶贫资金支出、太阳能资源、土地资源投入水平、教育水平、区域宏观经济状况。

双重差分回归方程如下：

$$Ln(DISINRURAL_{i,t}) = \alpha_0 + \beta SEPAP_{i,t} + \lambda_i + \phi_t + \gamma Z_{i,t} + \varepsilon_{i,t}$$

其中，$DISINRURAL_{i,t}$ 表示农村居民人均可支配收入，是衡量贫困水平的主要指标；i 和

t 分别表示县域和年份指数；$SEPAP_{i,t}$ 表示政策虚拟变量，如果一个县在某年内实施太阳能光伏扶贫政策，则 $SEPAP_{i,t}$ 等于 1，否则等于 0；β 表示光伏扶贫政策对农村居民收入的平均处理效应；λ_i 和 ϕ_t 分别表示地区和时间固定效应；$Z_{i,t}$ 表示一组控制变量；$\varepsilon_{i,t}$ 表示随机误差项。

考虑到处理组的非随机选择性，使用通过倾向评分匹配方法得到的包含 275 个县域的匹配样本重新对主回归模型进行了估计，所得结果与主要模型一致。

3. 结论及发现

研究结果表明，太阳能光伏扶贫政策使得县域人均可支配收入增加 7%—8%，政策在实施当年的效果积极且显著，在随后的 2—3 年内政策效果更是原来的两倍之多，即出现累计效应。此外，扶贫效果存在一定的差异，东部贫困地区的扶贫效果更为明显，且贫困县比非贫困县在太阳能光伏扶贫政策中受益更多。

本章参考文献

陈强. 2014. 高级计量经济学及 Stata 应用. 2 版. 北京: 高等教育出版社.

齐绍洲, 林屾, 崔静波. 2018. 环境权益交易市场能否诱发绿色创新? ——基于我国上市公司绿色专利数据的证据. 经济研究, 53(12): 129-143.

宋弘, 孙雅洁, 陈登科. 2019. 政府空气污染治理效应评估: 来自中国 "低碳城市" 建设的经验研究. 管理世界, 35(6): 95-108, 195.

周黎安, 陈烨. 2005. 中国农村税费改革的政策效果: 基于双重差分模型的估计. 经济研究, (8): 44-53.

Ashenfelter O C. 1978. Estimating the effect of training programs on earnings. The Review of Economics and Statistics, 60(1): 47-57.

Bai Y, Jia R X. 2016. Elite recruitment and political stability: the impact of the abolition of China's civil service exam. Econometrica, 84(2): 677-733.

Beck T, Levine R, Levkov A. 2010. Big bad banks? The winners and losers from bank deregulation in the United States. The Journal of Finance, 65(5): 1637-1667.

Card D. 1990. The impact of the mariel boatlift on the miami labor market. Industrial and Labor Relations Review, 43(2): 245-257.

Conover C J, Rankin P J, Sloan F A. 2001. Effects of Tennessee Medicaid managed care on obstetrical care and birth outcomes. Journal of Health Politics Policy and Law, 26(6): 1291-1324.

Donohue J J, Wolfers J. 2005. Uses and abuses of empirical evidence in the death penalty debate. Stanford Law Review, 58: 791-846.

Heckman J J, Robb R. 1985. Alternative methods for evaluating the impact of interventions: an overview. Journal of Econometrics, 30(1/2): 239-267.

Hu Y C, Ren S G, Wang Y J, et al. 2020. Can carbon emission trading scheme achieve energy conservation and emission reduction? Evidence from the industrial sector in China. Energy Economics, 85: 04590.

Puhani P A. 2000. Poland on the dole: the effect of reducing the unemployment benefit entitlement period during transition. Journal of Population Economics, 13(1): 35-44.

Snow J. 1855. On the Mode of Communication of Cholera. 2nd ed. London: John Churchill.

Yip W, Eggleston K. 2001. Provider payment reform in China: the case of hospital reimbursement in Hainan Province. Health Economics, 10(4): 325-339.

Zhang H M, Wu K, Qiu Y M, et al. 2020. Solar photovoltaic interventions have reduced rural poverty in China. Nature Communications, 11: 1-10.

第3章　合成控制法

本章提要

　　本章介绍合成控制法，合成控制法是政策效果评估的常用方法。与双重差分法相比，合成控制法适用于处理组个体较少的政策评估问题。本章首先概述合成控制法的基本概念、特点与适用情境；其次介绍合成控制模型和其应用的一般流程；最后举例说明合成控制模型在能源经济分析中的应用。

3.1　合成控制法概述

3.1.1　合成控制法的基本概念

　　合成控制法是构造一个合适的合成控制组作为对照组来研究某一事件或政策影响的方法。评估某政策或事件对一个国家或者地区的影响，通常是考察政策或事件前后的时间序列，研究某一时间点后所关心的变量如何变化。常用的解决方式是针对研究的地区确定适当的控制组，即将在各方面都与政策或事件冲击地区接近，却未受政策或事件冲击的一个或者多个地区作为受冲击地区的反事实替身。但同时也面临一个问题，即不易找到各方面都相当接近的控制地区。上述不易找到理想的控制地区这一问题在合成控制法这里得到了很好的解决。合成控制法的思路是在没有合适的对照组的情况下，选择与处理组具有相似特征且未受到政策干预的控制组。通过对若干个控制组进行线性组合，构造一个近似处理组的合成控制组，从而确定理想的对照组，权重向量各元素要求非负且和为 1。

　　合成控制法于 2003 年由 Abadie 和 Gardeazabal 提出，用于评估西班牙巴斯克（Basque）地区恐怖活动对巴斯克地区人均 GDP 的影响。研究使用西班牙除巴斯克之外地区的线性组合构造出一个合成控制组，使合成控制组的经济特征最大程度接近 20 世纪 60 年代末恐怖活动爆发前的巴斯克地区，进而对比恐怖主义爆发后"合成巴斯克地区"的人均 GDP 与"真实巴斯克地区"的变动趋势。

　　合成控制法提出后，国内外学者将其广泛应用于政治学、经济学、社会学等领域。例如，Abadie 等（2010）使用合成控制法评估 1988 年美国加利福尼亚州《控烟法》的实行效果；Billmeier 和 Nannicini（2013）借助跨国数据评估了经济自由化的增长效应；Bohn 等（2014）研究了美国亚利桑那州《合法亚利桑那工人法》（Legal Arizona Workers Act）对该州非法移民的影响。国内学者王贤彬和聂海峰（2010）研究了重庆市行政区划调整的经济影响；苏治和胡迪（2015）使用跨国数据研究了通货膨胀目标制对通货膨胀率的影响。同时，合成控制法在能源经济领域也有较多应用，如 Kim M K 和 Kim T（2016）评估了美国区域温室气体倡议对煤改气的影响；刘传明等（2019）研究了中国碳排放权交易试点对二氧化碳排放的影响等。

3.1.2　合成控制法的特点与适用情境

1. 合成控制法的特点

合成控制法是在无法找到最佳对照组时，对控制组相应预测变量进行加权，在最大程度上构造出一个与处理组各方面特征都十分接近的对照组。特点主要包括以下几个。

（1）通过数据驱动确定权重，避免了由研究者主观选择所带来的可能误差，克服了政策内生性问题。并且合成控制法使得处理组与提供反事实的控制组个体凸组合之间的实际差异透明化。

（2）通过对控制组加权来模拟处理组受到事件冲击前的情况，不仅能够直观反映各个反事实控制组所占权重，还可以避免过度外推造成的可能偏差。

（3）在合成控制法中，允许随时间变化未观测到的混杂因素存在。

（4）能够针对每个研究对象给出与之相应的合成控制组，避免平均化的评价，不至于因不同研究对象政策实施时间不同对政策效果的评估产生影响。

2. 合成控制法的适用情境

在应用合成控制法时，主要有以下适用要求。

1）政策或事件干预前的时间应达到一定长度

假设样本时间跨度为 $t = 1, \cdots, T$。政策或事件干预发生在 T_0（$t < T_0 < T$）时期，则干预前的时间跨度 t 到 T_0 应达到一定长度。这是因为合成控制组是否能在政策或事件干预前的相当一段时期内很好地追踪处理地区的被解释变量与预测变量，决定了合成控制法的可信程度。如果干预前无法达到一个很好的拟合效果，或干预前时间跨度不足，则不提倡采用合成控制法。另外，如果政策的影响需要一段时间以后才会呈现，即存在滞后效应，则同样要求干预后的时间跨度 T_0 到 T 足够长。

2）处理组个体与控制组的个体无交互影响

若政策或者事件对处理组个体的影响扩大到控制组，则控制组在 T_0 后的表现中就掺杂了政策或者事件的影响，因而不是很好代替处理组的反事实控制组，得到的差异也不能准确反映政策或者事件的影响。

3.2　合成控制模型

假设共有 $j + 1$ 个个体，其中第 1 个个体为处理组（$i = 1$），而其余 j 个个体未受政策干预，为控制组（$i = 2, \cdots, j + 1$）。j 个个体的加权组合形成一个对照组。样本时间为 $t = 1, \cdots, T$。政策干预发生在 T_0（$t < T_0 < T$）时期。Y_{it}^{N} 是个体 i 在时间 t 未受到政策干预时的结果，Y_{it}^{I}

是个体 i 在时间 t 受到政策干预时的结果（$T_0 + 1 \leqslant t \leqslant T$），政策干预影响 $\alpha_{it} = Y_{it}^{\mathrm{I}} - Y_{it}^{\mathrm{N}}$。

假设 D_{it} 为是否接受冲击的虚拟变量。若个体 i 在时刻 T_0 受到冲击，则 D_{it} 等于 1，未受冲击等于 0。个体 i 在时间 t 的观测结果为

$$Y_{it} = Y_{it}^{\mathrm{N}} + \alpha_{it} D_{it}$$

假设只有第一个个体（$i = 1$）在 T_0 之后受到政策影响，则

$$D_{it} = \begin{cases} 1, & i = 1 \text{且} t \geqslant T_0 \\ 0, & \text{其他} \end{cases}$$

目标是估计 $(\alpha_{1T_0+1}, \cdots, \alpha_{1T})$。对 $t \geqslant T_0$，有 $\alpha_{1t} = Y_{1t}^{\mathrm{I}} - Y_{1t}^{\mathrm{N}} = Y_{1t} - Y_{1t}^{\mathrm{N}}$，其中，$Y_{1t}^{\mathrm{I}}$ 是可以观测的，而 Y_{1t}^{N} 无法观测。

为了估计个体的反事实结果，用下列模型表示 Y_{it}^{N}：

$$Y_{it}^{\mathrm{N}} = \delta_t + \boldsymbol{\theta}_t \boldsymbol{Z}_i + \boldsymbol{\lambda}_t \boldsymbol{\mu}_i + \varepsilon_{it} \tag{3-1}$$

其中，δ_t 表示时间固定效应；$\boldsymbol{Z}_i$ 表示 $K \times 1$ 维（不受政策干扰的）预测变量；$\boldsymbol{\theta}_t$ 表示 $1 \times K$ 维未知参数；$\boldsymbol{\lambda}_t$ 表示 $1 \times F$ 维未观测到的共同因子；$\boldsymbol{\mu}_i$ 表示 $F \times 1$ 维未观测到的地区固定效应；ε_{it} 表示随机误差项，假设在研究个体层面满足零均值。使用合成控制法，用对照组的加权来模拟处理组的 Y_{it}^{N}。$\boldsymbol{W}$ 表示控制组的权重，即 $\boldsymbol{W} = (w_2, \cdots, w_{j+1})^{\mathrm{T}}$，$w_i$ 表示控制组第 i 个个体的权重，$w_i \geqslant 0$，$i = 2, \cdots, j+1$，$w_2 + \cdots + w_{j+1} = 1$。则

$$\sum_{i=2}^{j+1} w_i Y_{it} = \delta_t + \boldsymbol{\theta}_t \sum_{i=2}^{j+1} w_i \boldsymbol{Z}_i + \boldsymbol{\lambda}_t \sum_{i=2}^{j+1} w_i \boldsymbol{\mu}_i + \sum_{i=2}^{j+1} \varepsilon_{it}$$

假设存在权重向量 $\boldsymbol{W}^* = \left(w_2^*, \cdots, w_{j+1}^* \right)^{\mathrm{T}}$，使得

$$\sum_{i=2}^{j+1} w_i^* Y_{i1} = Y_{11}, \quad \cdots, \quad \sum_{i=2}^{j+1} w_i^* Y_{iT_0} = Y_{1T_0}, \quad \sum_{i=2}^{j+1} w_i^* \boldsymbol{Z}_i = \boldsymbol{Z}_1 \tag{3-2}$$

如果 $\sum_{t=1}^{T_0} \boldsymbol{\lambda}_t^{\mathrm{T}} \boldsymbol{\lambda}_t$ 是非奇异的，那么

$$Y_{1t}^{\mathrm{N}} - \sum_{i=2}^{j+1} w_i^* Y_{it} = \sum_{i=2}^{j+1} w_i^* \sum_{s=1}^{T_0} \boldsymbol{\lambda}_t \left(\sum_{t=1}^{T_0} \boldsymbol{\lambda}_t^{\mathrm{T}} \boldsymbol{\lambda}_t \right)^{-1} \boldsymbol{\lambda}_s^{\mathrm{T}} (\delta_{is} - \delta_{1s}) - \sum_{i=2}^{j+1} w_i^* (\varepsilon_{it} - \varepsilon_{1t})$$

一般条件下，上式的右边将无限接近于 0。因此，对于 $T_0 < t \leqslant T$，可以将 $\sum_{i=2}^{j+1} w_i^* Y_{it}$ 作为 Y_{1t}^{N} 的无偏估计量，从而 $\hat{\alpha}_{1t}$ 近似表示为 $Y_{1t} - \sum_{i=2}^{j+1} w_i^* Y_{it}$。

$$\hat{\alpha}_{1t} = Y_{1t} - \sum_{i=2}^{j+1} w_i^* Y_{it} \tag{3-3}$$

进一步地，通过选择最小化 $\boldsymbol{X}_1$ 和 $\boldsymbol{X}_0 \boldsymbol{W}$ 之间的距离来确定合成控制向量 $\boldsymbol{W}^*$。

$$\| \boldsymbol{X}_1 - \boldsymbol{X}_0 \boldsymbol{W} \|_v = \sqrt{(\boldsymbol{X}_1 - \boldsymbol{X}_0 \boldsymbol{W})^{\mathrm{T}} V (\boldsymbol{X}_1 - \boldsymbol{X}_0 \boldsymbol{W})} \tag{3-4}$$

其中，X_1 表示受政策或事件影响前处理组的 $k \times 1$ 维特征向量；X_0 表示 $k \times j$ 维矩阵，X_0 的第 j 列为控制组 j 受影响前的相应特征向量；V 表示 $k \times k$ 维的半正定矩阵，V 的选择会对估计均方预测误差产生影响。

3.3　合成控制模型应用的一般流程

合成控制模型的操作主要包括以下几个步骤，如图 3.1 所示。

图 3.1　合成控制模型的操作步骤

3.3.1　确定解释变量和被解释变量

若要考察某一政策的影响，首先要确定某一指标作为被解释变量，同时选择一系列合适的变量作为预测变量。

3.3.2　确定处理组和控制组的个体

选择在各方面都与受干预的处理组相似却未受干预的个体作为控制组的个体。

3.3.3　实证模型

Abadie 等（2010）开发的 Synth 程序包可用于合成控制法的模型估计，下面介绍在 Stata 软件中的操作方法及主要命令。

（1）读入数据。

```
use"文件名",clear
```

（2）安装运行合成控制法的程序包。

```
ssc install synth,replace
```

（3）面板数据识别。

```
tsset id year
```

其中，id 表示地区；year 表示时间。

（4）回归。

```
synth y pv,trunit(i)trperiod(t)xperiod(t₁(a)t₂)mspeperiod()
resultsperiod()figure nested keep(result)
```

其中，y 表示结果变量；pv 表示一系列预测变量；i 表示处理组对应的编号（若处理组在 id 列中对应的编号为 1，则 $i = 1$）；t 表示政策开始实施的时间；xperiod($t_1(a)t_2$)

表示指定将预测变量在 t_1 到 t_2 期间进行平均，始于 t_1，以 a 为时间间隔，而止于 t_2；mspeperiod( )表示指定最小化均方预测误差的时期，一般情况下，默认为政策实施之前的全部时期；resultsperiod( )表示生成结果趋势图的时间范围，默认为整个样本时期；keep(result)表示把估计结果（合成控制组的权重和结果变量）输出到 result.dta 文件，以便后续计算。

以 Abadie 等（2010）使用合成控制法评估 1988 年美国加利福尼亚州《控烟法》的影响为例，代码为

```
synth cigsale retprice lnincome age15to24 beer cigsale(1975)
cigsale(1980)cigsale(1988),trunit(3)trperiod(1989)xperiod(1980(1)
1988)figure nested allopt keep(result)
```

通过观察干预前一段时间内控制组和处理组的被解释变量值是否接近，来检验合成控制组是否完美拟合了处理组。合成控制组为拟合的处理组，即未受干预的处理组。因此，处理组与合成控制组被解释变量的差即为政策影响。

3.3.4 稳健性检验

为了验证实证结果的稳健性，通常可以采取增加控制变量、改变被解释变量的衡量方式、更换计量方法等方式。此外，在合成控制法中，可以采用迭代法对结果进行敏感性分析。具体而言，迭代法依次剔除合成控制组中权重为正的一个地区，经过数次迭代后，若实证结果与原来的结论一致，而不随着控制组的不同而变化，则该实证结果是稳健的。安慰剂检验属于稳健性检验的一种，出于其重要性，通常将其单独呈现。针对合成控制法，除了构造虚拟政策节点等常见的检验方式之外，还有专门用于合成控制法的安慰剂检验方法。这里，着重介绍排序检验法。

Abadie 等（2010）所给出的排序检验法，常被用于检测估计的政策效应是否在统计学意义上显著。排序检验法的基本思想如下。假定所有控制组都从该政策的执行年份开始实行这项政策，并通过合成控制法建立了它们的合成控制组，以估计在假定前提下产生的政策效应。将政策实际实施地区产生的效果和随机选取的对照组地区产生的效果进行对比，假如实际产生的政策效果和随机产生的政策效果存在足够大的差异，那么该政策的影响就是显著的。值得注意的是，这一方法要求在政策执行以前，各控制组的合成控制组必须具备良好的拟合效果，假如拟合效果不佳，即均方预测误差较大，那么在政策实施之后的一段时间，即使被解释变量的差值较大，也无法体现该项政策的执行成效。因此，当一个控制组的合成控制组在政策实行前的时间段出现了不好的拟合效果时，就有必要对其进行剔除。Abadie 等（2010）依次剔除了政策实施前均方预测误差大于处理组 20 倍、5 倍和 2 倍的控制组。在实际应用中，可以根据模型选择合适的均方百分比误差（mean square percentage error，MSPE）或者均方根百分比误差（root mean squared percentage error，RMSPE）对拟合不好的控制组进行剔除。排序检验法能够有效证明在政策实施后处理组和合成控制组的差异是该项政策带来的而非其他共同发生的偶然事件带来的。

下面介绍排序检验法在 Stata 软件中的操作方法及主要命令。为了方便起见，令政策

实际干预的处理组的编号为 1，处理组和控制组的个数总计为 n。

（1）设定一个临时矩阵 **resmat**。

```
tempname resmat
```

（2）假设所有控制组在政策实施年份实施了该项政策，使用合成控制法构造其合成控制组。

```
forvalues i=1/n{
synth y pv,trunit(`i')trperiod(t)xperiod(t₁(a)t₂)mspeperiod()
resultsperiod()figure nested keep(result_`i',replace)
matrix`resmat'=nullmat(`resmat')\ e(RMSPE)
local names=`names'+`i'
}
mat colnames `resmat'="RMSPE"
mat rownames `resmat'=`names'
matlist `resmat',row("Treated Unit")
```

（3）剔除拟合不好的控制组。

```
forval i=1/n{
use result_ `i',clear
rename _time year
gen pe_`i'=_Y_treated-_Y_synthetic
keep year pe_`i'
drop if missing(year)
save result_ `i',replace
}
use result_1,clear
forval i=2/n{
qui merge 1:1 year using result_`i',nogenerate
}
drop pe_d₁
drop pe_d₂
…
drop pe_dₙ
```

其中，$d_1, d_2, \cdots, d_n$ 表示一系列拟合不好的控制组。

（4）生成排序检验法结果。

```
local lp1
forval i=2/d₁-1 {
local lp1 `lp1' line pe_`i' year,lpattern(dash)lcolor(gs6)||
}
local lp2
```

```
forval i=(d₁+1)/d₂-1 {
local lp2 `lp2' line pe_`i' year,lpattern(dash)lcolor(gs6)||
}
...
local lpm
forval i=(dₙ+1)/n {
local lpm `lpm' line pe_`i' year,lpattern(dash)lcolor(gs6)||
}
twoway `lp1' `lp2' ... `lpm' || line pe_1 year,lcolor(red)legend
(off)xline(t,lp(dash))yline(0,lp(dash))
```

3.4　合成控制模型在能源经济分析中的应用

合成控制法通过构造一个合适的合成控制组并将其作为对照组来研究某一事件或政策的影响，广泛应用于政治学、经济学和社会学等领域。在能源经济领域，合成控制模型常常用来研究碳减排政策等能源经济领域内政策和事件的影响，本节选取三篇代表性案例进行详细说明。

3.4.1　案例1：评估美国区域温室气体倡议对燃料煤转气的影响

在美国东北部实施区域温室气体倡议（Regional Greenhouse Gas Initiative，RGGI）的地区，从燃煤发电转向天然气发电是使温室气体排放大幅减少的重要因素之一。Kim M K 和 Kim T（2016）使用 1993 年至 2014 年的州级面板数据，采用合成控制法估计了美国东北部实施区域温室气体倡议对该地区燃料煤转气即发电中天然气份额的影响。

1. 处理组与控制组

处理组：包括新泽西州等在内的美国东北部的 10 个州。
控制组：美国除阿拉斯加州、夏威夷州和华盛顿州之外的 38 个州（特区）。

2. 变量选取

被解释变量：区域内天然气在发电中的份额。
预测变量：天然气价格、煤炭价格、核能发电占比、可再生能源发电目标。

3. 模型

设 Y_{it}^{N} 为区域 i 在没有政策干预的情况下，在时间 t 时观测到的结果。对于区域 $i=1$，$2,\cdots,N$ 和时间周期 $t=1,2,\cdots,T$，设 Y_{it}^{I} 为区域 i 政策实施后的结果。将第 t 时刻对区域 i 进行干预的效果表示为 $\alpha_{it}=Y_{it}^{I}-Y_{it}^{N}$，也就是估计 Y_{it}^{N} 模型：

$$Y_{it}^{N} = \delta_t + \theta_t Z_i + \lambda_t \mu_i + \varepsilon_{it}$$

其中，δ_t 表示时间固定效应；θ_t 表示未知参数；Z_i 表示不受政策影响的预测变量；λ_t 表示影响所有地区的公共因子；μ_i 表示地区固定效应；ε_{it} 表示随机误差项。

$$\hat{\alpha}_{ot} = Y_{ot} - \sum_{i=1}^{N} w_i Y_{it}, \quad t = t_0+1, t_0+2, \cdots, T$$

$$Y_{it} = \frac{\mathrm{gas}_{it}}{\mathrm{gas}_{it}, \mathrm{coal}_{it}}$$

其中，w 是控制组权重，使得控制组能拟合处理组的特征，下标 o 表示控制组。gas_{it} 表示第 t 年状态 i 的天然气的净发电量；coal_{it} 表示第 t 年状态 i 的煤炭的净发电量。

4. 结论

研究证明区域温室气体倡议的实施，实际上加快了煤转气的进程，在实施区域温室气体倡议的地区，天然气在发电中的比重比对照组高出 10%—15%。

3.4.2　案例 2：评估加拿大碳税政策对居民天然气消费的影响

碳税政策对个人和企业行为的影响这一议题受到关注。加拿大不列颠哥伦比亚省是北美地区最早将碳价格作为减少碳排放工具的地区之一，Xiang 和 Lawley（2019）使用合成控制法估计了 2008 年不列颠哥伦比亚省碳税政策的影响，揭示了碳税政策在减少化石燃料消费方面的有效性，并特别考察了碳税政策对居民天然气消费的影响。

1. 处理组与控制组

处理组：加拿大不列颠哥伦比亚省。
控制组：艾伯塔省等加拿大其他 6 个省，以及伊利诺伊州等美国 41 个州。

2. 变量选取

被解释变量：居民人均天然气消费量。
预测变量：天然气价格、65 岁及以上人口比例、15 岁及以下人口比例、人均收入和失业率。

3. 模型

假设共有 $j+1$ 个个体，其中第 1 个个体即不列颠哥伦比亚省为处理组（$i=1$），而其余 j 个个体未受政策干预，为控制组（$i=2,\cdots,j+1$）。j 个地区的加权组合形成一个对照组。样本时间为 $t=1,\cdots,T$。政策干预发生在 T_0（$t<T_0<T$）时期。Y_{it}^{N} 是不列颠哥伦比亚省在 t 时间未受到政策干预时的结果，Y_{it}^{I} 是在 t 时间受到政策干预时的结果（$T_0+1 \leqslant t \leqslant T$），碳税政策的影响 $\alpha_{it} = Y_{it}^{I} - Y_{it}^{N}$。

目标是估计不列颠哥伦比亚省碳税政策的影响，$\alpha_{1T_0+1},\cdots,\alpha_{1T}$。对 $t>T_0$，有 $\alpha_{1t} = Y_{1t}^{I} - Y_{1t}^{N} = Y_{1t} - Y_{1t}^{N}$，其中，$Y_{1t}^{I}$ 是可以观测的，而 Y_{1t}^{N} 无法观测。

用下列模型表示 Y_{it}^{N}：

$$Y_{it}^{N} = \delta_t + \theta_t Z_i + \lambda_t \mu_i + \varepsilon_{it}, \quad i = 1, \cdots, j+1, \ t = 1, \cdots, T$$

其中，δ_t 表示时间固定效应；θ_t 表示未知参数；Z_i 表示不受政策影响的预测变量；λ_t 表示影响所有地区的公共因子；μ_i 表示地区固定效应；ε_{it} 表示随机误差项。

使用合成控制法，用对照组的加权来模拟处理组的 Y_{it}^{N}。$\boldsymbol{W}$ 为控制组的权重，w_i 表示控制组第 i 个个体的权重。

假设存在权重向量 $\boldsymbol{W}^* = \left(w_2^*, \cdots, w_{j+1}^* \right)$，使得

$$\sum_{i=2}^{j+1} w_i^* Y_{i1} = Y_{11}, \quad \sum_{i=2}^{j+1} w_i^* Y_{i2} = Y_{12}, \cdots, \sum_{i=2}^{j+1} w_i^* Y_{iT_0} = Y_{1T_0}$$

$$\sum_{i=2}^{j+1} w_i^* Z_i = Z_1$$

对于 $T_0 + 1 < t \leq T$，可以使用 $\sum_{i=2}^{j+1} w_i^* Y_{it}$ 作为 Y_{it}^{N} 的无偏估计来近似 Y_{1t}^{N}，从而 $Y_{1t} - \sum_{i=2}^{j+1} w_i^* Y_{it}$ 就可以作为 α_{1t} 的估计。

$$\hat{\alpha}_{1t} = Y_{1t} - \sum_{i=2}^{j+1} w_i^* Y_{it}$$

选择一个最优权重 $\boldsymbol{W}$，使 $\boldsymbol{W}$ 满足碳税政策影响前合成的控制组的预测变量与处理组预测变量之间的差异最小化，即通过最小化 $\boldsymbol{X}_1$ 和 $\boldsymbol{X}_0\boldsymbol{W}$ 的距离 $\| \boldsymbol{X}_1 - \boldsymbol{X}_0\boldsymbol{W} \|$ 来确定 $\boldsymbol{W}^*$。

4. 结论

该案例考察不列颠哥伦比亚省碳税政策对居民天然气消费的总体影响。研究结果表明，碳税政策的实施推动加拿大居民人均天然气消费量平均下降 6.9%，即碳税政策有效推动了天然气消费量降低。另外，相对于价格和税收，气候和家庭特征等因素是重要的短期到中期天然气消费决定因素。例如，居民家庭对碳税政策的态度可能因环境意识形态、家庭收入和房屋特征而有所不同，这为相关政策制定提供了参考。

3.4.3 案例 3：评估中国燃油车限牌政策的影响

自 1994 年以来，为推广新能源汽车，中国已经在 8 个城市和 1 个省份实施了燃油车限牌政策。Chi 等（2020）通过 2012 年 1 月至 2019 年 7 月城市层面的新能源汽车销量数据，运用合成控制法定量评估了燃油车限牌政策对新能源汽车使用的影响。

1. 处理组与控制组

处理组：2014 年后实施燃油车限牌政策的城市，包括杭州、海口、天津、深圳。

控制组：2014 年后未实施燃油车限牌政策的省会城市，包括合肥、兰州、南宁等 20 个城市。

2. 变量选取

被解释变量：新能源汽车销量。

预测变量：新能源汽车补贴额度、人均 GDP、人均可支配收入、人口密度、汽油价格。

3. 模型

观察 $J+1$ 个地区的新能源汽车销售数据。其中，第 1 个区域为处理组，在 T_0 时实施燃油车限牌政策，其他 J 个地区未实施该政策，为控制组。T_0 时刻实施了燃油车限牌政策，则 Y_{it}^N 为未实施燃油车限牌政策时 i 地区的新能源汽车销量，Y_{it}^I 为实施燃油车限牌政策后地区 i 的新能源汽车销量。

政策实施以前，$Y_{it}^I = Y_{it}^N$。政策实施以后，用 α_{it} 表示 i 地区实施燃油车限牌政策对新能源汽车销量的影响，$\alpha_{it} = Y_{it}^I - Y_{it}^N$。$Y_{it}^I$ 是处理组新能源汽车的真实销量，是可以得到的，因此只需要估算 Y_{it}^N。

根据 Abadie 等（2010），Y_{it}^N 的模型为

$$Y_{it}^N = \delta_t + \theta_t Z_i + \lambda_t \mu_i + \varepsilon_{it}$$

控制组的权重为 w，假设存在权重向量 $\boldsymbol{W}^* = \left(w_2^*, \cdots, w_{J+1}^* \right)$，合成的对照组的新能源汽车销量表示为

$$\sum_{i=2}^{J+1} w_i Y_{it} = \delta_t + \theta_t \sum_{i=2}^{J+1} w_i Z_i + \lambda_t \sum_{i=2}^{J+1} w_i \mu_i + \sum_{i=2}^{J+1} w_i \varepsilon_{it}$$

权重 w 满足：

$$\sum_{i=2}^{J+1} w_i^* Y_{it} = Y_{11}, \quad \sum_{i=2}^{J+1} w_i^* Y_{iT_0} = Y_{1T_0}, \quad \sum_{i=2}^{J+1} w_i^* Z_i = Z_1$$

因此可以将 $\sum_{i=2}^{J+1} w_i^* Y_{it}$ 作为 Y_{it}^N 的估计。

α_{it} 的估计为

$$\hat{\alpha}_{it} = Y_{1t} - \sum_{i=2}^{J+1} w_i^* Y_{it}, \ t \in [T_0 + 1, T]$$

通过最小化 $\boldsymbol{X}_1$ 和 $\boldsymbol{X}_0 \boldsymbol{W}$ 的距离 $\| \boldsymbol{X}_1 - \boldsymbol{X}_0 \boldsymbol{W} \|$ 来确定 $\boldsymbol{W}^*$。

4. 结论

与未实施燃油车限牌政策相比，实施该政策可以显著提高新能源汽车的销量，在新能源汽车的主要车型中，燃油车限牌政策主要促进了紧凑型和小型汽车的销售。同时，该政策引起了部分消费者的不满，在短期内对区域汽车行业可能产生负面影响。

本章参考文献

刘传明, 孙喆, 张瑾. 2019. 中国碳排放权交易试点的碳减排政策效应研究. 中国人口·资源与环境, 29(11): 49-58.

苏治, 胡迪. 2015. 通货膨胀目标制是否有效？——来自合成控制法的新证据. 经济研究, 50(6): 74-88.

王贤彬, 聂海峰. 2010. 行政区划调整与经济增长. 管理世界, (4): 42-53.

Abadie A, Diamond A, Hainmueller J. 2010. Synthetic control methods for comparative case studies: estimating the effect of California's Tobacco Control Program. Journal of the American Statistical Association, 105(490): 493-505.

Abadie A, Gardeazabal J. 2003. The economic costs of conflict: a case study of the Basque country. American Economic Review, 93(1): 113-132.

Billmeier A, Nannicini T. 2013. Assessing economic liberalization episodes: a synthetic control approach. The Review of Economics and Statistics, 95(3): 983-1001.

Bohn S, Lofstrom M, Raphael S. 2014. Did the 2007 Legal Arizona Workers Act reduce the state's unauthorized immigrant population? . The Review of Economics and Statistics, 96(2): 258-269.

Chi Y Y, Wang Y Y, Xu J H. 2020. Estimating the impact of the license plate quota policy for ICEVs on new energy vehicle adoption by using synthetic control method. Energy Policy, 149: 112022.

Kim M K, Kim T. 2016. Estimating impact of regional greenhouse gas initiative on coal to gas switching using synthetic control methods. Energy Economics, 59: 328-335.

Xiang D, Lawley C. 2019. The impact of British Columbia's carbon tax on residential natural gas consumption. Energy Economics, 80: 206-218.

第 4 章　断点回归法

本章提要

　　本章介绍断点回归法，断点回归是仅次于随机实验，且能够有效利用现实约束条件分析变量之间因果关系的实证方法。断点回归的主要原理是：存在一个变量，当该变量大于某一临界值时，接受处理效应，小于临界值时，不接受处理效应，小于临界值的样本可以视作对照组。本章首先概述断点回归法的基本概念、特点与适用情境；其次介绍精确断点回归模型和模糊断点回归模型的构建过程与估计方法，归纳总结断点回归模型应用的一般流程；最后举例说明断点回归模型在能源经济分析中的应用。

4.1　断点回归法概述

4.1.1　断点回归法的基本概念

　　断点回归设计（regression discontinuity design，RDD），即断点回归法是一种仅次于随机实验方法且能够有效利用现实约束条件分析变量之间因果关系的实证方法。其基本思想是控制研究样本近似于随机分布在某一临界值（断点）附近，小于临界值的样本作为对照组，大于临界值的样本作为实验组，通过比较它们的差别来研究解释变量和被解释变量之间的因果联系。

　　断点回归设计按照在断点处个体接受处理效应的概率的变化特征可以分为两种类型：精确断点回归设计（sharp regression discontinuity design，SRDD）和模糊断点回归设计（fuzzy regression discontinuity design，FRDD）。在精确断点回归中，临界值是确定的，一边是完全接受处理效应，另外一边是完全不接受处理效应；而在模糊型断点回归中，临界值附近的观测值接受处理效应的概率是单调随机的。

　　断点回归法是由美国西北大学的心理学家 Campbell 于 1958 年首先提出的，Thistlewaite 和 Campbell 在 1960 年正式发表了第一篇内容有关于"对学生的未来学术成果（生涯渴望和研究生项目等级）进行嘉奖"的论文。其研究表明，奖励根据学生参与测试的成绩进行分配。假设某一学生的分数为 X，大于等于临界值 c，便会获得奖励，相反，低于此临界值的学生则得不到奖励。Thistlewaite 和 Campbell（1960）认为断点回归是在非实验的情况下对处理效应进行处理的一种有效方法，并将其应用于心理学和教育学领域。断点回归法的又一经典案例是 Angrist 和 Lavy（1999）对以色列教育系统的一项制度进行分析，该制度限定班级规模的上限为 40 名学生，一旦超过 40 名学生，则该班级被一分为二，Angrist 和 Lavy 运用断点回归法来研究该制度下的班级规模对学生成绩的影响。

目前，断点回归法在教育经济学、劳动经济学、健康经济学、政治经济学以及能源经济学等领域得到了广泛应用。目前在能源经济领域的应用主要包括评估能源环境政策的影响等。例如，Davis（2008）运用断点回归法研究了墨西哥城于 1989 年实行的 Hoy No Circula 车辆限行政策对空气质量的影响；Greenstone 和 Gallagher（2008）使用断点回归法对 1980 年美国国会通过的《综合环境反应、赔偿和责任法案》（Comprehensive Environmental Response，Compensation and Liability Act，CERCLA），即后来的超级基金所产生的经济价值进行研究；Almond 等（2009）采用此方法研究了中国暖气使用政策对地方环境污染的影响。

4.1.2　断点回归法的特点与适用情境

多元回归模型在预测过程中会受到多种因素影响，而断点回归法是最接近于随机试验方法的拟随机实验方法，具有因果推断清晰、结果可信、易于检验的特点。具体而言，断点回归法具有如下特点。

（1）断点回归法是拟随机实验方法中揭示因果关系比较有效的一种方法，可以视作是一种特殊的倾向得分匹配。

（2）断点回归法不需要对多个变量进行控制，而是考虑一个个体是否接受某个自变量的影响，不用考虑太过复杂。

断点回归法也存在一定局限，具体如下。

（1）在使用断点回归法时，如果其他协变量也存在着"中断"的情况，则无法确定数据的变化是受到了其他外生变量的作用，还是受到了所研究核心变量的影响。

（2）非混淆假设条件严格。断点回归法假设研究对象是同质的或近似同质的，即若将被放置对照的个体放在实验组，则其与放置在实验组的个体产生的效应是一样的，但在实际中很难保证，如若产生异质性反应，则估计结果是有偏的。

（3）断点回归法衡量的是在临界值附近的局部平均处理效应（local average treatment effect，LATE），不是一个整体的平均效应，很难推广到整体研究中。

4.2　断点回归模型

本节详细阐述精确断点回归模型和模糊断点回归模型的构建过程和估计方法。

4.2.1　精确断点回归模型

精确断点回归设计的特征是在断点，即 $x_i = x_0$ 处，个体接受政策干预的概率从 0 跳跃到 1，可以看作是一种基于可观察变量进行的选择。

当分配处理状态的机制是解释变量 x_i 的确定型、不连续函数时，可以使用精确断点回归设计。用 $D_i = 1(x_i \geq x_0)$ 表示干预变量，式（4-1）为指标函数（即如果满足 $x_i \geq x_0$，赋值为 1；如果不满足，赋值为 0）。

$$D = \begin{cases} 1, & x_i \geqslant x_0 \\ 0, & x_i < x_0 \end{cases} \tag{4-1}$$

该分配机制是 x_i 的确定型函数，一旦知道 x_i 便知道 D_i，也就是给定分数被分配到处理组的条件概率 $P(T_i = 1|\xi = x)$ 在跳跃间断点 $x_i = x_0$ 处发生波动。如图 4.1 所示，无论 x_i 距 x_0 有多近，处理规则都会保持不变，直到 $x_i = x_0$ 为止。

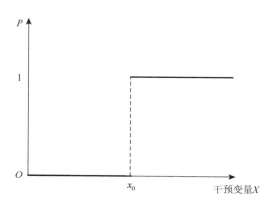

图 4.1　精确断点回归

此外，还要确定满足精确断点回归模型的假设条件（罗胜，2016），具体如下。

（1）将研究对象随机分为对照组和实验组的干预变量 D_i 是一种已知的、确定性的决策规则。

（2）在断点 x_0 处，被解释变量是连续的，即 $E\left[Y_{0i}|x_i\right]$ 和 $E\left[Y_{1i}|x_i\right]$ 在断点处是连续的。

通过用一个简单的模型，可以清楚地表达断点回归的思想（Angrist and Pischke，2009）。除了用等式（4-1）表示的分配处理状态的机制，还可以使用一个线性的、因果效应为常数的模型来描述潜在结果：

$$E\left[Y_{0i}|x_i\right] = \alpha + \beta x_i \tag{4-2}$$

$$Y_{1i} = Y_{0i} + \rho \tag{4-3}$$

这意味着要做的回归是

$$Y_i = \alpha + \beta x_i + \rho D_i + \eta_i \tag{4-4}$$

其中，Y_i 表示研究个体的被解释变量；x_i 表示解释变量；D_i 表示干预变量；ρ 表示感兴趣的处理效应；η_i 表示误差项。处理效果如图 4.2 所示。

若表示趋势关系的函数 $E\left[Y_{0i}|x_i\right]$ 是非线性的，假设 $E\left[Y_{0i}|x_i\right] = f(x_i)$，通过拟合等式（4-5）来构造断点回归估计值。处理效果如图 4.3 所示。

$$Y_i = f(x_i) + \rho D_i + \eta_i \tag{4-5}$$

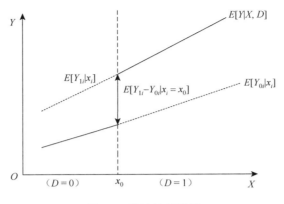

图 4.2　线性处理效果

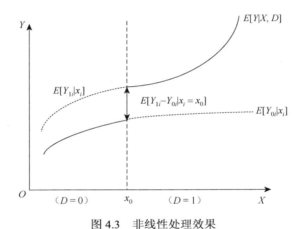

图 4.3　非线性处理效果

对等式（4-4）和等式（4-5）进行 OLS 回归，所得到的 ρ 就是在 $x_i = x_0$ 处的处理效应估计量。

基于等式（4-5）得到的断点回归估计值的有效性依赖于多项式模型能否足够精确地描述 $E\left[Y_{0i}\middle|x_i\right]$。如果不能，那么看上去由于个体被处理而发生的跳跃可能只不过是因为条件期望函数在某个点上不连续，而在设定期望函数前我们并未提前预计到这种不连续性。为了降低出现这种错误的可能性，可以只考虑在不连续点的领域中的数据，也就是考察区间 $[x_0 - \Delta, x_0 + \Delta]$，其中 Δ 是某个很小的正数。于是有

$$\lim_{\Delta\to0}E\left[Y_i\middle|x_0 \leqslant x_i < x_0 + \Delta\right] - \lim_{\Delta\to0}E\left[Y_i\middle|x_0 - \Delta \leqslant x_i < x_0\right] = E\left[Y_{1i} - Y_{i0}\middle|x_i = x_0\right] \quad (4\text{-}6)$$

其中，$E\left[Y_{1i} - Y_{i0}\middle|x_i = x_0\right]$ 表示对处理效应的平均化。

使用非参数方法需要对 x_0 左右小范围内的 Y_i 的均值进行良好的估计，但是求得上述两个估计值具有相当难度。首先遇到的问题是如果在临界值很小的领域内进行估计，那么可用的数据就相对较少；在有界领域中对条件期望函数的估计是有偏的。针对这一问题的解决方法是使用非参数的局部线性回归（Hahn et al.，2001），以及由 Porter（2003）发展出的部分线性、局部多项式回归。局部回归对等式（4-5）使用加权最小二乘（weighted least square，WLS）法，将权重更多地分配给接近截止点的点。

4.2.2　模糊断点回归模型

模糊断点回归设计的特征是在断点 $x_i = x_0$ 处，个体接受政策干预的概率从 a 变为 b，其中 $0 < a < b < 1$（即在临界值附近，接受处理的概率是单调变化的）。

如图 4.4 所示，个体被处理的概率会有一个跳跃，不连续性成了针对处理状态的工具变量，它不再和处理状态有确定性的联系，模糊断点回归设计提供了一个简单的工具变量估计策略。

$$P\left(D_i = 1 \middle| x_i\right) = \begin{cases} g_1(x_i), & x_i \geqslant x_0, \ g_1(x_0) \neq g_0(x_0) \\ g_0(x_i), & x_i < x_0, \ g_1(x_0) \neq g_0(x_0) \end{cases} \tag{4-7}$$

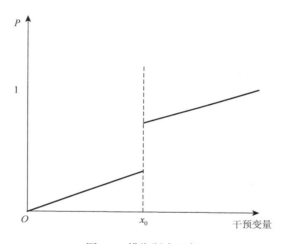

图 4.4　模糊断点回归

这里假设 $g_1(x_0) > g_0(x_0)$，也就是说当 $x_i \geqslant x_0$ 时，个体被处理的概率会增大。可以将被处理状态和 x_i 之间的关系记为

$$E\left[D_i \middle| x_i\right] = P\left[D_i = 1 \middle| x_i\right] = g_0(x_0) + (g_1(x_0) - g_0(x_0))T_i \tag{4-8}$$

其中，虚拟变量 T_i 表示 $E\left[D_i \middle| x_i\right]$ 不连续的点，即 $T_i = 1\,(x_i \geqslant x_0)$。

满足模糊断点回归模型的假设条件如下。

（1）将研究对象随机分为对照组和实验组的干预变量是一种随机的决策规则。

（2）在断点 x_0 处，倾向值函数 $P\left[D_i = 1 \middle| x_i\right]$ 存在跳跃。

最为简单的模糊断点回归估计值只用 T_i 做工具变量，不涉及它的交互项，则第一阶段的回归是

$$D_i = g(x_i) + \pi T_i + \varepsilon_{1i} \tag{4-9}$$

其中，π 表示 T_i 在第一阶段的处理效应；$D_i = 1$ 表示基于决策规则被分配到实验组，反之，则被分配到对照组。

将等式（4-9）代入等式（4-5），可以得到模糊断点回归模型的简约式：

$$Y_i = z(x_i) + \rho \pi T_i + \varepsilon_{2i} \tag{4-10}$$

其中，Y_i 表示研究个体的被解释变量；$z(x_i) = f(x_i) + \rho g(x_i)$；$T_i = 1$ 表示个体接受处理，反之，不接受。利用两阶段最小二乘法来构造模糊断点回归估计值。

使用非参数方法对模糊断点回归进行估计时，要在不连续点的领域里进行工具变量估计。在点 x_0 附近，Y_i 的条件期望函数的简约型是

$$E\left[Y_i \middle| x_0 \leqslant x_i < x_0 + \Delta\right] - E\left[Y_i \middle| x_0 - \Delta < x_i < x_0\right] \approx \rho\pi \tag{4-11}$$

$$E\left[D_i \middle| x_0 \leqslant x_i < x_0 + \Delta\right] - E\left[D_i \middle| x_0 - \Delta < x_i < x_0\right] \approx \pi \tag{4-12}$$

$$\lim_{\Delta \to 0} \frac{E\left[Y_i \middle| x_0 \leqslant x_i < x_0 + \Delta\right] - E\left[Y_i \middle| x_0 - \Delta < x_i < x_0\right]}{E\left[D_i \middle| x_0 \leqslant x_i < x_0 + \Delta\right] - E\left[D_i \middle| x_0 - \Delta < x_i < x_0\right]} = \rho \tag{4-13}$$

等式（4-13）的估计值是在 x_0 的 Δ 领域中使用 T_i 做 D_i 的工具变量而得到的，由于这里使用虚拟变量做工具变量，所以得到的结果是一个局部平均处理效应。

4.3　断点回归模型应用的一般流程

根据赵西亮（2017），应用断点回归模型的主要研究步骤如下。

（1）检验在临界值 X 点处是否存在断点。一个较为直观的方法是图形分析。首先，画出解释变量与被解释变量之间的关系图，如果存在模糊断点，再画出干预变量与解释变量的关系图，呈现被解释变量和干预变量在断点处的行为，为研究设计提供直观的依据。

在 Stata 软件中，利用命令 rdplot 画出解释变量与被解释变量之间的关系图，假设断点为 0，断点左右区间数为 50：

```
rdplot y,x,c(0)nbiny(50)
```

（2）在临界值附近选择合适的样本进行回归和因果效应估计。分别利用断点左右的数据估计线性回归模型或多项式模型，可以使用矩形核函数加权（Imbens and Lemieux，2008）或三角核函数加权（Calonico et al.，2014）。如果存在模糊断点，可以用断点作为干预变量的工具变量进行估计，并且可以直接使用两阶段最小二乘法标准误差进行统计推断（Imbens and Lemieux，2008）。

（a）使用命令 rdrobust 进行局部线性回归，估计因果效应参数。

```
rdrobust y x,c(0)p(1)
```

（b）使用命令 rdrobust 进行局部多项式回归，估计因果效应参数。

```
rdrobust y x //自动选择阶数
rdrobust y x,p(2)//二阶拟合
rdrobust y x,p(3)//三阶拟合
```

（c）使用命令 rdrobust 进行全局多项式回归，估计因果效应参数。

```
rdrobust y x,h(`hvalueL' `hvalueR')//自动选择阶数
rdrobust y x,h(`hvalueL' `hvalueR')p(2)//二阶拟合
rdrobust y x,h(`hvalueL' `hvalueR')p(3)//三阶拟合
```

（3）稳健性检验。首先是协变量连续性检验，可以画出协变量与解释变量的关系图，检测在断点处是否连续。其次，进行解释变量分布函数连续性检验，也可以画出解释变

量的分布图。再次，进行伪断点检验，看看在其他位置，断点回归估计结果是否显著。最后，可以选择不同的带宽，检验断点回归估计结果是否稳健。

（a）其他协变量的连续性检验。

```
rdplot y x graph_options
```

（b）解释变量分布函数连续性检验。

```
rddensity x,p(1)hl(`h')hr(`h')
```

（c）伪断点检验。

假设在断点左右参考变量分别为±0.25 的位置为伪断点：

```
rdplot y x if x<0,c(-.25)graph_options(legend(off)title("")
xlabel(-.5(.1)0))
rdplot y x if x>=0,c(.25)graph_options(legend(off)title("")
xlabel(0(.1).5))
```

（d）带宽选择的敏感性检验。

先通过 rdrobust 命令提取最优带宽 h，然后分别手动设置带宽为 h 的 25%—400%：

```
rdrobust y x local h=e(h_l)
forvalues i=1(1)8{local hrobust=`h'*0.25*`i' rdrobust y x,h
(`hrobust')estimates store hrob`i'}
```

4.4　断点回归模型在能源经济分析中的应用

目前，断点回归模型在教育经济学、劳动经济学、健康经济学、政治经济学以及环境经济学等领域都得到了广泛应用。在能源经济领域的应用也逐渐增多，主要用来研究变量之间的因果关系以及评估政策效用，本章遴选三篇代表性案例进行详细说明。

4.4.1　案例 1：评估空气污染对预期寿命的长期影响

中国的空气污染水平由南到北平滑地变化，但是由于南北方供暖政策不同，在秦岭-淮河附近有一个巨大的跳跃。冬季大量燃煤供暖使得淮河北岸空气中的总悬浮颗粒物浓度比相邻的南岸跳跃性地高出 200μm/m³，Chen 等（2013）用断点回归模型研究了同时期人均预期寿命在淮河南北两岸表现出的差异。

1. 变量选取

被解释变量：人口死亡率、年平均总悬浮颗粒物浓度。
干预变量：供暖政策。
解释变量：纬度、气温、居民收入、教育水平。

2. 模型设定

政策的不连续性对空气污染和预期寿命的影响的断点回归模型分别如下：

$$\text{TSP}_j = \alpha_0 + \alpha_1 N_j + \alpha_2 f(L_j) + X_j \kappa + \nu_j$$
$$Y_j = \delta_0 + \delta_1 N_j + \delta_2 f(L_j) + X_j \phi + u_j$$

其中，j 表示中国的城市和地区；TSP_j 表示 1980—2000 年 j 市的年平均总悬浮颗粒物浓度；Y_j 表示 j 市人口死亡率或人口出生时预期寿命的量度；N_j 表示干预变量，若 j 市在秦岭-淮河线以北，$N_j = 1$，否则为 0；$f(L_j)$ 表示与淮河线边界的纬度距离之差的多项式；系数 α_1、δ_1 分别表示政策对空气污染和预期寿命的平均处理效应；X_j 表示与人口死亡率相关的人口和城市特征，其中包括纬度、气温、居民收入、教育水平，κ 和 ϕ 分别表示人口和城市相关特征变量对空气污染和预期寿命的影响系数；α_0、δ_0 和 ν_j、u_j 分别表示常数项以及随机误差项。

3. 结论

本案例运用断点回归方法，以中国秦岭-淮河线以北的冬季供暖政策为例，研究了空气污染对健康造成的后果。结果表明，秦岭-淮河以北的地区空气中年平均总悬浮颗粒物浓度明显高于秦岭-淮河以南的地区，TSP_j 每增加 100μg/m³，预期寿命损失 3 年。

4.4.2　案例 2：评估石油和天然气监管政策的有效性

石油和天然气储层通常跨越多个生产租约，因此任何所有者都没有拥有全部资源库存的权利，从而导致出现生产外部性。得克萨斯州和俄克拉何马州都受到公共池生产外部性的影响，但它们实施了不同的政策措施来减轻这些损害。以前的文献研究了得克萨斯州和俄克拉何马州政府监管在减少这些外部性方面的有效性，发现俄克拉何马州在统一公共池和保护产权方面更为成功。Balthrop 和 Schnier（2016）利用断点回归法，通过比较得克萨斯州-俄克拉何马州边界的阿纳达科盆地的油井，估计了两个州相关政策差异的因果效应。

1. 变量选取

被解释变量：油气累计产量。
干预变量：俄克拉何马州政策。
解释变量：油井的新旧程度、油井的深度和纬度、生产周期、生产油气的累计收入。

2. 模型设定

以两个州的交界处（北纬 36.5°）为边界，控制空间异质性来设计断点回归模型：
$$Y_{it} = \alpha + \beta_{\text{TX}} \times \text{dist}_i + \beta_{\text{OK}} \times \text{dist}_i \times \text{OK} + \tau \times \text{OK} + \gamma_t + \epsilon_{it}$$
其中，Y_{it} 表示油井 i 在 t 时期的油气产量；dist_i 表示到边界的距离的多项式向量；定义处理的干预变量 OK 表示是否适用俄克拉何马州的政策，对于位于俄克拉何马州的油井，$\text{OK} = 1$，对于位于得克萨斯州的油井，$\text{OK} = 0$；β_{TX} 和 β_{OK} 分别表示得克萨斯州和俄克拉何马州到边界的距离与油气累计产量的斜率系数；参数 τ 给出了俄克拉何马州政策相对于得克萨斯州政策的平均处理效应；γ_t 表示样本中每个月特定时间的固定效应；α 和 ϵ_{it} 分别表示常数项以及随机误差项。

3. 结论

该案例使用断点回归法，量化了得克萨斯州和俄克拉何马州之间不同政策的影响。研究发现，相对于得克萨斯州，俄克拉何马州在一口井的生命周期内平均多生产 3361 桶石油，俄克拉何马州的油井在累积采收率方面更为成功，这是该州政策更强调通过统一来保护产权，能够更有效地保护原有产权的结果。

4.4.3　案例 3：评估上网电价对中国可再生能源发电的影响

自 2010 年以来，中国的可再生能源行业面临供过于求的问题，导致可再生能源弃电。中国曾面临较为严峻的可再生能源弃电形势，其部分原因是中国可再生能源发展的巨大地区差异。2009 年，并网风电上网电价（feed-in tariff，FIT）政策取代了特许招标制度，以促进可再生能源发电。为缓解可再生能源项目的空间分布不平衡情况，实行了区域差别化电价。同样，2013 年公布了太阳能并网区域差别化政策。Du 和 Takeuchi（2020）采用空间断点回归设计，估算了区域差异 FIT 对风能和太阳能发电成果指标（利用率、装机容量、发电量和运行小时数）的影响。

1. 变量选取

被解释变量：风能和光伏发电成果指标（利用率、装机容量、发电量和运行小时数）。
干预变量：FIT 政策。
解释变量：人口密度、农业用地面积、第二产业产值、火电厂装机容量、年平均风速、年平均太阳辐射和平均面积加权高程和坡度。

2. 模型设定

空间断点回归方法利用了电价的不连续变化，这种变化驱动了 FIT 边界南北之间风电发展的变化。空间断点回归模型的一般形式如下：

$$W_{it} = \alpha + \beta \text{South}_i + \gamma X_{it} + f(\text{geographic location}_i) + \lambda_b + \theta_t + \varepsilon_{it}$$

其中，W_{it} 表示 i 县和第 t 年风力、光伏发电设施的生产指标，风力发电成果指标包括电厂的利用率、装机容量、发电量和运行小时数，光伏发电指标选取太阳能发电装机容量；South_i 表示干预变量，在 FIT 政策边界线以南的县，$\text{South}_i = 1$，在 FIT 政策边界线以北的县，$\text{South}_i = 0$；X_{it} 表示随时间变化的县域特征，包括 i 县第 t 年的人口密度、第二产业产值、农业用地面积、年平均风速、年平均太阳辐射、火电厂装机容量、平均面积加权高程和坡度等人口地理特征；系数 β 和 γ 分别表示 FIT 政策和县域特征的平均处理效应；$f(\text{geographic location}_i)$ 表示控制地理位置平滑函数的断点回归多项式；λ_b 表示边界段固定效应；θ_t 用于捕捉影响风能和太阳能产业发展的外部事件，如国家一级政策和法规的变化；α 和 ε_{it} 分别表示常数项以及随机误差项。

3. 结论

该案例以中国的风能和太阳能发电行业为研究对象,对实施区域差别化 FIT 政策是否缓解了可再生能源的不平衡发展问题进行了评估。研究结果表明,FIT 政策的实施在促进可再生能源发展方面发挥着重要作用,至少在 FIT 政策边界附近的有限距离内,有效地促进了可再生能源项目位置的多样化。在风力资源丰富但电力需求低的地区,区域差异化的 FIT 政策可能有助于缓解风电生产过剩问题,并促进太阳能发电厂累计装机容量的增长,此外,地区间补贴差距的扩大可能对资源贫乏地区增加可再生能源发电设施的安装需求产生更大的影响。

本章参考文献

罗胜. 2016. 断点回归设计: 基本逻辑、方法、应用述评. 统计与决策, (10): 78-80.

赵西亮. 2017. 基本有用的计量经济学. 北京: 北京大学出版社.

Almond D, Chen Y Y, Greenstone M, et al. 2009. Winter hearting or clean air? Unintended impacts of China's Huai River policy. American Economic Review, 99(2): 184-190.

Angrist J D, Lavy V. 1999. Using Maimonides' rule to estimate the effect of class size on scholastic achievement. The Quarterly Journal of Economics, 114(2): 533-575.

Angrist J D, Pischke J S. 2009. Mostly Harmless Econometrics: An Empiricist's Companion. Princeton: Princeton University Press.

Balthrop A T, Schnier K E. 2016. A regression discontinuity approach to measuring the effectiveness of oil and natural gas regulation to address the common-pool externality. Resource and Energy Economics, 44: 118-138.

Calonico S, Cattaneo M D, Titiunik R. 2014. Robust data-driven inference in the regression-discontinuity design. The Stata Journal: Promoting Communications on Statistics and Stata, 14(4): 909-946.

Chen Y Y, Ebenstein A, Greenstone M, et al. 2013. Evidence on the impact of sustained exposure to air pollution on life expectancy from China's Huai River policy. Proceedings of the National Academy of Sciences of the United States of America, 110(32): 12936-12941.

Davis L W. 2008. The effect of driving restrictions on air quality in Mexico City. Journal of Political Economy, 116(1): 38-81.

Du Y M, Takeuchi K. 2020. Does a small difference make a difference? Impact of feed-in tariff on renewable power generation in China. Energy Economics, 87: 104710.

Greenstone M, Gallagher J. 2008. Does hazardous waste matter? Evidence from the housing market and the superfund program. The Quarterly Journal of Economics, 123(3): 951-1003.

Hahn J, Todd P, van der Klaauw W. 2001. Identification and estimation of treatment effects with a regression-discontinuity design. Econometrica, 69: 201-209.

Imbens G, Lemieux T. 2008. Special issue editors' introduction: the regression discontinuity design: theory and applications. Journal of Econometrics, 142(2): 611-614.

Porter J. 2003. Estimation in the regression discontinuity model. https://users.ssc.wisc.edu/~jrporter/reg_discont_2003.pdf[2003-05-07].

Thistlewaite D L, Campbell D T. 1960. Regression-discontinuity analysis: an alternative to the ex post facto experiment. Journal of Educational Psychology, 51(6): 309-317.

第 5 章　事件研究法

本章提要

　　本章介绍事件研究（event study）法，事件研究法是一种在数据资料基础上，定量研究某一特定事件的发生对目标公司或者行业是否产生影响及测度影响程度的方法。这种影响往往体现为目标公司的股价波动、成交量、会计收益（payoff）、经营绩效方面的变化。与双重差分法、合成控制法、断点回归法相比，事件研究法的主要思路是通过比较事件发生期间的实际收益和事件未出现情况下预期的"正常收益"（normal returns），求得超额收益，并对其进行统计检验，以测度事件的经济影响。本章首先概述事件研究法的基本概念、特点与适用情境；其次归纳总结事件研究法应用的一般流程，并重点介绍"正常收益"期望估计的理论模型以及对应的软件操作命令；最后举例说明事件研究法在能源经济分析中的应用。

5.1　事件研究法概述

5.1.1　事件研究法的基本概念

　　事件研究法是一种通过观测某一事件发生前后的一段时期内，某种资产"异常收益"（abnormal returns，AR）的变化情况，以此分析该事件对该种资产价格影响的定量研究方法。其基本原理是比较在事件发生前后，投资者投资行为变化所引发的股票收益变化情况，并据此判断该事件对股东财富和企业价值的影响。该方法首先通过某事件发生前一定期间内上市公司的实际收益率和市场证券组合收益率来估计该公司的股票市价模型，其次测算在该事件发生时公司股票的"异常收益"，最后通过检验判断"异常收益率"是否显著为零，从而判断该事件是否对公司的股票价格产生显著影响。

　　有效市场假说（efficient market hypothesis，EMH）推动了事件研究法的诞生。根据有效市场假说，如果证券价格反映了所有当前可知的信息，那么股票价格的变动一定反映了新信息。事件研究法最早被 Dolley（1933）用以研究分股事件对公司股价的影响。Ball 和 Brown（1968）研究会计盈余报告信息含量的市场有用性时明确了事件研究法的研究步骤。Fama 等（1969）运用事件研究法研究了股票股利效应，完善了"正常收益"期望估计理论模型的细节。此后，Brown 和 Warner（1980）又进一步在方法论上拓宽了事件研究法的涵盖领域。自提出以来，事件研究法在经济、金融和公司财务等领域得到广泛应用，已经成为一种成熟的、标准化的实证研究方法，主要用以研究某一事件发生带来的经济影响。随着能源经济研究领域的发展，事件研究法在该领域也开始被广泛应用，如使用事件研究法对能源政策的出台、能源事故的发生、能源机构信息公告等事件的经济影响进行评估等。

5.1.2 事件研究法的特点与适用情境

1. 事件研究法的特点

事件研究法是研究有效市场中"异常收益"现象的常用工具，通过对研究样本和事件窗口进行调整，可以直接改变事件研究法的研究尺度。

（1）事件研究方法可以将公司特定事件与市场或行业特定事件分离开来，并且可以根据研究目的的不同，灵活调整对研究样本（公司、区域内/行业内上市公司）的选择。

（2）根据对事件窗口（event window）的选择，事件研究法可以有侧重地衡量事件发生带来的长短期经济影响。

2. 事件研究法的适用情境

事件研究法由于自身的理论应用假定及对所研究的事件和事件期选择的内在要求，其适用条件主要包括三个方面。

（1）要求资本市场有效。事件研究法应用的核心假设是资本市场是有效的，即股票价格反映所有已知的公共信息，由于投资者是理性的，投资者对新信息的反应也是理性的，因此从样本股票实际收益中剔除假定某个事件没有发生而估计出来的"正常收益"就可以得到"异常收益"，"异常收益"可以用来衡量特定事件发生对股价的影响程度。

（2）要合理选择事件期。事件期又称事件窗口，一般从事件发生的时刻开始，到能够确定事件对市场价格的影响已经完全消失为止。在应用事件研究法时要特别注意对事件期进行合理选择，若事件期选择的时间段过短，可能无法很好地反映出股价变化情况；若事件期选择的时间段过长，则很可能会带来不确定因素，使得结论出现误差。

（3）要求研究的事件与公司股价有关且该事件的发生没有被完全预期到。若研究的事件与公司股价无关，那接下来的一系列研究就没有任何意义和必要；若该事件的发生被完全预期到，则公司股价并不会出现"异常收益"，事件研究法失效。

5.2 事件研究法应用的一般流程

使用事件研究法研究某一事件产生的经济影响通常包括七个主要步骤：界定事件及事件窗口、界定估计窗口（estimation window）和后事件窗（post-event window）、确定研究样本、计算"正常收益"期望估计、计算"异常收益"和累计"异常收益"（cumulative abnormal returns，CAR）、假设检验以及实证结果分析，如图 5.1 所示。

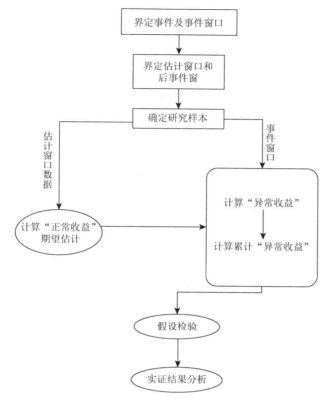

图 5.1　事件研究法的研究步骤

5.2.1　界定事件及事件窗口

应用事件研究法首先要明确所研究的具体事件，之后需要确定与之相关的事件窗口，即事件可能对因变量（股价、盈利）产生影响的时间段。

事件窗口的长短选择要考虑两个因素。一是事件影响的时间长短，时间长的适合长窗口。二是其他事件的干扰（噪声）。在选定的窗口内可能会发生影响股价的其他事件，为了避免这些其他事件的影响，要么将这类个案从样本中剔除，要么缩短事件窗口。缩短了的窗口可能不能完全反映事件的影响力，而剔除一部分个案则要承担累计"异常收益"失真或统计检验不过关的风险，因此实际研究中往往要在二者之间进行权衡。

通常事件窗口要比发生日期宽广一些，包括事件发生前后的一段时间。因为事件发生后一段时间的信息能显示因变量的变化情况。同时，考察事件发生前一段时间的股价，有利于捕捉事前预兆和事前泄露信息产生的影响。

5.2.2　界定估计窗口和后事件窗

确定估计期间或估计窗口的目的，是利用该期间的数据来估算事件未出现情况下的期望收益值。将期望收益值与事件窗口实际收益值相比较，得出事件所带来的"异常收益值"。

估计窗口选取要比事件窗口长，有些情况下还需进一步界定后事件期间或后事件窗。该期间数据和估计期间数据可共同被用来估计无事件发生情况下的期望收益，以便在有趋势性变异情况下提高期望收益值估算的可靠性。

三种期间之间的关系见图 5.2。

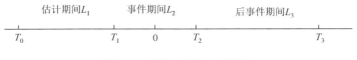

图 5.2　事件研究的三种期间

5.2.3　确定研究样本

事件和各类窗口界定清楚后，随之要确定观测和收集数据的对象（数据源）。首先要设定筛选标准（select criteria）进行样本筛选，将样本限制在一定范围内。筛选标准可以是样本的时间跨度、上市地点、所属行业等。有时为了进行更深入的考察或比较，可以在样本基础上继续筛选出子样本。当然，分析单位也可能就是某一特定的公司。研究者要根据假设论证要求来选择这些分析单位。

5.2.4　计算"正常收益"期望估计

事件研究的内在逻辑是：即使没有发生所定义的事件，公司股价也会有波动。此时的股价收益被称"正常收益"或"预期收益"（expected returns）。市场模型（market model）、资本资产定价模型（capital asset pricing model）、均值调整回报模型（mean adjusted return model）、不变收益模型（fixed return model）、市场调整模型（market adjusted model）等是估计"正常收益"期望值常用的几种模型（详见 5.3 节）。

5.2.5　计算"异常收益"和累计"异常收益"

发生所定义事件时的股价收益并不完全代表所定义事件的影响（事件收益，event returns），它还包括"正常收益"。因此，将实际股价收益减去"正常收益"后得到的"异常收益"才是事件收益（也称"未预期收益"，unexpected returns）。确定"正常收益"期望的估计模型之后，为了更好地刻画事件对股票收益产生的影响，在研究事件窗口股票的"异常收益"时，需要按时间计算出该只股票的累计"异常收益"。

第 i 只股票第 t 天的"异常收益"计算公式如下：

$$\mathrm{AR}_{it} = R_{it} - \hat{R}_{it} \tag{5-1}$$

其中，R_{it} 表示第 i 只股票第 t 天的实际收益；$\hat{R}_{it}$ 表示第 i 只股票第 t 天的"正常收益"期望估计值。

第 i 只股票第 t 天的平均"异常收益"计算公式如下：

$$AAR_{it} = \frac{1}{N}\sum_{i=1}^{N} AR_{it} \qquad (5\text{-}2)$$

其中，N 表示研究样本的股票总数。

全部样本股票在窗口期 $[t_1, t_2]$ 内的累计"异常收益"计算公式如下：

$$CAR_{[t_1, t_2]} = \sum_{t=t_1}^{t_2} AAR_{it} = \frac{1}{N}\sum_{t=t_1}^{t_2}\sum_{i=1}^{N} AR_{it} = \frac{1}{N}\sum_{i=1}^{N}\sum_{t=t_1}^{t_2} AR_{it} \qquad (5\text{-}3)$$

5.2.6 假设检验

在计算出"异常收益"后，通常需要对事件窗口累计的"异常收益"进行统计检验，以判断在某一显著性水平上事件是否对股票整体收益产生了影响。统计检验的前提是个股的"异常收益"在 i 的方向上（横截面）或在 t 的方向上（时间序列）独立正态同分布。前者要求"异常收益"在个股之间不相关，后者要求每一只个股的"异常收益"无序列相关。

5.2.7 实证结果分析

根据计算出的事件收益及其统计检验结果，可得出针对以下问题的实证结论：①事件对股价有无影响；②如果有影响的话，影响的方向是正面的还是负面的；③事件对股价的影响程度。

这里要指出样本选择标准对实证结果的限制，避免扩大实证结果的适用范围。

5.3 "正常收益"期望估计模型

"正常收益"的期望估计是事件研究法应用过程中的重要一环。"正常收益"是指假定没有研究的事件发生的情况下，公司股价的"正常预期收益"（$E(R)$）。"正常收益"的期望估计模型主要有以下几种。

5.3.1 市场模型

市场模型是估计"正常收益"的常用模型之一。通常会选择事件窗口之前的某段时间，用市场模型来估计 β_i，然后再用估计的 β_i 来计算公司在事件窗口内的"正常收益率"。具体公式表示如下：

$$R_{it} = \alpha_i + \beta_i R_t^M + u_{it} \qquad (5\text{-}4)$$

$$\hat{R}_{it} = \hat{\alpha}_i + \hat{\beta}_i R_t^M \qquad (5\text{-}5)$$

其中，R_{it} 表示第 i 只股票在 t 时的实际收益率；α_i 表示第 i 只股票在市场收益为 0 时所实现的平均收益率；β_i 表示第 i 只股票对市场收益的敏感程度；R_t^M 表示市场在 t 时的收益率；

u_{it} 表示随机扰动项。$\hat{R}_{it}$ 表示"正常收益率"期望估计值；$\hat{\alpha}_i$、$\hat{\beta}_i$ 分别表示 α_i、β_i 的最小二乘估计值。

5.3.2　资本资产定价模型

资本资产定价模型是"正常收益"期望估计最常用的模型之一。与市场模型相比，资本资产定价模型的截距等于 $(1-\beta_i)r_f$。具体公式表示如下：

$$R_{it} = (1-\beta_i)r_f + \beta_i R_t^M + u_{it} \tag{5-6}$$

$$\hat{R}_{it} = (1-\hat{\beta}_i)r_f + \hat{\beta}_i R_t^M \tag{5-7}$$

其中，R_{it} 表示第 i 只股票在 t 时的实际收益率；r_f 表示无风险收益率；β_i 表示第 i 只股票对市场收益的敏感程度；R_t^M 表示市场在 t 时的收益率；u_{it} 表示随机扰动项。$\hat{R}_{it}$ 表示"正常收益率"期望估计值；$\hat{\beta}_i$ 表示 β_i 的最小二乘估计值。

5.3.3　均值调整回报模型

均值调整回报模型通常是选择事件窗口之前的某段时间（$[m,n]$），计算公司在该段时间内的平均收益率 $\hat{R}_{it}$，作为公司事件窗口内的"正常收益率"的期望估计值。

$$\hat{R}_{it} = \frac{1}{n-m+1}\sum_{t=m}^{n} R_{it} \tag{5-8}$$

其中，$\hat{R}_{it}$ 表示"正常收益率"期望估计值；R_{it} 表示第 i 只股票在 t 时的实际收益率。

5.3.4　不变收益模型

不变收益模型假定在没有事件发生的情况下，公司的个股收益率与市场指数收益率之差的均值 V_i 保持不变。具体公式表示如下：

$$V_i = \frac{1}{n-m+1}\sum_{t=m}^{n}(R_{it} - R_t^M) \tag{5-9}$$

此时"正常收益率"期望估计值的公式为

$$\hat{R}_{it} = R_t^M + V_i \tag{5-10}$$

其中，R_{it} 表示第 i 只股票在 t 时的实际收益率；R_t^M 表示市场在 t 时的收益率，在实际计算中通常选择股票上市地的指数收益率作为代替；$\hat{R}_{it}$ 表示"正常收益率"期望估计值；V_i 表示公司的个股收益率与市场指数收益率之差的均值。

5.3.5　市场调整模型

市场调整模型最简单，也是最常使用的方法之一。通常假定个股在事件窗口内每一天的预期收益率（"正常收益率"期望估计值 $\hat{R}_{it}$）就是市场收益率 R_t^M，该模型不需要估计窗口。

$$\hat{R}_{it} = R_t^M \tag{5-11}$$

研究经验表明：在事件研究法的使用过程中，通过上述几种方法得到的"正常收益"（或"正常收益率"）在具体数值上虽然会存在一定差异，但在影响方向和显著性方面得出的结论并无较大区别。

5.4　事件研究法的 Stata 命令

estudy 是由卡罗·卡塔内奥大学（Università Carlo Cattaneo-LIUC）的 Fausto Pacicco、Luigi Vena 和 Andrea Venegoni 三位学者编码的 Stata 外部命令，它作为一个集成的事件研究法估计程序，主要用于分析已知发生日期的某一特定事件或公告消息对公司股价的影响。在运用 estudy 命令进行短期事件研究前，可通过在 Stata 命令对话框输入 finditestudy 查找到同名安装包与示例数据 data_estudy.dta 进行命令安装与数据试运行，estudy 命令的基本语法如下所示。

```
estudy varlist1[(varlist2)...(varlistN)],datevar(varname)///
evdate(date)dateformat(string)lb1(#)ub1(#)[options]
```

estudy 命令的对应解释如下。

varlist1[(varlist2)…(varlistN)]：每个 varlist 中填入的是样本内某一公司的变量存储名，变量中存放的是该公司历史股票收益率的时间序列数据。estudy 将区分不同的 varlist（公司变量名），分别汇报累计"异常收益"与累计"平均异常收益"（cumulative average abnormal return，CAAR）情况。

datevar：定义日期变量（date），设为时间格式。

evdate：定义事件发生的日期，如 01012023。

dateformat：定义 evdate 中"年月日"的格式，如 dateformat(MDY)则表示事件的日期格式按照月（M）、日（D）、年（Y）的顺序进行排列。

lb1(#)和 ub1(#)分别表示事件窗口的起点和终点。例如，设定 lb1(−3)与 ub1(2)，代表从事件发生前三天起，到事件发生后两天止是事件窗口，即计算 CAR(−3, +2)，CAAR(−3, +2)。可根据研究目的设置多个事件窗口，通过改变事件窗口的起点和终点，即 lb2(#)和 ub2(#)来进行设置。

[options]：代表一些可选择设置。例如，eswlbound(#)，设定估计窗口的起始日期；eswubound(#)，设定估计窗口的截止日期；等等。

其他内容详见："ESTUDY：Stata module to perform an event study"（econpapers. repec.org）。

5.5　事件研究法在能源经济分析中的应用

事件研究法被学者广泛应用于能源经济领域，研究主题包括评估能源事故的发生、能源机构信息的公告、能源政策的出台等事件的经济影响。本节将遴选三篇代表性文献对事件研究法在能源经济分析中的应用进行详细说明。

5.5.1　案例 1：评估 OPEC 声明对油价的影响

1. 问题描述

自石油输出国组织（Organization of the Petroleum Exporting Countries，OPEC）成立以来，OPEC 对世界油价的走势影响起伏不定。Lin 和 Tamvakis（2010）通过审查主要国际原油的官方会议和部长级会议的公告，包括关键基准、几个重量级和轻量级的公告，来调查 OPEC 公告对世界油价水平的影响。

2. "正常收益率"期望估计模型选择

运用均值调整回报模型来估计"正常收益率"期望，具体模型如下。

$$\hat{R}_{it}^{\text{oil}} = \frac{1}{n-m+1}\sum_{t=m}^{n} R_{it}^{\text{oil}}$$

其中，$\hat{R}_{it}^{\text{oil}}$ 表示第 i 种原油在 t 时的"正常收益率"的期望估计值；R_{it}^{oil} 表示第 i 种原油在 t 时的实际收益率。

3. 结论及发现

（1）研究发现 OPEC 的这些公告会影响原油的价格回报，但影响力度主要根据现有价格机制而变化。

（2）尽管人们普遍认为 OPEC 有一些信息优势，但 OPEC 公告对 OPEC 与非 OPEC 原油价格的影响没有显著差异。同样，重品位和轻品位之间通常也没有显著差异，因为这个问题与炼油技术和其他需求方面问题的关系更为密切。

（3）OPEC 声明的重要性主要取决于其发表背景。如果要评估 OPEC 公告对原油市场的作用和影响，决策类型（减产、增产或不变）和价格环境（相对较低、平均或相对较高）都是重要且必要的。

5.5.2　案例 2：评估能源事故对能源股票市场价格的影响

1. 问题描述

能源事故是系统性的、反复发生的和累积性的。因此，它们可被视为现代社会的一部分，类似于交通死亡、吸烟和饮酒死亡等。Scholtens 和 Boersen（2011）采用事件研究法分析 1907 年至 2007 年煤炭、石油、天然气、水力发电、可再生能源和核能等领域发生的 209 起重大事故对股票市场的短期影响以及股票市场参与者对这些事故的反映。

2. "正常收益率"期望估计模型选择

运用市场模型来估计收益对两个参数的敏感性，最终求得"正常收益率"期望估计值。

$$R_{it} = \alpha_i + \beta_i R_t^M + u_{it}$$

$$E(u_{it}) = 0$$

$$\hat{R}_{it} = \hat{\alpha}_i + \hat{\beta}_i R_t^M$$

其中，α_i 表示第 i 只股票在市场收益为 0 时所实现的平均收益率；β_i 表示第 i 只股票对市场收益的敏感程度；R_t^M 表示市场在 t 时的收益率；u_{it} 表示随机扰动项。$\hat{\alpha}_i$、$\hat{\beta}_i$ 分别表示 α_i、β_i 的最小二乘估计值。

3. 结论及发现

研究结果显示，在行业中，某公司发生能源事故一般会引起消极反应，但这种反应是不显著的。金融市场总体上不会对能源事故表现出明显的短期反应，这表明金融市场似乎已将能源事故视为业务运作的"正常部分"。

5.5.3　案例 3：评估中国绿色债券发行对投资者吸引力的影响

1. 问题描述

中国自 2016 年开始建立绿色金融体系以来迅速成长为全球第二大绿色债券市场，但绿色债券在引导鼓励社会投入绿色发展方面是否如其规模增长一样卓有成效有待考察评估。为此，朱俊明等（2020）基于 2019 年末之前在中国境内发行的全部绿色债券、与之对应的上市公司以及这些上市公司同期发行的传统债券，探讨了绿色债券发行对公司股票市场表现的影响，特别是绿色项目融资属性对债券发行的股价效应是否具有差异化影响。

2. "正常收益率"估计模型选择

分别运用市场模型、Fama-French 三因子模型和 Fama-French 五因子模型来估计各公司股票的正常收益率以及受债券发行影响后相应的"异常收益率"，以期获得更加稳健的结果。

在市场模型中，股票正常收益率估计如下：

$$R_{it} = \alpha_i + \beta_i R_t^M + u_{it}$$

$$\hat{R}_{it} = \hat{\alpha}_i + \hat{\beta}_i R_t^M$$

其中，R_{it} 表示第 i 只股票在 t 时的实际收益率；α_i 表示第 i 只股票在市场收益为 0 时所实现的平均收益率；β_i 表示第 i 只股票对市场收益的敏感程度；R_t^M 表示市场在 t 时的收益率；u_{it} 表示随机扰动项；$\hat{R}_{it}$ 表示"正常收益率"期望估计值；$\hat{\alpha}_i$、$\hat{\beta}_i$ 分别表示 α_i、β_i 的最小二乘估计值。

此处仅列出市场模型作参考，详见原文。

3. 结论及发现

结果表明，绿色及传统债券发行对公司股票收益率均无显著影响，两类影响也不因融资的绿色属性存在显著差异。在发挥传统融资功能外，绿色债券尚不能更好地吸引社会投资。

本章参考文献

朱俊明, 王佳丽, 余中淇, 等. 2020. 绿色金融政策有效性分析: 中国绿色债券发行的市场反应. 公共管理评论, 2(2): 21-43.

Ball R, Brown P. 1968. An empirical evaluation of accounting income numbers. Journal of Accounting Research, 6(2): 159-178.

Brown S J, Warner J B. 1980. Measuring security price performance. Journal of Financial Economics, 8(3): 205-258.

Dolley J C. 1933. Characteristics and procedure of common stock split-ups. Harvard Business Review, 11(3): 316-326.

Fama E F, Fisher L, Jensen M C, et al. 1969. The adjustment of stock prices to new information. International Economic Review, 10(1): 1-21.

Lin S X, Tamvakis M. 2010. OPEC announcements and their effects on crude oil prices. Energy Policy, 38(2): 1010-1016.

Scholtens B, Boersen A. 2011. Stocks and energy shocks: the impact of energy accidents on stock market value. Energy, 36(3): 1698-1702.

Smith J M, Price G R. 1973. The logic of animal conflict. Nature, 246: 15-18.

第二篇 博弈模型与应用

　　博弈论是研究多主体行为相互影响情形下的主体决策行为及决策均衡状态的经典方法，被广泛应用于能源经济与管理领域的研究。运用博弈模型研究的常见科学问题包括：企业减排、定价、投资决策问题，污染物排放权、排放责任分配问题，绿色证书、碳排放权交易机制及政策设计问题等。本篇内容分五章展开，第6章介绍博弈论基础知识，第7章介绍完全信息博弈，第8章介绍不完全信息博弈，第9章介绍合作博弈，第10章介绍演化博弈。除第6章外，本篇其余章节分别介绍各类博弈模型的基本原理和基础模型，用于分析解决经济管理问题的一般流程，以及在能源经济与管理研究中的应用案例。

第6章 博弈论简介

本章提要

博弈论（game theory）是研究不同利益主体在其行为发生交互影响、相互作用时如何决策，何时达到均衡状态，以及均衡状态有何性质的理论，是社会科学研究领域中的前沿理论方法，在解决能源经济系统中多主体交互决策问题方面具有重要作用并被广泛应用。本章主要介绍博弈（game）的基本概念、构成要素及表述形式和主要类型等。

6.1　博弈的基本概念

6.1.1　博弈

博弈是对若干个体在"策略相互依存"情形下相互作用状态的抽象表述。博弈过程中，每个参与者的收益不仅取决于其自身行为，还取决于其他博弈参与者的行为。下面以经典案例"囚徒困境"为例阐明博弈内涵。

考虑两个因犯盗窃罪而被捕的囚徒，他们同时还涉嫌一起抢劫案，当前正被警方关押在不同的房间内审讯。他们面临的形势是：如果两个人都坦白还犯有抢劫罪行，那么将各被判处 5 年有期徒刑（两罪并罚）；如果一方坦白、另一方不坦白，那么坦白从宽、抗拒从严，坦白者免予刑事处罚，不坦白者从重判处 8 年有期徒刑；如果两人均不坦白，则因抢劫罪证据不足，只以盗窃罪各判 2 年有期徒刑。每个人在选择坦白或不坦白时，不得不考虑另一个人的选择，因为两人的决策共同决定个人判处结果。若用数值二元组表示两人判处结果的收益，则两人对应策略的收益矩阵（payoff matrix）可表示为表6.1。

表 6.1　"囚徒困境"的收益矩阵

博弈方及策略选择		嫌疑人 2	
		坦白	不坦白
嫌疑人 1	坦白	(−5, −5)	(0, −8)
	不坦白	(−8, 0)	(−2, −2)

注：表中括号左侧数值为嫌疑人 1 的收益，括号右侧数值为嫌疑人 2 的收益

在"囚徒困境"的例子中，两名囚徒考虑对方行为进行决策的过程就是一个博弈过程，其具有以下特征。

（1）具有明确的博弈参与者，即两名囚徒（嫌疑人 1 和嫌疑人 2）。

（2）每名参与者具有明确的行为可选集，即{坦白，不坦白}，且每名参与者只能从中选择一种行动执行。

（3）每名参与者所选行动构成的行为组合对应一种明确的结果或收益，如表 6.1 所示的收益矩阵。

（4）每名参与者最终获得的结果或收益不仅与其自身行为相关，同时也取决于其他参与者的行为。

6.1.2 博弈论

1. 博弈论的概念及发展过程

博弈论又称对策论，是指运用建模工具分析不同社会主体行为互动与策略选择的方法论。同时，博弈论也是关于社会主体理性行为的理论，即每个博弈参与者的策略选择依赖于对其他参与者反应的判断或预期。博弈论所研究的博弈的本质是个人、组织等社会主体的决策行为，特别是有策略互动和利益依存关系的决策行为。因此，博弈论可看作是一种决策理论，是重视决策问题中策略互动性的决策理论。

博弈论最早源于古诺（Cournot）、伯川德（Bertrand）和埃奇沃思（Edgeworth）等关于垄断与生产的研究；von Neumann 和 Morgenstern（1944）合著的《博弈论与经济行为》一书，成为现代博弈论的奠基之作。20 世纪 50 年代初，Nash 先后发表了两篇关于非合作博弈论的文章，证明了博弈均衡解的存在性并提出了著名的纳什均衡（Nash equilibrium）（Nash，1950，1951）。此后，博弈论进入快速发展阶段，Harsanyi 等提出了贝叶斯纳什均衡概念与海萨尼转换方法，为不完全信息（incomplete information）博弈研究奠定基础（Harsanyi，1967；Harsanyi and Selten，1972）；Smith 和 Price（1973）将博弈论与生物遗传学理论相结合，提出了新的博弈论分支——演化博弈论。目前，博弈论研究已扩展至政治学、社会学、计算机科学等多个领域，也已广泛应用于能源经济与管理等新兴交叉学科，为解决社会主体策略选择问题提供理论基础和科学依据。

2. 博弈论的特征

经过不同领域学者的深入研究与创新拓展，博弈论已发展成为一套系统、完备的理论，其具备以下基本特征。

（1）研究问题的广泛性。博弈论的研究问题涉及政治学、社会学、外交学、生物学、伦理学、经济学、管理学、工程学、军事学等领域。

（2）研究假设的合理性。以"理性博弈参与者"假设为例，理性的博弈参与者在进行决策时会充分考虑博弈行为的交互作用及其对结果的影响，并总是选择使自身或群体的收益或效用最大化的策略，这符合主流社会行为规范与准则。

（3）研究方法的系统性。博弈论具有完备的方法论体系，其以经济学、管理学、心理学、行为科学等理论为核心，综合运用运筹学、集合论、泛函分析、实变函数、微分方程等现代数学知识和分析工具，构建数理模型并求解分析问题。

（4）研究结论的实用性。博弈模型是对现实问题与规律的高度抽象化表达，能够反映参与者在现实中的行为交互及相互影响机制，这使得博弈研究的结论具有重要的现实价值，能够为个体或群体决策提供理论依据。

6.2　博弈的构成要素及表述形式

6.2.1　博弈的构成要素

一个标准的博弈问题应当具备博弈参与人（player）、博弈行为（action）、博弈收益（pay off）以及博弈信息（information）四个基本要素，常用缩写 PAPI 来指代（Rasmusen，2006）。下面介绍四要素的基本概念及内涵。

博弈参与人又称博弈方，是指具有理性、能够独立决策并期望在博弈中获得一定收益的个人或组织，其目标通常是通过选择行为或策略使个人或集体效用最大化。通常博弈方数量越多，其策略交互关系就越复杂，博弈分析就越困难，故博弈方数量是决定博弈结构与结果的关键影响因素之一。

博弈行为是指博弈方可选择的所有行动，既可以是离散集合，如{坦白，不坦白}、{参加，不参加}、{进入，不进入}；也可以是连续集合，如生产商的产量可选集可以是连续数集$[a, b]$，销售商的产品定价可选集可以是连续数集$[c, d]$。

博弈收益是指博弈结果对应的博弈方效用，即博弈结束后，各博弈方所获得的效用。通常由各博弈方特定行为构成的行为组合将引致一组对应的各博弈方收益，表示博弈方行为组合与博弈方收益对应关系的函数称为收益函数（payoff function）。绝大多数博弈的收益可以量化表示，如收入、利润、损失、个人效用、社会效用、经济福利等。收益既可以是正值，也可以是负值，它们是评价博弈策略与结果优劣的依据。

博弈信息是指博弈方所掌握的用于判断博弈局势与策略选择的知识，有关其他博弈方类型和行动的信息是其决策的重要依据。信息是博弈的一个重要组成因素，当信息结构发生变化时，博弈的类型、结构、顺序及结果都可能发生改变。

除上述四个基本要素以外，博弈中还包括以下要素。

博弈策略（strategy）是指博弈方依据自身所掌握的全部信息而选择的行为。某一博弈方的策略集（strategy set）或策略空间（strategy space）是其可选择的全部策略的集合。策略组合（strategy combination 或 strategy profile）是指整个博弈结束后所有博弈方所选策略的集合。在不产生歧义时，博弈行为和博弈策略有时可以混用，但策略通常还蕴含应对他人行为和已知信息的意味。

博弈均衡（game equilibrium）是一种稳定的博弈状态，该状态下所有博弈方均无法通过单方面改变自身策略来获得更高的收益。此时的策略组合是均衡策略组合，由所有博弈方的最优或占优策略组成。

博弈顺序（game sequence）是指在整个博弈中，各博弈方做出策略选择的先后次序。在博弈过程中，博弈方有时同时做出选择，有时依次进行选择，有时需进行多次策略选择，这就产生了博弈决策的次序问题。现实中，博弈顺序的改变将引起博弈结果的巨大变化，因此在建模与分析前必须明确博弈顺序。

博弈结果（game outcome）是指均衡状态下各博弈方的博弈策略与博弈收益等要素的集合。一个博弈模型可能存在多个均衡结果，特定博弈结果的内容和内涵取决于博弈模型所刻画的博弈问题。

6.2.2　博弈的表述形式

博弈要素是博弈表述形式的基本组成部分，不同的博弈表述形式由不同的博弈要素构成。现有博弈理论共提出了三种基本表述形式，即标准式（normal form）表述、扩展式（extensive form）表述和特征函数式（characteristic function form）表述，分别应用于不同类型的博弈，前两者主要用于非合作博弈，后者主要用于合作博弈（汪贤裕和肖玉明，2008）。

1. 标准式表述

博弈的标准式表述又称策略式（strategic form）表述，通常包括三个基本要素。

（1）博弈方集合 $N = \{1, 2, \cdots, n\}$。

（2）每个博弈方的策略集 S_i，$\forall i \in N$。

（3）每个博弈方的收益函数 $P_i(s_1, s_2, \cdots, s_n)$，$\forall i \in N$，其中，$s_1, s_2, \cdots, s_n$ 分别表示各博弈方从自身策略集中选择的任意一种具体策略。

标准式表述的博弈（G）可记为 $G = [N, \{S_i\}, \{P_i\}]$。当博弈方数量较少（$n = 2$ 或 3 时），可通过收益矩阵的形式（如表 6.1）表达以上三个基本要素对应的博弈基本信息，即博弈方、各方策略集以及各策略组合对应的博弈方收益。标准式表述具有简洁明了的特点，在静态博弈中应用广泛，但其略去了一些其他博弈要素的表达（如博弈顺序、博弈信息等），因此在更为复杂的博弈问题中需以其他形式进行表达。

2. 扩展式表达

博弈的扩展式表述是在标准式表述的基础上，运用更多博弈要素描述博弈过程及博弈结果的形式，包括但不限于博弈顺序、博弈信息、外生事件的概率分布等。相较于标准式表述，扩展式表述可用于描述更为复杂的博弈局势，多用于表示动态博弈。一般而言，博弈的扩展式表述通常包含以下六个要素。

（1）博弈方集合。

（2）博弈顺序。

（3）博弈方行动集合（action set）：指每个博弈方每次行动时能选择的行为集合，不同于覆盖整个博弈过程的策略集或策略空间。

（4）每个博弈方的信息集合。

（5）每个博弈方的收益函数。

（6）外生事件（即"自然"或"虚拟博弈方"的选择）的概率分布。

3. 特征函数式表述

博弈的特征函数式表述主要用来表述联盟（coalition）博弈或合作博弈，故又称为联盟式表述。特征函数式表述的博弈需满足以下假设：存在博弈方集合 N，N 中"部分博弈方"可达成有约束力的联合协议，构成集合 S（$S \subseteq N$）以形成联盟（关于合作博弈的其他内容详见第 9 章）。合作博弈的特征函数式表述一般包括两个要素。

（1）博弈方集合 $N = \{1, 2, \cdots, n\}$。

（2）特征函数 $v(S)$，用于表示联盟 S 中全体成员通过协调所能得到的最大收益和，满足 $v(\phi) = 0$，$\sum\limits_{i=1}^{n} v(\{i\}) \leqslant v(N)$。

需注意，此处假定联盟 S 的收益 $v(S)$ 可用任意方式分配给联盟成员，此类博弈可称为具有转移效用（transformable utility，TU）的合作博弈；与此对应的是无转移效用（non-transformable utility，NTU）的合作博弈，本书不做详细介绍。

6.3 博弈的主要类型

不同博弈问题涉及的博弈方数量、策略集合、博弈顺序及信息结构等博弈要素不同，由此可将博弈分为多种类型。本节将分别介绍按照不同分类方式划分的主要博弈类型（范如国，2011；谢识予，2017）。

6.3.1 依据博弈方数量分类

博弈方数量是博弈模型的基本构成要素，也是决定博弈结果的关键要素。博弈方数量越多，其策略间的交互作用及影响机制就越复杂，博弈模型构建与分析就越困难，因此博弈方数量成为区分博弈类型的重要标志。根据博弈方数量，博弈可分为单人博弈、双人博弈和多人博弈。

1. 单人博弈

单人博弈即只有一个博弈方的博弈。由于不存在博弈方间的策略交互，单人博弈事实上已退化为个体决策最优化问题。但讨论单人博弈还是有价值的，因为通常可以将两人、多人博弈中的多主体策略选择问题转化为多个、多层次的单人策略最优化问题进行分析。

下面通过一个简单的例子来介绍单人博弈（个体决策最优化）问题。考虑一个商人面临的从 A 地向 B 地运输一批天然气的决策问题，有水、陆两条路线供其选择，陆路运输成本为 10 000 元，水路运输成本为 7000 元。若选择水路运输，一旦遇到恶劣的暴风雨天气便会造成延误，延误损失为天然气总价值的 10%；若选择陆路运输，则受恶劣天气的影响可忽略不计。已知该批天然气的总价值为 90 000 元，运输期间出现恶劣天气的概率为 1/4，问该商人应选择哪条运输路线？

上述决策问题中，仅有一个博弈方，即商人；其面临的可选策略集包括两个离散选择，即{水路运输，陆路运输}；各策略选择对应的收益存在不确定性，与运输期间的实际天气状况相关。为便于分析，亦可将商人策略选择对应的不同天气状况的收益以矩阵形式表达，如表 6.2 所示。具体的，可忽略两策略效益一致的部分，仅以运输成本与损失成本之和表示不同策略下的商人收益，因为该决策的本质是在两策略中进行比较和选择，因此仅比较有差异的部分即可。矩阵中的四个数值分别表示商人在不同策略选择和天气状况下的收益。

表 6.2　运输路线收益矩阵

博弈方及策略选择		天气状况	
		好天气（75%）	坏天气（25%）
商人	水路运输	−7 000	−16 000
	陆路运输	−10 000	−10 000

在解决具有不确定性因素的决策问题时，研究人员常常根据期望收益进行策略选择。本例中，当商人选择水路运输时，收益为−7000 元的概率为 75%（好天气），收益为−16 000 元的概率为 25%（坏天气），因此走水路的期望收益为 $(-7000) \times 75\% + (-16\,000) \times 25\% = -9250$ 元；选择陆路运输时，收益是确定的（−10 000 元）。由于选择水路运输的期望收益（−9250 元）大于选择陆路运输的期望收益（−10 000 元），因此该商人应选择水路运输。

在单人决策中，决策者拥有的信息越多、对决策环境条件了解越多，其选择最优策略的概率就越高，所得期望收益也就越高；当博弈方数量达到两个及两个以上时，所掌握信息越多、收益越大的结论则不一定成立。

2. 双人博弈

双人博弈是指两个博弈方分别决策，并且其策略选择和收益相互依存的博弈。"囚徒困境"、象棋比赛以及经济活动中两个主体间的竞争、谈判、兼并收购等问题都是双人博弈。双人博弈具有以下特点。

第一，两个博弈方之间并不总是策略对抗关系，有时也存在策略互补关系。例如，电动汽车生产企业与充电桩生产企业在充电接口问题上的博弈就是一种非对抗性博弈，当两企业采用相同规格的接口时，双方将获得产品互补带来的收益；当两企业采用不同规格的接口时，则均无法享有这些收益。

第二，在双人博弈中，掌握信息越多并不能保证收益越高。例如，竞争市场中掌握信息较多的博弈方更清楚竞争的激烈程度，为避免过度竞争往往会采取较为保守的策略；掌握信息较少的博弈方对市场竞争程度并不了解，反而可能会选择更激进的市场策略，最终可能前者获得收益减少、后者获得收益增加。

第三，一般情况下，博弈方追求个体收益最大化的行为，并不能实现社会整体收益最大化，也不能实现真正的个体收益最大化。在垂直供应链博弈问题中，该现象常被称为双重边际效应。

3. 多人博弈

多人博弈是指具有三个或三个以上博弈方的策略选择活动，博弈方的行为和收益也具有相互影响、相互依存的特征。由于多人博弈中拥有更多的独立参与者，其策略选择和博弈收益的相互依存关系也更为复杂。

通常，双人博弈的支付关系可用收益矩阵表示，多人博弈的支付关系则难以用收益矩阵表示，仅少数具有离散策略组合的三人博弈可用两个或多个收益矩阵联合表示。例如，如表 6.3 所示的两个联合收益矩阵可表示三个厂商是否采用新技术的博弈问题，该博弈中各厂商面临的决策问题是：在三方竞争的环境下，自身应采用新技术还是沿用老技术。更为复杂的多人博弈或非有限策略博弈，通常需要通过文字描述和函数形式表达。

表 6.3　三厂商技术选择博弈收益矩阵

（a）厂商 3 采用新技术

博弈方及策略选择		厂商 2	
		新技术	老技术
厂商 1	新技术	$(2, 2, 2)$	$(5, 0, 5)$
	老技术	$(0, 5, 5)$	$(1, 1, 10)$

（b）厂商 3 沿用老技术

博弈方及策略选择		厂商 2	
		新技术	老技术
厂商 1	新技术	$(5, 5, 0)$	$(10, 1, 1)$
	老技术	$(1, 10, 1)$	$(2, 2, 2)$

6.3.2　依据可选策略数量分类

在前述"囚徒困境"、技术选择等博弈案例中，各博弈方均只有两种可选策略，但现实博弈问题中的可选策略数量往往多于两种，如 Cournot 博弈与 Bertrand 博弈中关注的产量策略选择问题与价格策略选择问题。同时，并非所有博弈的博弈方均具有相同的策略集合，有时存在部分博弈方拥有有限种可选策略，而其他博弈方拥有无限种可选策略的博弈情形。以博弈方可选策略数量为依据，博弈问题可分为有限策略博弈（finite strategy game）和无限策略博弈（infinite strategy game）。

1. 有限策略博弈

如果一个博弈中每个博弈方的策略数都是有限的，则称为有限策略博弈。例如，A和 B 洽谈一处矿权的交易，假设 A 是买方，其定价策略集合为{高价，中等价格，低价}；

B 是卖方，其可选策略集合为｛接受 A 的价格，不接受 A 的价格｝。在这个博弈问题中 A 有三种可选策略，而 B 则有两种可选策略。

2. 无限策略博弈

如果一个博弈中一个及以上博弈方的可选策略有无限个，则称该博弈为无限策略博弈。例如，考虑由一个大厂商和若干个小厂商组成的不完全竞争市场，大厂商在该市场中具有绝对优势；消费者需求为固定值，当小厂商产销量较小时，大厂商通常不值得与其计较；当小厂商产销量较大时，大厂商可通过降价策略吸引消费者。若将该市场策略选择问题转化为博弈问题，可将小厂商的博弈策略设为产销量，其取值范围为小于消费者需求量的任意值，故可视为有无限个可选策略；而大厂商可选的策略有两个，即"降价"和"不降价"。

有限策略博弈和无限策略博弈在表述形式与均衡求解等方面存在较大差异。一般情况下，有限策略博弈可以用收益矩阵法、扩展形法或简单罗列的方法列出所有策略组合及其对应的收益；而无限策略博弈无法用列举法来表示博弈的全部策略组合和结果收益，只能用数集或函数的形式表示。此外，博弈方可选策略的数量对博弈问题均衡解的存在性及求解方式也有较大影响。

6.3.3　依据收益特征分类

作为博弈的一项基本要素，收益是社会主体参与博弈活动的最终效用表现。在双人或多人博弈中，任一策略组合均对应着一组博弈收益；将所有博弈方收益相加得到的总和，可称为所有博弈方的总收益。以总收益的大小为分类依据，博弈可分为零和博弈（zero-sum game）、常和博弈（constant-sum game）与变和博弈（variable-sum game）。

1. 零和博弈

零和博弈是指无论各博弈方选择何种策略，所有博弈方的总收益始终为零的博弈。在零和博弈中，某一博弈方的收益必定是其他博弈方的损失，从而使得各博弈方的收益与损失之和始终为零。因此，零和博弈中各博弈方的收益总是此消彼长，零和博弈也常被称为"严格竞争博弈"。

以猜硬币游戏为例。存在 A、B 两个博弈方，每个人同时出示一个硬币的正面或反面。如果两人展示的内容同为硬币的正面或反面，则 A 将赢得 B 的硬币，反之，如果他们展示的内容为硬币的不同面，则 B 将赢得 A 的硬币。根据该博弈的收益矩阵（表 6.4），双方的收益之和始终为 $1-1 = 0$，这就是典型的零和博弈。

表 6.4　猜硬币零和博弈收益矩阵

博弈方及策略选择		B	
		正	反
A	正	(1, −1)	(−1, 1)
	反	(−1, 1)	(1, −1)

2. 常和博弈

常和博弈是指无论各博弈方选择何种策略，所有博弈方的总收益始终为某一非零常数的博弈，如两人或多人瓜分固定数额的奖金、财产等。常和博弈可以看作零和博弈的扩展，零和博弈则可以看作常和博弈的特例。与零和博弈一样，常和博弈中各博弈方间的关系也是严格竞争关系。

3. 变和博弈

变和博弈是指博弈方所选策略不同，总收益也不尽相同的博弈，如"囚徒困境"案例中的博弈。一般来讲，零和博弈与常和博弈以外的所有博弈都被称为变和博弈。变和博弈中存在各博弈方通过相互协调实现较大总利益和个人利益的可能性。因此，此类博弈又可从博弈方总收益大小的角度分为"有效率的"博弈、"无效率的"博弈和"低效率的"博弈。

6.3.4　依据信息结构分类

信息是博弈问题的基本要素之一，信息的差异通常会造成博弈方策略选择的差异和博弈结果的不同。以博弈方所掌握的信息结构为分类依据，博弈问题可分为完全信息（complete information）博弈和不完全信息博弈。

1. 完全信息博弈

完全信息博弈是指每一博弈方完全了解自己及其他博弈方在所有情况下的可选策略及相应收益等要素信息的博弈。在完全信息博弈中，各博弈方的效用函数、收益、策略和"类型"均为共同知识（common knowledge）。同时，各博弈方有能力根据这些信息进行相应的策略选择，以在博弈结束时实现个人或集体利益最大化。完全信息博弈的典型例子包括"囚徒困境""田忌赛马""智猪博弈"等。

2. 不完全信息博弈

不完全信息博弈是指博弈方不完全掌握所有博弈方效用函数、收益、策略和"类型"等要素信息的博弈。不完全信息博弈的典型例子包括由投标、拍卖活动构成的博弈，如在商品拍卖中每个博弈方都知道自己的效用函数（对物品的估价），但不知道其他博弈方的效用函数。

6.3.5　依据博弈过程分类

社会经济活动中，大量博弈是博弈方之间同时、先后或重复进行的策略选择活动，不同的博弈过程将产生不同的博弈结果。以博弈过程为分类依据，博弈通常可分为静态博弈（static game）和动态博弈（dynamic game）。

1. 静态博弈

静态博弈是指所有博弈方同时选择策略的博弈。具体来说，在静态博弈中各博弈方同时选择策略；或者，虽然各博弈方选择策略的时间不一致，但其在选择策略前并不知道其他博弈方的策略选择，且在知道其他博弈方的策略选择后也无法改变自己的策略，从而各博弈方的策略选择仍可看作是同时做出的，如猜硬币游戏和投标活动等。

2. 动态博弈

动态博弈又称多阶段博弈（multistage game）。动态博弈是指博弈方的策略选择不仅有先后次序，而且后行动博弈方选择策略前可以观察到先行动博弈方所选策略的博弈。动态博弈中各博弈方的行动有先有后，有时先行动的博弈方可以利用先行之便获得利益，形成先动优势；反过来，有时后行动的博弈方可以根据观测到的先行动博弈方的行动制定应对策略，从而形成后动优势。是先行动更优还是后行动更优取决于具体的博弈问题情形。

这里提供一个简单的动态博弈例子。假设某市场中已有厂商 A，潜在厂商 B 正考虑是否进入该市场以获得市场利润。厂商 B 知道，一旦进入该市场，厂商 A 可能选择与厂商 B 和平共处，从而平分市场收益；厂商 A 也可能采取降价等打击策略，形成"伤敌一千自损八百"的局面。厂商 B 是否进入该市场，与厂商 A 是否打击新入场者 B，便构成了一个关于市场进入问题的动态博弈。用数量表示博弈方的收益以具体化此问题，假设 A 独占市场时利润为 10；当 B 进入市场时 A 选择"不打击"策略，即与 B 和平共处，则双方各得 5；当 B 进入市场时 A 选择"打击"策略，则 B 要亏损 2，A 的利润降为 3。该博弈可用博弈决策树来表示（图 6.1），图中 B 和 A 分别代表厂商 B 和厂商 A，分支箭头表示博弈方的可选策略，博弈顺序由上至下进行，阴影圈表示博弈终点，每个博弈终点对应一个博弈结果，括号内数字分别表示厂商 A 与厂商 B 对应节点的博弈收益。

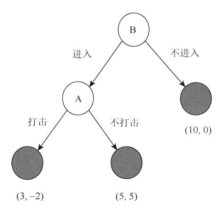

图 6.1　市场进入博弈决策树

6.3.6　依据博弈方理性水平分类

博弈方理性水平决定了博弈方的行为逻辑，是博弈走向与博弈结果的关键影响因素。以博弈方理性水平为分类标准，博弈可划分为由完全理性（perfect rationality）参与者构成的博弈（完全理性博弈）和由有限理性（bounded rationality）参与者构成的博弈（有限理性博弈）。

1. 完全理性博弈

完全理性的博弈方能够对任意复杂的博弈过程进行推演，并总是选择可实现自身或集体利益最大化的策略。根据效用最大化目标的不同，完全理性又可以分为个体理性与集体理性。

个体理性源于新古典经济学的理性经济人假设，即具有个体理性的博弈方总是以最大化自身利益为目标进行策略选择。经济博弈中的博弈方通常被假设具有个体理性。例如，在同质商品的竞争市场中，企业总是以最大化自身收益为目标。集体理性是指博弈方存在以集体利益为目标、追求集体利益最大化的行为动机。集体理性博弈中，博弈方之间往往存在"有约束力的协议"，使得被约束的博弈方追求集体利益最大化。集体理性博弈方构成的博弈一般是合作博弈。例如，在互补商品的零售市场中，企业间易形成联盟以共同谋求集体利益最大化。

2. 有限理性博弈

有限理性是对传统经济学理论假设的修正。由于现实博弈问题中，博弈方所获得的信息、知识与能力都是有限的，所能够考虑的方案也是有限的，未必能做出使得效用最大化的决策。以下通过一个案例说明有限理性博弈的情形。

德国科隆大学的研究者邀请了 19 名德国刑事法庭的法官，并把他们随机分成两组，让他们阅读相同的案件，但检察方向法官提出的处罚诉求不同：第一组法官看到的处罚诉求是监禁 2 个月，第二组法官看到的处罚诉求则是监禁 34 个月。尽管法官都认为检察方的量刑请求不合理，但他们做出判决时依然受到了检察方的影响。第一组法官所判定的平均监禁时间是 18.8 个月，而第二组法官所判定的平均监禁时间为 28.7 个月。该研究证明，不管法官的经历是否丰富，他们都会受到检察方诉讼请求的影响。这就是"锚定效应"在发挥作用，即已知信息如"锚点"般影响个体认知和行为，不仅会影响法官的判断，还会左右辩护律师的判断及其提出的要求。

基于上述博弈类型分析，本书绘制了常见博弈模型的分类示意图（图 6.2）。本篇后续章节将按照该分类框架逐一进行详细介绍。

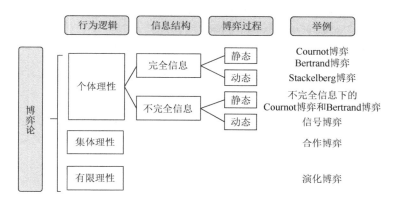

图 6.2 常用博弈模型的分类

6.4　本 章 小 结

博弈论既是一种决策理论，也是一种分析工具，是研究相互依存、相互影响的决策主体行为以及这些决策均衡结果的理论。博弈论的研究内容非常丰富，方法体系庞大。博弈的要素包括博弈方、博弈行为、博弈收益、博弈信息、博弈顺序等。根据博弈方理性与行为逻辑，可将博弈问题分为完全理性博弈和有限理性博弈，完全理性博弈又可分为非合作博弈（个体理性博弈）和合作博弈（集体理性博弈）。根据博弈过程的不同，可将博弈问题分为静态博弈和动态博弈；根据博弈方对信息的掌握情况可将博弈问题分为完全信息博弈和不完全信息博弈。此外，根据博弈方的数量、博弈方可选策略数量、收益特征等，博弈问题还可以分为单人博弈、双人博弈和多人博弈，有限策略博弈和无限策略博弈，零和博弈、常和博弈和变和博弈等。

博弈论的理论成果和思想方法对经济学的各个分支产生了巨大影响。在学术界，博弈论被看作重要的经济理论，被看作经济学的核心分析方法。除此之外，博弈论也是运筹学的重要分支，博弈论在数学，特别是在应用数学领域有着十分重要的地位。在能源经济学领域，博弈论已被用于分析各类能源经济问题，如碳减排、石油定价、可再生能源配额等。后续章节将对各类模型的适用范围及用法，以及相应的能源经济应用场景展开详细介绍。

本章参考文献

范如国. 2011. 博弈论. 武汉: 武汉大学出版社.

汪贤裕, 肖玉明. 2008. 博弈论及其应用. 北京: 科学出版社.

谢识予. 2017. 经济博弈论. 4 版. 上海: 复旦大学出版社.

Harsanyi J C. 1967. Games with incomplete information played by "Bayesian" players, Ⅰ-Ⅲ. Management Science, 14(3): 159-182.

Harsanyi J C, Selten R. 1972. A generalized Nash solution for two-person bargaining games with incomplete information. Management Science, 18(5): 80-106.

Nash J. 1951. Non-cooperative games. Annals of Mathematics, 54(2): 286-295.

Nash J F, Jr. 1950. Equilibrium points in N-person games. Proceedings of the National Academy of Sciences, 36(1): 48-49.

Rasmusen E. 2006. Games and information. 4th ed. Oxford: Basil Blackwell.

Smith J M, Price G R. 1973. The logic of animal conflict. Nature, 246: 15-18.

von Neumann J, Morgenstern O. 1944. Theory of Games and Economic Behavior. Princeton: Princeton University Press.

第7章　完全信息博弈

本章提要

完全信息博弈是指每一博弈方都拥有所有博弈方的特征、策略集及收益函数等信息的博弈。完全信息博弈根据博弈行为的发生顺序可分为完全信息静态博弈与完全信息动态博弈。本章主要介绍完全信息静态博弈和完全信息动态博弈的基本概念，以及 Cournot 博弈模型、Bertrand 博弈模型和 Stackelberg 博弈模型等经典博弈模型，并举例说明完全信息博弈在能源经济分析中的应用。

7.1　完全信息静态博弈

7.1.1　完全信息静态博弈的基本概念

20 世纪 50 年代，完全信息静态博弈的概念被首次提出，应用于市场产量竞争问题研究。随着相关理论的发展，完全信息静态博弈逐渐被广泛应用于市场经济领域，如供应链定价问题等。在能源经济学领域，完全信息静态博弈多用于解决绿色产业、绿色投资中的多主体利益分配问题等。

完全信息静态博弈的数学定义为：在一个 n 人博弈中，若博弈方的策略空间为 $S_1,\cdots,S_n$，博弈方 i 的任意一个策略为 $S_i(i=1,\cdots,n)$，各博弈方的收益函数为 $u_1,\cdots,u_n$ 且 $u_i=u_i(s_1,\cdots,s_n)$，则完全信息静态博弈的标准式可表示为 $G=\{S_1,\cdots,S_n;u_1,\cdots,u_n\}$（Gibbons，1992）。

1. 纳什均衡

纳什均衡是完全信息静态博弈对应的均衡概念，是指每个博弈方选择的策略是针对其他博弈方策略选择的最优反应，且没有博弈方愿意单方面改变其策略的稳定状态。纳什均衡的数学定义如下。在有 n 个博弈方参与的标准式博弈 $G=\{S_1,\cdots,S_n;u_1,\cdots,u_n\}$ 中，如果由各博弈方策略组成的某个策略组合 $\{s_1^*,\cdots,s_n^*\}$ 满足对任一博弈方 i，策略 s_i^* 是博弈方 i 针对其他 $n-1$ 个博弈方所选策略 $\{s_1^*,\cdots,s_{i-1}^*,s_{i+1}^*,\cdots,s_n^*\}$ 的最优对策，即

$$u_i\left(s_1^*,\cdots,s_{i-1}^*,s_i^*,s_{i+1}^*,\cdots,s_n^*\right)\geqslant u_i\left(s_1^*,\cdots,s_{i-1}^*,s_i,s_{i+1}^*,\cdots,s_n^*\right),\ \forall_{S_i}\in S_i$$

亦即 s_i^* 是最优化问题 $\max\limits_{s_i\in S_i}u_i\{s_1^*,\cdots,s_{i-1}^*,s_i^*,s_{i+1}^*,\cdots,s_n^*\}$ 的解，此时 $(s_1^*,\cdots,s_n^*)$ 为该博弈问题（G）的纳什均衡（Gibbons，1992）。

2. 混合策略

混合策略（mixed strategy）是指博弈方以一定概率在策略集合中随机选择策略的方式，除此之外的其他策略选择方式均为纯策略（pure strategy）。混合策略的数学定义为：在博弈 $G = \{S_1, \cdots, S_n; u_1, \cdots, u_n\}$ 中，博弈方 i 的策略空间为 $S_i = \{s_{i1}, \cdots, s_{ik}\}$，可以特定概率分布 $p_i = \{p_{i1}, \cdots, p_{ik}\}$ 在可选策略中随机选择的策略，被称为混合策略，其中 $0 \leqslant p_{ij} \leqslant 1$，$j = 1, \cdots, k$，且 $p_{i1} + \cdots + p_{ik} = 1$。根据上述定义，纯策略也可以看作混合策略的特例，即选择相应纯策略的概率为 1，选择其他纯策略的概率为 0 的混合策略。

7.1.2 Cournot 博弈模型

Cournot 博弈模型由 Cournot 于 1838 年提出，是一个经典的完全信息静态博弈模型，同时也是产业组织理论发展的重要里程碑。基础 Cournot 博弈模型中包含两个生产同质产品并同时进行产量决策的寡头厂商，具体问题描述如下。

令 q_1、q_2 分别表示企业 1 和企业 2 生产的同质产品的产量，市场中该产品的总供给为 $Q = q_1 + q_2$，令 $P(Q) = a - Q$ 表示市场出清价格。设企业 i 生产 q_i 单位产品，不存在固定成本且每单位产品的生产成本为常数 c（$c < a$），则企业 i 的总生产成本为 $C_i(q_i) = cq_i$。企业 i 的利润 π_i 可以表示为

$$\pi_i(q_i, q_{-i}) = q_i[P(q_i + q_{-i}) - c] = q_i[a - (q_i + q_{-i}) - c] \tag{7-1}$$

其中，$i, -i \in \{1, 2\}$，$i \neq -i$。

如果 (q_1^*, q_2^*) 是纳什均衡产量，则 (q_1^*, q_2^*) 分别是下面最优化问题的解：

$$\max_{q_1} \pi_1(q_1, q_2^*) = q_1[a - (q_1 + q_2^*) - c] \tag{7-2}$$

$$\max_{q_2} \pi_2(q_1^*, q_2) = q_2[a - (q_1^* + q_2) - c] \tag{7-3}$$

根据企业 1 最优化问题的必要条件，即利润关于产量的一阶导数为 0，其解为 $q_1^* = \frac{1}{2}(a - q_2^* - c)$。同理，可得企业 2 的解为 $q_2^* = \frac{1}{2}(a - q_1^* - c)$。联立上述方程组，可得均衡解：

$$q_1^* = \frac{a-c}{3}, q_2^* = \frac{a-c}{3} \tag{7-4}$$

企业 1 和企业 2 对应的均衡收益分别为

$$\pi_1^*(q_1^*, q_2^*) = \left(\frac{a-c}{3}\right)^2$$

$$\pi_2^*(q_1^*, q_2^*) = \left(\frac{a-c}{3}\right)^2$$

若在垄断市场条件下，每个企业选择 q_i 使自己的利润 $\pi_i(q_i, 0)$ 最大化，其选择的产量

将为垄断产量 $q_m = (a-c)/2$ ，并可赚取垄断利润 $\pi_i(q_i, 0) = (a-c)^2/4$ ，而 Cournot 博弈模型的均衡收益为 $\pi_i(q_1^*, q_2^*) = (a-c)^2/9$ 。由此可见，Cournot 博弈模型的均衡收益并不是最大市场收益，这是因为垄断市场上企业在选择自己的最优产量时，只需考虑产量对本企业的影响，无须考虑对其他企业的作用。

经分析发现，Cournot 博弈模型无法实现博弈方总体和各个博弈方的最大利益，这对于市场经济的效率判断及管理具有重要启示。即，自由竞争的市场经济存在运行低效问题，政府对市场经济运行的调控和监管是必不可少的。

7.1.3　Bertrand 博弈模型

Bertrand 博弈模型由法国经济学家 Bertrand 于 1883 年提出，也是一类经典的完全信息博弈模型。与 Cournot 博弈模型中的产品数量决策不同，Bertrand 博弈模型中企业的决策变量是产品价格。假设两个厂商分别生产同类但有差异的产品，并且同时做出价格决策。当企业 1 和企业 2 分别选择价格 p_1 和 p_2 时，消费者对其产品的需求分别为

$$q_1 = q_1(p_1, p_2) = a - p_1 + p_2 \tag{7-5}$$
$$q_2 = q_2(p_1, p_2) = a - p_2 + p_1 \tag{7-6}$$

在式（7-5）和式（7-6）中，两个企业产品的替代系数简化为 1。假设两个企业无固定成本，边际生产成本分别为 c_1，c_2。两个企业的策略空间为所有非负实数，即 $s_1 = s_2 = [0, +\infty)$ 。每个企业的收益就是各自的利润，企业 i 的利润函数为

$$\pi_i(p_i, p_j) = p_i q_i - c_i q_i = (p_i - c_i)(a - p_i + p_j) \tag{7-7}$$

其中，$i, -i \in \{1, 2\}$ ， $i \neq -i$ 。

若价格组合 (p_1^*, p_2^*) 是纳什均衡价格，则 (p_1^*, p_2^*) 是下列最优化问题的解：

$$\begin{cases} \max\limits_{p_1} \pi_1(p_1, p_2) = (p_1 - c_1)(a - p_1 + p_2) \\ \max\limits_{p_2} \pi_2(p_1, p_2) = (p_2 - c_2)(a - p_2 + p_1) \end{cases} \tag{7-8}$$

求解上述方程可得

$$\begin{cases} p_1^* = \dfrac{a + c_1 + p_2^*}{2} \\ p_2^* = \dfrac{a + c_2 + p_1^*}{2} \end{cases} \tag{7-9}$$

解此方程组，得

$$\begin{cases} p_1^* = \dfrac{3a + 2c_1 + c_2}{3} \\ p_2^* = \dfrac{3a + c_1 + 2c_2}{3} \end{cases} \tag{7-10}$$

(p_1^*, p_2^*) 为该博弈唯一的纳什均衡。将 p_1^*、p_2^* 分别代入两个收益函数则可以得到两厂商的均衡收益。

7.2　完全信息动态博弈

7.2.1　完全信息动态博弈的基本概念

完全信息动态博弈是博弈方的收益函数为共同知识且博弈方依次行动的博弈，即后行动博弈方在看到先行动博弈方的策略选择后再选择策略。动态博弈中，后行动博弈方掌握更多信息，可降低决策的盲目性，因此具有后动优势；先行动博弈方可以首先选择更有利于自己的策略，因此具有先动优势。另外，在动态博弈中，各个博弈方的选择行为有先后次序并形成依次相连的时间阶段，其中一个博弈方的一次选择或多个博弈方的一次同时选择常被称为一个"阶段"（stage）。

1. 子博弈

子博弈（subgame）是动态博弈的子集，指从任一具有单结点信息集的阶段（除第一阶段外）开始至博弈结束的阶段性行动过程。当采用扩展式表述的博弈形式时，子博弈需满足下列条件：①子博弈不包含博弈的第一阶段，即子博弈不等于该动态博弈本身；②子博弈不可以分割信息集合，即子博弈的初始阶段必须位于由单一结点构成的信息集合；③如果一个阶段包含在子博弈中，那么它的后续阶段也都包含在子博弈中。子博弈的关键特征是子博弈本身就构成一个完整博弈，博弈方可以只专注于该子博弈并忽略博弈的其余部分。需注意，并不是动态博弈的任何部分都能构成子博弈，也不是所有多阶段动态博弈都有子博弈。

2. 子博弈精炼纳什均衡

子博弈精炼纳什均衡，又称为子博弈完美纳什均衡（subgame-perfect Nash equilibrium），指在一个动态博弈中博弈方在每一个子博弈中均选择最优策略的稳定状态。举例以说明子博弈精炼纳什均衡：考虑存在一个两阶段完全信息博弈，其中有四个博弈方，分别为博弈方 1、博弈方 2、博弈方 3、博弈方 4，博弈方 1 和博弈方 2 在第一阶段同时选择策略并构成策略组合 (a_1, a_2)，而后博弈方 3 和博弈方 4 在第二阶段同时选择策略 (a_3, a_4)，假设对于任一 (a_1, a_2) 第二阶段博弈存在唯一纳什均衡解 $\left(a_3^*(a_1, a_2), a_4^*(a_1, a_2)\right)$。博弈方 1 和博弈方 2 预测到博弈方 3 和博弈方 4 在第二阶段的行动将由 $\left(a_3^*(a_1, a_2),\ a_4^*(a_1, a_2)\right)$ 给出，假设对于 $\left(a_3^*(a_1, a_2), a_4^*(a_1, a_2)\right)$，第一阶段博弈存在唯一纳什均衡解 $\left(a_1^*, a_2^*\right)$，博弈方 1 和博弈方 2 选择策略 $\left(a_1^*, a_2^*\right)$，其均衡收益为 $u_i\left(a_1^*, a_2^*, a_3^*(a_1^*, a_2^*), a_4^*(a_1^*, a_2^*)\right)$，其中 $i = 1, 2$。此时，$\left(a_1^*, a_2^*, a_3^*(a_1^*, a_2^*), a_4^*(a_1^*, a_2^*)\right)$ 为该两阶段博弈的子博弈精炼解，该稳定状态为子博弈精炼纳什均衡（Gibbons，1992）。

7.2.2　Stackelberg 博弈模型

在 Cournot 博弈模型和 Bertrand 博弈模型里，竞争厂商在市场上的地位是平等的，因此所有厂商同时决策。事实上，在有些市场中竞争厂商之间的地位并不对称，从而导致决策次序不对称。一般情况下，小厂商先观察大厂商的决策行为，再决定自己的策略选择。

德国经济学家 Stackelberg 于 1934 年提出了一种产量领导模型，即 Stackelberg 博弈模型，用以反映企业间的不对称竞争，该模型是一类经典的完全信息动态博弈模型。该模型的基本假设是：在一个双寡头垄断市场中有两个厂商生产相同的产品，其中一个厂商是处于支配地位的领导者（leader），另一个是其跟随者（follower），每个厂商的决策变量都是产量，即每个厂商都会选择自己的最优产量来实现个体利润最大化。在 Stackelberg 博弈模型中，产量的决定顺序为：领导者先决定自身产量，然后跟随者根据领导者的产量信息来决定自己的产量。需注意，领导者在决定自己的产量时，会充分了解跟随者的后续行动策略。因此，领导者厂商会预期到自己的产量对跟随者厂商的影响，因此领导者厂商在做出产量决策时将考虑跟随者厂商的反应。

假设 q_1、q_2 分别表示领导者企业与跟随者企业的产量，市场总产量为 $Q = q_1 + q_2$，市场出清价格为 $P(Q) = a - Q$，企业在生产过程中均不存在固定成本且每单位产品的生产成本为常数 c（$c < a$）。博弈的时间顺序如下：①领导者企业选择产量 $q_1 \geqslant 0$；②跟随者企业观察到 q_1，然后选择产量 $q_2 \geqslant 0$；③企业 i 的收益由下面的利润函数给出。

$$\pi_i(q_i, q_{-i}) = q_i[p(q_i, q_{-i}) - c] \tag{7-11}$$

其中，$i, -i \in \{1, 2\}$，$i \neq -i$。

逆需求函数为

$$p(q_1, q_2) = a - q_1 - q_2, \ a > 0 \tag{7-12}$$

首先，计算跟随者企业对领导者企业任意产量的最优反应函数：

$$\max_{q_2 \geqslant 0} \pi_2(q_1, q_2) = \max_{q_2 \geqslant 0} \{q_2[(a - q_1 - q_2) - c]\} \tag{7-13}$$

求解可得

$$q_2(q_1) = \frac{a - q_1 - c}{2} \tag{7-14}$$

由于领导者企业可以预测到如果自身选择 q_1，则跟随者企业将根据最优反应函数 $q_2(q_1)$ 选择产量 q_2，因此，在博弈的第一阶段，领导者企业的问题可以表示为

$$\max_{q_1 \geqslant 0} \pi_1(q_1, q_2(q_1)) = \max_{q_1 \geqslant 0} \{q_1(a - q_1 - q_2(q_1) - c)\} \tag{7-15}$$

将式（7-14）代入式（7-15），求解可得

$$q_1^* = \frac{a - c}{2} \tag{7-16}$$

将式（7-16）代入式（7-14），可得

$$q_2(q_1^*) = \frac{a - c}{4} \tag{7-17}$$

这就是 Stackelberg 双头垄断博弈的逆向归纳解。

回顾 Cournot 博弈纳什均衡，每一企业的产量为 $q_1^* = q_2^* = (a - c) / 3$，总产量为 $2(a - c) / 3$，而 Stackelberg 博弈中逆向归纳解的总产量为 $3(a - c) / 4$，比 Cournot 博弈的

纳什均衡状态下的总产量高，对应的 Stackelberg 博弈市场价格相对较低。需注意，在 Stackelberg 博弈中，领导者企业可以选择 Cournot 博弈均衡产量 $(a-c)/3$，这时跟随者企业的最优反应同样是 Cournot 博弈的均衡产量；但由于在 Stackelberg 博弈中，领导者企业具有先动优势，其选择了高于 Cournot 博弈均衡产量的产量 $(a-c)/2$，因此市场价格降低，厂商总体利润水平降低。这个例子说明，掌握更多信息的博弈方未必能获得更多的收益。

7.3　完全信息博弈在能源经济分析中的应用

完全信息博弈被学者广泛应用于能源经济领域，研究主题包括低碳政策选择与激励机制设计、电力市场调度、发电权交易、碳排放权交易问题等。本节将遴选两篇文献说明完全信息博弈在能源经济分析中的应用。

7.3.1　案例 1：碳排放权分配方法选择问题

本案例借鉴 Wang 和 Zhou（2017）的研究，利用 Nash-Cournot 寡头垄断市场均衡模型，从理论上剖析不同碳排放权分配方法对碳成本转嫁的影响。

1. 案例背景

碳排放交易制度（emissions trading scheme，ETS）已经成为后京都时期实现减排的主要政策工具。ETS 面临的核心问题是如何在碳市场参与者之间分配碳排放权。已有研究表明，欧盟实施 ETS 以来，部分碳密集型企业将其碳成本转化为产品价格从而获得暴利。因此，有必要量化碳排放权分配方法对碳成本转嫁的影响，为政策制定者提供分配依据以避免投机行为扰乱市场秩序。

2. 模型构建与分析

首先，假设碳市场与产品市场是分离的。ETS 所涵盖的产品市场是寡头垄断市场（如水泥、印刷业、钢铁、铝和航空业），而碳市场为完全竞争市场，这意味着产品市场中的寡头企业是碳排放权交易价格的接受者。n 个寡头企业在市场上生产和销售同类产品，其产量为 q_i（$i=1,2,\cdots,n$），且市场价格为 P，则逆需求函数为

$$P(q_1,q_2,\cdots,q_n)=a-b(q_1+q_2+\cdots+q_n)$$

企业 i 的初始碳排放量 TE_i 与产品生产数量线性相关，即 $\mathrm{TE}_i=\rho_i q_i$。如果企业 i 的碳减排量为 e_i，那么净碳排放量 E_i 可以表示为

$$E_i=\mathrm{TE}_i-e_i=\rho_i q_i-e_i$$

其中，ρ_i 表示碳强度，$\rho_i>0$（$i=1,2,\cdots,n$）。

结合最初分配的碳排放权量 $\bar{e}_i$，企业 i 需购买的碳排放权量为

$$\Delta e_i=E_i-\bar{e}_i=\rho_i q_i-e_i-\bar{e}_i$$

其中 $\Delta e_i < 0$ 时表示企业 i 可出售的碳排放许可量。

令 r_i 表示企业 i 的边际减排成本系数，基于边际减排成本递增假设，将减排总成本设置为

$$\text{TAC}_i = \frac{1}{2} r_i e_i^2$$

在碳交易规制约束下，企业的利润由两部分组成。一部分来自产品销售和碳排放权出售收入，另一部分是减排成本和碳排放权购买成本。因此，企业 i 的利润可以表示为

$$\pi_i(q_1, q_2, \cdots, q_n) = \left(P(q_1, q_2, \cdots, q_n) - c_i \right) q_i - \text{TAC}_i - P_c \Delta e_i$$

$$= \left[a - b(q_1 + q_2 + \cdots + q_n) - c_i \right] q_i - \frac{1}{2} r_i e_i^2 - P_c \left(\rho_i q_i - e_i - \overline{e} \right)_i$$

其中，P_c 表示碳市场中的碳排放权交易价格。企业 i 选择最佳生产产量 q_i 和减排 e_i 以使其利润最大化。根据 Cournot 博弈模型的求解分析方法，可以通过计算企业 i 的利润关于 q_i 和 e_i 的一阶导数来获得最优的产出水平和减排组合。

为保证自身收益，理性的企业倾向于将其每单位产品的碳成本计入其边际成本中。增量的边际生产成本提高了产品的市场价格。常见的碳成本转嫁率（pass-through rate，PTR）计算方式有三种：第一种为单位产品价格变化量与碳排放权交易价格的比值，即 $\text{PTR}_1 = \dfrac{\text{d}P}{P_c}$；第二种为单位产品价格变化量与产品边际成本变化量的比值，即 $\text{PTR}_2 = \dfrac{\text{d}P}{\text{d}MC}$；第三种为单位产品价格变化量与单位产品中碳排放成本的比值，即 $\text{PTR}_3 = \dfrac{\text{d}P}{\text{d}CC}$。

祖父法是目前最常见的碳排放权分配方法，是指碳排放权的初始分配与企业的历史排放成比例的分配方法。这表明分配给企业的排放权的数量与企业的当前行为无关。因此，祖父法下寡头垄断产品的市场价格可表示为

$$P^* = \frac{a + \sum_{i=1}^{n} c_i + P_c \sum_{i=1}^{n} \rho_i}{n+1}$$

祖父法下，三种碳成本转嫁率分别为

$$\text{PTR}_1 = \frac{\text{d}P}{P_c} = \frac{n}{n+1} \overline{\rho}$$

$$\text{PTR}_2 = \frac{\text{d}P}{\text{d}MC} = \frac{n}{n+1}$$

$$\text{PTR}_3 = \frac{\text{d}P}{\text{d}CC} = \frac{n}{n+1}$$

其中，$\overline{\rho}$ 表示平均碳强度。

当按基准法进行碳排放权分配时，企业的初始碳排放权为单位产品基准碳排放权与企业产品产出水平的乘积。在此方法下，寡头垄断产品的市场价格为

$$P^* = \frac{a + \sum_{i=1}^{n} c_i + P_c \left(\sum_{i=1}^{n} \rho_i - ne_b \right)}{n+1}$$

其中，e_b 表示单位产品基准碳排放权。

基准法下，三种碳成本转嫁率分别为

$$PTR_1 = \frac{dP}{P_c} = \frac{n}{n+1}(\overline{\rho} - e_b)$$

$$PTR_2 = \frac{dP}{dMC} = \frac{n}{n+1}(1 - e_b / \overline{\rho})$$

$$PTR_3 = \frac{dP}{dCC} = \frac{n}{n+1}(1 - e_b / \overline{\rho})$$

当按拍卖法进行碳排放权分配时，企业分配获得的初始碳排放权为 0，所有碳排放权均需购买获得。寻求利润最大化的企业倾向于将碳成本计入其边际生产成本中。因此，寡头垄断产品的市场价格为

$$P^* = \frac{a + \sum_{i=1}^{n} c_i + P_c \sum_{i=1}^{n} \rho_i}{n+1}$$

拍卖法下，三种碳成本转嫁率分别为

$$PTR_1 = \frac{dP}{P_c} = \frac{n}{n+1}\overline{\rho}$$

$$PTR_2 = \frac{dP}{dMC} = \frac{n}{n+1}$$

$$PTR_3 = \frac{dP}{dCC} = \frac{n}{n+1}$$

3. 结果讨论

通过对比不同分配方法下的碳成本转嫁率，可以得出结论：碳排放权分配方法的选择确实会影响碳成本转嫁率水平，祖父法和拍卖法的转嫁率相同，均高于基准法下的碳成本转嫁率。同时，碳成本转嫁率取决于产品市场结构、行业平均碳排放强度与成本转嫁率计算方式。政策启示为：①碳交易市场运行初期为吸引企业积极参与碳排放权交易，基准法更胜一筹，当碳排放权交易体系发展完善时，建议采用拍卖法；②政策制定者可以在一定程度上提高碳排放权价格，从而促进减排目标的实现。

7.3.2 案例 2：企业碳减排和产品定价问题

本案例借鉴 Wen 等（2018）的研究，聚焦碳排放权交易价格和消费者的低碳意识双边约束下竞争企业的减排和产品定价问题，通过构建两阶段完全信息静态博弈模型，进而求解均衡解与均衡收益。

1. 案例背景

作为实现减排目标的有效政策工具，ETS 已得到许多国家的关注。对于企业而言，其既受到政府的碳规制监管，又面临消费者低碳意识日益增长的隐含压力。那么，在碳排放权交易价格和消费者的低碳意识递增的双重压力下，企业应如何制定碳减排与定价策略？本案例通过构建双寡头博弈模型，详细分析了这一问题。

2. 模型构建

假设在碳市场中，存在两家生产可替代产品的制造企业（$i, -i \in \{1,2\}$，$i \neq -i$），共同向具有一定低碳意识的消费者销售产品。

（1）企业碳排放权交易利润函数为

$$\pi_i^E = (T_i - e_i q_i) P_c$$

其中，P_c 表示碳排放权交易价格；T_i 表示分配给企业 i 的总碳排放权配额；e_i 表示企业 i 的碳排放强度（即生产单位产品产生的碳排放量）；q_i 表示企业的生产数量。如果 $e_i q_i > T_i$（即实际碳排放量超过上限），企业需按照碳排放权交易价格 P_c 购买超额碳排放权；如果 $e_i q_i < T_i$（即实际碳排放量低于上限），企业可依照碳排放权交易价格 P_c 出售剩余碳排放权以获得收益。

（2）消费者效用函数为

$$U(q_1, q_2) = \sum_{i=1}^{2} \left(\alpha q_i - \frac{\beta}{2} q_i^2 \right) - \gamma q_1 q_2$$

其中，α, β 为正，且 $\beta > \gamma$。令 p_i 表示企业 i 的产品价格，则消费者收益函数为

$$\pi = U(q_1, q_2) - \sum_{i=1}^{2} p_i q_i - \theta \sum_{i=1}^{2} e_i q_i$$

其中，θ 衡量消费者的低碳意识水平，表示消费者对碳排放的厌恶程度。θ 值越大，意味着消费者越在意碳排放对环境的影响。政府可通过宣传教育来提高消费者的低碳意识，从而影响 θ 的值。以消费者收益最大化为目标，求得企业 i 的产品需求量为

$$q_i = \frac{\alpha}{\beta + \gamma} - \frac{\beta}{\beta^2 - \gamma^2}(p_i + \theta e_i) + \frac{\gamma}{\beta^2 - \gamma^2}(p_{-i} + \theta e_{-i})$$

为简化计算与便于分析，可将系数 $\dfrac{\beta}{\beta^2 - \gamma^2}$ 归一化为 1，因此企业 i 的需求函数可写为

$$q_i = a - (p_i + \theta e_i) + k(p_{-i} + \theta e_{-i})$$

其中，$a = (1 - \gamma/\beta)\alpha$ 表示市场潜力；$k = \gamma/\beta$ 表示产品可替代程度，k 的取值范围为 $(0, 1)$，0 表示产品完全独立，1 表示产品可被完全替代，简记为 $k \in (0, 1)$。

（3）企业生产成本函数为

$$c_i(e_i) = c_0 + h_i(\bar{e} - e_i)^2$$

其中，c_0 表示基本生产成本，在后续分析中简化为 0；$\bar{e} > 0$ 表示该行业的最高排放强度水平；系数 $h_i > 0$ 衡量减排成本的差异，较小的 h_i 值意味着该企业可以以较低的成本达

到碳排放强度 e_i, $0 < h_1 < h_2$, $0 < e_i < \overline{e}$。

企业利润函数为

$$\pi_i = (p_i - c_i)q_i + \pi_i^E$$

即

$$\pi_i = (p_i - c_i - P_c e_i)q_i + P_c T_i$$

上式表明碳排放权交易政策对企业利润有两个直接影响，一方面给企业带来了排放成本（$P_c e_i$），另一方面使企业通过出售剩余碳排放权获得补偿（$P_c T_i$）。

3. 博弈顺序分析

该博弈为两阶段完全信息博弈；第一阶段，企业同时做出产品碳排放强度 (e_i, e_{-i}) 决策；第二阶段，基于第一阶段观测到的博弈结果（碳排放强度），两企业同时做出产品价格 (p_i, p_{-i}) 决策。最后，消费者观测到两家企业产品的碳排放强度和价格并做出购买决策，从而企业获得收益。

4. 模型求解及分析

采用逆向归纳法进行求解。具体来说，首先分析第二阶段的价格竞争，其次求解第一阶段的碳排放强度决策。

给定第一阶段选择的碳排放强度 (e_1, e_2)，则第二阶段每个企业的均衡价格为

$$p_i^* = \frac{1}{2-k}\alpha + \frac{2}{4-k^2}\left[h_i(\overline{e}-e_i)^2 + p_c e_i\right] - \frac{2-k^2}{4-k^2}\theta e_i + \frac{k}{4-k^2}\left[h_{-i}(\overline{e}-e_{-i})^2 + (p_c+\theta)e_{-i}\right]$$

将第二阶段所得的企业的均衡价格函数代入企业的利润函数，可以确定企业的均衡碳排放强度，此时企业的利润函数为

$$\pi_i = \left\{\frac{1}{2-k}\alpha - \frac{2-k^2}{4-k^2}\left[h_i(\overline{e}-e_i)^2 + (p_c+\theta)e_i\right] + \frac{k}{4-k^2}\left[h_{-i}(\overline{e}-e_{-i})^2 + (p_c+\theta)e_{-i}\right]\right\}^2 + p_c T_i$$

企业的均衡碳排放强度（生产单位产品产生的碳排放量）为

$$e_i^* = \overline{e} - \frac{P_c + \theta}{2h_i}$$

均衡碳排放强度 e_i^* 取决于碳排放权交易价格 P_c、消费者的低碳意识水平 θ 和减排成本系数 h_i。将均衡碳排放强度代入第二阶段所得的均衡价格函数，可以得到整个博弈中每个企业的均衡价格函数表达式：

$$p_i^* = \frac{1}{2-k}\alpha + \frac{1}{4-k^2}\left[(2+k)\overline{e}P_c - \frac{1}{2}\left(\frac{1}{h_i} + \frac{k}{2h_{-i}}\right)P_c^2 - (2+k)(1-k)\overline{e}\theta\right.$$

$$\left. + \frac{1}{2}\left(\frac{3-k^2}{h_i} - \frac{k}{2h_{-i}}\right)\theta^2 + \frac{1}{2}\left(\frac{2-k^2}{h_i} - \frac{k}{2h_{-i}}\right)P_c\theta\right]$$

均衡价格 p_i^* 取决于碳排放权交易价格 P_c、消费者的低碳意识水平 θ。

上述两个企业的博弈模型，还可以扩展到两个以上的竞争企业。具体分析过程、博弈结果讨论以及参数敏感性分析等，可以进一步参阅 Wen 等（2018）的研究。

本章参考文献

李帮义, 王玉燕. 2010. 博弈论及其应用. 北京: 机械工业出版社.

Gibbons R. 1992. A Primer in Game Theory. London: Harvester Wheatsheaf.

Wang M, Zhou P. 2017. Does emission permit allocation affect CO_2 cost pass-through? A theoretical analysis. Energy Economics, 66: 140-146.

Wen W, Zhou P, Zhang F Q. 2018. Carbon emissions abatement: emissions trading vs consumer awareness. Energy Economics, 76: 34-47.

第 8 章　不完全信息博弈

本章提要

第 7 章介绍的完全信息博弈要求博弈方掌握博弈方特征、策略集、收益函数等所有博弈信息，而许多现实博弈问题难以满足这一条件。当至少一个博弈方不知道其他博弈方的收益函数时，需要借助不完全信息博弈模型进行求解分析。本章主要介绍不完全信息静态博弈和不完全信息动态博弈的相关概念及模型，并举例说明不完全信息博弈在能源经济问题中的应用。

8.1　不完全信息静态博弈

8.1.1　不完全信息静态博弈的相关概念

完全信息静态博弈的关键特征是每一博弈方知道自己的博弈要素，但无法完全知道其他博弈方的博弈要素，如暗标拍卖问题中的估价等。在不完全信息博弈中，博弈方的私人信息被称为博弈方的"类型"。任一博弈方知道自己的类型，而对其他博弈方的类型仅存在"推断"，即已知自己类型的基础上其他博弈方任一类型或类型组合的概率分布，又称"信念、判断"。基于此，不完全信息静态博弈的数学定义可表达为：在一个 n 人博弈（G）中，t_i 表示博弈方 i 的类型，T_i 表示博弈方 i 的类型空间（$t_i \in T_i$），$t_{-i} = \{t_1, \cdots, t_{i-1}, t_{i+1}, \cdots, t_n\}$ 表示除博弈方 i 以外的其他博弈方的类型，T_{-i} 表示其他博弈方的类型空间（$t_{-i} \in T_{-i}$），$p_i = p_i(t_i | t_{-i})$ 表示博弈方 i 在知道自己的类型是 t_i 的前提下对其他博弈方类型（t_{-i}）的推断，a_i 表示博弈方 i 的任一可选具体策略，A_i 表示博弈方 i 的策略空间（$a_i \in A_i$），$u_i(a_i, \cdots, a_n; t_i)$ 表示类型为 t_i 的博弈方 i 在策略组合 $(a_i, \cdots, a_n)$ 下的收益，此不完全信息静态博弈的标准式为 $G = \{A_1, \cdots, A_n; T_1, \cdots, T_n; p_1, \cdots, p_n; u_1, \cdots, u_n\}$（谢识予，2017）。

1. 海萨尼转换

不完全信息静态博弈中博弈方仅知道其他博弈方类型的概率分布，并不完全掌握其他博弈方的收益函数，从而难以直接利用完全信息博弈思路进行求解。因此，海萨尼在 1967 年提出了一种将不完全信息静态博弈转换为完全但不完美信息动态博弈的方法，即海萨尼转换。通过海萨尼转换，可以获得初始不完全信息静态博弈（转换后为完全但不完美信息动态博弈）的博弈顺序（Harsanyi，1967）。

（1）引入一个虚拟的博弈方"自然"，也称为"博弈方 0"，用 N 表示，在实际博方选择之前为每个博弈方随机选择类型 $t = (t_1, t_2, \cdots, t_n)$，其中 $t_i \in T_i$，$i = 1, 2, \cdots, n$。

（2）"自然"博弈方告知博弈方 i 其自身类型及其他博弈方类型的概率分布，即博弈方 i 仅知道私人信息 t_i（$i = 1, 2, \cdots, n$）与对其他博弈方类型的推断 $p_i(t_{-i}|t_i)$。

（3）n 个博弈方同时从自己的策略空间中选择策略，构成行动组合 $(a_1, \cdots, a_n)$，其中 $a_i \in A_i$，$i = 1$，2，$\cdots$，n。

（4）除"自然"博弈方外，博弈方 i 得到收益 $u_i(a_1, \cdots, a_n; t_i)$。

通过对博弈顺序的描述可知，海萨尼转换本质是将对其他博弈方类型的判断问题转化成对"自然"博弈方策略的判断问题。即"自然"博弈方分别以概率 $p_1, p_2, \cdots, p_n$ 选择策略 $t_1, t_2, \cdots, t_n$，"自然"博弈方策略选择的概率分布与其他博弈方类型的概率分布相同，且 $p_1, p_2, \cdots, p_n$ 是所有博弈方的共同知识。

综上，经过转换的博弈有两个阶段，第一阶段为"自然"博弈方的选择阶段，第二阶段是实际博弈方 $1, \cdots, n$ 的同时选择阶段，故转换后的博弈是动态博弈。由于博弈方对第一阶段"自然"博弈方的选择不完全清楚，故转换后的动态博弈是不完美信息动态博弈。根据上述博弈顺序（1）—（4）的描述，该博弈问题本质上仍是原来的不完全信息静态博弈 $G = \{A_1, \cdots, A_n; T_1, \cdots, T_n; p_1, \cdots, p_n; u_1, \cdots, u_n\}$。

2. 贝叶斯纳什均衡

贝叶斯纳什均衡（Bayesian-Nash equilibrium）是不完全信息静态博弈的均衡，刻画贝叶斯纳什均衡之前需重新定义博弈方的策略空间。根据海萨尼转换，不完全信息静态博弈可以看作先由"自然"博弈方按一定概率选择实际博弈方的类型，再由各实际博弈方同时决策的动态博弈。因此，在不完全信息静态博弈中，实际博弈方的策略选择过程就是针对自身所有可能的类型选择策略的过程。基于此，博弈方 i 的策略空间可被定义为：在不完全信息静态博弈 $G = \{A_1, \cdots, A_n; T_1, \cdots, T_n; p_1, \cdots, p_n; u_1, \cdots, u_n\}$ 中，博弈方 i 的任一策略 a_i 是关于自身类型 $t_i(t_i \in T_i)$ 的一个函数 $s_i(t_i)$，因此博弈方 i 的策略空间也可以表示为 $S_i = \{s_i(t_i)\}$（$S_i = A_i$）。

根据上述策略空间的定义，可将纳什均衡概念推广到不完全信息静态博弈中，称为贝叶斯纳什均衡。其核心特征仍是博弈方 i 的策略选择是对其他博弈方任意策略组合的最佳反应。因此，贝叶斯纳什均衡的数学定义为：在不完全信息静态博弈 $G = \{A_1, \cdots, A_n; T_1, \cdots, T_n; p_1, \cdots, p_n; u_1, \cdots, u_n\}$ 中，对博弈方 i 及其任一可能的类型 $t_i(t_i \in T_i)$，$s_i^*(t_i)$ 满足：

$$\max_{a_i \in A_i} \sum_{t_{-i}} \left\{ u_i \left[s_1^*(t_1), \cdots, s_{i-1}^*(t_{i-1}), a_i, s_{i+1}^*(t_{i+1}), \cdots, s_n^*(t_n); t_i \right] p_i(t_{-i}|t_i) \right\}$$

则称策略组合 $s^* = \left(s_1^*(t_1), \cdots, s_n^*(t_n) \right)$ 为 G 的贝叶斯纳什均衡。

8.1.2　不完全信息下的 Cournot 博弈模型

不完全信息下的 Cournot 博弈模型是不完全信息静态博弈的经典模型之一。现实中，竞争市场中的企业往往存在成本选择、技术选择等不对外开放的商业秘密，因此不完全信息下的 Cournot 博弈比完全信息下的 Cournot 博弈更具现实意义。

假设在一双寡头市场中,存在两家企业同时进行产量决策,市场需求为 $P(Q) = a - Q$,$Q = q_1 + q_2$ 为市场总产量, q_1、q_2 分别是两个厂商的产量,a 表示市场潜力。厂商 1 成本函数为 $C_1 = c_1 q_1$,为厂商 1 和厂商 2 的共同知识。厂商 2 有两种成本函数,分别为 $C_{2L} = c_L q_2$ 和 $C_{2H} = c_H q_2$, 其中 $c_H > c_L$。只有厂商 2 知道自己的具体成本策略,厂商 1 只知道厂商 2 选择 c_H 的概率为 θ, 选择 c_L 的概率为 $1 - \theta$。

设厂商 1 的最佳产量决策为 q_1^*,厂商 2 的边际成本为 c_H 时最佳产量决策为 $q_2^*(c_H)$,边际成本为 c_L 时最佳产量决策为 $q_2^*(c_L)$,上述厂商的最佳产量决策应分别满足式（8-1）—式（8-3）:

$$\max_{q_1}[\theta(a - q_1 - q_2^*(c_H) - c_1)q_1 + (1-\theta)(a - q_1 - q_2^*(c_L) - c_1)q_1] \tag{8-1}$$

$$\max_{q_2}[(a - q_1^* - q_2) - c_H]q_2 \tag{8-2}$$

$$\max_{q_2}[(a - q_1^* - q_2) - c_L]q_2 \tag{8-3}$$

根据上述最大化问题的充要条件可得

$$q_1^* = \frac{1}{2}[\theta(a - q_2^*(c_H) - c_1) + (1-\theta)(a - q_2^*(c_L) - c_1)] \tag{8-4}$$

$$q_2^*(c_H) = \frac{a - q_1^* - c_H}{2} \tag{8-5}$$

$$q_2^*(c_L) = \frac{a - q_1^* - c_L}{2} \tag{8-6}$$

解上述方程组可得

$$q_1^* = \frac{a - 2c_1 + \theta c_H + (1-\theta)c_L}{3}$$

$$q_2^*(c_H) = \frac{a - 2c_H + c_1}{3} + \frac{1-\theta}{6}(c_H - c_L)$$

$$q_2^*(c_L) = \frac{a - 2c_L + c_1}{3} - \frac{\theta}{6}(c_H - c_L)$$

8.1.3 不完全信息下的 Bertrand 博弈模型

不完全信息下的 Bertrand 博弈模型是不完全信息静态博弈的另一个经典模型。假设市场中存在生产不完全同质产品的厂商 1 和厂商 2,厂商 1 的成本函数为 $C_1 = c_1 q_1$,无固定成本且边际成本为 c_1,为厂商 1 和厂商 2 的共同知识。厂商 2 有两种成本函数,分别为 $C_{2L} = c_L q_2$ 和 $C_{2H} = c_H q_2$,且 $c_H > c_L$,只有厂商 2 知道自己的具体成本策略,厂商 1 只知道选择 c_H 的概率为 x, 选择 c_L 的概率为 $1 - x$。两家企业的需求函数为

$$D_i(p_i, p_j) = a - p_i + p_j \tag{8-7}$$

其中, $i, -i \in \{1,2\}$, $i \neq -i$。

两家企业的收益函数为

$$u_i(p_i, p_j) = (p_i - c_i)(a - p_i + p_j) \tag{8-8}$$

设厂商 1 的最佳价格决策为 p_1^*，厂商 2 的边际成本为 c_H 时最佳价格决策为 $p_2^*(c_H)$，边际成本为 c_L 时最佳价格决策为 $p_2^*(c_L)$，上述三个最佳价格决策应分别满足式（8-9）、式（8-10）和式（8-11）：

$$\max_{p_1}[x(p_1 - c_1)(a - p_1 + p_2^*(c_H)) + (1 - x)(p_1 - c_1)(a - p_1 + p_2^*(c_L))] \tag{8-9}$$

$$\max_{p_2}(p_2 - c_H)[a - p_2 + p_1^*] \tag{8-10}$$

$$\max_{p_2}(p_2 - c_L)[a - p_2 + p_1^*] \tag{8-11}$$

根据上述最大化问题的充要条件，可得

$$p_1^* = \frac{1}{2}[x(a + p_2^*(c_H) + c_1) + (1 - x)(a + p_2^*(c_L) + c_1)] \tag{8-12}$$

$$p_2^*(c_H) = \frac{a + p_1^* + c_H}{2} \tag{8-13}$$

$$p_2^*(c_L) = \frac{a + p_1^* + c_L}{2} \tag{8-14}$$

联立解方程组得

$$p_1^* = \frac{3a + 2c_1 + xc_H + (1 - x)c_L}{3}$$

$$p_2^*(c_H) = \frac{3a + c_1 + 2c_H}{3} - \frac{(1 - x)}{6}(c_H - c_L)$$

$$p_2^*(c_L) = \frac{3a + c_1 + 2c_L}{3} + \frac{x}{6}(c_H - c_L)$$

8.2　不完全信息动态博弈

8.2.1　不完全信息动态博弈的相关概念

不完全信息动态博弈中，博弈方行动有先后次序，后行动者可以通过观察先行动者的行动获得有关对方偏好、策略空间等信息，从而修正自己的策略选择。当先行动者知道自身行为有传递信息的作用时，就会有意识地选择某种行动来揭示或掩盖自己的真实目的。在不完全信息静态博弈中，可运用海萨尼转换将其转换为便于分析的完全信息博弈；同理在不完全信息动态博弈中也可运用海萨尼转换，通过引入虚拟的"自然"博弈方并以一定概率选择实际博弈方类型，从而将不完全信息动态博弈转换成完全但不完美信息动态博弈。

精炼贝叶斯均衡又称完美贝叶斯均衡（perfect Bayesian equilibrium），是贝叶斯纳什均衡的子集，是不完全信息动态博弈中的均衡。实现精炼贝叶斯均衡需要满足以下要求（Gibbons，1992）。

要求 1：在每一信息集中，应该行动的博弈方必须对当前所处博弈信息集的结点有一个推断，即当前博弈所处信息集中不同结点的概率分布，通常是其他博弈方可能类型的概率分布。任一信息集所有结点的概率之和为 1。

要求 2：给定博弈方的推断，博弈方必须具备序贯理性（sequentially rational）。即根据所有信息集结点的概率分布，每一信息集中应该行动的博弈方所做出的每个策略都是最优反应。

要求 3：在处于均衡路径之上（on the equilibrium path）的信息集中，推断由博弈方的均衡策略和贝叶斯法则给出；在处于均衡路径之外（off the equilibrium path）的信息集中，推断由可能的博弈方均衡策略和贝叶斯法则给出。

其中，对于一个扩展式博弈中给定的均衡，如果博弈依照均衡策略进行时将以正的概率达到某信息集，则称此信息集处于均衡路径之上。反之，博弈依照均衡策略进行时肯定不会达到某信息集，称此信息集为处于均衡路径之外的信息集。

8.2.2　信号博弈模型

信号博弈（signaling game）是一类具有信息传递作用的不完全信息动态博弈，其基本特征是博弈方分为信号发出方和信号接收方，先行动的信号发出方的行为具有信息传递作用，后行动的信号接收方掌握非完全信息。其中，信号指具有信息传递作用的行为，通过信号传递信息的过程称为信号机制（signaling mechanism），传递信息的一方称为信号发出方，获得信息的一方称为信号接收方。

根据海萨尼转换规则，信号博弈可以转换为完全但不完美信息动态博弈，即信号博弈可以表示如下。假设 S 表示信号发出方，R 表示信号接收方，t_i 和 m_j 分别表示 S 的任一类型和可选策略，$T = \{t_1, \cdots, t_I\}$ 和 $M = \{m_1, \cdots, m_J\}$ 分别表示 S 的类型空间和策略空间（又称信号空间），a_k 表示 R 的任一可选策略，$A = \{a_1, \cdots, a_K\}$ 表示 R 的策略空间，u_S 和 u_R 分别表示 S 和 R 的收益，"自然"博弈方选择 S 的类型的概率分布为 $\{p(t_1), \cdots, p(t_I)\}$。

经海萨尼转换，信号博弈的博弈顺序如下。

（1）"自然"博弈方以概率 $p(t_i)$ 为 S 选择类型 t_i，S 知道 t_i 而 R 仅可掌握 $p(t_i)$。

（2）S 选择策略 m_j。

（3）R 看到 m_j 后选择策略 a_k。

（4）基于 t_i、m_j 和 a_k，S 和 R 的收益 u_S 和 u_R 实现。

根据一般精炼贝叶斯均衡实现的要求，实现信号博弈的精炼贝叶斯均衡需满足如下条件（Gibbons，1992）。

（1）R 在观察到 S 发出的信号 m_j 后，必须掌握此时 S 的可能类型（t_i）的概率分布（即 R 对 S 的类型的推断 $p(t_i / m_j)$），其中 $p(t_i | m_j)$ 满足 $p(t_i | m_j) \geqslant 0$ 且 $\sum_{t_i} p(t_i | m_j) = 1$。

（2）给定 R 的推断 $p(t_i | m_j)$ 和 S 的信号 m_j，R 的行为 $a^*(m_j)$ 必须使 R 的期望收益最大，即 $a^*(m_j)$ 是 $\max_{a_k} \sum_{t_i} p(t_i | m_j) u_R(t_i, m_j, a_k)$ 的解。

（3）给定 R 的策略 $a^*(m_j)$，S 的行为选择 $m^*(t_i)$ 必须使 S 的收益最大，即 $m^*(t_i)$ 是 $\max\limits_{a_k} u_R(t_i, m_j, a^*(m_j))$ 的解。

（4）对每个 $m_j \in M$，如果存在 $t_i \in T$ 使得 $m^*(t_i) = m_j$，则 R 在对应于 m_j 的信息集处的推断必须符合 S 的均衡策略和贝叶斯法则。

其中，当不同类型的发送方都选择发送相同的信号时，发送方的策略称为混同（pooling）策略，均衡为混同均衡，此时信号不会向接收者提供任何信息，因此接收者的推断在看到信号后不会更新；当不同类型的发送方总选择发送不同的信号时，发送方的策略为分离（separating）策略，均衡为分离均衡，此时信号携带发送者的类型信息，因此接收者在看到发送者的信号后能够修正推断；当某些类型的发送方选择发送相同的信号、其他类型的发送方选择发送不同的信号时，发送方的策略被称为部分混同（partially pooling）策略，又称准分离（semi-separating）策略，均衡为准分离均衡。

8.3　不完全信息博弈在能源经济分析中的应用

不完全信息博弈已被广泛应用于能源经济分析领域，其中包括发电企业竞价、电力系统规划、新能源汽车财政补贴等问题。本节将遴选两篇代表性文献对不完全信息博弈在能源经济分析中的应用进行说明。

8.3.1　案例 1：需求响应聚合商的竞标问题

本案例借鉴 Abapour 等（2020）的研究，聚焦电力市场中需求响应聚合商竞争定价问题，通过构建不完全信息静态博弈模型，剖析需求响应聚合商最优竞价决策。

1. 案例背景

随着能源消耗总量的不断增加，现有电力供应水平难以持续满足日常电力需求。基于此，需求响应聚合商被提出用于缓解电网压力，其在电力系统中的定位是电网运营商和终端用户之间的媒介，主要任务是协调电力需求、缓解电力供应压力。本案例聚焦由电网运营商、多个需求响应聚合商和一组最终用户组成的电力市场，旨在解决多个需求响应聚合商之间的竞标问题，其中需求响应聚合商的决策变量为竞标价格，即为鼓励用户将高峰负载转移至非高峰阶段而向用户提供的货币补偿。该博弈体系主要包括以下几个方面。

（1）博弈方为多个需求响应聚合商。

（2）博弈方的负载状态组合。

（3）博弈方 n 的策略组合 $A_n = \{a_n\}$，$n = 1, \cdots, N$。

（4）博弈方 n 的信号组合 $T_n = \{t_n\}$。

（5）博弈方 n 收到的与自身状态对应的信号函数。

（6）博弈方 n 收到的每个信号的置信区间。

（7）博弈方 n 收到信号 t_n 并选择策略 a_n 时的收益函数为 $U_n(a_n,t_n)$。

2. 模型构建

结合上述博弈要素与本案例研究的问题，模型可抽象为需求响应聚合商 n 通过选择竞标价格 p_n 获得收益 AP_n，其博弈模型为

$$\max \mathrm{AP}_n = \sum_{i=1}^{T}(\eta_{n,i} \times \Delta c_{n,i}(p_{n,i}, p_{-n,i}) - p_{n,i} \times \Delta d_{n,i}(p_{n,i}))$$

其中，$T = \{1,\cdots,t\}$ 表示时间段且 $i \in T$；$\eta_{n,i}$ 表示在第 i 个时间段，电网运营商向需求响应聚合商 n 提供的单位成本降低的奖励；$p_n = \{p_{n,i}:n \in A, i \in T\}$ 表示需求响应聚合商 n 的投标策略集合；$p_{-n} = \{p_1,\cdots,p_{n-1},p_{n+1},\cdots,p_N\}$ 表示其他需求响应聚合商的投标策略集合；$p_{n,i}$ 表示需求响应聚合商 n 在第 i 个时间段的策略；$\Delta c_{n,i}(p_{n,i}, p_{-n,i})$ 表示由于引入需求响应聚合商，在第 i 个时间段在需求响应聚合商 n 选择策略 $p_{n,i}$、其他需求响应聚合商选择策略 $p_{-n,i}$ 时的电力供应成本的减少；$\Delta d_{n,i}(p_{n,i})$ 表示需求响应聚合商 n 在第 i 个时间段由于选择策略 $p_{n,i}$ 引起的用户电力需求的转移。由于需求响应聚合商在不同情景下的投标决策不同，因此假设 S_n 是需求响应聚合商 n 的情景集合，其元素为 s_n，则 S_{-n} 表示其他聚合商的情景集合，其元素为 $s_{-n} = \{s_1,\cdots,s_{n-1},s_{n+1},\cdots,s_N\}$。令 $\Delta\gamma_n(s_n)$ 表示情景 s_n 中需求响应聚合商 n 的竞标策略向量，$\Delta\gamma_{-n}(s_{-n})$ 表示情景 s_{-n} 中其他需求响应聚合商的竞标策略向量。

此处简化模型，假设电力市场中只有两个需求响应聚合商 A 和 B，A 已知 B 有 r（$r = 1,2,\cdots,R$）种类型，B 已知 A 有 q（$q = 1,2,\cdots,Q$）种类型。关于博弈方类型的概率分布可以表示为概率矩阵 $\mathbf{\Pi}$，其元素为 $\pi_{q,r}$，用于表示 A 的类型为 q、B 的类型为 r 时的概率，此为 A、B 的共同知识。另外，条件概率 $\theta_A^r(q)$ 表示当聚合商 B 选择 r 类型时，聚合商 A 选择 q 类型的概率；$\theta_B^q(r)$ 则表示当聚合商 A 选择 q 类型时，聚合商 B 选择 r 类型的概率。

$$\theta_A^r(q) = \frac{\pi_{q,r}}{\sum_{q=1}^{Q}\pi_{q,r}}$$

$$\theta_B^q(r) = \frac{\pi_{q,r}}{\sum_{r=1}^{R}\pi_{q,r}}$$

情景 s_A 中，q 型聚合商 A 的竞标策略向量可以表示为 $\Delta\gamma_A^q(s_A)$，其利润由自己的决策以及对手的决策共同决定。因此，聚合商 A 的收益函数可表示为：$\mathrm{AP}_A^q = \mathrm{AP}_A^q\big(\Delta\gamma_A^q(s_A), \Delta\gamma_B^r(s_B), q,r\big)$，则聚合商 A 的期望收益可以表示为

$$\mathrm{EAP}_A^q = \sum_{r}\mathrm{AP}_A^q\big(\Delta\gamma_A^q(s_A), \Delta\gamma_B^r(s_B), q, r\big) \cdot \theta_A^q(r)$$

同理，聚合商 B 的期望收益可以表示为

$$\mathrm{EAP}_B^r = \sum_{q}\mathrm{AP}_B^r\big(\Delta\gamma_B^r(s_B), \Delta\gamma_A^q(s_A), q, r\big) \cdot \theta_B^r(q)$$

3. 模型求解

求解步骤如下。

第一步：需求响应聚合商 $n(n=A,B)$ 根据历史市场信息估计其他聚合商的类型及其概率分布，并设置聚合商 n 的初始值为 $\Delta\gamma_n(s_n)$。

第二步：假设其他聚合商的竞标策略为 $\Delta\gamma_{-n}(s_{-n})$，运用利润期望函数 EAP_n 计算期望利润，并更新自己的策略 $\Delta\gamma_n(s_n)$，直到聚合商 n 确定基于 $\Delta\gamma_{-n}(s_{-n})$ 的最优策略。

第三步：更新其他聚合商的竞价策略，重复第二步，确定聚合商 n 的局部最优策略。

第四步：重复第二步和第三步，直到聚合商 n 确定全局最优策略，最终达到精炼贝叶斯均衡。

本案例将电力需求响应聚合商之间的竞价问题抽象为不完全信息静态博弈。具体分析与数值求解过程见 Abapour 等（2020）的研究。

8.3.2　案例 2：企业社会责任投资决策问题

本案例借鉴 Wu 等（2020）的研究，借助不完全信息动态博弈模型，研究了企业社会责任投资问题，分析了企业与消费者之间信息不对称如何影响企业社会责任投资策略的选择和社会福利。

1. 案例背景

随着企业社会责任逐渐成为企业获得消费者喜爱的主要依据，企业更倾向于参与显著的社会责任活动（易被消费者观察到的活动），而不愿参与不显著的活动（不易被消费者观察到的活动），即仅把企业社会责任作为一种营销手段。企业与消费者之间存在信息不对称问题，而且消费者只能观察到企业的部分活动，因此企业可以在其可观察到的活动与不可观察到的活动中选择不同的社会责任支出水平。另外，企业的社会责任投资动机也有所不同，有的是为获得企业收益从而承担部分社会责任，有的则是关心社会福利从而承担相应的社会责任。

2. 模型构建

假设消费者具有社会意识，但他们只能观察到部分企业社会责任活动。模型中包含两种类型的公司：一种是纯粹由利润最大化驱动的公司，另一种是具有社会责任感的公司，即由利润与社会公益性共同驱动的公司。

本案例选用信号博弈模型，博弈方包括一个代表性公司（信号发送方）和一个代表性消费者（信号接收方），企业以 p 的价格向消费者出售单一单位的产品。企业有两种可能的类型，高类型（H）和低类型（L）。高类型的企业也就是通常所说的社会责任型企业，具有投资社会责任活动的内在动机；低类型企业是追求利润最大化者，没有内在动机投资企业社会责任。企业选择高类型即企业为社会责任型的先验概率为 $\psi(\psi\in[0,1]$，此为共同知识。$\alpha \in (0,1)$ 表示企业社会信息的透明度,即对消费者而言企业社会责任的可观察程度。用 x 和 y 表示企业在观察到的活动和不可观察到的活动中的投资水平,则企业社会责任的投资成本期望分别为 $\alpha c(x)$ 和 $(1-\alpha)c(y)$,成本函数 $c(\cdot)$ 为递增函数和凸函数,$c(0)=0$。企业投资两种社会活动可获得的社会福利期望分别为 $\alpha h(x)$ 和 $(1-\alpha)h(y)$。一般情况下,企业承担社会责任创造的社会福利被赋值为 $h(z) \equiv z$,z 表示投资水平。每个活动都有 N 个对称的投资机会,其中有 M 个是可观察到的,$N-M$ 个是不可观察到的,成本为 $c(z)/N$,回报为 $h(z)/N$,透明度 α 可以定义为可观察到的投资机会的比例,即 M/N。

1)消费者效用函数

消费者根据企业的社会责任承担情况做出购买决策。消费者可以从利润最大化型企业的产品中获得效用 V_L($V_L > 0$),从社会责任型企业的产品中获得效用 V_H($V_H = V_L + R$,$R>0$),其中 R 代表消费者可获得的额外效用(即消费者获得的社会福利),同样 R 也可以视为消费者对利润最大化型企业的惩罚。在给定产品价格 p 和社会责任型企业的概率 ψ 时,消费者购买该产品的效用为

$$U = \max_{\omega \in \{0,1\}} \omega [\psi V_H + (1-\psi)V_L - p] + (1-\omega)U_0$$

其中,U_0 表示产品的净效用;ω 表示消费者是否会购买该产品,$\omega = 1$ 表示会购买,$\omega = 0$ 表示不会购买。

2)企业利润函数

首先是仅追求利润最大化的企业 L,其首先决定对两种企业社会责任活动的投资水平 x 和 y,可得该企业的利润函数为

$$\pi_L(p,x,y) = \omega(p,\psi)p - \alpha c(x) - (1-\alpha)c(y)$$

其次是社会责任型企业 H,其既要考虑自身的利益,又要考虑社会的利益。因此,该企业的利润函数为

$$\pi_H(p,x,y) = \omega(p,\psi)p - \alpha c(x) - (1-\alpha)c(y) + \gamma[\alpha h(x) + (1-\alpha)h(y)]$$

其中,$\gamma \in (0,1]$ 表示社会责任型企业投资社会责任活动的内在动机的强弱。

3. 求解分析

由于消费者根据其对企业是否参与社会责任活动的信念 $\psi(x)$ 做出购买决策,追求利润最大化的企业选择投资可观察到的社会责任活动(或称为模仿社会责任型企业投资行为)来强化消费者信念。为此,社会责任型企业将提高自身社会责任投资水平以区别于追求利润最大化的企业。基于上述假设,可求得不同信息透明度情景下的均衡解(表 8.1)。

表 8.1 均衡投资策略表

项目	混同均衡	分离均衡	
		高成本信号	低成本信号
企业策略	"洗绿"	高投资	不进行"洗绿"或高投资
存在条件	$\alpha < \tilde{\alpha}$	$\tilde{\alpha} < \alpha < \hat{\alpha}$	$\alpha \geqslant \hat{\alpha}$

续表

项目	混同均衡	分离均衡	
		高成本信号	低成本信号
x_H	$x_H^{\text{pool}} \equiv z_{\text{pe}}$	$x_H^{\text{sep}} \equiv c^{-1}\left(\dfrac{V_H - \max\{V_L, U_0\}}{\alpha}\right) > z_{\text{pe}}$	$x_H^{\text{sep}} \equiv z_{\text{pe}}$
x_L	$x_L^{\text{pool}} \equiv z_{\text{pe}}$	$x_L^{\text{sep}} \equiv 0$	$x_L^{\text{sep}} \equiv 0$
y_H		z_{pe}	
y_L		0	

注：上标"pool"表示混同均衡，上标"sep"表示分离均衡，z_{pe} 表示最优投资水平；$\tilde{\alpha}$ 是

$$\gamma \alpha h\left(c^{-1}\left(\frac{V_H - \max\{V_L, U_0\}}{\alpha}\right)\right) - \psi V_H - (1-\psi)V_L + \max\{V_L, U_0\} - \alpha(\gamma h(z_{\text{pe}})) = 0 \text{ 成立时 } \alpha \text{ 的解；} \hat{\alpha} = (V_H - \max\{V_L, U_0\})/c(z_{\text{pe}})\text{。}$$

研究表明：当信息透明度水平较低时，利润最大化者发现模仿社会责任型企业投资行为的成本较低，少量的模仿成本可以消除自己和社会责任型企业之间的区别。当信息透明度水平提高时，企业投资决策实现分离均衡。此时，为与利润最大化者进行区分，社会责任型企业需要在可观察到的活动中投入额外的资金，通过提高利润最大化企业的模仿成本来抑制其模仿行为。当企业社会责任活动的信息透明度较高时，利润最大化者模仿成本大幅提升，其难以通过增加模仿投资来消除与社会责任型企业的差距，此时社会责任型企业不会产生任何额外的投资成本。具体求解与分析过程详见 Wu 等（2020）的研究。

本章参考文献

谢识予. 2017. 经济博弈论. 4 版. 上海: 复旦大学出版社.

Abapour S, Mohammadi-Ivatloo B, Tarafdar Hagh M. 2020. A Bayesian game theoretic based bidding strategy for demand response aggregators in electricity markets. Sustainable Cities and Society, 54: 101787.

Gibbons R, 1992. A Primer in Game Theory. London: Harvester Wheatsheaf.

Harsanyi J C. 1967. Games with incomplete information played by "Bayesian" players, Ⅰ-Ⅲ. part Ⅰ. The basic model. Management Science, 14(3): 159-182.

Kamalinia S, Shahidehpour M, Wu L. 2014. Sustainable resource planning in energy markets. Applied Energy, 133: 112-120.

Wu Y, Zhang K F, Xie J H. 2020. Bad greenwashing, good greenwashing: corporate social responsibility and information transparency. Management Science, 66(7): 3095-3112.

第9章 合作博弈

本章提要

　　合作博弈是指博弈方以形成联盟（coalition）、互相合作的方式进行的博弈，是一种追求群体利益最大化的集体理性博弈。合作博弈参与者通过构建联盟、增加合作剩余来提高联盟总收益与个体收益，被广泛应用于能源经济分析中。本章主要介绍合作博弈概念与各种解概念（solution concept），归纳合作博弈分析的一般流程，并举例说明其在能源经济分析中的应用。

9.1　合作博弈及其基本概念

9.1.1　合作博弈概念及基本特征

　　为了克服非合作博弈给社会福利带来的负面影响，人们常常通过订立有形的协议或依靠无形的习俗惯例约束个体行为，将个体竞争转化为集体合作。合作博弈则是指博弈方通过组成联盟、相互合作从而达成具有约束力的协议的博弈。合作博弈需要博弈方具备集体理性，愿意通过让步妥协来接受协议从而形成联盟，其核心问题是博弈方如何结盟以及如何分配联盟收益。合作博弈过程是帕累托改进过程，结果为帕累托最优结果，即博弈双方的利益都有所增加，或者至少一方的利益增加而另一方的利益不受损害。

　　合作博弈的关键思想是，博弈方可以通过合作而不是相互对抗取得更好的结果，从而可得出合作博弈的关键特征[①]。

　　（1）共同利益。在合作博弈中，博弈方在实现特定目标或结果方面拥有共同利益，博弈方必须了解共同利益，由此形成建立合作的基础和理由。一旦博弈方清楚地了解了共同利益，就有动力通过形成联盟来实现这一目标。

　　（2）必要的信息交换。合作博弈需要博弈方之间进行沟通和信息交换。博弈方必须分享有关他们的偏好、资源和限制的信息以确定互惠互利的机会，通过共享信息，博弈方可以更好地了解共同利益进而共同努力实现这些目标。

　　（3）自愿、平等、互利。在合作博弈中，博弈方自愿一起组成联盟并达成协议。联盟中的参与者必须是平等的，任何协议都必须是互惠互利的，只有当各方都认为自己可以公平地获得利益时合作才是可持续的。

　　（4）强制性协议。在合作博弈中，博弈方之间的协议具有约束力和强制性。一旦博

---

① "Cooperative game theory"，https://en.wikipedia.org/wiki/Cooperative_game_theory，2023-8-14.

弈方同意参与特定的协议就有义务坚持到底，博弈方之间必须相互信任，并且必须有明确的协议执行制度。

9.1.2　联盟

联盟是合作博弈中的一个重要概念，是博弈方集合的子集。假设，在 n 人博弈中，博弈方集合用 $N = \{1, 2, \cdots, n\}$ 表示，N 的任一子集 S 称为一个联盟，集合 N 称为大联盟（grand coalition），集合 $\varnothing$ 称为空联盟（empty coalition）。联盟的集合，即 N 的所有子集，可用 2^N 表示。

9.1.3　特征函数

合作博弈的另一个重要概念是特征函数（characteristic function），其建立在联盟基础上用于反映联盟价值的函数。特征函数可以被解释为当联盟 S 成立时，联盟成员可以获得的最大收益。换句话说，特征函数是指不管联盟外的博弈方如何决策，任一联盟的成员通过集体协商可实现的最大联盟收益（又称为联盟的保证水平）的集合。其数学定义为：对于 n 人联盟博弈中的联盟 $S \in P(N)$，任一联盟 S 均对应一个实值函数 $v(S)$，若 $v(S)$ 满足 $v(\varnothing) = 0$ 且 $v(N) \geqslant \sum_{i \in N} v(\{i\})$（$i \in N$），则称 $v(S)$ 为该联盟的特征函数，其集合为该合作博弈的特征函数。

根据特征函数的定义，一般合作博弈的特征函数值的计算方法为

$$v(S) = \max_{x \in x_S} \min_{y \in x_{N \setminus S}} \sum_{i \in S} u_i(x, y) \tag{9-1}$$

其中，x_S 表示 S 中全部成员的联合混合策略组合；$x_{N \setminus S}$ 表示 $N \setminus S$ 中全部成员（表示除联盟 S 成员外的博弈方）的联合混合策略组合；$u_i(x, y)$ 表示选择策略组合 (x, y) 时博弈方 i 的期望收益。在不同合作博弈中，如果博弈方集合 N 相同，则不同合作博弈的差异就是特征函数的差异，即不同的特征函数决定了不同的合作博弈。

特征函数是衡量联盟价值的重要基础，特别是对于可通过内部转移支付调节联盟成员利益不平衡问题的可转移效用的合作博弈，特征函数对形成何种联盟和博弈结果有决定作用，因此有特征函数的合作博弈被表示为 $B(N, v)$，其中 v 就是其特征函数。另外，特征函数可用于对合作博弈进行分类。例如，当 $v(N) > \sum_{i \in N} v(\{i\})$ 时，称为本质博弈；当 $v(N) = \sum_{i \in N} v(\{i\})$ 时，称为非本质博弈。当特征函数 $v(S)$ 只取 0 和 1，且单人联盟（又称为"失败联盟"）的特征函数值为 0，大联盟（又称为"胜利联盟"）的特征函数值为 1 时，则称为"简单博弈"（谢识予，2017）。

9.2　合作博弈的解

9.2.1　解概念

合作博弈的另一个关键问题是"如果联盟形成，如何最优地分配增加的收益或节省

的费用"。此问题的解决方案即解概念，与上文非合作博弈中的纳什均衡、贝叶斯纳什均衡等"均衡"作用类似。

　　合作博弈中的各种解概念按计算方法可被分为两类（图 9.1），即占优方法和估值方法（Mas-Colell，1989）。其中，占优方法的解概念以核（core）和稳定集（stable set）为主要代表，占优方法主要是寻找使联盟及其成员均不会偏离的稳定分配集，类似于非合作博弈中的均衡概念，一般被表示为集值解（set-valued solution）或多值解（multi-valued solution）。估值方法中的解概念则以 Shapley 值和势指标等为主要代表，其可以得到关于合作博弈收益的独一无二的合理分配集，一般被表示为单点解（one-point solution）或单值规则（single-valued rule），即映射（Branzei et al.，2008）。9.2.2 节和 9.2.3 节将根据解概念的形式（集值解与单点解）分别介绍常用的解概念：核、稳定集、Shapley 值、势指标。

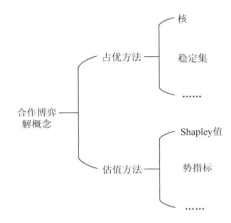

图 9.1　合作博弈解概念的分类

　　另外，合作博弈的解概念具有以下性质[①]。

　　（1）效率：收益向量精确地分割总值，即 $\sum_{i=N} x_i = v(N)$ 。

　　（2）个体理性：博弈方参与联盟的前提是参与联盟的收益不会少于不参与联盟时的收益，即 $x_i \geqslant v(i)$，$\forall i \in N$ 。

　　（3）存在性：任何合作博弈都存在解概念。

　　（4）独特性：单点解概念对于任何合作博弈来说都是独一无二的。

　　（5）边际性：博弈方的收益仅取决于该博弈方的边际贡献，如果博弈方的边际贡献在两个合作博弈中相同，则博弈方的收益在两个合作博弈中也是相同的，即 $v(S \cup \{i\}) = w(S \cup \{i\})$，$\forall S \subseteq N\backslash i$，意味着 x_i 在 v 和 w 中是一样的。

　　（6）单调性：如果博弈方的边际贡献增加，则该博弈方的收益增加，即 $v(S \cup \{i\}) \leqslant w(S \cup \{i\})$，$\forall S \subseteq N\backslash i$，意味着在 v 中的 x_i 小于等于 w 中的 x_i。

　　（7）计算简便性：可以有效地计算解概念。

---

① "Cooperative game theory"，https://en.wikipedia.org/wiki/Cooperative_game_theory，2023-8-14.

（8）对称性：若分配集 x 中 x_i 和 x_j 相等，则博弈方 i 和 j 是对称的，即 $v(S\cup\{i\})=v(S\cup\{j\})$，$\forall S\subseteq N\backslash\{i,j\}$。这意味着在任一仅包含博弈方 i 或 j 的联盟中将其替换为另一个博弈方，联盟收益不变。

（9）可加性：在两个博弈中分配给博弈方的收益是在每个博弈中分配给博弈方收益的总和。

（10）空博弈方（null player）的零分配：空博弈方的分配为 0，这是因为空博弈方对任何包含他的联盟的边际贡献为 0，即 $v(S\cup\{i\})=v(S)$，$\forall S\subseteq N\backslash\{i\}$。

9.2.2　集值解概念

1. 核

核又称核心是合作博弈理论中最早出现的解概念。在合作博弈中有非常重要的地位。合作博弈的核是基于优超（占优）的概念定义的，指合作博弈中不同分配之间的优超关系，这里介绍两类常见的优超关系（谢识予，2017）。

x 关于 S 优超 y：对于联盟博弈 $B(N,v)$ 的分配 x、y 以及 $S\subset N$，如果 $\forall i\in S$，$x_i>y_i$ 都成立，且 $\sum_{i\in S}x_i\leqslant v(S)$，则称 "$x$ 关于 S 优超 y"，记为 $x\succ_S y$。

x 优超 y：对于联盟博弈 $B(N,v)$ 的分配 x、y，如果 $\exists S\subset N$，使得 $x\succ_S y$，则称 "x 优超 y"，记为 $x\succ y$。

当 x 关于联盟 S 优超 y 时，可以看到 S 中的成员能够通过自己的努力增加他们的收益，即 S 可以在 y 基础上得到"改进"。优超关系具有以下特征：①单人联盟不可能有优超关系；②大联盟 N 中也不可能有优超关系。

因此，如果在 S 上有优超关系，则有 $2\leqslant|S|\leqslant n-1$，$|S|$ 表示联盟 S 中的元素个数。

对于相同的联盟 S，优超关系具有传递性，即 $x\succ_S y$，$y\succ_S z$，则有 $x\succ_S z$。对于不同的联盟 S，优超关系不具有传递性。

在优超概念基础上，可得出核的定义：对于 n 人合作博弈 $B(N,v)$，分配集合中不被任何分配优超的分配全体，称为该博弈的核，记作 $C(N,v)$。根据核的定义可得，个体利益最大化和帕累托最优在本质上都是合作博弈解概念的特例，即联盟 S 为单独个体和全体联盟的解。核具有以下性质。

（1）根据 Bondareva-Shapley 定理，合作博弈的核可能是空的。

（2）如果核为非空集，则核不一定包含唯一向量。

（3）核包含在任意稳定集中，如果核稳定，则其所在的稳定集为唯一稳定集（Driessen，1988）。

基于此，核作为解概念存在的问题是常常是空集且在非空时又不一定唯一，从而限制了这一解概念的应用。

下面以三个案例说明核的求解。

博弈 A：存在合作博弈 $B(N,v)$，博弈方集合是 $N=\{1,2,3\}$，若所有博弈方不提出同样的分配方案，则三个博弈方的所得都是 0，若所有博弈方所提分配方案相同，则按这一

方案进行分配，即

$$u_i = \begin{cases} x_i, & y_1 = y_2 = y_3 = (x_1, x_2, x_3) \\ 0, & y_j \neq y_k, j, k = 1, 2, 3, j \neq k \end{cases}$$

博弈 B：在博弈 B 中，博弈方集合和策略集合与博弈 A 相同，但仅当博弈方 1 和博弈方 2 提供的分配方案不同时，各博弈方的所得才为 0，若博弈方 1 和博弈方 2 提供的分配方案相同，则按这一分配方案来向各博弈方提供支付。即

$$u_i = \begin{cases} x_i, & y_1 = y_2 \\ 0, & y_1 \neq y_2 \end{cases}$$

对博弈 A 而言，只有所有博弈方合作，他们才能获得收益，博弈的核就是

$$C(N, v) = \{x \in R(N) : x_1 + x_2 + x_3 \leqslant 300, x_1 \geqslant 0, x_2 \geqslant 0, x_3 \geqslant 0\}$$

对博弈 B 而言，不考虑博弈方 3 时，博弈方 1 和博弈方 2 可以一起获得 300，核就是

$$C(N, v) = \{x \in R(N) : x_1 + x_2 + x_3 \leqslant 300, x_1 \geqslant 0, x_2 \geqslant 0, x_3 = 0\}$$

可以看出，博弈方 3 处于弱势地位，它在核中一直得到 0。

博弈 C：与前面讨论的博弈 A 和博弈 B 不同，除非博弈方结成一对（$\{1,2\}, \{2,3\}, \{3,1\}$）来提供同样的分配方案并执行这一方案，否则博弈方将得到 0，也就是说，令

$$u_i = \begin{cases} x_i, & y_i = y_k, j, k = 1, 2, 3, j \neq k \\ 0, & y_1 \neq y_2 \neq y_3 \end{cases}$$

博弈 C 的核很难获得，因为无论当前是何种分配方案，只要有机会对分配集再次进行谈判，就总有新的分配方案与联盟出现。在该博弈中当任一博弈方 i 获得正的可行支付时，其他两个博弈方所获得的可行支付之和比两人构成联盟时所得的可行支付之和少（谢识予，2017）。

2. 稳定集

稳定集又称冯·诺依曼-摩根斯特恩解，是由冯·诺依曼和摩根斯特恩于 1944 年在著作《博弈论与经济行为》中提出的另一种解概念。稳定集与核一致，均采用占优思想，稳定集可以使部分合作博弈在核为空集的情况下得到非空的稳定集。稳定集的符号定义如下。

对于 n 人联盟博弈 $B(N, v)$，若分配集 w 满足：①内部稳定性，即不存在 $x, y \in w$，使得 $x \succ y$；②外部稳定性，即 $\forall x \notin w$，$\exists y \in w$，使得 $y \succ x$，则称分配集 w 是这个联盟博弈的一个稳定集。

稳定集与核之间是有联系的。稳定集一般来说是包含核的，即若 w 是 $B(N, v)$ 的稳定集，$C(N, v)$ 是 $B(N, v)$ 的核，那么 $C(N, v) \subset w$。一个合作博弈的稳定集一般并不唯一，一个合作博弈可以有多个稳定集。但是特殊情况下，一个合作博弈也可能没有稳定集。稳定集作为合作博弈的占优解概念也存在同样问题，表现为稳定集常常是空集，而非空时又常常不唯一。

以博弈 C 为例：博弈 C 是一个核为空集的例子。尽管核为空集，这一博弈却有许多

的稳定集，其中之一是{(150, 150, 0)，(150, 0, 150)，(0, 150, 150)}。此外，对于任意的博弈方 i 和任意的常数 α，$0 \leqslant \alpha \leqslant 150$，集合 $\{x \in I(N, v) : x_i = \alpha\}$ 也是一个稳定集。

9.2.3　单点解概念

1. Shapley 值

Shapley（1953）提出了 Shapley 值，从估值的角度分析了合作博弈的解概念。Shapley 值求解的原理为博弈方形成合作联盟并获得联盟收益，某些博弈方比其他博弈方在联盟中具有更大的边际贡献，因此在分配联盟收益时具有较高的讨价还价能力（胡石清，2018）。由于 Shapley 值具有经济意义，且求解方法又极为简单，因此其应用十分广泛。

根据 Shapley 值，博弈方 i 在合作博弈 $B(N, v)$ 中分配到的收益为

$$\varphi_i = \sum_{S \subset N \setminus \{i\}} \frac{(n-k-1)!k!}{n!} [v(S \cup \{i\}) - v(S)] \tag{9-2}$$

其中，n 表示合作博弈中博弈方数量；$k = |S|$ 表示联盟 S 包含的博弈方数量；φ_i 表示博弈方 i 的 Shapley 值，则向量 $\varphi = (\varphi_1, \varphi_2, \cdots, \varphi_n)$ 被称为合作博弈 $B(N, v)$ 的 Shapley 值；$v(S \cup \{i\}) - v(S)$ 反映博弈方 i 的参与对联盟 S 特征函数值的影响，即博弈方 i 对联盟 S 的边际贡献；$\dfrac{(n-k-1)!k!}{n!}$ 表示博弈方 i 参与联盟 S 的概率。

Shapley 值的四个基础公理如下。

公理一：对称公理。含义是博弈的 Shapley 值与博弈方的排列次序无关，或者说博弈方排列次序的改变并不影响博弈的解。

公理二：有效公理。含义是全体博弈方的 Shapley 值之和为联盟的特征函数值。

公理三：加法公理。含义是当两个独立的合作博弈合并时，合并博弈的 Shapley 值是两个独立博弈的 Shapley 值之和。

公理四：冗余公理。含义是若对于包含博弈方 i 的任一联盟 S 均存在 $v(S \setminus i) = v(S)$，则 $\varphi_i(v) = 0$，博弈方 i 被视为空博弈方。

与市场经济中按边际生产力分配的原则一样，在合作博弈中按照各个博弈方的边际价值或贡献进行分配也比较公平、容易被接受，Shapley 值反映的正是各个博弈方在联盟博弈中的贡献和价值。因此，按 Shapley 值法分配是联盟博弈中进行公平分配、避免联盟成员叛逃的有效方法。

用 Shapley 值计算博弈 A、博弈 B、博弈 C 的特征函数值可得：对于博弈 A，3 个博弈方都必须同意获得 300，由 Shapley 值所给出的产出则是（100，100，100）；对于博弈 B，只需要博弈方 1 和博弈方 2 同意获得 300 即可，由 Shapley 值可得（150，150，0）；对于博弈 C，任何一对博弈方都可以分享 300，由对称性，Shapley 值给出（100，100，100）。

下面以博弈 B 为例说明 Shapley 值的计算过程。

对于博弈 B 而言，只有博弈方 1 和博弈方 2 有均等的决定权，那么这个联盟博弈的

特征函数值为 $v(\{1,2\}) = v(\{1,2,3\}) = 300$，根据 Shapley 值的计算方法，可以得到

$$\varphi_1 = \varphi_2 = \frac{(3-2)!(2-1)!}{3!} \times 300 + \frac{(3-3)!(3-1)!}{3!} \times 300 = 150$$

$$\varphi_3 = 0$$

因此，这个联盟博弈的 Shapley 值是（150，150，0）。

实际上，根据冗余公理，由于博弈方 3 没有表决权，他对所有联盟的边际贡献都是 0，其 Shapley 值为 0；根据对称公理，由于博弈方 1 和博弈方 2 具有同等表决权，其地位是对称的，博弈方 1 和博弈方 2 的 Shapley 值相同；最后再根据有效公理，可以得知这个联盟博弈的 Shapley 值是（150，150，0）。

2. 势指标

Shapley 值 $\boldsymbol{\varphi}$ 中的分量 φ_i 可视为博弈方 i 在合作博弈中的权利地位的表示，不少教材中也将其称为博弈方势指标，由此延伸出"势指标"这一合作博弈解概念。下面介绍两种常见的势指标。

1）Shapley-Shubik 势指标

当 n 人合作博弈 $B(N,v)$ 为简单博弈时，对于任意联盟 $S \subseteq N$，$v(S) - v(S \setminus \{i\})$ 的取值为 1 或 0。这时 Shapley 值的分量 $\varphi_i(v)$ 为

$$\varphi_i(v) = \sum_{i \in S} \frac{(n-|S|)!(|S|-1)!}{n!} \tag{9-3}$$

由式（9-3）所组成的 n 维向量 $\boldsymbol{\phi} = (\varphi_1, \varphi_2, \cdots, \varphi_n)$ 被称为 Shapley-Shubik 势指标（Shapley-Shubik power index）（Shapley and Shubik，1954）。

下面以一个案例说明 Shapley-Shubik 势指标的求解过程。

存在一个投票博弈 $B(N,v)$，投票人的集合为 $N = \{1,2,3,4,5\}$。其中，投票人 1 有 3 票，其余的投票人各有 1 票。投票规则为得票数超过一半，即达到 4 票或者 4 票以上，被投票的决议才能通过。试计算 Shapley-Shubik 势指标。

由于投票人 1 有 3 票，所以该决议通过的投票情形包括：投票人 1 投票且至少有一个其他投票人投票；投票人 1 不投票，其他投票人都投票。基于此，可得该博弈的特征函数值为

$$v(S) = \begin{cases} 1, & \{1\} \in S \text{且} |S| \geqslant 2 \text{或} |S| \geqslant 4 \\ 0, & \text{其他} \end{cases}$$

由此可以计算出 Shapley-Shubik 势指标为

$$\boldsymbol{\phi} = \left(\frac{6}{10}, \frac{1}{10}, \frac{1}{10}, \frac{1}{10}, \frac{1}{10} \right)$$

2）Banzhaf-Coleman 势指标

下面介绍另一种势指标，Banzhaf-Coleman 势指标。

首先介绍概念"摆盟"：如果 n 人合作博弈 $B(N,v)$ 为简单博弈，存在联盟 S（$S \subseteq N$），满足：①$i \in S$；②$v(S) = 1$，$v(S \setminus \{i\}) = 0$，则称 S 为博弈方 i 在 $B(N,v)$ 中的一个摆盟。

基于上述摆盟概念，可得 Banzhaf-Coleman 势指标定义：如果 n 人合作博弈 $B(N,v)$ 为

简单博弈，θ_i 是局中人 i 的摆盟总数，

$$\beta_i = \frac{\theta_i}{\sum\limits_{i=1}^{n} \theta_i}, \ i = 1, 2, 3, \cdots, n \tag{9-4}$$

那么，称 n 维向量 $\boldsymbol{\beta} = (\beta_1, \beta_2, \cdots, \beta_n)$ 为 $B(N, v)$ 的规范化 Banzhaf-Coleman 势指标（normalized Banzhaf-Coleman power index）。

下面以一个案例说明 Banzhaf-Coleman 势指标的求解过程。

存在一个投票博弈 $B(N, v)$，投票人的集合为 $N = \{1, 2, 3, 4\}$。其中，投票人 1 有 3 票，投票人 2 有 2 票，投票人 3 和投票人 4 各有 1 票，分别计算在得票数超过总票数一半的情况下和在得票数超过总票数 2/3 的情况下决议通过的 Banzhaf-Coleman 势指标。

（1）在得票数超过总票数一半的情况下，该博弈的特征函数 v_1 的取值为

$$v_1(\{1,2\}) = v_1(\{1,3\}) = v_1(\{1,4\}) = v_1(\{1,2,3\}) = v_1(\{1,2,4\}) = v_1(\{1,3,4\}) = v_1(\{2,3,4\}) = v_1(\{N\}) = 1$$

在其余联盟 S 中，$v_1(S) = 0$，可记为

$$v(S) = \begin{cases} 1, & \{1\} \in S \, \text{且} \, |S| \geqslant 2 \, \text{或} \, |S| \geqslant 3 \\ 0, & \text{其他} \end{cases}$$

以赋权方式表示该特征函数，设每个人拥有的票数为 w_i，则

$$w_1 = 3, w_2 = 2, w_3 = w_4 = 1$$

阈值常数 $q = 4$，特征函数也可以记为

$$v(S) = \begin{cases} 1, & \sum\limits_{i \in S} w_i \geqslant 4 \\ 0, & \sum\limits_{i \in S} w_i < 4 \end{cases}$$

局中人 1 的摆盟 S_1 有：$\{1,2\}, \{1,3\}, \{1,4\}, \{1,2,3\}, \{1,2,4\}, \{1,3,4\}$，$\theta_1 = 6$。
局中人 2 的摆盟 S_2 有：$\{1,2\}, \{2,3,4\}$，$\theta_2 = 2$。
局中人 3 的摆盟 S_3 有：$\{1,3\}, \{2,3,4\}$，$\theta_3 = 2$。
局中人 4 的摆盟 S_4 有：$\{1,4\}, \{2,3,4\}$，$\theta_4 = 2$。

则 Banzhaf-Coleman 势指标为

$$\beta_1 = \left(\frac{3}{6}, \frac{1}{6}, \frac{1}{6}, \frac{1}{6} \right)$$

（2）在得票数超过总票数 2/3 的情况下，该博弈的特征函数 v_2 的取值为

$$v_2(\{1,2\}) = v_2(\{1,2,3\}) = v_2(\{1,2,4\}) = v_2(\{1,3,4\}) = v_2(\{1,2,3,4\}) = 1$$

对于其余联盟 S，$v_2(S) = 0$，可记为

$$v(S) = \begin{cases} 1, & \{1\} \in S \, \text{且} \, |S| \geqslant 3 \, \text{或} \, S = \{1,2\} \\ 0, & \text{其他} \end{cases}$$

以赋权方式表示，可记为

$$v(S)=\begin{cases}1, & \sum\limits_{i\in S}w_i \geqslant 5 \\[2mm] 0, & \sum\limits_{i\in S}w_i < 5\end{cases}$$

通过类似（1）的计算可得，$\theta_1 = 5$，$\theta_2 = 3$，$\theta_3 = \theta_4 = 1$，该博弈的 Banzhaf-Coleman 势指标为

$$\beta_2 = \left(\frac{5}{10}, \frac{3}{10}, \frac{1}{10}, \frac{1}{10}\right)$$

9.3 　合作博弈分析的一般流程

通过本章前两节对合作博弈的基本概念及其解概念的介绍，可梳理出关于合作博弈的建模分析流程，其基本建模流程（图9.2）包括：①确定联盟；②假设及参数设置；③刻画特征函数；④选择并计算解概念；⑤提供较为合理的分配方案。第一步为确定联盟，针对具体合作博弈问题明确博弈方形成联盟的动机、可能形成的联盟的大小与数量；第二步为假设及参数设置；第三步为刻画特征函数，刻画可能的联盟的成本或收益函数等；第四步为选择并计算解概念，选择合适的解概念形式并建模求解。

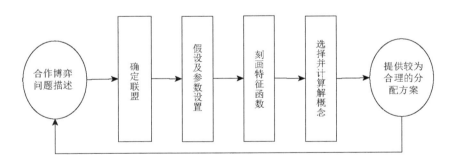

图 9.2 　合作博弈基本建模流程

9.4 　合作博弈在能源经济分析中的应用

合作博弈包含两个核心问题：一是博弈方如何达成结盟协议，即结盟问题；二是博弈方达成合作时如何分配通过合作得到的收益，即收益分配问题。目前，合作博弈已广泛应用于能源经济领域的研究当中，主要用于解决碳排放权分配、碳排放责任分配，以及水资源优化配置等分配问题。本节将遴选两篇代表性文献对合作博弈在能源经济分析中的应用进行说明。

9.4.1 案例 1：碳排放权分配问题

本案例借鉴 Zhang 等（2014）的研究，结合合作博弈模型与重力模型，探讨了在合作减排情形下如何在中国 30 个省区市（不包括西藏、香港、澳门和台湾）之间实现碳排放权的有效分配。

1. 问题描述

由于温室气体排放导致全球变暖，积极控制碳排放已成为国际社会普遍关注的问题。作为负责任的大国，中国政府已承诺降低单位 GDP 的二氧化碳排放量（即碳强度），而实现这一承诺的有效方案之一是通过在省或地区之间合理分配碳排放权从而约束地区排放量。因此，本案例深入分析了如何在考虑区域合作的情况下设计科学、有效、可行的碳排放权分配方法。

2. 区域间减排关系力测度

本案例用空间相互作用值定义了区域之间的减排关联程度，以表明区域之间的相互作用和联系，并反映一个区域对周围区域碳减排的辐射效应及吸收效应。具体研究步骤如图 9.3 所示。

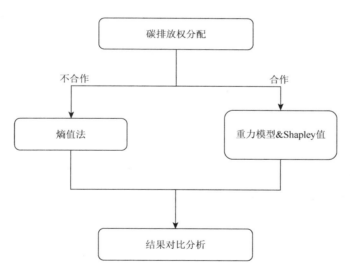

图 9.3 碳排放权分配问题的研究步骤

利用重力模型计算区域 m 和区域 n 间碳减排量关联的绝对值 R_{mn}：

$$R_{mn} = \left(\sqrt{P_m B_m} \sqrt{P_n B_n} \right) / D_{mn}^2$$

其中，P_m 和 P_n 分别表示区域 m 和区域 n 的总人口数；B_m 和 B_n 分别表示区域 m 和区域 n 的基本碳减排量；D_{mn} 表示区域 m 和区域 n 之间的距离。

区域 m 与其他区域之间的碳减排联系总值为

$$R_m = \sum_{n \neq m} R_{mn}, \ n,m = 1,2,\cdots,8$$

其中 R_m 表示区域 m 与其他所有区域（30 个省区市共分为 8 个区域）之间的碳减排量关联值之和，被视为该地区的外部碳减排关联总值，体现了该区域与其他区域碳减排的联系程度。这里将区域 n 和区域 m 的相对碳减排关联定义为 a_{mn}：

$$a_{mn} = \frac{R_{mn}}{R_m} \times 100\%$$

3. 特征函数的刻画

理论上，如果地区联盟的 GDP 更高，区域间的碳排放量将更大，相对的碳减排量关联值更大，则它们将为碳减排提供更多的合作空间，并获得更多的合作收益；反之，则合作余地更小且可获得收益更少。地区联盟的特征函数为

$$p(G^y) = \sum_{m \in G^y} \text{GDP}_m \sum_{m \in G^y} E_m \sum_{m,n \in G^y} a_{mn}$$

其中，G^y（$y = 1,2,\cdots,256$）表示区域集合 $G = \{g_1, g_2, g_3, g_4, g_5, g_6, g_7, g_8\}$ 的任一子集；GDP_m 表示区域 m 在 2020 年的 GDP；E_m 表示区域 m 向其他 7 个区域的碳流出量。

4. 模型求解——Shapley 值

依据中国 2007 年投入产出表数据，计算得出各地区协同减排的碳排放权分配比例（此处仅展示符号形式）：

$$w_m = \frac{(q-u)!(u-1)!}{q!}$$

$$S_m = \sum_m w_m (p(G^y) - p(G^y / m))$$

$$C_m = \frac{S_m}{\sum_m S_m}$$

其中，w_m 表示权重因子；q 表示区域数量；u 表示区域子集 G^y 中的省份数量；S_m 表示区域 m 的 Shapley 值；C_m 表示区域 m 的碳排放权占比。

5. 结果分析

将投入产出表中数据带入上述公式，可计算得出中国 8 个区域在合作和不合作情形下的碳排放权占比，结果如表 9.1 所示。

表 9.1　中国 8 个区域分配的碳排放权占比

区域	碳排放权占比	
	不合作（熵值法分配）	合作（Shapley 值分配）
东北地区	10.2%	8.9%
北京&天津	4.0%	6.9%
北部沿海	12.3%	15.9%

续表

区域	碳排放权占比	
	不合作（熵值法分配）	合作（Shapley 值分配）
东部沿海	11.2%	13.7%
南部沿海	8.9%	10.7%
中部地区	22.6%	23.6%
西北地区	17.5%	10.0%
西南地区	13.4%	10.2%

注：数据加总不等于 100%，是原始数据四舍五入所致

分配结果表明，相较于不合作减排，"北京&天津"、"北部沿海"、"东部沿海"、"南部沿海"和"中部地区"在考虑合作减排时具备更高的碳排放权占比，而"东北地区"、"西北地区"和"西南地区"在考虑合作减排时获得的碳排放权占比相对更低。

9.4.2　案例 2：闭环供应链利润分配问题

本案例借鉴 Zheng 等（2019）的研究，聚焦闭环供应链中制造商、分销商和零售商之间的利益分配问题，构建合作博弈模型并提出基于 Shapley 值法、核仁解法以及等满意度法三种机制的利润分配方案。

1. 问题描述

废旧产品回收和再制造成为缓解环境压力、提高资源利用率的重要措施，已经受到许多行业的青睐。例如，特斯拉与 Umicore 合作回收电动汽车电池，并将其转售给电池制造商，从而形成关于电动汽车电池的闭环供应链。基于此，公平的利润分配方案成为促进供应链成员积极寻求合作的重要解决方案。

2. 联盟的确定

本案例关注由制造商（M）、分销商（D）和零售商（R）组成的闭环供应链，其可组成的联盟方式包括以下四种。

（1）不构成联盟（$\varnothing$）。

（2）一人联盟（M，D，R）。

（3）两人联盟（制造商和分销商构成联盟 MD，制造商和零售商构成联盟 MR，分销商和零售商构成联盟 DR）。

（4）三人联盟（MDR）。

3. 特征函数的刻画

根据本案例闭环供应链的设置，该合作博弈的成员集合为 $N = \{M, D, R\}$，所有可能联盟的特征函数分别为：$v(\varnothing)$，$v(M)$，$v(D)$，$v(R)$，$v(\text{MD})$，$v(\text{MR})$，$v(\text{DR})$，$v(\text{MDR})$。

4. 模型求解

令 x_i 表示各成员在联盟中的收益，其中 $i = M, D, R$，则该三人合作博弈的核心为

$$C(v) = \left\{ x_M, x_D, x_R \mid \sum_{i \in S} x_i(v) \geqslant v(S), \forall S \subset N \right\}$$。本案例采用了三种利润分配方法，分别为：

Shapley 值法（SVM）、核仁解法（NSM），以及等满意度法（ESM）。

1）Shapley 值法

各成员的 Shapley 值为

$$x_i^{\text{SVM}} = \sum_{i \in S, S \subset N} w(|S|)[v(S) - v(S \setminus i)], \quad i = M, D, R$$

其中，$v(S \setminus i)$ 表示联盟 S 去掉成员 i 外的特征函数；$|S|$ 表示联盟 S 中的成员数量；

$w(|S|) = \dfrac{(3 - |S|)!(|S| - 1)!}{3!}$ 表示各成员在联盟中的权重因子。需注意，Shapley 值可能不位

于核心，从而使大联盟不稳定，因此利用 Shapley 值法进行求解时需关注其是否位于核心。

2）核仁解法

核仁解是一种单点解，其求解思路为最小化成员对联盟利润分配方案的不满意程度。本案例的核仁解函数为

$$\min \mu$$
$$\text{s.t.} \begin{cases} v(S) - \sum_{i \in S} x_i^{\text{NSM}} \leqslant \mu, \ \forall S \subseteq N \\ x_M^{\text{NSM}} + x_D^{\text{NSM}} + x_R^{\text{NSM}} = v(\text{MDR}) \end{cases}$$

进而，若存在核仁解，则可通过迭代求解获得，且其总位于核心区域。

3）等满意度法

此处满意度被定义为联盟成员的可得利润与理想收入的比例，其计算公式可表达为

$$s_i = \frac{x_i^{\text{ESM}}}{r_i}, \quad i = \{M, D, R\}$$

其中，s_i 表示成员 i 的满意度；x_i^{ESM} 表示成员 i 的可得利润；$r_i = v(\text{MDR}) - v(\text{MDR} \setminus i)$ 表示成员 i 的理想收入。进而构建以最小化最大满意度差异为目标的等满意度函数：

$$\min f$$
$$\text{s.t.} \begin{cases} f > s_g - s_h, \ \forall g, h = M, D, R, \ g \neq h \\ \sum_{h \in S} x_h^{\text{ESM}} \geqslant v(S), \ S \subset N \\ \sum_{h \in N} x_h^{\text{ESM}} = v(N) \\ x_h^{\text{ESM}} \geqslant 0, \ h = M, D, R \end{cases}$$

其中，第一个约束测量任意两个成员之间的满意度差异，第二个、第三个约束确保最优分配位于核心。

由于本案例模型较为复杂，Zheng 等（2019）采用数值模拟法进行求解分析，此处不做过多赘述，具体内容详见原文。

5. 结果分析

结果显示不同分配方案下不同成员的效用不同：在基于 Shapley 值法和等满意度法的分配方案中，分销商的可得利润大于制造商和零售商；在基于核仁解法的分配方案中，制造商的可得利润大于零售商和分销商。上述结果有助于丰富闭环供应链管理理论，为实现供应链成员合作与利润公平分配提供理论见解。

本章参考文献

胡石清. 2018. 社会合作中利益如何分配？——超越夏普利值的合作博弈"宗系解". 管理世界, 34(6): 83-93.

谭佳音, 蒋大奎. 2020. 基于水资源合作的水资源短缺区域水资源优化配置. 系统管理学报, 29(2): 377-388.

谢识予. 2017. 经济博弈论. 4 版. 上海: 复旦大学出版社.

Branzei R, Dimitrov D, Tijs S. 2008. Models in Cooperative Game Theory. Heidelerg: Springer.

Driessen T. 1988. Cooperative Games, Solutions and Applications. Dordrecht: Kluwer Academic Publishers.

Mas-Colell A. 1989. Cooperative equilibrium//Eatwell J, Milgate M, Newman P. Game Theory. The New Palgrave. London: Macmillan: 95-102.

Shapley L S. 1953. A value for n-person games//Kuhn H W, Tucher A W. Contributions to the Theory of Games, Volume Ⅱ. Princeton: Princeton University Press: 307-317.

Shapley L S, Shubik M. 1954. A method for evaluating the distribution of power in a committee system. American Political Science Review, 48(3): 787-792.

von Neumann J, Morgenstern O. 1944. Theory of Games and Economic Behavior. Princeton: Princeton University Press.

Zhang Y J, Wang A D, Da Y B. 2014. Regional allocation of carbon emission quotas in China: evidence from the Shapley value method. Energy Policy, 74: 454-464.

Zheng X X, Liu Z, Li K W, et al. 2019. Cooperative game approaches to coordinating a three-echelon closed-loop supply chain with fairness concerns. International Journal of Production Economics, 212: 92-110.

第 10 章 演 化 博 弈

本章提要

之前章节介绍的博弈模型都基于一个重要假设，即博弈方为完全理性。完全理性假设能够简化博弈求解步骤，使结果更易于分析，但现实中并非所有博弈问题的博弈方均具有完全理性。因此，为保证博弈模型的理论与应用价值，相关学者业已指出必须突破完全理性假设，并提出了"有限理性"概念。演化博弈（evolutionary game）是一种考虑行为人为有限理性的博弈模型，主要借鉴生物种群进化和稳定机制分析博弈方行为。在能源经济领域多用于解决电力定价、企业减排等长期、重复的主体策略选择问题。本章主要介绍演化博弈起源及发展，归纳两方及三方演化博弈的建模流程，并举例说明演化博弈模型在能源经济分析中的应用。

10.1 演化博弈及其基本概念

10.1.1 演化博弈起源及发展

演化博弈主要关注有限理性博弈方间的竞争行为，通过对比策略组合给博弈方带来的损益，从而预测双方策略选择频率的增减并明确经重复博弈后得到的最优均衡策略。需注意，演化博弈主体均为有限理性群体；策略优劣并非由博弈方通过理性判断不同策略的预期收益得出，而是根据博弈结果判断策略的优劣（全吉，2019）。

演化博弈论的发展大致经历三个阶段。第一阶段，生物学家尝试运用博弈论中的博弈方策略互动思想构建各种生物竞争演化模型，包括动物竞争、植物的成长和发展等。这个阶段是博弈论在生物学中的运用。第二阶段，生物学家根据生物演化规律，对传统博弈论进行改造，包括将传统博弈论中的博弈方收益函数转化为生物适应度函数（fitness function），引入突变机制将传统的纳什均衡精炼为演化稳定均衡等，该阶段是演化博弈论正式形成阶段。第三阶段，经济学家又借鉴生物学家的思想，将演化博弈论运用到经济学中，进一步推动演化博弈论的发展，包括从演化稳定均衡发展到随机稳定均衡，从确定性的复制者动态模型发展为随机的个体学习动态模型等（葛泽慧等，2018）。

演化博弈模型有如下特征：①以群体为研究对象，分析动态的策略演化过程，解释群体为何达到以及如何达到均衡状态；②群体的演化既有选择过程也有突变过程；③经群体选择的行为具有一定惯性。相较于经典博弈模型，演化博弈模型具有以下优势：一般的博弈模型忽略时间，将博弈过程简化为瞬间过程，而演化博弈模型重视时间因素的影响，博弈方策略选择的演化过程需要较长的时间；演化博弈模型考虑自然选择等不确定因素，演化稳定策略是行为人重复试错的结果。

10.1.2　演化稳定策略

演化稳定策略（evolutionary stable strategy，ESS）是指如果占群体绝大多数的个体选择了某种策略，而采用其他策略的小突变群体无法改变该群体的策略，则绝大多数个体选择的策略即为演化稳定策略，所处的状态即是演化稳定状态，均衡即为演化稳定均衡。演化稳定均衡是演化博弈论中最基本的均衡概念，这一概念最早由 Smith 和 Price（1973）提出。

演化稳定策略的数学定义为：假设 S 表示策略集合，$x \in S$，如果 $\forall y \in S$，$y \neq x$，存在 $\varepsilon_y \in (0,1)$，使不等式

$$U[x, \varepsilon + (1-\varepsilon)x] > U[y, \varepsilon y + (1-\varepsilon)x] \qquad (10\text{-}1)$$

对任意 $\varepsilon \in (0, \varepsilon_y)$ 都成立，则称 x 为演化稳定策略。其中，y 表示突变策略；ε_y 表示突变策略侵入边界；$\varepsilon y + (1-\varepsilon)x$ 表示演化稳定策略与突变策略组成的混合策略，$U(x,y)$ 表示当群体中同时存在策略 x 与策略 y 时选择策略 x 的收益函数（在演化博弈中被称为适应度函数）。

演化稳定策略也可以表示为：设 Δ^m 为含有 m 个策略的混合策略集合，$s^* \in \Delta^m$，如果对于任意的 $s \in \Delta^m$，$s \neq s^*$，

$$U(s^*, s^*) \geqslant U(s, s^*) \qquad (10\text{-}2)$$

或

$$U(s^*, s^*) = U(s, s^*),\ U(s^*, s) > U(s, s) \qquad (10\text{-}3)$$

那么，称 s^* 为演化稳定策略。其中，式（10-2）的 s^* 是强演化稳定策略，式（10-3）的 s^* 是弱演化稳定策略。

10.1.3　适应度函数

在生物进化论中，适应度指某一基因类型在种群中生存与繁殖的能力，通常假定其值在 0 到 1 之间。演化博弈将传统博弈中的收益函数转化为适应度函数，用于表示博弈方选择某一策略与对应收益之间的函数关系。根据 10.1.2 节中的演化稳定策略定义，可以得出适应度函数为：

$$U(x, y) = U[x, \varepsilon y + (1-\varepsilon)x] \qquad (10\text{-}4)$$

10.1.4　复制动态方程

复制动态方程（replicator dynamics equation）由 Taylor 和 Jonker（1978）提出，用于描述群体策略的演化过程，经过众多学者的深入研究不断成熟，已被广泛应用于生物学、

社会科学和经济学的博弈分析中。在演化博弈中，群体策略演化动态最常使用基于微分方程的复制动态方程来表示。下面介绍几种常见复制动态方程。

1. 标准复制动态方程

在对称矩阵博弈中，标准复制动态方程一般使用常微分方程表示，即

$$\frac{\mathrm{d}q_i}{\mathrm{d}t} = q_i \left[(\boldsymbol{Aq})_i - \boldsymbol{q}^{\mathrm{T}} \boldsymbol{Aq} \right], \quad 1 \leqslant i \leqslant n \tag{10-5}$$

或

$$\frac{\mathrm{d}q_i}{\mathrm{d}t} = q_i \left[f_i(q) - \overline{f}(q) \right], \quad 1 \leqslant i \leqslant n \tag{10-6}$$

其中，$\boldsymbol{A} = (a_{ij})_n$ 表示收益矩阵；q_i 表示选择策略 i 的群体占种群的比重，且 $\sum_i q_i = 1$；$\boldsymbol{q} = (q_1, \ldots, q_n)^{\mathrm{T}}$ 表示选择不同策略的群体占种群比重构成的向量；$f_i(q)$ 表示系统状态为 q 时选择策略 i 的群体适应度；$\overline{f}(q)$ 表示种群的平均适应度。

2. 有变异的复制动态方程

"变异"是指采用某一策略的群体的后代突变采用其他策略的现象。在有变异的复制动态方程中，用 p_{ji} 表示选择策略 j 的群体的后代选择策略 i 的概率，公式（10-7）刻画了有变异的复制动态方程：

$$\frac{\mathrm{d}q_i}{\mathrm{d}t} = \sum_{j=1}^{n} q_i f_i(q) p_{ji} - q_i \overline{f}(q), \quad 1 \leqslant i \leqslant n \tag{10-7}$$

3. 其他形式的复制动态方程

在基于微分方程的复制动态方程中，群体的策略选择仅与时间相关，当也与空间相关时，基于偏微分方程的复制动态方程成为表示演化动态的重要形式。众多学者在复制动态方程中引入一维空间变量，建立了基于偏微分方程的复制动态方程模型（Vickers，1989；Hutson and Vickers，1992；Cressman and Vickers，1997）。

随着相关理论的不断深化，Foster 和 Young（1990）在偏微分方程形式的复制动态方程模型中引入随机性，提出了随机微分方程模型。

除了基于复制动态的演化机制外，还有其他演化机制表现形式，如最优反应动态方程、Logit 动态方程、BNN（Brown von Neumann Nash）动态方程和 Smith 动态方程，具体可参见文献（王先甲等，2011）。

10.1.5　演化相位图

直观来看，演化相位图（evolutionary phase diagram）是博弈方策略选择概率随时间演化的图像，其中均衡点 (x^*, y^*) 将坐标系分为不同区域，是重要的辅助分析工具。

在演化相位图中，从初始点 (x_0, y_0) 向均衡点收敛而产生的路径被称为演化路径（又称相位线）。

根据演化博弈的类型与主体数量的不同，演化相位图也表现为不同的形式，此处展示了两方演化博弈中对称复制者动态[图 10.1（a）]、非对称复制者动态[图 10.1（b）]以及三方演化博弈[图 10.1（c）]对应的演化相位图。

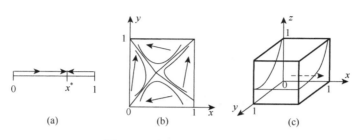

图 10.1　演化相位图

10.2　演化博弈分析的一般流程

10.2.1　两方演化博弈的建模流程

两方演化博弈是演化博弈理论的基础，多方演化博弈、随机演化博弈、复杂网络演化博弈等演化博弈均是对两方演化博弈的拓展。其基本建模分析流程（图 10.2）为：①假设及参数设置；②模型构建；③求解复制动态方程组；④均衡点稳定性分析。

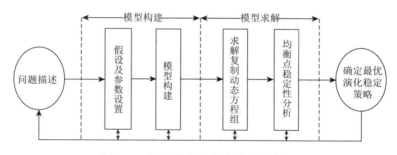

图 10.2　两方博弈基本建模分析流程

10.2.2　三方演化博弈的建模流程

一般演化博弈问题中涉及的主体不止两个，为此很多学者都对多主体演化博弈论及应用展开了研究。在多主体演化博弈中，演化博弈模型构建、演化稳定策略判断以及演化相位图绘制与两方演化博弈均有较大差异。下面以三方演化博弈为例，介绍多主体演化博弈的基本建模分析流程（图 10.3），主要可分为以下步骤：①假设及参数设置；②模型构建；③求解复制动态方程组；④策略稳定性分析；⑤均衡点稳定性分析。

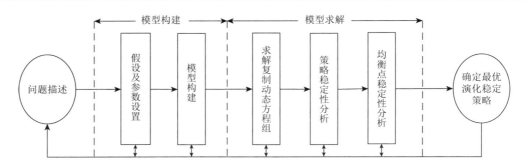

图 10.3　三方演化博弈基本建模分析流程

10.3　演化博弈在能源经济分析中的应用

演化博弈模型被广泛应用于能源经济研究，主要用于解决涉及长期、重复的多主体行为交互的问题，如协同减排、能源监督、供应链清洁竞价等。本节将遴选两篇代表性文献阐释演化博弈模型在能源经济分析中的应用。

10.3.1　案例 1：协同减排问题

本案例借鉴 Liu 等（2022）的研究，聚焦绿色供应链中供应商与制造商协同减排问题，构建考虑政府激励与惩罚机制的两方演化博弈模型，进而识别不同情景下绿色供应链协同减排的演化稳定策略。

1．问题描述

绿色供应链是指通过绿色技术研发、绿色制造、绿色物流等措施实现经济与环境效益的供应链。目前，绿色供应链已经成为传统供应链的主流发展方向。然而，绿色供应链中的减排行为具有正外部性，导致部分主体出现"搭便车"行为（即自身不采取减排行动但受益于其他主体的减排行为），从而降低其他主体的减排积极性。基于此，如何提高绿色供应链中上下游企业的协同减排意愿成为重要的现实问题。本案例假设如下。

（1）共有两个有限理性主体，即供应商（标记为"1"）与制造商（标记为"2"），其可选策略集合分别为{协同减排（x），不协同减排（$1-x$）}，{协同减排（y），不协同减排（$1-y$）}，x 为供应商选择协同减排策略的概率，y 为制造商选择协同减排策略的概率。

（2）供应商与制造商的初始收益（即不考虑协同减排的收益）分别为 v_1 和 v_2。

（3）当只有供应商或制造商选择协同减排策略时，双方的减排投入成本分别为 c_i（$i=1,2$），收入增长率分别为 λ 和 μ（$\lambda>\mu$），不进行协同减排方（"搭便车"方）将获得减排收益 k_i（$i=1,2$）。

（4）当双方均选择协同减排策略时，双方主体将获得额外的好处，分别为 w_1（$w_1>\lambda v_1$）和 w_2（$w_2>\mu v_2$）。

（5）政府为选择协同减排的企业提供减排成本补贴，补贴力度为 α （ $\alpha \in [0,1]$ ）；当双方均选择协同减排策略并产生社会效益时，政府将提供额外的奖励 βb ，其中 β 为社会效益， b 为单位政府奖励，并将 η （ $\eta \in [0,1]$ ）部分奖励分配给供应商， $1-\eta$ 部分奖励分配给制造商；当仅有一方主体选择协同减排策略时，政府对"搭便车"行为予以处罚 md ，其中 m （ $m \in [0,1]$ ）为政府监管系数， d 为最高惩罚额。

2. 模型构建

根据上述问题描述与假设，可获得绿色供应链中供应商与制造商之间协同减排的演化博弈矩阵（表 10.1）。

表 10.1 协同减排的演化博弈矩阵

博弈方及策略选择		制造商	
		协同减排	不协同减排
供应商	协同减排	$v_1 - c_1 + w_1 + \alpha c_1 + \eta \beta b$, $v_2 - c_2 + w_2 + \alpha c_1 + (1-\eta)\beta b$	$(1+\lambda)v_1 - c_1$, $v_2 + k_2 - md$
	不协同减排	$v_1 + k_1 - md$, $(1-\mu)v_2 - c_2$	v_1 , v_2

3. 求解复制动态方程组

基于不同策略组合下供应商与制造商的收益矩阵，可得复制动态方程组：

$$\begin{cases} F(x) = \dfrac{\mathrm{d}x}{\mathrm{d}t} = x(1-x)\big[y(w_1 + \alpha c_1 + \eta \beta b + md - k_1 - \lambda v_1) + \lambda v_1 - c_1 \big] \\ F(y) = \dfrac{\mathrm{d}y}{\mathrm{d}t} = y(1-y)\big[x(w_2 + \alpha c_2 + (1-\eta)\beta b + md - \mu v_2 - k_2) + \mu v_2 - c_2 \big] \end{cases}$$

4. 均衡点稳定性分析

令上述复制动态方程分别等于 0，可得均衡点：（0，0），（0，1），（1，0），（1，1）以及（ x^*, y^* ），其中 $x^* = \dfrac{c_2 - \mu v_2}{w_2 + \alpha c_2 + (1-\eta)\beta b + md - \mu v_2 - k_2}$ ， $y^* = \dfrac{c_1 - \lambda v_1}{w_1 + \alpha c_1 + \eta \beta b + md - k_1 - \lambda v_1}$ 。求 $\dfrac{\mathrm{d}x}{\mathrm{d}t}$ ， $\dfrac{\mathrm{d}y}{\mathrm{d}t}$ 关于 x ， y 的偏导，可得雅可比矩阵：

$$\boldsymbol{J} = \begin{bmatrix} \dfrac{\partial}{\partial x}\left(\dfrac{\mathrm{d}x}{\mathrm{d}t}\right) & \dfrac{\partial}{\partial y}\left(\dfrac{\mathrm{d}x}{\mathrm{d}t}\right) \\ \dfrac{\partial}{\partial x}\left(\dfrac{\mathrm{d}y}{\mathrm{d}t}\right) & \dfrac{\partial}{\partial y}\left(\dfrac{\mathrm{d}y}{\mathrm{d}t}\right) \end{bmatrix}$$

将上述五个均衡点代入雅可比矩阵，可得矩阵行列式（$\det \boldsymbol{J}$）与迹表达式（$\mathrm{tr}\, \boldsymbol{J}$），如表 10.2 所示。

表 10.2　均衡点矩阵行列式与迹表达式

均衡点	det J	tr J
$(0, 0)$	$(\lambda v_1 - c_1)(\mu v_2 - c_2)$	$(\lambda v_1 - c_1) + (\mu v_2 - c_2)$
$(0, 1)$	$-(w_1 + \alpha c_1 + \eta\beta b + md - k_1 - c_1)(\mu v_2 - c_2)$	$(w_1 + \alpha c_1 + \eta\beta b + md - k_1 - c_1) - (\mu v_2 - c_2)$
$(1, 0)$	$-[w_2 + \alpha c_2 + (1-\eta)\beta b + md - k_2 - c_2] \times (\lambda v_1 - c_1)$	$[w_2 + \alpha c_2 + (1-\eta)\beta b + md - k_2 - c_2] - (\lambda v_1 - c_1)$
$(1, 1)$	$(w_1 + \alpha c_1 + \eta\beta b + md - k_1 - c_1) \times$ $[w_2 + \alpha c_2 + (1-\eta)\beta b + md - k_2 - c_2]$	$-(w_1 + \alpha c_1 + \eta\beta b + md - k_1 - c_1) -$ $[w_2 + \alpha c_2 + (1-\eta)\beta b + md - k_2 - c_2]$
(x^*, y^*)	—	0

通过判断雅可比矩阵的局部稳定性（即 det $J > 0$，tr $J < 0$），可识别供应商与制造商协同减排的演化稳定策略。按不同参数取值范围分类，本案例的演化稳定策略可分为以下五种。具体演化相位图见图 10.4。

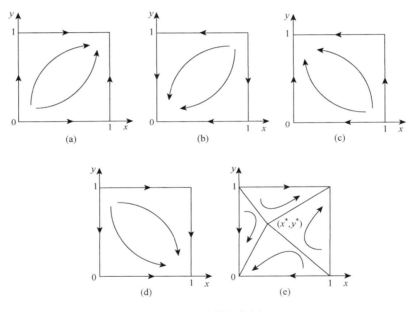

图 10.4　演化相位图

情形 1：当 $w_1 + \alpha c_1 + \eta\beta b > c_1 + k_1 - md$，$\lambda > \dfrac{c_1}{v_1}$，$w_2 + \alpha c_2 + (\eta-1)\beta b > c_2 + k_2 - md$，$\mu > \dfrac{c_2}{v_2}$ 时，演化稳定策略为（协同减排，协同减排），其演化相位图见图 10.4（a）。

情形 2：当 $w_1 + \alpha c_1 + \eta\beta b > c_1 + k_1 - md$，$0 < \lambda < \dfrac{c_1}{v_1}$，$w_2 + \alpha c_2 + (\eta-1)\beta b < c_2 + k_2 - md$，$0 < \mu < \dfrac{c_2}{v_2}$ 时，演化稳定策略为（不协同减排，不协同减排），其演化相位图见图 10.4（b）。

情形 3：当 $w_1 + \alpha c_1 + \eta \beta b < c_1 + k_1 - md$，$0 < \lambda < \dfrac{c_1}{v_1}$，$w_2 + \alpha c_2 + (\eta - 1)\beta b < c_2 + k_2 - md$，$\mu > \dfrac{c_2}{v_2}$ 时，演化稳定策略为（不协同减排，协同减排），其演化相位图见图 10.4（c）。

情形 4：当 $w_1 + \alpha c_1 + \eta \beta b > c_1 + k_1 - md$，$\lambda > \dfrac{c_1}{v_1}$，$w_2 + \alpha c_2 + (\eta - 1)\beta b < c_2 + k_2 - md$，$\mu > \dfrac{c_2}{v_2}$ 时，演化稳定策略为（协同减排，不协同减排），其演化相位图见图 10.4（d）。

情形 5：当 $w_1 + \alpha c_1 + \eta \beta b > c_1 + k_1 - md$，$0 < \lambda < \dfrac{c_1}{v_1}$，$w_2 + \alpha c_2 + (\eta - 1)\beta b > c_2 + k_2 - md$，$0 < \mu < \dfrac{c_2}{v_2}$ 时，演化稳定策略为（协同减排，协同减排）或（不协同减排，不协同减排），其演化相位图见图 10.4（e）。

10.3.2　案例 2：能源监督问题

本案例借鉴 Yang 等（2020）的研究，以引入举报制度的能源监督问题为研究对象，构建监管机构-能源企业-举报者三方博弈模型，通过求解演化稳定策略，明确政府最优策略方案从而激励企业主动管理能源问题。

1. 问题描述

自我国成立"12398 能源监管热线"以来，通过能源监管热线举报能源相关问题已经成为监督能源问题的重要途径。2018 年，我国国家能源局收到 4365 份来自"12398 能源监管热线"的有效报告，占所有举报监督报告的 95.22%。考虑到监管机构、举报者与能源企业之间的健康互动将提高企业解决能源问题的积极性，本案例对三者之间的博弈关系进行建模分析，以期提高能源监督效率。

假设监管机构、能源企业、举报者均为有限理性，且监管机构策略集合为{强监管（x），弱监管（$1-x$）}，能源企业策略集合为{主动管理（y），被动管理（$1-y$）}，举报者策略集合为{举报（z），不举报（$1-z$）}，x 为监管机构选择强监管策略的概率，y 为能源企业选择主动管理策略的概率，z 为举报者选择举报策略的概率。相关参数的设置见表 10.3。

表 10.3　参数设置

参与主体	符号	含义
监管机构	R_{11}	政府的基础监管收益
	R_{12}	政府选择强监管策略产生的声誉收益
	C_{11}	政府强监管成本
	C_{12}	政府弱监管成本
	R_{13}	能源企业主动管理能源问题带来的社会福利提升
	L_{11}	能源企业被动管理能源问题带来的社会福利损失

参与主体	符号	含义
能源企业	R_{21}	能源企业主动管理能源问题带来的声誉提升
	C_{21}	能源企业主动管理成本
	R_{22}	能源企业被动管理的短期收益
	C_{22}	能源企业被动管理成本
	P	能源企业被动管理罚款
	L_{21}	强监管状态下企业被动管理产生的负面影响
举报者	q	举报者有效举报或投诉的数量
	R_{31}	举报者单位举报奖励
	R_{32}	强监管状态下能源企业的单位举报赔偿
	C_{31}	举报者单位举报成本
	L_{31}	不举报时举报者面临的潜在损失

2. 模型构建

根据上述问题描述及参数设置，可以获得监管机构、能源企业以及举报者的三方演化博弈收益矩阵（表 10.4）。

表 10.4　三方演化博弈收益矩阵

监管机构	能源企业	举报者	
		举报（z）	不举报（$1-z$）
强监管（x）	主动管理（y）	$R_{11}+R_{12}+R_{13}-L_{21}-C_{11}-R_{31}\times q$，$R_{21}-C_{21}$，$R_{31}\times q-C_{31}\times q$	$R_{11}+R_{12}-L_{21}-C_{11}$，$R_{21}-C_{21}$，$0$
	被动管理（$1-y$）	$R_{11}+R_{12}-L_{21}-C_{11}-R_{31}\times q+P-L_{11}$，$R_{22}-C_{22}-P-R_{32}\times q$，$R_{31}\times q-C_{31}\times q+R_{32}\times q-L_{31}$	$R_{11}+R_{12}-L_{21}-C_{11}+P-L_{11}$，$R_{22}-C_{22}-P-R_{32}\times q$，$-L_{31}$
弱监管（$1-x$）	主动管理（y）	$R_{11}-C_{12}$，$R_{21}-C_{21}$，$-C_{31}\times q$	$R_{11}-C_{12}$，$R_{21}-C_{21}$，0
	被动管理（$1-y$）	$R_{11}-C_{12}+P-L_{11}$，$R_{22}-C_{22}-P$，$-C_{31}\times q-L_{31}$	$R_{11}-C_{12}-L_{11}$，$R_{22}-C_{22}$，$-L_{31}$

3. 求解复制动态方程组

基于上述收益矩阵，可得复制动态方程组：

$$\begin{cases} F(x)=x(1-x)X(x,y,z) \\ F(y)=y(1-y)Y(x,y,z) \\ F(z)=z(1-z)Z(x,y,z) \end{cases}$$

其中，

$$X(x,y,z)=P-Py-Pz+Pyz-C_{11}+C_{12}-L_{21}+R_{12}+yzR_{13}-qzR_{31}$$
$$Y(x,y,z)=-(-Px-Pz+Pxz+C_{21}-C_{22}-R_{21}+R_{22}-qxR_{32})$$
$$Z(x,y,z)=-q\{C_{31}-x[R_{31}-(-1+y)R_{32}]\}$$

4. 策略稳定性分析

1）监管机构的演化稳定策略

令 $F(x) = 0$，可得 $x = 0$，$x = 1$，$y = y^* = \dfrac{-P + Pz + C_{11} - C_{12} + L_{21} - R_{12} + qzR_{31}}{-P + Pz + zR_{13}}$。当 $y = y^*$

时，$F(x) = 0$ 始终成立 [图 10.5（a）]；当 $1 > y > y^*$ 时，$\dfrac{\mathrm{d}F(x)}{\mathrm{d}x}\big|_{x=0} < 0$，$\dfrac{\mathrm{d}F(x)}{\mathrm{d}x}\big|_{x=1} > 0$，

此时 $x = 0$ 是稳定解，监管机构的演化稳定策略为弱监管 [图 10.5（c）]，即当能源企业

主动管理的概率较大且呈上升趋势时，监管机构将降低监管力度从而减少监管成本；当

$0 < y < y^*$ 时，$\dfrac{\mathrm{d}F(x)}{\mathrm{d}x}\big|_{x=0} > 0$，$\dfrac{\mathrm{d}F(x)}{\mathrm{d}x}\big|_{x=1} < 0$，此时 $x = 1$ 是稳定解，监管机构的演化稳

定策略为强监管 [图 10.5（b）]，即当能源企业主动管理的概率较小且呈下降趋势时，监
管机构将提高监管力度来提高企业管理积极性。

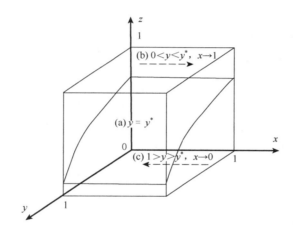

图 10.5 监管机构策略选择演化相位图

2）能源企业的演化稳定策略

令 $F(y) = 0$ 时，可得 $y = 0$，$y = 1$，$z = z^* = \dfrac{Px - C_{21} + C_{22} + R_{21} - R_{22} + qxR_{32}}{P(-1 + x)}$。当 $z = z^*$

时，$F(y) = 0$ 始终成立 [图 10.6（a）]；当 $1 > z > z^*$ 时，$\dfrac{\mathrm{d}F(y)}{\mathrm{d}y}\big|_{y=0} > 0$，$\dfrac{\mathrm{d}F(y)}{\mathrm{d}y}\big|_{y=1} < 0$，

此时 $y = 1$ 是稳定解，能源企业的演化稳定策略为主动管理 [图 10.6（b）]，即当举报者举
报的概率较大且呈上升趋势时，能源企业用能违法行为被发现的概率增大而违法处罚期
望将提高，能源企业倾向于主动管理能源问题；当 $0 < z < z^*$ 时，$\dfrac{\mathrm{d}F(y)}{\mathrm{d}y}\big|_{y=0} < 0$，

$\dfrac{\mathrm{d}F(y)}{\mathrm{d}y}\big|_{y=1} > 0$，此时 $y = 0$ 是稳定解，能源企业的演化稳定策略为被动管理 [图 10.6（c）]，

据此可得，当举报者举报的概率较小且呈下降趋势时，能源企业用能违法行为被发现的
概率降低而违法处罚预期将降低，能源企业倾向于被动管理能源问题。

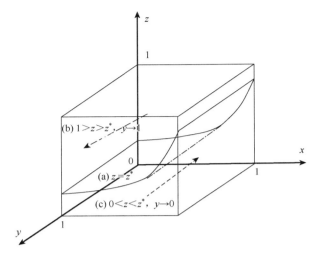

图 10.6　能源企业策略选择演化相位图

3）举报者的演化稳定策略

令 $F(z)=0$，可得 $z=0$，$z=1$，$x=x^*=\dfrac{C_{31}}{R_{31}+R_{32}-yR_{32}}$。当 $x=x^*$ 时，$F(z)=0$ 始

终成立 [图 10.7（a）]；当 $1>x>x^*$ 时，$\dfrac{\mathrm{d}F(z)}{\mathrm{d}z}\big|_{z=0}>0$，$\dfrac{\mathrm{d}F(z)}{\mathrm{d}z}\big|_{z=1}<0$，此时 $z=1$ 是稳
定解，举报者的演化稳定策略为举报 [图 10.7（b）]，即当能源企业主动管理的概率
较大且呈上升趋势时，举报者的举报奖励期望增加，举报者倾向选择举报；当
$0<x<x^*$ 时，$\dfrac{\mathrm{d}F(z)}{\mathrm{d}z}\big|_{z=0}<0$，$\dfrac{\mathrm{d}F(z)}{\mathrm{d}z}\big|_{z=1}>0$，此时 $z=0$ 是稳定解，举报者的演化稳定
策略为不举报 [图 10.7（c）]，即当能源企业主动管理的概率较小且呈下降趋势时，
举报者的举报奖励期望降低，举报者承担的成本与风险也相应提高，故举报者倾向选
择不举报。

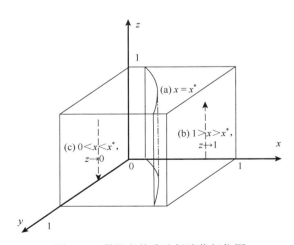

图 10.7　举报者策略选择演化相位图

5. 均衡点稳定性分析

根据复制动态方程组可得雅可比矩阵（J）：

$$J = \begin{bmatrix} \dfrac{\partial}{\partial x}\left(\dfrac{\mathrm{d}F(x)}{\mathrm{d}x}\right) & \dfrac{\partial}{\partial y}\left(\dfrac{\mathrm{d}F(x)}{\mathrm{d}x}\right) & \dfrac{\partial}{\partial z}\left(\dfrac{\mathrm{d}F(x)}{\mathrm{d}x}\right) \\[2mm] \dfrac{\partial}{\partial x}\left(\dfrac{\mathrm{d}F(y)}{\mathrm{d}y}\right) & \dfrac{\partial}{\partial y}\left(\dfrac{\mathrm{d}F(y)}{\mathrm{d}y}\right) & \dfrac{\partial}{\partial z}\left(\dfrac{\mathrm{d}F(y)}{\mathrm{d}y}\right) \\[2mm] \dfrac{\partial}{\partial x}\left(\dfrac{\mathrm{d}F(z)}{\mathrm{d}z}\right) & \dfrac{\partial}{\partial y}\left(\dfrac{\mathrm{d}F(z)}{\mathrm{d}z}\right) & \dfrac{\partial}{\partial z}\left(\dfrac{\mathrm{d}F(z)}{\mathrm{d}z}\right) \end{bmatrix}$$

其中，三个特征值分别为 $\lambda_1 = \dfrac{\partial}{\partial x}\left(\dfrac{\mathrm{d}F(x)}{\mathrm{d}x}\right)$，$\lambda_2 = \dfrac{\partial}{\partial y}\left(\dfrac{\mathrm{d}F(y)}{\mathrm{d}y}\right)$，$\lambda_3 = \dfrac{\partial}{\partial z}\left(\dfrac{\mathrm{d}F(z)}{\mathrm{d}z}\right)$。均衡点稳定性判断依据为：当特征值均为负时，该点为稳定点；当特征值均为正时，该点为不稳定点。

当 $F(x)=0$，$F(y)=0$，$F(z)=0$ 时，可得演化博弈的纯策略均衡点（0，0，0），（0，0，1），（0，1，0），（1，0，0），（1，1，0），（1，0，1），（0，1，1），以及（1，1，1）。通过分析该模型的均衡点，可得（0，1，0）是最理想的稳定点，（1，1，0），（0，1，1），（1，1，1）是相对理想的稳定点，而（0，0，0），（1，0，0），（0，0，1），（1，0，1）是最不理想的稳定点（表10.5）。然而，（0，1，0）是很难达到的理想结果，这是因为能源企业追求高收益，若缺乏监管机构和举报者的监督，能源企业很难主动管理能源问题；同理，对于均衡点（0，1，1）而言，由于缺少监管机构提供的举报奖励，举报者很难有动力主动监督能源企业，该均衡难以实现。因此，能源监管博弈问题中可行的最优策略为（1，1，0）和（1，1，1），即监管机构选择强监管、能源企业选择主动管理、举报者选择不举报以及监管机构选择强监管、能源企业选择主动管理、举报者选择举报。

表 10.5 三方演化博弈均衡点及政策有效性

均衡点	策略组合	政策效力
（0，0，0）	（弱监管，被动管理，不举报）	最不理想
（1，0，0）	（强监管，被动管理，不举报）	
（0，0，1）	（弱监管，被动管理，举报）	
（1，0，1）	（强监管，被动管理，举报）	
（0，1，0）	（弱监管，主动管理，不举报）	最理想
（1，1，0）	（强监管，主动管理，不举报）	相对理想
（0，1，1）	（弱监管，主动管理，举报）	
（1，1，1）	（强监管，主动管理，举报）	

由于能源企业主动管理的概率与监管机构监管、举报者举报的概率紧密相关，因此

为实现（1，1，0）和（1，1，1）两种策略，可采取以下措施：政府作为能源问题的主要监管者，需要选择强监管策略约束能源企业，前期通过奖励举报者举报行为督促能源企业主动管理能源问题，此时策略组合为（1，1，1），即监管机构选择强监管、能源企业选择主动管理、举报者选择举报。而后随着能源企业主动性的提高，监管机构可逐渐减少对举报者举报的奖励以节省财政支出。此时，尽管举报者举报积极性较低，仅凭监管机构强监管力度与能源企业积极性也可实现（1，1，0）的最优策略。

本章参考文献

葛泽慧, 于艾琳, 赵瑞, 等. 2018. 博弈论入门. 北京: 清华大学出版社.

全吉. 2019. 有限理性下的演化博弈与合作机制研究. 北京: 经济管理出版社.

王先甲, 全吉, 刘伟兵. 2011. 有限理性下的演化博弈与合作机制研究. 系统工程理论与实践, 31(S1): 82-93.

Cressman R, Vickers G T. 1997. Spatial and density effects in evolutionary game theory. Journal of Theoretical Biology, 184(4): 359-369.

Fisher R A. 1925. Statistical Methods for Research Workers. London: Oliver and Boyd.

Fisher R A. 1930. The Genetical Theory of Natural Selection: A Complete Variorum Edition. New York: Oxford University Press.

Foster D, Young P. 1990. Stochastic evolutionary game dynamics. Theoretical Population Biology, 38(2): 219-232.

Hutson V C L, Vickers G T. 1992. Travelling waves and dominance of ESS's. Journal of Mathematical Biology, 305: 457-471.

Liu Z, Qian Q, Hu B, et al. 2022. Government regulation to promote coordinated emission reduction among enterprises in the green supply chain based on evolutionary game analysis. Resources, Conservation and Recycling, 182: 106290.

Smith J M, Price G R. 1973. The logic of animal conflict. Nature, 246: 15-18.

Taylor P D, Jonker L B. 1978. Evolutionary stable strategies and game dynamics. Mathematical Biosciences, 40(1/2): 145-156.

Vickers G T. 1989. Spatial patterns and ESS's. Journal of Theoretical Biology, 140(1): 129-135.

Yang Y P, Yang W X, Chen H M, et al. 2020. China's energy whistleblowing and energy supervision policy: an evolutionary game perspective. Energy, 213: 118774.

第三篇　分解分析模型与应用

　　分解分析是量化影响某一总体指标（如能源强度、碳排放量等）随时间变化的潜在驱动力的研究方法，包括指数分解分析、结构分解分析和生产分解分析。分解分析因其简单性、灵活性和强解释力已被广泛应用于能源经济与管理领域的研究中，主要聚焦于能源需求和供应、与能源有关的气体/污染物的排放、国民经济中的物质流动、国家能源效率趋势监测、跨国比较等主题。由于指数分解模型、结构分解模型和生产分解模型这三种分解分析模型在理论基础、数据要求、分解形式以及适用情况等方面存在一定的差异，为帮助读者理解模型、明晰各类模型的适用性、掌握分解分析法的应用范式，本篇内容将分为三个章节，分别介绍指数分解模型、结构分解模型以及生产分解分析模型的相关概念、理论基础和模型适用性，并以案例形式详细阐释这三种模型在能源经济分析中的应用。

第 11 章　指数分解模型

本章提要

指数分解分析（index decomposition analysis，IDA）方法是利用指数体系，对现象的综合变动从数量上分析其受各因素影响的方向、程度及绝对数量的定量分析框架。IDA 在能源经济当中的应用始于 20 世纪 70 年代末，首先被用于研究工业内部行业结构变动对总体能源需求的影响，随后在能源和环境分析领域得到了长足发展。本章首先对 IDA 进行概述，其次对其理论分析框架及常见的 IDA 模型进行介绍，最后以能源效率、二氧化碳排放不平等和空气污染物排放的因素分解为例，阐释 IDA 模型在能源经济研究中的应用。

11.1　IDA 概述

IDA 于 20 世纪 70 年代末由 Kaya 首次提出，旨在研究结构变化对工业能源使用的影响。IDA 模型最大的优点在于能够通过分解追溯到因变量指数变化的原因，并找出间接影响总指数的深层次因素，从而为制定切实可靠的政策措施提供决策依据。

IDA 方法主要包括 Laspeyres 指数分解法和 Divisia 指数分解法。其中，Laspeyres 指数分解法又称为拉氏指数分解分析方法，由德国数学家 Laspeyres 于 1864 年首次提出，并于 20 世纪 70 年代末至 20 世纪 80 年代初逐步被应用于能源领域。拉氏指数分解分析方法的主要思想是将某年作为基年，并将该年指标作为权重，让某一个驱动因素发生变化，而其他驱动因素保持不变，进而衡量一组项目在某个方面随时间变化的百分比。这一方法具有分解形式简单、易于理解、便于操作等优势，但同时存在分解结果中包含残差项的劣势，即被分解的指标与分解后的各效应综合结果不相等。Divisia 指数分解法又称迪氏指数分解分析方法，由 Boyd 等于 1987 年提出，后经 Ang 等修正与发展，目前已发展为能源与环境经济分解研究领域内继拉氏指数分解分析方法外的又一类重要方法。迪氏指数分解分析方法的原理是把目标变量分解出来的各个驱动因素都看成是时间 t 的连续可微函数，再对时间 t 进行微分，分解出单个驱动因素的变化对目标变量的影响程度。拉氏指数分解分析方法和迪氏指数分解分析方法都有乘法分解和加法分解形式，图 11.1 给出了常见的 IDA 方法的分类。

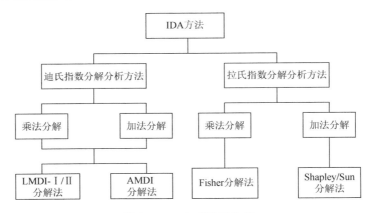

图 11.1　IDA 方法的分类

LMDI（logarithmic mean Divisia index）表示对数平均迪氏指数，分为 LMDI- I 和 LMDI- II 两个版本；AMDI（arithmetic mean
Divisia index）表示算术平均迪氏指数

11.2　IDA 框架

假设目标变量 V 是 m 个部分之和，即

$$V = \sum_{j=i}^{m} V_j \tag{11-1}$$

在 n 维空间里，每个部分 V_j 可以分解为 n 个驱动因子的乘积，n 个驱动因子对应 n 个变量 $x_1, x_2, \cdots, x_n$，将其记为

$$V_j = x_{j,1} x_{j,2} \cdots x_{j,n} \tag{11-2}$$

故一般 IDA 恒等式由式（11-3）给出：

$$V = \sum_{j=1}^{m} V_j = \sum_{j=1}^{m} \left(\prod_{i=1}^{n} x_{j,i} \right) \tag{11-3}$$

在时间周期 $[0,T]$ 内，目标变量 V 将从 $V^0 = \sum_{j=1}^{m} \left(\prod_{i=1}^{n} x_{j,i}^0 \right)$ 变化到 $V^T = \sum_{j=1}^{m} \left(\prod_{i=1}^{n} x_{j,i}^T \right)$，则其算术变化和比率变化的表达式分别如下。

算术变化表达式（加法分解）：

$$
\begin{aligned}
\Delta V_{\text{tot}} &= V^T - V^0 \\
&= \sum_{j=1}^{m} x_{j,1}^T x_{j,2}^T \cdots x_{j,n}^T - \sum_{j=1}^{m} x_{j,1}^0 x_{j,2}^0 \cdots x_{j,n}^0 \\
&= \Delta V_{x_1} + \Delta V_{x_2} + \cdots + \Delta V_{x_n} + \Delta V_{\text{rsd}}
\end{aligned} \tag{11-4}
$$

比率变化表达式（乘法分解）：

$$D_{\text{tot}} = \frac{V^T}{V^0} = \frac{\sum_{j=1}^{m} x_{j,1}^T x_{j,2}^T \cdots x_{j,n}^T}{\sum_{j=1}^{m} x_{j,1}^0 x_{j,2}^0 \cdots x_{j,n}^0} = D_{x_1} D_{x_2} \cdots D_{x_n} D_{\text{rsd}} \tag{11-5}$$

其中，下标 tot 表示整体变化；ΔV_{tot} 和 D_{tot} 分别表示目标变量的两种变化量；ΔV_{x_n} 和 D_{x_n} 分别表示第 n 个驱动因素 x_n 的加法效应和乘法效应；ΔV_{rsd} 和 D_{rsd} 表示残差项，当残差不存在时，有 $\Delta V_{\text{rsd}} = 0$ 和 $D_{\text{rsd}} = 1$。

11.2.1　加法分解分析框架

为了计算式（11-4）中的加法效应，首先利用 V 对时间 t 进行微分，过程如下：

$$
\begin{aligned}
\frac{\mathrm{d}V}{\mathrm{d}t} &= \sum_{j=1}^{m} \frac{\mathrm{d}V_j}{\mathrm{d}t} \\
&= \left(\sum_{j=1}^{m} \left(x_{j,2} \cdots x_{j,n} \frac{\partial x_{j,1}}{\partial t} + x_{j,1} x_{j,3} \cdots x_{j,n} \frac{\partial x_{j,2}}{\partial t} + \cdots + x_{j,1} \cdots x_{j,n-1} \frac{\partial x_{j,n}}{\partial t} \right) \right) \\
&= \sum_{j=1}^{m} \left(\frac{V_j}{x_{j,1}} \frac{\partial x_{j,1}}{\partial t} + \frac{V_j}{x_{j,2}} \frac{\partial x_{j,2}}{\partial t} + \cdots + \frac{V_j}{x_{j,n}} \frac{\partial x_{j,n}}{\partial t} \right)
\end{aligned} \tag{11-6}
$$

通过对式（11-6）进行积分可得到总指标 V 在 0 到 T 之间的算术变化，结果如下：

$$
\begin{aligned}
V^T - V^0 &= \int_0^T \frac{\mathrm{d}V}{\mathrm{d}t} \mathrm{d}t \\
&= \int_0^T \sum_{j=1}^{m} \left(\frac{V_j}{x_{j,1}} \frac{\partial x_{j,1}}{\partial t} + \frac{V_j}{x_{j,2}} \frac{\partial x_{j,2}}{\partial t} + \cdots + \frac{V_j}{x_{j,n}} \frac{\partial x_{j,n}}{\partial t} \right) \mathrm{d}t \\
&= \int_0^T \sum_{j=1}^{m} V_j \left(\frac{\partial \ln x_{j,1}}{\partial t} + \cdots + \frac{\partial \ln x_{j,n}}{\partial t} \right) \mathrm{d}t
\end{aligned} \tag{11-7}
$$

式（11-7）中的第二行涉及因素的线性变化，即 $\partial x_{j,i} / \partial t$；第三行是因子的对数变化，即 $\partial \ln x_{j,i} / \partial t$。前者被统一归类为拉氏指数分解分析方法，后者称为迪氏指数分解分析方法。由于式（11-7）中的积分不能直接计算，因此需要使用离散积分路径来计算给定数据集的分解结果，如式（11-8）所示：

$$
\begin{aligned}
V^T - V^0 &\cong \sum_j w_{j,1}^L \left(x_{j,1}^T - x_{j,1}^0 \right) + w_{j,2}^L \left(x_{j,2}^T - x_{j,2}^0 \right) + \cdots + w_{j,n}^L \left(x_{j,n}^T - x_{j,n}^0 \right) \\
&\cong \sum_j w_j^D \ln \frac{x_{j,1}^T}{x_{j,1}^0} + w_j^D \ln \frac{x_{j,2}^T}{x_{j,2}^0} + \cdots + w_j^D \ln \frac{x_{j,n}^T}{x_{j,n}^0} \\
&= \sum_j \Delta V_{j,1} + \Delta V_{j,2} + \cdots + \Delta V_{j,n}
\end{aligned} \tag{11-8}
$$

其中，$w_{j,i}^L = \bar{V}_j^L / \bar{x}_{j,i}^L$ 表示用于拉氏指数分解分析方法的积分路径，$w_j^D = \bar{V}_j^D$ 表示迪氏指数分解分析方法的积分路径。在分解公式中，变量 w 通常被称为权重。

拉氏指数分解分析方法的主要思想是每次只改变年份 0 到 T 中的一个因素的值，同时为所有其他因素赋特定值。迪氏指数分解分析方法则是通过对实体或子指标水平上对数增长率的加和来量化因素的贡献。

11.2.2 乘法分解分析框架

为了计算式（11-5）中的乘法分解结果，这里将 V 的自然对数与时间 t 进行微分。从数学上讲，微分式如式（11-9）所示：

$$\frac{\mathrm{d}\ln V}{\mathrm{d}t} = \frac{1}{V} \times \frac{\mathrm{d}V}{\mathrm{d}t}$$

$$= \frac{1}{V}\left(\sum_j \frac{\mathrm{d}x_{j,1}}{\mathrm{d}t} x_{j,2} \cdot \cdots \cdot x_{j,n} + \frac{\mathrm{d}x_{j,2}}{\mathrm{d}t} x_{j,1} x_{j,3} \cdot \cdots \cdot x_{j,n} + \cdots + \frac{\mathrm{d}x_{j,n}}{\mathrm{d}t} x_{j,1} \cdot \cdots \cdot x_{j,n-1}\right) \quad (11\text{-}9)$$

$$= \sum_j \frac{V_j}{V}\left(\frac{\mathrm{d}\ln x_{j,1}}{\mathrm{d}t} + \frac{\mathrm{d}\ln x_{j,2}}{\mathrm{d}t} + \cdots + \frac{\mathrm{d}\ln x_{j,n}}{\mathrm{d}t}\right)$$

通过对式（11-9）进行积分可得到总指标 V 在 0 到 T 之间的比率变化，结果如下：

$$\int_0^T \frac{\mathrm{d}\ln V}{\mathrm{d}t}\mathrm{d}t = \ln\frac{V^T}{V^0}$$

$$= \int_0^T \sum_j\left(\frac{x_{j,2} \cdot \cdots \cdot x_{j,n}}{V}\frac{\mathrm{d}x_{j,1}}{\mathrm{d}t} + \frac{x_{j,1} x_{j,3} \cdot \cdots \cdot x_{j,n}}{V}\frac{\mathrm{d}x_{j,2}}{\mathrm{d}t} + \cdots + \frac{x_{j,1} \cdot \cdots \cdot x_{j,n-1}}{V}\frac{\mathrm{d}x_{j,n}}{\mathrm{d}t}\right)\mathrm{d}t$$

$$= \int_0^T \sum_j \frac{V_j}{V}\left(\frac{\mathrm{d}\ln x_{j,1}}{\mathrm{d}t} + \frac{\mathrm{d}\ln x_{j,2}}{\mathrm{d}t} + \cdots + \frac{\mathrm{d}\ln x_{j,n}}{\mathrm{d}t}\right)\mathrm{d}t$$

$$(11\text{-}10)$$

式（11-10）中的第二行是处理因子的线性变化，第三行是处理因子的对数变化，即拉氏指数分解分析方法和迪氏指数分解分析方法。将式（11-10）中的积分指数化可得

$$\frac{V^T}{V^0} = \prod_{i=1}^{n} \exp\left(\int_0^T \sum_{j=1}^{m} \frac{V_j}{V}\frac{\mathrm{d}\ln x_{j,i}}{\mathrm{d}t}\mathrm{d}t\right) \quad (11\text{-}11)$$

接着将式（11-11）离散化，可以计算出总指标的比率变化：

$$\frac{V^T}{V^0} \cong \prod_{j=1}^{m} \exp\left[s_{j,1}^L\left(x_{j,1}^T - x_{j,1}^0\right)\right] \times \exp\left[s_{j,2}^L\left(x_{j,2}^T - x_{j,2}^0\right)\right] \times \cdots \times \exp\left[s_{j,n}^L\left(x_{j,n}^T - x_{j,n}^0\right)\right]$$

$$\cong \prod_{j=1}^{m} \exp\left(s_j^D \ln\frac{x_{j,1}^T}{x_{j,1}^0}\right) \times \exp\left(s_j^D \ln\frac{x_{j,2}^T}{x_{j,2}^0}\right) \times \cdots \times \exp\left(s_j^D \ln\frac{x_{j,n}^T}{x_{j,n}^0}\right) \quad (11\text{-}12)$$

$$= \prod_j D_{j,1} D_{j,2}, \cdots, D_{j,n}$$

式（11-12）中的第一行称为乘法拉氏指数分解分析方法，$s_{j,i}^L$ 为权重函数，而第二行是乘法迪氏指数分解分析方法，s_j^D 为权重函数。

11.3 IDA 模型

11.3.1 拉氏指数分解分析方法与迪氏指数分解分析方法

各类 IDA 方法主要通过权重函数进行区分。对拉氏指数分解分析方法进行进一步

划分可分为：Fisher 分解法、Shapley 分解法、Sun 分解法等。鉴于拉氏指数分解分析方法在能源研究方面应用较少，这里只介绍使用相对较多的 Fisher 分解法以及 Shapley/Sun 分解法。与迪氏指数分解分析方法相关的常见方法包括 AMDI 分解法和 LMDI 分解法的两种形式。AMDI 分解法的核心思想是将基期和当期数据的简单算数平均值作为权重系数；LMDI 分解法又分为 LMDI-Ⅰ 和 LMDI-Ⅱ 两个版本，它们功能、形式非常相似，唯一的区别在于加权方案不同。

在加法分解中，常用的拉氏和迪氏指数分解分析方法的积分路径或权重函数如表11.1所示。

表 11.1　指数分解分析方法的权重函数（加法分解）

分类	加法分解方法	权重函数
拉氏指数分解分析方法	Shapley/Sun 分解法	$w_{j,i}^L = \sum_{R=S-i}^{i \in S \subseteq N, |S|=s} \frac{1}{n} \times \frac{1}{C_{s-1}^{n-1}} v_j(R,\{i\})$
迪氏指数分解分析方法	AMDI 分解法	$w_j^D = \dfrac{V_j^T + V_j^0}{2}$
	LMDI-Ⅰ 分解法	$w_j^D = L(V_j^T, V_j^0)$
	LMDI-Ⅱ 分解法	$w_j^D = \dfrac{L(V_j^T/V^T, V_j^0/V^0)}{\sum_j L(V_j^T/V^T, V_j^0/V^0)} L(V^T, V^0)$

注：若 $a=b$，则 $L(a,b)=a$。

将表 11.1 中的权重函数代入式（11-12）即可得到相应的分解模型。特别地，在双因素情况下，Shapley/Sun 分解法的分解形式为

$$\Delta V_{x_1} = \frac{1}{2}\left[\left(\sum_{i=1}^m x_{1,i}^T x_{2,i}^0 - \sum_{i=1}^m x_{1,i}^0 x_{2,i}^0\right) + \left(\sum_{i=1}^m x_{1,i}^T x_{2,i}^T - \sum_{i=1}^m x_{1,i}^0 x_{2,i}^T\right)\right] \quad (11\text{-}13)$$

$$\Delta V_{x_2} = \frac{1}{2}\left[\left(\sum_{i=1}^m x_{1,i}^0 x_{2,i}^T - \sum_{i=1}^m x_{1,i}^0 x_{2,i}^0\right) + \left(\sum_{i=1}^m x_{1,i}^T x_{2,i}^T - \sum_{i=1}^m x_{1,i}^T x_{2,i}^0\right)\right] \quad (11\text{-}14)$$

在乘法分解中，常用的拉氏和迪氏指数分解分析方法的积分路径或权重函数如表11.2所示。

表 11.2　指数分解分析方法的权重函数（乘法分解）

分类	乘法分解方法	权重函数
拉氏指数分解分析方法	Fisher 分解法	$s_{j,i}^L = \sum_{i \in S}^{S \subseteq N, |S|=s} \frac{1}{n} \times \frac{1}{C_{s-1}^{n-1}} \times \dfrac{L(v_j(S), v_j(S/i))}{L(V(S), V(S/i)) L(x_{j,i}^T, x_{j,i}^0)}$
迪氏指数分解分析方法	AMDI 分解法	$s_j^D = \dfrac{(V_j^T/V^T + V_j^0/V^0)}{2}$

续表

分类	乘法分解方法	权重函数
迪氏指数分解分析方法	LMDI-Ⅰ分解法	$s_j^D = \dfrac{L(V_j^T, V_j^0)}{L(V^T, V^0)}$
	LMDI-Ⅱ分解法	$s_j^D = \dfrac{L(V_j^T/V^T, V_j^0/V^0)}{\sum\limits_j L(V_j^T/V^T, V_j^0/V^0)}$

注：$V(S) = \sum\limits_j v_j(S) = \sum\limits_j \left(\prod\limits_{p \in S} x_{j,p}^T \prod\limits_{q \in N/S} x_{j,q}^0 \right)$

将表 11.2 中的权重函数代入式（11-8）即可得到相应的分解模型。特别地，在双因素情况下，Fisher 分解法的分解形式为

$$D_{x_1} = \left(\frac{\sum\limits_{i=1}^m x_{1,i}^T x_{2,i}^0}{\sum\limits_{i=1}^m x_{1,i}^0 x_{2,i}^0} \times \frac{\sum\limits_{i=1}^m x_{1,i}^T x_{2,i}^T}{\sum\limits_{i=1}^m x_{1,i}^0 x_{2,i}^T} \right)^{\frac{1}{2}} \tag{11-15}$$

$$D_{x_2} = \left(\frac{\sum\limits_{i=1}^m x_{1,i}^0 x_{2,i}^T}{\sum\limits_{i=1}^m x_{1,i}^0 x_{2,i}^0} \times \frac{\sum\limits_{i=1}^m x_{1,i}^T x_{2,i}^T}{\sum\limits_{i=1}^m x_{1,i}^T x_{2,i}^0} \right)^{\frac{1}{2}} \tag{11-16}$$

11.3.2　IDA 方法比较

1. 拉氏指数分解分析方法与迪氏指数分解分析方法

拉氏指数分解分析方法用于衡量一组项目在某个方面随时间变化的百分比，权重是某个基年值。迪氏指数分解分析方法是对数增长率的加权总和，权重是以线积分形式给出的各组成部分在总价值中的份额。简单地说，与拉氏指数分解分析方法相联系的方法的组成部分是基于熟悉的百分比变化概念，而与迪氏指数分解分析方法相联系的方法的组成部分是基于对数变化概念。

由于变化因素分解不完全，拉氏指数分解分析方法可能存在较大的残差，会对分解的结果造成影响，这也是该方法最大的缺陷。迪氏指数分解分析方法中的 LMDI 分解法能够很好地解决这一问题。拉氏指数分解分析方法的乘法分解和加法分解之间的联系并不明显，而迪氏指数分解分析方法的乘法分解与加法分解具有一致性。

总的来说，拉氏指数分解分析方法更容易理解，但迪氏指数分解分析方法更科学。

2. AMDI 分解法与 LMDI 分解法

AMDI 分解法使用算术平均权函数，而 LMDI 分解法使用对数平均权函数。因此，AMDI 分解法的公式比 LMDI 分解法的对应公式更简单。在很多情况下，AMDI 分解法

的分解结果与 LMDI 分解法相近，因此，AMDI 分解法可以部分取代 LMDI 分解法。

但是，AMDI 分解法未通过因素反转测试，不能进行全分解，从而会产生残差项，影响结果的精确性；此外，当数据集合中含有零值时，AMDI 分解法无法对其进行处理。而 LMDI 分解法则能很好地克服上述缺陷，LMDI 分解法能通过因素反转测试与时间反转测试，不会产生残差项；还可以通过对乘法分解公式两边取对数，使得乘法分解可以转换成加法分解的形式，具有残差为零、聚合一致等优势。因此，LMDI 分解法已逐步发展为能源环境领域研究中最受青睐的 IDA 方法。

3. LMDI-Ⅰ分解法与 LMDI-Ⅱ分解法

LMDI-Ⅰ分解法与 LMDI-Ⅱ分解法这两种分解方法在形式上非常相似，差别仅在于 $\ln\left(x_{j,i}^{T} / x_{j,i}^{0}\right)$ 前的权重不同。LMDI-Ⅱ分解法的加权方案比 LMDI-Ⅰ分解法稍复杂，计算较为麻烦。因此，LMDI-Ⅰ分解法在实际当中应用更为普遍。

11.4　IDA 模型在能源经济研究中的应用

20 世纪 90 年代，拉氏指数分解分析方法被广泛用于中国工业部门能源消费情况的研究中。21 世纪初，在能源分解的研究中，迪氏指数分解分析方法中的 LMDI 分解法渐渐占据主导地位，被广泛应用于能源强度变动和碳排放变动等影响因素的研究中。本节重点介绍 LMDI 分解法在能源效率评价、碳排放和空气污染物因素分解中的应用。

11.4.1　案例 1：能源效率趋势变动

1. 问题描述

现有的各种能源效率核算体系在许多方面存在差异，包括所使用的分析框架、绩效测度方法以及报告方式等。给定某个特定的数据集，应用不同的核算体系将产生不同的测度结果，因此在能效改进方面所得到的结论也不同。为解决这一问题，Ang 等（2010）首先介绍了这一研究领域的基本概念、指标和术语，随后对现有的全经济范围的能源效率核算体系进行了回顾，重点是开展核算框架分析。Ang 等（2010）提出了一种基于 LMDI 分解技术的能源效率核算框架，该框架具有许多理想的性质。最后本书给出了数值算例并比较了各种分析框架之间的差异。

2. 基于 LMDI 的能源效率分析框架

假设一个经济体被划分为 m 个主要的能源消耗部门。进一步假设部门 i 的总能源消耗 E_i 是 n_i 个子部门能源消耗的总和，并且所有子部门都采用相同的活动指标。

$$E_i = \sum_{j=1}^{n_i} E_{ij} = \sum_{j=1}^{n_i} Q_i \frac{Q_{ij}}{Q_i} \frac{E_{ij}}{Q_{ij}} = \sum_{j=1}^{n_i} Q_i S_{ij} I_{ij}$$

其中，E_{ij} 和 Q_{ij} 分别表示部门 i 中子部门 j 的能源消耗和活动水平；Q_i 表示部门 i 的总活动水平；$S_{ij} = \dfrac{Q_{ij}}{Q_i}$ 表示部门 i 中子部门 j 的活动份额；$I_{ij} = \dfrac{E_{ij}}{Q_{ij}}$ 表示部门 i 中子部门 j 的能源强度。上式给出了基本的三因素 IDA 公式。

假设 E_i 随时间的变化，如从 0 年到 T 年，由三种效应驱动：活跃效应、结构效应和强度效应。基于加法 IDA，该变化可表示为

$$\Delta E_i^{0,T} = E_i^T - E_i^0 = \Delta E_{i\text{-act}}^{0,T} + \Delta E_{i\text{-str}}^{0,T} + \Delta E_{i\text{-int}}^{0,T}$$

$$\Delta E_{i\text{-act}}^{0,T} = \sum_{j=1}^{n_i} L\left(E_{ij}^T, E_{ij}^0\right) \ln\left(Q_i^T / Q_i^0\right)$$

$$\Delta E_{i\text{-str}}^{0,T} = \sum_{j=1}^{n_i} L\left(E_{ij}^T, E_{ij}^0\right) \ln\left(S_{ij}^T / S_{ij}^0\right)$$

$$\Delta E_{i\text{-int}}^{0,T} = \sum_{j=1}^{n_i} L\left(E_{ij}^T, E_{ij}^0\right) \ln\left(I_{ij}^T / I_{ij}^0\right)$$

其中，act 表示总活跃水平（活跃效应）；str 表示部门结构（结构效应）；int 表示子部门能源强度（强度效应）；函数 $L(a,b)$ 表示两个正数 a 和 b 的对数平均值，它们由下式决定：

$$L(a,b) = \begin{cases} (a-b) / \ln\left(\dfrac{a}{b}\right), & a \neq b \\ 0, & a = b \end{cases}$$

因此，第 i 部门在 t 时期由于能效提高所节省的能源消耗：

$$\mathrm{ES}_i^t = -\sum \Delta E_{i\text{-int}}^{0,T}$$

当可得一段时间内连续年份的数据（如 $t = 0,1,\cdots,T$）时，我们可以使用链式分解结果，第 t 年的能源节约量为

$$\mathrm{ES}_i^T = -\sum_{k=1}^{t} \Delta E_{i\text{-int}}^{k-1,k}$$

若假设能源效率没有提高，部门 i 相应时期的能源消耗分别为

$$\mathrm{EH}_i^T = E_i^T - \Delta E_{i\text{-int}}^{0,T}$$
$$\mathrm{EH}_i^T = E_i^T - \Delta E_{i\text{-int}}^{k-1,k}$$

应用乘法 LMDI 分解法得到的能源绩效指数简称为 EPI（energy performance index）。利用 Ang（2004）给出的加法 LMDI 和乘法 LMDI 之间的简单解析关系，由加法 LMDI 给出的结果推导出 i 部门 T 年的 EPI 为

$$\mathrm{EPI}_i^{0,T} = \exp\left(\Delta E_{i\text{-int}}^{0,T} \frac{\ln\left(\dfrac{E_i^T}{E_i^0}\right)}{E_i^T - E_i^0}\right) = \left(\frac{E_i^T}{E_i^0}\right)^{\Delta E_{i\text{-int}}^{0,T} / \left(E_i^T - E_i^0\right)}$$

用相应的全经济体变量（或群体水平变量）代替上式中的部门能源使用和强度效应，全经济体 EPI 为

$$\mathrm{EPI}_i^{0,T} = \left(\frac{\sum_{i=1}^{m} E_i^T}{\sum_{i=1}^{m} E_i^0}\right)^{\sum_{i=1}^{m} \Delta E_{i\text{-int}}^{0,T} / \left(E_i^T - E_i^0\right)} = \left(\frac{E^T}{E^0}\right)^{\sum_{i=1}^{m} \Delta E_{i\text{-int}}^{0,T} / \left(E^T - E^0\right)}$$

上式允许将 EPI 的解释与能源节约量（energy savings，ES）直接联系起来。在链式分析中，部门 i 的 EPI 定义为

$$\text{EPI}_i^0 = 1$$

$$\text{EPI}_i^t = \prod_{k=1}^t \text{EPI}_i^{k-1,k} = \prod_{k=1}^t \left(\frac{E_i^k}{E_i^{k-1}} \right)^{\Delta E_{i\text{-int}}^{k-1,k} / \left(E_i^k - E_i^{k-1} \right)}, \quad t = 1, \cdots, T$$

全经济体的 EPI 定义为

$$\text{EPI}_i^0 = 1$$

$$\text{EPI}_i^t = \prod_{k=1}^t \text{EPI}_i^{k-1,k} = \prod_{k=1}^t \left(\frac{E^k}{E^{k-1}} \right)^{\sum_{i=1}^m \Delta E_{i\text{-int}}^{k-1,k} / \left(E^k - E^{k-1} \right)}, \quad t = 1, \cdots, T$$

3. 分解结果分析

在算例 1 中，使用客运的乘客公里数、货运的车辆公里数、工业的固定价格增加值以及商业部门和住宅部门的总建筑面积等数据，采用所提出的基于 LMDI 的核算框架对新加坡不同部门的能源效率驱动因素进行分解。能源消耗数据为 2000 年和 2005 年的最终能源使用，本算例研究上述两年的最终能源使用变化情况。分解结果如表 11.3 所示。

表 11.3　新加坡不同部门的能源效率驱动因素分解结果

项目	能源使用变化/ktoe	活跃效应/ktoe	结构效应/ktoe	强度效应/ktoe	ES（2005）/ktoe	EPI（2005）（2000 = 1）
客运的乘客公里数	372.7	223.8	63.7	85.2	−85.2	1.058
货运的车辆公里数	691.4	549.0	572.1	−429.7	429.7	0.859
工业的固定价格增加值	−34.4	187.8	−19.2	−203.0	203.0	0.921
商业部门和住宅部门的总建筑面积	110.8	215.4	3.6	−108.3	108.3	0.912
整体经济	1140.5	1175.9	620.2	−655.7	655.7	0.921

整体经济的结果是所有部门估计的总和。整体经济的 EPI 为 0.921，表明能源效率从 2000 年到 2005 年提高了 7.9%，这使每年节约能源 655.7 千吨油当量（ES）。

在算例 2 中，使用 1990 年至 2004 年美国制造业的年度能源消耗和增加值数据，比较了各种核算体系给出的 ES 和 EPI 估计值。

表 11.4 显示了选定年份不同核算体系下的能源节约量。算例 2 的主要结果如下。不同核算系统对 ES 和 EPI 的估计值可能非常不同，这可以从基于 LMDI 系统和非基于 LMDI 系统的估计中看出。即使采用相同的框架，不是直接根据原始数据计算的 ES 或 EPI 的估计值也可能非常不同。因此，有必要对 ES 和 EPI 的定义进行标准化。与其他框架相比，基于 LMDI 的核算框架的链式和非链式的 ES/EPI 估计值差异更小。

表 11.4   不同核算体系下的能源节约量   单位：TBtu

分解方法及年份		基于 LMDI 的核算框架	加拿大	新西兰	国际能源署	欧盟 ODEX	澳大利亚
非链式分解	1990	0	0	0	0	0	0
	1995	1327	1327	1329	1311	1547	1327
	2000	2140	2140	2144	1964	3918	2140
	2004	3088	3088	3092	2948	5819	3088
链式分解	1990	0	0	0	0	0	0
	1995	1390	1390	1391	1272	1648	1390
	2000	1936	1936	1938	1729	2549	1936
	2004	2990	2990	2990	2553	3894	2990

注：ODEX 一般称为 Odyssee 能源效率指数

11.4.2   案例 2：消费视角下的全球二氧化碳排放不平等

1. 问题描述

Wang 和 Zhou（2018）从消费的角度系统地评估了全球二氧化碳排放不平等的来源和决定因素，以期帮助决策者设计对各方都更加公平的减排方案。采用基于 Theil 指数和 IDA 技术的新方法，研究了 1995 年至 2009 年世界 40 个经济体基于人均消费的二氧化碳排放不平等问题。为了比较分析，还研究了基于生产的二氧化碳排放不平等问题。从能源系统的角度，关注经济部门在全球二氧化碳排放不平等中的作用，并进一步研究经济部门二氧化碳排放强度、消费/生产结构和人均消费/生产对全球二氧化碳排放不平等的影响。

2. 分解模型形式

首先衡量基于人均消费的二氧化碳排放不平等，其次分解不平等指数在特定年份的状况以及不平等指数在一段时间内的演变。

1）衡量基于人均消费的二氧化碳排放不平等

由于 CBE（consumption-based emissions，消费端排放）和 PBE（production-based emissions，生产端排放）的表述方式相似，这里只介绍前者的方法以作说明。假设考虑 $N(i = 1, 2, \cdots, N)$ 个经济体，每个经济体可分为 $M(j = 1, 2, \cdots, M)$ 个经济部门，则广义熵指数可以表示为

$$\text{GE}(\beta) = \frac{1}{\beta(\beta-1)} \sum_i p_i \left[\left(\frac{\text{PCBE}_\mu}{\text{PCBE}_i} \right)^\beta - 1 \right]$$

其中，PCBE 表示各经济体基于人均消费的二氧化碳排放量；β 表示一个参数，反映了不平等测度对总指标（即 PCBE）分布变化的敏感性；p_i 表示各经济体的人口份额；下标 μ 表示全球平均值。参数 β 的选择取决于研究的目的，当 $\beta = 0$ 或 $\beta = 1$ 时，广义熵指数也称为 Theil 指数。$\beta = 0$ 的 Theil 指数由于满足理想不等式指数的公理化性质且更易于分解，在文献中得到了广泛的应用。因此，基于人均消费的二氧化碳排放不平等表达式为

$$I(\mathrm{CBE}) = \sum_i p_i \ln \frac{\mathrm{PCBE}_\mu}{\mathrm{PCBE}_i}$$

经济体 i 对应的不平等分量为 $p_i \ln \dfrac{\mathrm{PCBE}_\mu}{\mathrm{PCBE}_i}$。该分量为正值表明该经济体的 PCBE 低于全球平均水平，反之亦然。$I(\mathrm{CBE})$ 的下边界为 0，其上边界取决于样本。$I(\mathrm{CBE})$ 越接近于 1，则表示不平等性越大。

2）二氧化碳排放不平等状况的分解

各经济体的最终消费可以用总产出或增加值来衡量。该案例采用增加值的方法来衡量各经济体的消费。从能源系统的观点来看，第 i 经济体基于人均消费的二氧化碳排放量可以表示如下：

$$\mathrm{PCBE}_i = \frac{\mathrm{CBE}_i}{\mathrm{POP}_i} = \sum_j \frac{\mathrm{CBE}_{ij}}{\mathrm{AVA}_{ij}} \frac{\mathrm{AVA}_{ij}}{\mathrm{AVA}_i} \frac{\mathrm{AVA}_i}{\mathrm{POP}_i} = \sum_j F_{ij}^C S_{ij}^C Y_i^C$$

其中，POP_i 表示 i 经济体的人口数；$\mathrm{AVA}_i = \sum\limits_{ij} \mathrm{AVA}_{ij}$ 表示第 i 经济体吸收的增加值，用增加值来衡量该经济体的最终消费；$F_{ij}^C = \dfrac{\mathrm{CBE}_{ij}}{\mathrm{AVA}_{ij}}$ 表示部门 CBE 与增加值之比，为 i 经济体部门 j 基于消费的二氧化碳排放强度；$S_{ij}^C = \dfrac{\mathrm{AVA}_{ij}}{\mathrm{AVA}_i}$ 表示 i 经济体部门增加值份额的消费结构；Y_i^C 表示 i 经济体以增加值计算的人均消费；上标 C 表示消费视角。由上式可知，F^C（基于部门消费的二氧化碳排放强度）、S^C（消费结构）和 Y^C（人均消费）三个因素共同解释了一个经济体基于人均消费的二氧化碳排放。因此，两个经济体在 PCBE 方面的差异可归因于这三个方面。上式中的对数项可以表示为

$$\frac{\mathrm{PCBE}_\mu}{\mathrm{PCBE}_i} = \frac{\sum_j F_{\mu j}^C S_{\mu j}^C Y_\mu^C}{\sum_j F_{ij}^C S_{ij}^C Y_i^C} = D_{\mathrm{cint}}^{\mu,i} D_{\mathrm{cstr}}^{\mu,i} D_{\mathrm{pcon}}^{\mu,i}$$

其中，D 表示乘数效应；等式最右侧的三项分别反映了基于部门消费的二氧化碳排放强度差异、消费结构差异和人均消费差异对 PCBE 差异的影响。

根据 LMDI-Ⅰ 分解法，可得

$$D_{\mathrm{cint}}^{\mu,i} = \exp\left(\sum_j w_{ij}^C \ln \frac{F_{\mu j}^C}{F_{ij}^C}\right)$$

$$D_{\mathrm{cstr}}^{\mu,i} = \exp\left(\sum_j w_{ij}^C \ln \frac{S_{\mu j}^C}{S_{ij}^C}\right)$$

$$D_{\mathrm{pcon}}^{\mu,i} = \exp\left(\sum_j w_{ij}^C \ln \frac{Y_{\mu j}^C}{Y_{ij}^C}\right)$$

其中，$w_{ij}^C = L(\mathrm{PCBE}_{ij}, \mathrm{PCBE}_{\mu j}) / L(\mathrm{PCBE}_i, \mathrm{PCBE}_{\mu i})$ 表示权重函数；算子 $L(\cdot, \cdot)$ 表示对数均值函数，定义为

$$L(a,b) = \begin{cases} \dfrac{a-b}{\ln a - \ln b}, & a \neq b \\ a, & a = b \end{cases}$$

因此：

$$I(\text{CBE}) = \sum_i p_i \ln D_{\text{cint}}^{\mu,i} + \sum_i p_i \ln D_{\text{cstr}}^{\mu,i} + \sum_i p_i \ln D_{\text{ctot}}^{\mu,i}$$

$$= \sum_{ij} p_i w_{ij}^C \ln \frac{F_{\mu j}^C}{F_{ij}^C} + \sum_{ij} p_i w_{ij}^C \ln \frac{S_{\mu j}^C}{S_{ij}^C} + \sum_{ij} p_i w_{ij}^C \ln \frac{Y_\mu^C}{Y_i^C} = I_{\text{cint}}^C + I_{\text{cstr}}^C + I_{\text{pcon}}^C$$

综上，人均消费基础上的二氧化碳排放不平等状况可以用基于部门消费的二氧化碳排放强度差异（I_{cint}^C）、消费结构差异（I_{cstr}^C）和人均消费差异（I_{pcon}^C）三个分量来解释。分解后不存在残差。

3）二氧化碳排放不平等变动的分解

假设研究的观察期为 0—T 年，则二氧化碳排放不平等的变动为

$$I(\text{CBE})^T - I(\text{CBE})^0 = \left(\sum_i p_i^T \ln D_{\text{cint}}^{\mu,i,T} + \sum_i p_i^T \ln D_{\text{cstr}}^{\mu,i,T} + \sum_i p_i^T \ln D_{\text{pcon}}^{\mu,i,T} \right)$$

$$- \left(\sum_i p_i^0 \ln D_{\text{cint}}^{\mu,i,0} + \sum_i p_i^0 \ln D_{\text{cstr}}^{\mu,i,0} + \sum_i p_i^0 \ln D_{\text{pcon}}^{\mu,i,0} \right)$$

$$= \Delta I_{\text{pshare}}^c + \Delta I_{\text{cint}}^c + \Delta I_{\text{cstr}}^c + \Delta I_{\text{pcon}}^c$$

其中，$\triangle$ 表示加性分解效应；下标 pshare 表示人口份额效应。上式中，人口份额（p）与基于部门消费的二氧化碳排放强度差异效应（D_{cint}）、消费结构差异效应（D_{cstr}）和人均消费差异效应（D_{pcon}）四个因素影响了 CBE 的变化。因此，二氧化碳排放不平等的变动可以用上式最后一行的四种效应来解释。

上式本质上是一个时序 IDA 模型，同样也需要一种分解方法来计算分解出的四种效应。采用 Shapley/Sun 分解法可得

$$\Delta I_{\text{pshare}}^c = \frac{1}{2} \sum_{ij} \left(P_i^T - P_i^0 \right)$$

$$\times \left(w_{ij}^{C,0} \ln \frac{F_{ij}^{C,0}}{F_{\mu j}^{C,0}} + w_{ij}^{C,T} \ln \frac{F_{ij}^{C,T}}{F_{\mu j}^{C,0}} + w_{ij}^{C,0} \ln \frac{S_{ij}^{C,T}}{S_{\mu j}^{C,0}} + w_{ij}^{C,0} \ln \frac{S_{ij}^{C,0}}{S_{\mu j}^{C,0}} + w_{ij}^{C,0} \ln \frac{Y_i^{C,0}}{Y_\mu^{C,0}} + w_{ij}^{C,0} \ln \frac{Y_i^{C,T}}{Y_\mu^{C,0}} \right)$$

$$\Delta I_{\text{cint}}^c = \frac{1}{2} \sum_{ij} \left(p_i^0 + p_i^T \right) \left(w_{ij}^{C,T} \ln \frac{F_{\mu j}^{C,T}}{F_{ij}^{C,T}} - w_{ij}^{C,0} \ln \frac{F_{\mu j}^{C,0}}{F_{ij}^{C,0}} \right)$$

$$\Delta I_{\text{cstr}}^c = \frac{1}{2} \sum_{ij} \left(p_i^0 + p_i^T \right) \left(w_{ij}^{C,T} \ln \frac{S_{\mu j}^{C,T}}{S_{ij}^{C,T}} - w_{ij}^{C,0} \ln \frac{S_{\mu j}^{C,0}}{S_{ij}^{C,0}} \right)$$

$$\Delta I_{\text{pcon}}^c = \frac{1}{2} \sum_{ij} \left(p_i^0 + p_i^T \right) \left(w_{ij}^{C,T} \ln \frac{Y_{\mu j}^{C,T}}{Y_{ij}^{C,T}} - w_{ij}^{C,0} \ln \frac{Y_{\mu j}^{C,0}}{Y_{ij}^{C,0}} \right)$$

若分解效应为正值，表明该因子的变化有助于全球二氧化碳排放不平等指数的增加，反之亦然。

3. 分解结果分析

表 11.5 揭示了全球气候变化的来源和决定因素不平等在地区层面上一些结论。研究发现，一些大型发展中经济体，如中国、印度和印度尼西亚，通过增加其人均排放量，大大缩小了与全球的差距。另外，主要由较不发达国家（地区）和非洲国家（地区）组成的 ROW 地区，在 1995 年至 2009 年大幅加剧了全球二氧化碳排放不平等状况。这是由于与全球平均水平相比，一方面，ROW 区域的二氧化碳排放水平较低且相对下降；另一方面，高于全球二氧化碳平均排放水平的经济体略微降低了全球二氧化碳排放不平等程度。在这些地区中，欧盟 27 国和美国是最大的贡献者。表 11.5 还表明，区域绩效的决定因素是异质的。中国和印度在消费结构和人均消费水平上赶超全球平均水平，降低了总体二氧化碳排放不平等程度，而欧盟 27 国和美国人均消费的增长阻碍了二氧化碳排放不平等程度的降低。

表 11.5　各区域基于消费的全球二氧化碳排放不平等变化的累积分解结果（1995—2009 年）

国家（地区）	1995—2000					2000—2005				
	人口份额效应	排放强度效应	消费结构效应	国内生产总值	总不平等变化	人口份额效应	排放强度效应	消费结构效应	国内生产总值	总不平等变化
印度	0.006	−0.001	−0.001	−0.015	−0.011	0.005	0.009	0	−0.031	−0.017
印度尼西亚	0	−0.004	−0.004	0.009	0.001	0	−0.008	0.001	0	−0.006
巴西	0	−0.004	−0.002	0.002	−0.003	0	0.001	0.002	0.002	0.004
ROW	0.006	0.032	−0.021	0.020	0.036	0.007	0.048	−0.043	0	0.012
墨西哥	0	−0.002	−0.001	−0.002	−0.005	0	0.001	0	0	0.001
土耳其	0	−0.002	0	0	−0.002	0	−0.001	0.001	0	0
中国	−0.003	0.072	−0.026	−0.051	−0.007	−0.003	0.021	−0.018	−0.064	−0.063
俄罗斯	0.001	0.006	0.003	0	0.010	0.001	−0.001	0.002	−0.007	−0.004
欧盟 27 国	0.004	0.001	0	−0.004	0	0.003	0.002	0	−0.002	0.004
日本	0.001	−0.001	0	0.002	0.002	0.001	0.001	0	0	0.003
韩国	0	0	0	0	0	0	0	0	−0.001	0
加拿大	0	0	0	0	0	0	0	0	0	0
美国	0.001	−0.002	0.001	−0.004	−0.004	0.001	0.001	0.004	−0.001	0.006
澳大利亚	0	0	0	0	0	0	0	0	0	0
全球	0.017	0.093	−0.049	−0.044	0.017	0.017	0.075	−0.051	−0.102	−0.061

国家（地区）	2005—2009					1995—2009				
	人口份额效应	排放强度效应	消费结构效应	国内生产总值	总不平等变化	人口份额效应	排放强度效应	消费结构效应	国内生产总值	总不平等变化
印度	0.002	0.012	−0.011	−0.044	−0.042	0.013	0.020	−0.012	−0.090	−0.069
印度尼西亚	0	0	−0.001	−0.006	−0.006	0.001	−0.011	−0.004	0.004	−0.011
巴西	0	0	0	−0.003	−0.004	0	−0.003	0	0	−0.003
ROW	0.006	0.005	−0.010	−0.017	−0.016	0.019	0.085	−0.074	0.003	0.032
墨西哥	0	0.001	0	0.001	0.002	0	0	−0.001	−0.001	−0.002
土耳其	0	0	0	0	0	0	−0.002	0.001	0	−0.002

续表

国家（地区）	2005—2009					1995—2009				
	人口份额效应	排放强度效应	消费结构效应	国内生产总值	总不平等变化	人口份额效应	排放强度效应	消费结构效应	国内生产总值	总不平等变化
中国	−0.001	−0.007	0.017	−0.076	−0.067	−0.006	0.086	−0.026	−0.190	−0.137
俄罗斯	0.001	0	0.002	−0.004	−0.001	0.003	0.005	0.007	−0.010	0.005
欧盟 27 国	0.002	0.007	0.003	0	0.012	0.009	0.010	0.003	−0.006	0.017
日本	0.001	0.001	0	0.002	0.004	0.003	0.001	0.001	0.004	0.008
韩国	0	0.001	0	0	0.001	0.001	0.001	0	−0.001	0
加拿大	0	0	0	0	0	0	0	0	0	0
美国	0.001	0.005	0.001	0.003	0.010	0.003	0.004	0.006	−0.002	0.011
澳大利亚	0	0	0	0	0	0	0	0	−0.001	−0.001
全球	0.012	0.025	0.001	−0.145	−0.106	0.046	0.194	−0.098	−0.291	−0.149

总体而言，1995—2009 年全球各国人均二氧化碳排放不平等程度加速下降，人均消费水平和排放强度差距的减小是关键驱动因素。

同时表 11.5 显示，全球二氧化碳排放不平等背后的最大贡献区域随时间变化而变化。在第一阶段，除了 ROW 外，俄罗斯是二氧化碳排放不平等程度下降的主要障碍。印度在缓解全球二氧化碳排放不平等方面一直发挥着重要作用，而中国的影响主要体现在后两个阶段。高于全球平均二氧化碳排放水平的地区有逐渐降低全球二氧化碳排放不平等程度的趋势。此外，ROW 的作用也发生了变化：从 1995—2005 年阻碍全球二氧化碳排放不平等程度下降到 2005—2009 年促进全球 CBE 收敛。

11.4.3　案例 3：空气污染物排放的分解分析

1. 问题描述

Ščasný 等（2021）针对 1990 年至 2019 年 30 年期间捷克经济转型的几个时期，采用 IDA 方法来研究影响二氧化硫（SO_2）、一氧化碳（CO）、氮氧化物（NO_x）和颗粒物（PM）四种空气污染物排放水平的因素的相对贡献，以了解污染物排放量减少的潜在驱动因素以及相关的政策影响。同时分析活动（规模）效应、结构效应、燃料强度效应、燃料混合效应和排放-燃料强度效应五个驱动因子如何影响分解结果。

2. 分解模型形式

某一经济系统污染物排放水平的标准三因子 IDA 分解式如下：

$$E = \sum_i E_i = \sum_i Q \frac{Q_i}{Q} \frac{E_i}{Q_i} = \sum_i Q S_i V_i$$

其中，E 表示经济系统的总排放量；下标 i 表示经济部门；Q 表示总活动水平；$S_i = Q_i / Q$ 和 $V_i = E_i / Q_i$ 分别表示第 i 部门的活动份额和排放强度。则总排放量从 0 时刻到 T 时刻的变化为

$$\Delta E_{\text{tot}} = E^T - E^0 = \Delta E_{\text{act}} + \Delta E_{\text{str}} + \Delta E_{\text{int}}$$

其中，下标 act、str 和 int 分别表示与总体活动水平（规模）、产业结构和部门排放强度有关的影响，即活动（规模）效应、结构效应和燃料强度效应。值得注意的是，此三因子分解式不考虑个别燃料类型。

在四因子分解中，我们有以下 IDA 恒等式：

$$E = \sum_i E_i = \sum_i Q \frac{Q_i}{Q} \frac{F_i}{Q_i} \frac{E_i}{F_i} = \sum QS_i J_i I_i$$

$$\Delta E_{\text{tot}} = E^T - E^0 = \Delta E_{\text{act}} + \Delta E_{\text{str}} + \Delta E_{\text{int}} + \Delta E_{\text{em}}$$

其中，下标 act 和 str 分别表示前面定义的活动（规模）效应和结构效应；int 和 em 分别表示与总能耗相关的燃料强度效应 J_i（$J_i = F_i / Q_i$）和排放-燃料强度（排放系数）效应 I_i（$I_i = E_i / F_i$）。上式将行业排放强度效应分解为两个新的效应。同样，不考虑燃料类型。

在五因子分解中，在 IDA 恒等式和方程中引入了燃料类型：

$$E = \sum_{ij} E_i = \sum_{ij} Q \frac{Q_i}{Q} \frac{F_i}{Q_i} \frac{F_{ij}}{F_i} \frac{E_{ij}}{F_{ij}} = \sum_{ij} QS_i J_i M_{i,j} I_{i,j}$$

$$\Delta E_{\text{tot}} = E^T - E^0 = \Delta E_{\text{act}} + \Delta E_{\text{str}} + \Delta E_{\text{int}} + \Delta E_{\text{mix}} + \Delta E_{\text{emf}}$$

其中，下标 act、str 和 int 分别表示四因子情况下的活动（规模）效应、结构效应和燃料强度效应；mix 和 emf 分别表示燃料混合效应 $M_{i,j}$（$M_{i,j} = F_{i,j} / F_i$）和排放-燃料强度效应 $I_{i,j}$（$I_{i,j} = E_{i,j} / F_{i,j}$）；下标 i 表示部门，j 表示燃料类型。

采用加法 LMDI-I 模型，对于五因子情况，上式中所示的分量或效应为

$$\Delta E_{\text{act}} = \sum_{i,j} L\left(E_{i,j}^T, E_{i,j}^0\right) \ln\left(\frac{Q^T}{Q^0}\right)$$

$$\Delta E_{\text{str}} = \sum_{i,j} L\left(E_{i,j}^T, E_{i,j}^0\right) \ln\left(\frac{S_i^T}{S_i^0}\right)$$

$$\Delta E_{\text{int}} = \sum_{i,j} L\left(E_{i,j}^T, E_{i,j}^0\right) \ln\left(\frac{J_i^T}{J_i^0}\right)$$

$$\Delta E_{\text{mix}} = \sum_{i,j} L\left(E_{i,j}^T, E_{i,j}^0\right) \ln\left(\frac{M_{i,j}^T}{M_{i,j}^0}\right)$$

$$\Delta E_{\text{emf}} = \sum_{i,j} L\left(E_{i,j}^T, E_{i,j}^0\right) \ln\left(\frac{I_{i,j}^T}{I_{i,j}^0}\right)$$

3. 分解结果分析

表 11.6 的结果展示了三因子分解得到的排放强度效应分解结果，四因子分解得到的燃料强度效应和排放-燃料强度效应分解结果，以及五因子分解得到的燃料强度、燃料混合和排放-燃料强度效应分解结果。进一步研究表明，在 29 年中，三因子排放强度效应有 21 年为负，四因子燃料强度效应只有 16 年为负，且在大多数情况下，四因子和五因子排放强度效应都明显较低。五因子分解中的燃料混合效应通过捕捉由燃料转换引起

的排放变化带来了额外的信息。最后一列显示了四因子分解中排放-燃料强度效应中燃料因素所占的比例。例如，1990—1991 年为 45%，即-2.4%除以-5.4%。燃料混合效应的贡献率为 55%。由表可见，有些年份，燃料混合效应和排放-燃料强度效应的影响在符号上是相反的。以 2000—2001 年为例，当排放-燃料强度效应为 + 2.4%时，燃料混合和排放-燃料强度效应为-2.6%和 + 5.1%。由此产生的净效应是两种相反力量的结果。这种相反的作用和抵消机制的存在，只有通过五因子分解分析才能揭示出来。

表 11.6　二氧化硫排放强度效应的分解（百分比年变化）

年份	三因子	四因子		五因子			排放-燃料强度（五因子）/排放-燃料强度（四因子）*
	排放强度	排放强度		排放强度			
		燃料强度	排放-燃料强度	燃料强度	燃料混合	排放-燃料强度	
1990—1991	55.5	60.8	−5.4	60.8	−3.0	−2.4	0.45
1991—1992	−23.3	−12.7	−10.6	−12.7	−0.1	−10.5	0.99
1992—1993	6.5	14.9	−8.4	14.9	−0.5	−8.0	0.95
1993—1994	−8.7	−5.5	−3.2	−5.5	0.4	−3.6	1.12
1994—1995	−5.2	8.2	−13.4	8.2	−2.1	−11.3	0.84
1995—1996	−27.4	−21.4	−6.1	−21.3	−4.0	−2.1	0.34
1996—1997	−10.0	11.7	−21.8	11.6	−0.9	−20.9	0.96
1997—1998	−28.9	8.7	−37.5	8.7	−1.1	−36.5	0.97
1998—1999	−52.9	−1.9	−51.0	−1.8	−1.2	−49.9	0.98
1999—2000	−7.1	−2.1	−5.0	−2.1	−0.9	−4.1	0.82
2000—2001	−4.4	−6.8	2.4	−6.9	−2.6	5.1	2.12
2001—2002	3.5	−4.4	7.9	−4.4	2.7	5.2	0.67
2002—2003	−5.3	−0.1	−5.3	0.1	−0.1	−5.4	1.02
2003—2004	0.3	1.9	−1.6	1.9	−0.8	−0.9	0.57
2004—2005	−4.6	−6.4	1.8	−6.4	0.7	1.1	0.64
2005—2006	−8.0	−7.5	−0.5	−7.5	−0.7	0.3	−0.56
2006—2007	6.6	3.8	2.9	3.8	1.0	1.8	0.62
2007—2008	−38.0	−10.2	−27.8	−9.9	−0.7	−27.0	0.97
2008—2009	12.3	9.1	3.2	9.1	−0.4	3.6	1.11
2009—2010	6.0	13.0	−7.0	13.3	−2.2	−5.1	0.73
2010—2011	4.5	9.6	−5.1	9.6	−0.3	−4.8	0.94
2011—2012	−7.5	−5.5	−2.1	−5.6	−0.3	−1.7	0.81
2012—2013	−0.4	−3.9	3.6	−3.9	−1.6	5.1	1.43
2013—2014	−3.1	−1.7	−1.4	−1.7	1.4	−2.8	2.02
2014—2015	−3.3	3.1	−6.4	3.1	−0.3	−6.1	0.96
2015—2016	−13.2	8.4	−21.6	8.4	−1.4	−20.1	0.93

续表

年份	三因子	四因子		五因子			排放-燃料强度（五因子）/排放-燃料强度（四因子）*
	排放强度	排放强度		排放强度			
		燃料强度	排放-燃料强度	燃料强度	燃料混合	排放-燃料强度	
2016—2017	−11.8	−7.0	−4.7	−6.9	2.0	−6.7	1.42
2017—2018	−12.3	1.0	−13.3	1.0	1.5	−14.8	1.11
2018—2019	−21.4	−3.3	−18.1	−3.3	−1.5	−16.6	0.92

*此列数据均据原始数据计算所得

本章参考文献

Ang B W. 2004. Decomposition analysis for policymaking in energy: which is the preferred method? Energy Policy, 32(9): 1131-1139.

Ang B W. 2005. The LMDI approach to decomposition analysis: a practical guide. Energy Policy, 33(7), 867-871.

Ang B W, Mu A R, Zhou P. 2010. Accounting frameworks for tracking energy efficiency trends. Energy Economics, 32(5): 1209-1219.

Ščasný M, Ang B W, Rečka L. 2021. Decomposition analysis of air pollutants during the transition and post-transition periods in the Czech Republic. Renewable and Sustainable Energy Reviews, 145: 1-13.

Wang H, Zhou P. 2018. Assessing global CO_2 emission inequality from consumption perspective: an index decomposition analysis. Ecological Economics, 154: 257-271.

第 12 章　结构分解模型

本章提要

以投入产出模型（input-output models，I-O 模型）为基础，结构分解分析（structural decomposition analysis，SDA）基于经济系统视角将能源环境指标变化以核算的方式分配到不同影响因素中，有助于揭示生产及需求结构变化对能源环境绩效的影响。近年来，SDA 在建模方法上呈现出一些新的趋势，如针对强度指标的研究日益增多，对生产和需求结构变革的影响刻画更为细致等。本章首先对 SDA 进行概述，其次对其理论基础及模型进行介绍，最后以两个实证研究案例阐释 SDA 模型在能源环境领域中的应用。

12.1　SDA 概述

SDA 以投入产出模型为基础，基于经济系统视角，将所关注的总指标变化以核算的方式分配到预设好的各个驱动因素中，从而直观地呈现各因素对总指标的影响（Wang et al.，2017a）。基于投入产出模型所刻画的经济系统中区域和部门之间的生产联系，结构分解分析方法能够量化经济生产结构、贸易，与需求结构等因素对总指标变化的影响（Wiedmann，2009）。近年来，SDA 在方法和建模呈现出一些新的进展。其中，Su 和 Ang（2016）通过跨区域分析，比较了不同地区的能源环境绩效。Arto 和 Dietzenbacher（2014）以及 Owen 等（2014）通过跨数据库分析，揭示了多种投入产出数据库之间的差异对结构分解分析结果的影响。Arto 和 Dietzenbacher（2014），Hoekstra 等（2016），以及 Jiang 等（2018）进一步将投入产出模型的中间投入系数矩阵分解为生产技术和贸易结构，从而深入刻画国际贸易模式变化的能源环境影响。随着强度指标在能源环境绩效评估中的应用不断增多，Wang 等（2017b）首次建立了多区域结构分解分析模型来量化贸易对碳排放强度变化的影响。Su 和 Ang（2017）以及 Su 等（2019）从需求侧对强度指标展开研究，通过结合结构路径分析揭示了碳排放强度变化的路径来源。

在模型构建和应用上，SDA 与 IDA 类似可分为加法分解和乘法分解两种形式（Ang，2015；Wang et al.，2017a）。通常情况下，加法分解分析适用于讨论总指标的绝对值变化，该变化可表示为分解效应的总和。乘法分解分析则更适用于分析强度指标，该变化可表示为分解效应的乘积，所有结果均以指数的形式给出。总体来说，在能源环境领域的 SDA 研究中，针对数量指标的加法分解分析应用更为普遍（Wang et al.，2017a）。近年来，随着强度指标在能源环境绩效评估中的应用不断增多，针对强度指标的乘法分解分析也日益广泛。在求解方法上，基于分解原则的不同，主要分为拉氏和迪氏两种指数分解分析方法。常用的方法主要有 D&L（Dietzenbacher，Los）和 LMDI 两种。SDA 最初在 20 世纪 70 年代被应用于量化投入产出模型指标（如总产出、增加值、劳动力和贸易）的变化来源。自 20 世纪 80 年代以来，结构分解分析逐步拓展到能源环境领域，并广泛应用于量化能源消费（Dietzenbacher et al.，2020；Kaltenegger et al.，2017；Wang and Yang，2023；Zhong，2018）、二氧化碳排放（Yang et al.，2022；Zhang et al.，2021；Zhu and Jiang，2019）、和环境污染变化等能源环境指标（Lenzen，2016；Wang et al.，2021）变化的驱动因素。

12.2　理论基础：投入产出模型

投入产出模型是由美国经济学家 Leontief 教授创立的一种宏观经济分析方法。主要用于分析经济系统中各个部门投入与产出间的相互依存关系（Leontief，1970）。本节将从单一经济区域的投入产出模型入手，扩展到多区域投入产出模型，介绍不同类型投入产出表的结构、模型，及基本假设，旨在为后续结构分解分析模型的介绍奠定理论基础。

在构建单区域投入产出模型时，可以根据两种不同的进口假设，即竞争型进口和非竞争型进口假设。其中，竞争型进口是指进口的产品在本国也进行生产，而非竞争型进口则指国内没有对应产品的生产。对比来说，竞争型进口假设反映了更加准确的产品生产结构，因此更适用于分析生产结构及其动态变化的影响，而非竞争型假设投入产出模型主要用于分析外部需求变化对国内（或区域或地方）经济的影响（Miller and Blair，2009）。表 12.1 和表 12.2 分别展示了两种假设下的投入产出表的结构。

表 12.1　竞争型投入产出表的基本结构

项目	中间投入	最终需求	进口	总产出
中间投入	$Z = Z_d + Z_i$	$y_f + y_e$	$-y_m$	x
增值	v^{T}			
总投入	x^{T}			

表 12.2　非竞争型投入产出表的基本结构

项目	中间投入	最终需求	总产出
中间投入	Z_d	$y_d + y_e$	x
进口	Z_i	y_i	$y_m = Z_i \times 1 + y_i$
增值	v^{T}		
总投入	x^{T}		

在竞争型进口假设下，投入产出模型的构建如式（12-1）所示：

$$x = Z \times 1 + y = (I - A)^{-1} y = Ly \tag{12-1}$$

其中，x 表示总产出向量；Z 表示中间投入矩阵，包括国内的半成品投入（Z_d）和进口半成品投入（Z_i）；$y = y_f + y_e - y_m$ 表示最终需求向量，$y_f = y_d + y_i$ 表示最终消费向量 [包括国内生产（y_d）和进口的最终产品（y_i）]，y_e 表示出口向量（包括最终产品和半成品），$y_m = Z_i \times 1 + y_i$ 表示总进口向量；1 表示单位列向量；$A = Z \times \hat{x}^{-1}$ 表示直接投入系数矩阵，代表单位最终需求所需直接中间产品投入；L 表示 Leontief 逆矩阵，其中的元素代表单位最终产品完全需要系数，包括最终产品投入及直接和间接半成品投入。式（12-1）通过 L 建立起一个经济体生产（x）和需求（y）侧之间的联系。此外，v^T 表示增加值列向量的转置向量，从投入端来看，$x^T = 1^T Z \times 1 + v^T$。对于一个特定的经济体（区域）来说，投入与产出总量总是相等的。

在非竞争型进口假设下，该特定区域的产出可以表示为

$$x = Z_d 1 + (y_d + y_e) \tag{12-2}$$

经过改写，可得 Leontief 投入产出模型如下：

$$x = (I - A_d)^{-1}(y_d + y_e) = L_d y_{\text{tot}}^{\text{NC}} \tag{12-3}$$

其中，$A_d = Z_d \times \hat{x}^{-1}$ 表示国内直接消耗系数矩阵；$L_d = (I - A_d)^{-1}$ 表示国内的 Leontief 逆矩阵；y_d 表示国内消费的最终需求；y_e 表示出口向量；$y_{\text{tot}}^{\text{NC}} = y_d + y_e$，上标 NC 表示非竞争型进口假设。

在单区域投入产出表和单区域投入产出模型的基础上，为了反映区域间经济联系的异质性和不同区域的产业之间联系，学界进一步开展了多区域投入产出表的编制及多区域投入产出模型的构建。根据投入产出表的编制方法，多区域投入产出模型可以分为跨区域投入产出（inter-regional input-output，IRIO）模型和多区域投入产出（multi-regional input-output，MRIO）模型。IRIO 模型对所有的区域和行业进行了划分，除了各区域内的产品流动之外，还反映了各地区不同部门产品与其他地区部门之间的经济联系（Isard，1951）。假设全球经济被划分为个 N 区域，每个区域进一步被细分为 M 个经济部门，在 IRIO 模型中，各区域和部门间的投入产出流动可以由表 12.3 表示。

表 12.3　多区域投入产出表结构

投入		中间产出（国家-部门）			最终需求	总产出
		C^1	$\cdots$	C^N		
中间投入（国家-部门）	C^1	Z^{11}	$\cdots$	Z^{1N}	y^1	X^1
	$\vdots$	$\vdots$	$\ddots$	$\vdots$	$\vdots$	$\vdots$
	C^N	Z^{N1}	$\cdots$	Z^{NN}	y^N	X^N
增加值		Va^1	$\cdots$	Va^N		
总投入		X^1	$\cdots$	X^N		

其中，Z 为 $MN \times MN$ 维的中间产品矩阵，表示区域内和区域间流动矩阵。y 表示 $NM \times 1$ 维的最终需求矩阵，其中 y^N 是由元素 y_i^N 构成的 $M \times 1$ 维的子矩阵，表示由国家 N 的行业 i 生产的最终产品。X 为 $NM \times 1$ 维的向量，其中的元素 x_i^N 表示国家 N 的行业 i 的总产出。与单区域投入产出模型类似，X、Z 和 y 之间的关系可以表示为 $X = Z \times 1 + y$，其中 1 为 $MN \times 1$ 维的单位求和向量。定义区域间直接消耗系数矩阵为 A，满足公式 $A = Z\hat{X}^{-1}$，其

中^表示对角矩阵符号。A 中的子矩阵 A^{sr} 表示区域 s 与区域 r 之间的直接消耗系数矩阵，其中的元素，如 a_{ij}^{sr}，表示区域 s 的部门 i 为了生产区域 r 的部门 j 的单位产出所需的直接中间投入，反映了上述两个区域部门之间的经济联系。基于上述全球区域间投入产出表，各区域部门的产出构成可以重新表述为

$$X = AX + y = (I - A)^{-1}y = Ly \tag{12-4}$$

其中，$L = (I - A)^{-1}$ 表示 Leontief 逆矩阵，反映全球各个国家–部门之间的完全需求关系。从理论上来看，IRIO 模型不仅反映了区域内部的经济联系，而且拥有十分详细的区域间经济联系，是理想的区域间经济关系分析工具。然而，IRIO 模型的构建需要基于非常翔实的数据，投入产出表的编制相对较为困难。为了克服上述问题，Hollis（1953）和 Moses（1955）先后通过反映各行业贸易数据的生产地和使用地的贸易系数矩阵（C）来编制和构建 MRIO 模型。该模型假设各地区间不同用途的产品（中间投入，最终消费，投资）区域来源构成相同。针对单个部门来说，如行业 i，该行业从地区 s 到地区 r 的贸易流动（包括中间产品和最终产品）用 t_i^{sr} 来表示，那么对于行业 i 来说，区域 s 和区域 r 之间的贸易系数可以表示为 $c_i^{sr} = t_i^{sr} \Big/ \sum_s t_i^{sr}$。由此可以得到全球各个国家各个行业的贸易系数矩阵。此时，已知各个区域的区域内直接消耗系数矩阵 A^D 和各区域对不同行业的最终产品需求 Y，可以通过将 A^D 和 Y^D 乘以 C 来把中间和最终产品的需求按比例分配到不同区域的相应生产部门之中。由此多区域投入产出模型可以表示为

$$X = (I - CA^D)^{-1}CY = Ly \tag{12-5}$$

其中，$L = (I - CA^D)^{-1}$ 刻画了区域间和区域内不同部门间的经济联系；$y = CY$，表示各个区域最终需求及其区域来源。

此外，投入产出模型均依赖于一些基本假设，主要为固定比例生产函数假设和纯部门假设（陈锡康等，2011）。其中固定比例生产函数假设包括两个方面。一方面，产业消耗系数假设在一定时间内（如一年），一个部门对其他部门产品的需求量完全取决于该部门的总产出，从而遵循恒定规模报酬原则。例如，汽车行业产出增加将导致对钢铁的需求增加。另一方面，假设生产中各投入要素之间有固定的比例关系，互相不可替代。然而，产品的生产过程往往并非严格遵循上述的纯线性关系。但是，该假设依旧有一定的合理性。例如，即使实际中要素之间存在替代关系，但短期内生产技术通常保持稳定。纯部门假设指投入产出模型假设每个部门（行业）只生产单一产品，且这些产品具有固定的用途分配和生产消耗结构。然而，现实中同一行业的不同产品可能具有不同的生产工艺和消耗结构。采用该假设主要目的在于简化行业分类，降低对数据和模型规模的要求，并更全面地反映产品间的投入产出关系。

12.3　SDA 模型

如前所述，SDA 是目前投入产出技术领域普遍使用的量化分析工具之一。其基本思路是将经济系统中某一重要指标的变动分解成各种有关自变量的变动的影响，以测度每

个自变量对因变量变动贡献的大小。这些预定义的因素（自变量）被称为驱动因素，分解结果称为效应。本节以单区域能源消费总量为例介绍结构分解分析模型。

12.3.1　能源消耗的投入-产出分析及 SDA 模型

基于竞争型进口假设，在公式（12-1）中的投入产出模型可以拓展到能源环境领域。利用能源强度向量 f 乘以直接能源消耗系数，可以得到能源消费总量公式：

$$E = f^T X = f^T L y \tag{12-6}$$

其中，f 表示能源强度列向量，$f=(\hat{x})^{-1}e$，e 表示各部门的能源消费列向量。根据式（12-4），总能耗从时间 0 到 T 的绝对值变化和比率变化可以分别分解如下。

绝对值变化（加法分解）：

$$\Delta E = E^T - E^0 = \Delta E_{int} + \Delta E_{str} + \Delta E_{fdm} \tag{12-7}$$

比率变化（乘法分解）：

$$D_E = \frac{E^T}{E^0} = D_{int} D_{str} D_{fdm} \tag{12-8}$$

其中，Δ 表示各个影响因素的绝对值效应；D 表示各个因素的乘法分解分析效应。上述两种分解方式中，下标 int 表示强度效应；str 表示 Leontief 结构效应；fdm 表示最终需求效应。

在非竞争型进口假设下，标准的 Leontief 投入产出模型可以表示为式（12-3）。此时的区域能源消费可以表示为

$$E^{NC} = f^T X^{NC} = f^T L_d y^{NC} \tag{12-9}$$

其中，上标 NC 表示非竞争型假设。与竞争型进口假设下的情景相似，其绝对值变化和比率变化可以分别表示如下。

绝对值变化（加法分解）：

$$\Delta E_{tot}^{NC} = E^{NC,T} - E^{NC,0} = \Delta E_{int}^{NC} + \Delta E_{str}^{NC} + \Delta E_{fdm}^{NC} \tag{12-10}$$

比率变化（乘法分解）：

$$\frac{E^{NC,T}}{E^{NC,0}} = D_{int}^{NC} D_{str}^{NC} D_{fdm}^{NC} \tag{12-11}$$

多区域投入产出模型可以以类似的方式建模。此外，与 IDA 不同，SDA 可以进行两阶段分解，根据研究目的需要可以将 Leontief 结构因素整体的影响进行更为深入的分解。

12.3.2　加法分解与乘法分解

在分解分析求解方法上，基于分解原则的不同，主要分为拉氏和迪氏两种指数分解分析方法。其中，拉氏指数分解分析方法的主要原则是一次只变换一个指标。这种方法分解出的结果常常根据因素分析顺序的改变而不同，且刚开始一些传统的拉氏指数分解分析方法的分解结果存在残余项，增加了结果解释的复杂性。此后，Dietzenbacher 和 Los

（1998）引入一种加法分解分析方法，即 D&L 方法，解决了分解结果不唯一（non-uniqueness）及残余项问题，并提出一种近似的极分解（polar decomposition）方式来简化该方法的使用。迪氏指数分解分析方法则通过下层指标对数增加率的加权平均来量化各因素的对总指标变化的贡献（Ang，2015）。常用的迪氏指数分解分析方法主要为 LMDI 方法，该方法具备完全分解和结果唯一性特征，且 Ang 和 Liu（2007）解决了 LMDI 方法面对零值和负值时结果稳健性的问题。

在加性分解分析中，求解因变量数量变化（$V^T - V^0$）的各个驱动因素影响的公式如下：

$$V^T - V^0 \cong \sum_j w_{j,1}^L (x_{j,1}^T - x_{j,1}^0) + w_{j,2}^L (x_{j,2}^T - x_{j,2}^0) + \cdots + w_{j,n}^L (x_{j,n}^T - x_{j,n}^0)$$

$$\cong \sum_j w_j^D \ln \frac{x_{j,1}^T}{x_{j,1}^0} + w_j^D \ln \frac{x_{j,2}^T}{x_{j,2}^0} + \cdots + w_j^D \ln \frac{x_{j,n}^T}{x_{j,n}^0} \tag{12-12}$$

其中，式（12-12）的第一行为拉氏指数分解分析方法的求解路径，第二行为迪氏指数分解分析方法的求解路径。x 表示分解出来的各个驱动因素（如 int，L，fdm 等），j 表示不同的行业。$w_{j,n}^L$ 和 w_j^D 分别表示加法分解中拉氏和迪氏指数分解分析方法的权重，其相关的函数如表 12.4 所示。

表 12.4　SDA 的权重函数（加法分解）

分类	加法分解方法	权重函数
拉氏指数分解分析方法	D&L 分解法	$w_{j,i}^L = \sum_{R=S-i}^{i \in S \subseteq N, \|S\|=s} \frac{1}{n} \cdot \frac{1}{C_{s-1}^{n-1}} v_j \left(R, \{i\} \right)$
迪氏指数分解分析方法	AMDI 分解法	$w_j^D = \dfrac{V_j^T + V_j^0}{2}$
	LMDI-Ⅰ 分解法	$w_j^D = L(V_j^T, V_j^0)$
	LMDI-Ⅱ 分解法	$w_j^D = \dfrac{L(V_j^T / V^T, V_j^0 / V^0)}{\sum_j L(V_j^T / V^T, V_j^0 / V^0)} L(V^T, V^0)$

注：D & L 分解法中 $v(S) = \sum_{j=1}^m \prod_{p \in S} x_{j,p}^T \prod_{q \in N-S} x_{j,q}^0, S \subseteq N$；$v_j \left(R, \{i\} \right) = \prod_{p \in R} x_{j,p}^T = \prod_{q \in N-R-\{i\}} x_{j,q}^0, i \notin R \subseteq N$ N = 1,2,$\cdots$,n；LMDI 分解法中 $L(a,b) = \begin{cases} \dfrac{a-b}{\ln a - \ln b}, & a \neq b \\ a, & a = b \end{cases}$

在乘法分解分析中，求解指标比例变化（V^T / V^0）的各个驱动因素影响的公式如下：其中常见的求解方法的权重系数函数如表 12.5 所示：

$$\frac{V^T}{V^0} = \prod_{j=1}^m \exp\left[s_{j,1}^L \left(x_{j,1}^T - x_{j,1}^0 \right) \right] \cdot \exp\left[s_{j,2}^L \left(x_{j,2}^T - x_{j,2}^0 \right) \right] \cdots \exp\left[s_{j,n}^L \left(x_{j,n}^T - x_{j,n}^0 \right) \right]$$

$$= \prod_{j=1}^m \exp\left(s_j^D \ln \frac{x_{j,1}^T}{x_{j,1}^0} \right) \cdot \exp\left(s_j^D \ln \frac{x_{j,2}^T}{x_{j,2}^0} \right) \cdots \exp\left(s_j^D \ln \frac{x_{j,n}^T}{x_{j,n}^0} \right) \tag{12-13}$$

表 12.5 SDA 的权重函数（乘法分解）

分类	乘法分解方法	权重函数
拉氏指数分解分析方法	D&L 分解法	$s_{j,i}^L = \sum_{i \in S}^{S \subset N \backslash S \mid = s} \frac{1}{n} \cdot \frac{1}{C_{s-1}^{n-1}} \frac{L(v_j(S), v_j(S/i))}{L(V(S), V(S/i)) L(x_{j,i}^T, x_{j,i}^0)}$
迪氏指数分解分析方法	AMDI 分解法	$s_j^D = \frac{(V_j^T / V^T + V_j^0 / V^0)}{2}$
	LMDI- I 分解法	$s_j^D = \frac{L(V_j^T, V_j^0)}{L(V^T, V^0)}$
	LMDI- II 分解法	$s_j^D = \frac{L(V_j^T / V^T, V_j^0 / V^0)}{\sum_j L(V_j^T / V^T, V_j^0 / V^0)}$

注：$V(S) = \sum_j v_j(S) = \sum_j \left(\prod_{p \in S} x_{j,i}^T \prod_{q \in N/S} x_{j,h}^0 \right)$，更多细节请参见 Wang 等（2017a）

拓展到能源环境领域，将 12.3.1 节中特定经济系统的能源消费从时期 0（E^0）到时期 T（E^T）的变化及三个影响因素（int，str，fdm）的变化分别代入上述公式，即可得到各个因素对总指标变化的影响。

12.3.3 SDA 方法的比较与选择

1. 加法与乘法分解分析模型的比较与选择

在模型的应用上，选择加法分解还是乘法分解主要取决于研究目的和结果解释方式（Wang et al.，2017a）。在 SDA 中，总指标可以划分为数量指标（如能源消耗或者碳排放）与强度指标（如能源强度或排放强度）。由于加法分解分析的结果是以实物单位给出的，而乘法分解分析结果以指数给出，因此，加法分解分析更适用于数量指标，而乘法分解通常是强度指标的首选。此外，可以根据所使用数据是时间序列数据还是仅选定基准年的数据来进行进一步的选择。对于前者，加法和乘法分析都适用，而对于后者，加法分解分析则更为方便。值得强调的是，当采用 LMDI 方法来进行分解分析结果的求解方式时，加法和乘法分解分析的选择变得不再重要，因为此时加法和乘法分解结果可以通过以下关系轻松实现相互转换（Ang，2004），这也是 LMDI 方法在 SDA 模型应用中的独有的优势。以能源消费分解为例，LMDI 方法加法分解和乘法分解结果之间的关系可以表示为

$$\frac{\Delta E}{\ln(D_E)} = \frac{\Delta E_{\text{int}}}{\ln(D_{\text{int}})} = \frac{\Delta E_{\text{str}}}{\ln(D_{\text{str}})} = \frac{\Delta E_{\text{fdm}}}{\ln(D_{\text{fdm}})} \qquad （12-14）$$

2. 求解方法的比较与选择

在上文提到的拉氏和迪氏指数分解分析方法中，常用的两种分解分析方法即 D&L 和 LMDI 两种。理论上，D&L 基于类似于 Shapley 值的概念，而 LMDI 基于指数理论（de Boer and Rodrigues，2020），均具备较强理论支持。在适用性上，两种分解方式结果均没有残差，且面临零值和负值表现出较好的结果稳健性。在分解阶段上，LMDI 方法适用于一阶段分解，由于列昂惕夫逆矩阵结构因子无法以指数问题的形式予以表达，因此它并不适宜应用于两阶段分解模型。D&L 方法由于其逐因素分析原则，则适用于第二阶段分解分析。在应用便利性方面，LMDI 方法的公式更为简洁，程序编程容易实现。特别在面对多个分解因子和处理大量数据的情景下，LMDI 方法的优势尤为显著。Su 和 Ang（2012）根据模型复杂性和研究因素的数量[①]将分解方法的使用情况进行了划分，如图 12.1 所示。

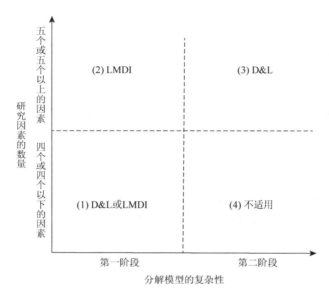

图 12.1　SDA 中分解方法使用指南

12.4　SDA 模型在能源经济分析中的应用

SDA 模型已被广泛应用于能源消费、能源强度和碳排放变化等还原环境指标变化的驱动因素识别。本节将通过两个案例来介绍加式分解和乘式分解 SDA 模型在能源经济分析中的应用。

12.4.1　案例 1：碳排放变化驱动因素

1. 问题描述

潘晨等（2023）基于中国省级多区域投入表，采用两阶段结构分解分析方法探讨

[①] 复杂性是指涉及一阶段还是两阶段分解模型，研究因素的数量为 5 个或 5 个以上。情况（4）在实践中并不适用，因为两阶段分解模型中考虑的因素总是大于 4 个。

了 2002—2012 年，中国碳排放增长的驱动因素。其中，第一阶段将碳排放量的变化分解为碳排放强度、混合生产技术、最终品贸易结构、最终需求产品结构及最终需求规模 5 个因素，第二阶段将混合生产技术进一步分解为中间品贸易结构和生产技术两个因素。

2. 分解模型形式

1）中国碳排放驱动因素的国家层面结构分解分析

第一阶段：将碳排放量的变化（Δq）分解为碳排放强度变化效应（Δf）、混合生产技术变化效应（ΔL）、最终品贸易结构变化效应（Δy_{sre}）、最终需求产品结构变化效应（Δy_{sec}）及最终需求规模变化效应（Δy_v）。

碳排放的核算公式如下：

$$q = f^{\mathrm{T}} L y$$

其中，q 表示碳排放总量；f 表示碳排放强度；$L = (I - A)^{-1}$ 表示 Leontief 逆矩阵；y 表示最终需求向量；上标 T 表示矩阵的转置。

进一步地，将最终需求 y 进行分解可得

$$q = f L (y_{sre} \odot y_{sec}) y_v$$

其中，y_v 表示最终需求规模，$y_v = iy$，i 为单位求和向量；$\odot$ 表示矩阵的点乘；y_{sec} 表示最终需求的产品结构，其含义为各部门产品在最终需求中的占比，各部门产品结构计算公式为 $\sum\limits_s \dfrac{y_m^s}{y_v}$，$m$ 表示行业，s 表示区域。当所研究的经济体有 n 个区域，m 个行业时，y_{sec} 可以表示为

$$y_{sec} = \left\{ \begin{array}{l} \left(\sum\limits_s \dfrac{y_1^s}{y_v} \quad \sum\limits_s \dfrac{y_2^s}{y_v} \quad \cdots \quad \sum\limits_s \dfrac{y_m^s}{y_v} \quad \cdots \sum\limits_s \dfrac{y_1^s}{y_v} \quad \sum\limits_s \dfrac{y_2^s}{y_v} \quad \cdots \quad \sum\limits_s \dfrac{y_m^s}{y_v} \right)' \\[4mm] \left(\sum\limits_s \dfrac{y_1^s}{y_v} \quad \sum\limits_s \dfrac{y_2^s}{y_v} \quad \cdots \quad \sum\limits_s \dfrac{y_m^s}{y_v} \quad \cdots \sum\limits_s \dfrac{y_1^s}{y_v} \quad \sum\limits_s \dfrac{y_2^s}{y_v} \quad \cdots \quad \sum\limits_s \dfrac{y_m^s}{y_v} \right)' \\[4mm] \left(\sum\limits_s \dfrac{y_1^s}{y_v} \quad \sum\limits_s \dfrac{y_2^s}{y_v} \quad \cdots \quad \sum\limits_s \dfrac{y_m^s}{y_v} \quad \cdots \sum\limits_s \dfrac{y_1^s}{y_v} \quad \sum\limits_s \dfrac{y_2^s}{y_v} \quad \cdots \quad \sum\limits_s \dfrac{y_m^s}{y_v} \right)' \\[2mm] \qquad\qquad\qquad\qquad\qquad \vdots (n \quad\ \text{times}) \\[2mm] \left(\sum\limits_s \dfrac{y_1^s}{y_v} \quad \sum\limits_s \dfrac{y_2^s}{y_v} \quad \cdots \quad \sum\limits_s \dfrac{y_m^s}{y_v} \quad \cdots \sum\limits_s \dfrac{y_1^s}{y_v} \quad \sum\limits_s \dfrac{y_2^s}{y_v} \quad \cdots \quad \sum\limits_s \dfrac{y_m^s}{y_v} \right)' \end{array} \right.$$

y_{sre} 表示最终品的贸易结构矩阵，其含义为从各地区购入的产品在最终需求各部门产品中的占比，计算方法如下：

$$y_{sre} = \left(\frac{y_1^1}{\sum\limits_s y_1^s} \quad \frac{y_1^2}{\sum\limits_s y_1^s} \cdots \frac{y_2^1}{\sum\limits_s y_1^s} \quad \frac{y_2^2}{\sum\limits_s y_2^s} \cdots \frac{y_m^n}{\sum\limits_s y_m^s} \right)^{\mathrm{T}}$$

进而，Δq 可以表示为

$$\Delta q = f_1 L_1 (y_{\text{sre}1} e \odot y_{\text{sce}1}) y_{v1} - f_0 L_0 (y_{\text{sre}0} \odot y_{\text{sec}0}) y_{v0}$$
$$+ \Delta f L (y_{\text{sre}} \odot y_{\text{sec}}) y_v \qquad\qquad\qquad \Delta f$$
$$+ f \Delta L (y_{\text{sre}} \odot y_{\text{sec}}) y_v \qquad\qquad\qquad \Delta L$$
$$+ f L (\Delta y_{\text{sre}} \odot y_{\text{sec}}) y_v \qquad\qquad\qquad \Delta y_{\text{sre}}$$
$$+ f L (y_{\text{sre}} \odot \Delta y_{\text{sec}}) y_v \qquad\qquad\qquad \Delta y_{\text{sec}}$$
$$+ f L (y_{\text{sre}} \odot y_{\text{sec}}) \Delta y_v \qquad\qquad\qquad \Delta y_v$$

其中，下标"0"表示起始年份；"1"表示截止年份。依照 D&L 法，每个因素的碳排放效应取所有分解形式的算术平均值。如前文所述，每个因素有 16 种不相重复的分解形式和分解结果。

第二阶段：将混合生产技术变化（ΔL）效应进一步分解为中间产品贸易结构变化（ΔL_{sre}）和中间产品行业结构变化（ΔL_{sec}）两个因素的效应。这里由 ΔL 的标准分解方法来实现：$\Delta L = L_0 \Delta A L_1$，其中 A 为直接消耗矩阵。又可将 A 分解为中间品贸易结构（A_{sre}）和生产技术（A_{sec}）。从而有

$$\Delta L = L_0 \Delta (A_{\text{sre}} \odot A_{\text{sec}}) L_1$$
$$= L_0 \Delta (A_{\text{sre}1} \odot A_{\text{sec}1} - A_{\text{sre}0} \odot A_{\text{sec}0}) L_1$$
$$= L_0 (\Delta A_{\text{sre}} \odot A_{\text{sec}} + A_{\text{sre}} \odot \Delta A_{\text{sec}}) L_1$$

其中，A_{sec} 表示中间产品投入的行业结构，也称为生产技术，其含义为各地区各部门直接消耗的各部门产品在该地区该部门的总投入中的比例，其计算方法如下：

$$A_{\text{sec-cell}} = \begin{pmatrix} \sum\limits_s a_{1,1}^{s,1} & \sum\limits_s a_{1,2}^{s,1} & \cdots & \sum\limits_s a_{1,1}^{s,2} & \sum\limits_s a_{1,2}^{s,2} & \cdots & \sum\limits_s a_{1,m}^{s,n} \\ \sum\limits_{s,1}^{s,1} & & \cdots & & & & \vdots \\ \vdots & & & \ddots & & & \vdots \\ \sum\limits_s a_{m,1}^{s,1} & & \cdots & & & & \sum\limits_s a_{m,n}^{s,n} \end{pmatrix}$$

其中，$a_{i,j}^{s,r}$ 表示直接消耗矩阵 A 的元素，含义为为满足一单位 r 区域 j 行业的最终需求，需要从 s 区域，i 行业直接投入多少中间产品；进而与 y_{sec} 类似，将前述系数纵向重复 n 次，可得

$$A_{\text{sec}} = \left. \begin{pmatrix} A_{\text{sec-cell}} \\ A_{\text{sec-cell}} \\ M \\ A_{\text{sec-cell}} \end{pmatrix} \right\} \text{纵向重复 } n \text{ 次}$$

A_{sre} 表示中间品贸易结构，其含义为某地区从各地区购入的产品在该地各部门中间投入的

产品中的占比，计算方法如下：

$$
A_{\mathrm{sre}} = \begin{pmatrix}
\dfrac{a_{1,1}^{1,1}}{\sum\limits_{s} a_{1,1}^{s,1}} & \dfrac{a_{1,2}^{1,1}}{\sum\limits_{s} a_{1,s}^{s,1}} & \cdots & \dfrac{a_{1,1}^{1,2}}{\sum\limits_{s} a_{1,1}^{s,2}} & \dfrac{a_{1,2}^{1,2}}{\sum\limits_{s} a_{1,2}^{s,2}} & \cdots & \dfrac{a_{1,m}^{1,n}}{\sum\limits_{s} a_{1,m}^{s,n}} \\[2ex]
\dfrac{a_{2,1}^{1,1}}{\sum\limits_{s} a_{2,1}^{s,1}} & & \cdots & & & & \vdots \\[2ex]
\vdots & & & \ddots & & & \vdots \\[2ex]
\dfrac{a_{m,1}^{1,1}}{\sum\limits_{s} a_{m,1}^{s,1}} & & \cdots & & & & \dfrac{a_{m,m}^{1,n}}{\sum\limits_{s} a_{m,m}^{s,n}}
\end{pmatrix}
$$

记 $\boldsymbol{d}_{A_{\mathrm{sre}}} = \Delta A_{\mathrm{sre}} \odot \boldsymbol{d}_{A_{\mathrm{sec}}}$, $\boldsymbol{d}_{A_{\mathrm{sec}}} = A_{\mathrm{sre}} \odot \Delta A_{\mathrm{sec}}$ 则有

$$
\begin{aligned}
\Delta_{L} &= \boldsymbol{f}\boldsymbol{L}_0 (\boldsymbol{d}_{A_{\mathrm{sre}}} + \boldsymbol{d}_{A_{\mathrm{sec}}}) \boldsymbol{L}_1 (\boldsymbol{y}_{\mathrm{sre}} \odot \boldsymbol{y}_{\mathrm{sec}}) y_v \\
&= \boldsymbol{f}\boldsymbol{L}_0 \boldsymbol{d}_{A_{\mathrm{sre}}} \boldsymbol{L}_1 (\boldsymbol{y}_{\mathrm{sre}} \odot \boldsymbol{y}_{\mathrm{sec}}) y_v \qquad \Delta \boldsymbol{L}_{\mathrm{sre}} \\
&\quad + \boldsymbol{f}\boldsymbol{L}_0 \boldsymbol{d}_{A_{\mathrm{sec}}} \boldsymbol{L}_1 (\boldsymbol{y}_{\mathrm{sre}} \odot \boldsymbol{y}_{\mathrm{sec}}) y_v \qquad \Delta \boldsymbol{L}_{\mathrm{sec}}
\end{aligned}
$$

通过上述两个阶段，可将碳排放的变化分解到六个因素，这六个因素可划分为四类。第一类，技术变化的碳排放效应，包括碳排放强度变化效应（$\Delta \boldsymbol{f}$）和生产技术变化效应（$\Delta \boldsymbol{L}_{\mathrm{sec}}$）。前者是指一个时期内，碳排放强度的变化所带来的碳排放效应，该因素的影响主要取决于各个部门的能源投入结构及碳排放系数的变化。后者是指一个时期内，生产技术即中间投入结构的变化所带来的碳排放效应。第二类，产品贸易结构变化的碳排放效应，包括中间品贸易结构变化效应（$\Delta \boldsymbol{L}_{\mathrm{sre}}$）和最终品贸易结构变化效应（$\Delta \boldsymbol{y}_{\mathrm{sre}}$）。其中，中间品贸易结构变化效应是指一个时期内，中间品来源地结构的变化所带来的碳排放效应。同理，最终品贸易结构变化效应是指一个时期内，最终品来源地结构的变化所带来的碳排放效应。第三类，最终需求产品结构变化效应（$\Delta \boldsymbol{y}_{\mathrm{sec}}$），是指一个时期内，最终需求的产品部门结构的变化所带来的碳排放效应。第四类，最终需求规模变化效应（Δy_v），是指一个时期内，最终需求规模的变化所带来的碳排放效应。

2）中国碳排放驱动因素的省级层面结构分解分析

在上述一般性两阶段六因素结构分解分析的基础上，可得中国省份、全国及不同最终需求的碳排放驱动因素的分解方法，下文对该分解方法逐因素进行阐述。

由于各因素含义不同，其在省份层面的表征方法也不同，可以分为两类：一类是生产侧因素，包括碳排放强度、生产技术及中间品贸易结构，这类因素通过取全国总效应中对应于各个省份的子矩阵来衡量；另一类是需求侧因素，包括最终品贸易结构、最终需求产品结构及最终需求规模。这类因素通过取各省份不同的最终需求矩阵来衡量。表 12.6 展示了省份层面各因素碳排放效应的衡量方法。

表 12.6　省份层面各因素碳排放效应的衡量方法

项目		衡量方法
技术	碳排放强度	$\Delta_f^s = \left(\sum_s \mathrm{diag}(\Delta f) L \left(y_{\mathrm{sre}}^s \odot y_{\mathrm{sec}}^s \right) y_v^s \right)^s$
	生产技术	$\Delta_{L_{\mathrm{sec}}}^s = \theta \left(\mathrm{diag}(f) L_0 d_{A_{\mathrm{sec}}} L_1 \mathrm{diag} \left(y_{\mathrm{sre}}^s \odot y_{\mathrm{sec}}^s y_v^s \right) \right)^{*,s}$
贸易结构	中间品贸易结构	$\Delta_{L_{\mathrm{sre}}}^s = \left(\sum \mathrm{diag}(f) L_0 d_{A_{\mathrm{sre}}} L_1 \mathrm{diag} \left(y_{\mathrm{sre}}^s \odot y_{\mathrm{sec}}^s y_v^s \right) \right)^{*,s}$
	最终品贸易结构	$\Delta_{y_{\mathrm{sre}}}^s = f L \mathrm{diag} \left(\Delta y_{\mathrm{sre}}^s \odot y_{\mathrm{sec}}^s y_v^s \right)$
最终需求产品结构		$\Delta_{y_{\mathrm{sec}}}^s = f L \mathrm{diag} \left(y_{\mathrm{sre}}^s \odot \Delta y_{\mathrm{sec}}^s y_v^s \right) \theta^{\mathrm{T}}$
最终需求规模		$\Delta_{y_v}^s = f L \left(y_{\mathrm{sre}}^s \odot y_{\mathrm{sec}}^s \right) \Delta y_v^s$

表 12.6 中，diag 表示向量的对角化；上标 s 表示地区，$*,s$ 表示所有省份到省 s 的关系。y_{sre}^s、y_{sec}^s 和 y_v^s 分别表示省份 s 的最终品贸易结构、最终需求产品结构和最终需求规模。θ 表示对省份求和算子，$\theta = e \odot I_m$，其中"$\odot$"表示点乘。

3. 分解结果分析

碳排放增长的主要驱动因素：最终需求增长是中国碳排放增长的主要驱动因素。碳排放强度的改善是抑制碳排放增长的主要因素。

不同时期的特征：2002—2007 年，出口和东部省份的投资需求是最终需求增长的主要构成。2007—2012 年，出口不再是需求增长的主要构成，各省份的投资需求普遍增长，尤其是西部省份的投资需求增长引起的碳排放增长最为显著。

碳排放强度改善的主导部门和地区：2002—2007 年，东中部省份的电力、热力生产和供应部门以及金属压延和加工部门的改善最为显著。2007—2012 年，东中部省份的电力、热力生产和供应部门仍然是主要贡献部门，同时中部省份的非金属矿物制品部门的贡献也较为突出。

其他因素的碳排放效应：省际贸易结构等其他因素对碳排放总体效应较小，但在细分结构上具有一些值得注意的特征。省际贸易结构在不同时期表现出不同的趋势，从碳排放强度较低的东部省份向碳排放强度较高的东部和中西部省份转移。生产技术在两个时期都朝着不利于减排的方向发展，特别是建筑部门和服务部门的高碳化趋势。最终需求产品结构的变化在研究期间也一直向着不利于减排的方向发展，电力和热力需求的份额上升对碳排放产生持续影响。

综上所述，中国碳排放增长的主要驱动因素是最终需求的增长，而碳排放强度的改善是抑制碳排放增长的主要因素。但不同时期的特征不同，主要体现在最终需求增长的主导需求构成和地区的变化，以及碳排放强度改善的主导部门和地区的变化。此外，省际贸易结构、生产技术和最终需求产品结构等因素也对碳排放产生影响。

12.4.2　案例 2：总体碳排放强度变化驱动因素

1. 问题描述

Wang 等（2020）通过将 Su 和 Ang（2017）提出的总体能源/排放强度测量方法扩展到全国多区域环境，从需求的角度定义了总体二氧化碳排放强度（aggregate embodied CO_2 emission intensity，AECI）的指标，并采用乘法 SDA 分解为排放强度效应、投入结构效应和最终需求结构效应三种因素，确定中国 2007—2012 年碳排放强度历史变化的驱动因素。

2. 分解模型形式

采用乘法 SDA 将 AECI 的变化分解为驱动因素。AECI 可以写为

$$\mathrm{AECI} = \frac{\boldsymbol{f}_v^{\mathrm{T}} \boldsymbol{H} \boldsymbol{y}}{\boldsymbol{i}^{\mathrm{T}} \boldsymbol{H} \boldsymbol{y}} = \frac{\dfrac{\boldsymbol{f}_v^{\mathrm{T}} \boldsymbol{H} \boldsymbol{y}}{(\boldsymbol{i}^{\mathrm{T}} \boldsymbol{y})}}{\dfrac{\boldsymbol{i}^{\mathrm{T}} \boldsymbol{H} \boldsymbol{y}}{(\boldsymbol{i}^{\mathrm{T}} \boldsymbol{y})}} = \frac{\boldsymbol{f}_v^{\mathrm{T}} \boldsymbol{H} \boldsymbol{y}_s}{\boldsymbol{i}^{\mathrm{T}} \boldsymbol{H} \boldsymbol{y}_s}$$

其中，$\boldsymbol{i}^{\mathrm{T}} \boldsymbol{y}$ 表示各省（自治区、直辖市）最终需求总量；列向量 $\boldsymbol{y}_s = \boldsymbol{y} / (\boldsymbol{i}^{\mathrm{T}} \boldsymbol{y})$ 表示最终需求结构。根据上式，AECI 的相对变化可以分解为三个因素，即排放强度、投入结构和最终需求结构。使用 Ang（2015）、Su 和 Ang（2017）提出的乘法 SDA 方法来量化这些预定义因素的影响。从基准时间 0 的 AECI_0 到参考时间 1 的 AECI_1 的相对变化可以表示为

$$D_{\mathrm{tot}} = \frac{\mathrm{AECI}_1}{\mathrm{AECI}_0} = \frac{\dfrac{E_1}{\mathrm{GDP}_1}}{\dfrac{E_0}{\mathrm{GDP}_0}} = \frac{\left(\dfrac{E_1}{E_0}\right)}{\left(\dfrac{\mathrm{GDP}_1}{\mathrm{GDP}_0}\right)} = \frac{D_E}{D_{\mathrm{GDP}}}$$

$$= \frac{D_{E,f_v} \times D_{E,\boldsymbol{H}} \times D_{E\boldsymbol{y}_s}}{D_{\mathrm{GDP},\boldsymbol{H}} \times D_{\mathrm{GDP}\boldsymbol{y}_s}}$$

$$= D_{E,f_v} \times \left(\frac{D_{E,\boldsymbol{H}}}{D_{\mathrm{GDP},\boldsymbol{H}}}\right) \times \left(\frac{D_{E\boldsymbol{y}_s}}{D_{\mathrm{GDP}\boldsymbol{y}_s}}\right)$$

$$= D_{f_v} \times D_{\boldsymbol{H}} \times D_{\boldsymbol{y}_s}$$

其中，D 表示每个变量的相对变化。在以上公式的左侧，如果 $D_{\mathrm{tot}} > 1$，则表示 AECI 在研究期间增加。换句话说，碳排放效率恶化了。相反，D_{tot} 小于 1 表示 AECI 减少或碳排放性能改善。在以上公式的右侧，第一个因素 D_{f_v} 表示单位增加值产生的 CO_2 排放变化的乘法效应，第二个因素 $D_{\boldsymbol{H}}$ 描述了中间投入产品结构（或生产技术）变化的乘法效应，最后一个因素 $D_{\boldsymbol{y}_s}$ 反映了省（自治区、直辖市）s 最终需求产品结构变化的乘法效应，而 $D_{\mathrm{tot}} = D_{f_v} \times D_{\boldsymbol{H}} \times D_{\boldsymbol{y}_s}$。特定效应大于 1 表示相应的因素导致 AECI 增加，而小于 1 表示相

应因素导致 AECI 减少。值越接近 1，说明因素对 AECI 变化的影响越弱。为量化上式中的各个效应，上式表示为

$$D_{\text{tot}} = \frac{\text{AECI}_1}{\text{AECI}_0} = \frac{\dfrac{\boldsymbol{f}_{v,1}^{\text{T}} \boldsymbol{H}_1 \boldsymbol{y}_{s,1}}{\boldsymbol{i}^{\text{T}} \boldsymbol{H}_1 \boldsymbol{y}_{s,1}}}{\dfrac{\boldsymbol{f}_{v,0}^{\text{T}} \boldsymbol{H}_0 \boldsymbol{y}_{s,0}}{\boldsymbol{i}^{\text{T}} \boldsymbol{H}_0 \boldsymbol{y}_{s,0}}} = D_{f_v} \times D_H \times D_{y_s}$$

$$= \frac{\boldsymbol{f}_{v,1}^{\text{T}} \boldsymbol{H}_1 \boldsymbol{y}_{s,1}}{\boldsymbol{f}_{v,0}^{\text{T}} \boldsymbol{H}_1 \boldsymbol{y}_{s,1}} \times \left(\frac{\boldsymbol{f}_{v,0}^{\text{T}} \boldsymbol{H}_1 \boldsymbol{y}_{s,1}}{\boldsymbol{f}_{v,0}^{\text{T}} \boldsymbol{H}_0 \boldsymbol{y}_{s,1}} \times \frac{\boldsymbol{i}^{\text{T}} \boldsymbol{H}_0 \boldsymbol{y}_{s,1}}{\boldsymbol{i}^{\text{T}} \boldsymbol{H}_1 \boldsymbol{y}_{s,1}} \right) \times \left(\frac{\boldsymbol{f}_{v,0}^{\text{T}} \boldsymbol{H}_0 \boldsymbol{y}_{s,1}}{\boldsymbol{f}_{v,0}^{\text{T}} \boldsymbol{H}_0 \boldsymbol{y}_{s,0}} \times \frac{\boldsymbol{i}^{\text{T}} \boldsymbol{H}_0 \boldsymbol{y}_{s,0}}{\boldsymbol{i}^{\text{T}} \boldsymbol{H}_0 \boldsymbol{y}_{s,1}} \right)$$

需要注意的是，结构变化分解形式并不唯一，可能的另一种极性分解如下：

$$D_{\text{tot}} = \frac{\text{AECI}_1}{\text{AECI}_0} = \frac{\dfrac{\boldsymbol{f}_{v,1}^{\text{T}} \boldsymbol{H}_1 \boldsymbol{y}_{s,1}}{\boldsymbol{i}^{\text{T}} \boldsymbol{H}_1 \boldsymbol{y}_{s,1}}}{\dfrac{\boldsymbol{f}_{v,0}^{\text{T}} \boldsymbol{H}_0 \boldsymbol{y}_{s,0}}{\boldsymbol{i}^{\text{T}} \boldsymbol{H}_0 \boldsymbol{y}_{s,0}}} = \overline{D}_{f_v} \times \overline{D}_H \times \overline{D}_{y_s}$$

$$= \frac{\boldsymbol{f}_{v,1}^{\text{T}} \boldsymbol{H}_0 \boldsymbol{y}_{s,0}}{\boldsymbol{f}_{v,0}^{\text{T}} \boldsymbol{H}_0 \boldsymbol{y}_{s,0}} \times \left(\frac{\boldsymbol{f}_{v,1}^{\text{T}} \boldsymbol{H}_1 \boldsymbol{y}_{s,0}}{\boldsymbol{f}_{v,1}^{\text{T}} \boldsymbol{H}_0 \boldsymbol{y}_{s,0}} \times \frac{\boldsymbol{i}^{\text{T}} \boldsymbol{H}_0 \boldsymbol{y}_{s,0}}{\boldsymbol{i}^{\text{T}} \boldsymbol{H}_1 \boldsymbol{y}_{s,0}} \right) \times \left(\frac{\boldsymbol{f}_{v,1}^{\text{T}} \boldsymbol{H}_1 \boldsymbol{y}_{s,1}}{\boldsymbol{f}_{v,1}^{\text{T}} \boldsymbol{H}_1 \boldsymbol{y}_{s,0}} \times \frac{\boldsymbol{i}^{\text{T}} \boldsymbol{H}_1 \boldsymbol{y}_{s,0}}{\boldsymbol{i}^{\text{T}} \boldsymbol{H}_1 \boldsymbol{y}_{s,1}} \right)$$

使用广义 Fisher 指数方法，即取两种极性分解形式的几何平均值，来量化各个效应：

$$D_{\text{tot}} = \sqrt{D_{f_v} \times \overline{D}_{f_v}} \times \sqrt{D_H \times \overline{D}_H} \times \sqrt{D_{y_s} \times \overline{D}_{y_s}}$$

3. 分解结果分析

表 12.7 反映了 2007—2012 年 AECI 变化的分解结果。影响中国省级 AECI 变化的因素分为三类。排放强度效应（D_{f_v}）：该因素对 AECI 产生较大影响，使 18 个省（自治区、直辖市）的 AECI 在 2007—2012 年下降，但导致其他 12 个省（自治区、直辖市）的 AECI 增加，高能耗行业的碳排放强度恶化是主要原因之一。中间投入产品结构效应（D_H）：该因素促使 26 个省（自治区、直辖市）的 AECI 降低，体现生产行业结构的改善的作用。最终需求产品结构效应（D_{y_s}）：该因素对大多数省（自治区、直辖市）的 AECI 有降低作用。变化的最终需求结构有助于降低 19 个省（自治区、直辖市）的 AECI，但导致了其他 11 个省（自治区、直辖市）AECI 的上升。最终需求结构变化可能导致二氧化碳排放和增加值同时增加或减少，具体影响取决于"高碳化"的负面影响是否能够被 GDP 的正面影响所抵消。

表 12.7　2007—2012 年 AECI 变化的分解结果

省（自治区、直辖市）	D_{tot}	D_{f_v}	D_H	D_{y_s}
北京	0.3811	0.9145	1.4290	0.2849
天津	1.1887	0.5587	0.8366	0.8381
河北	1.1461	0.7273	0.9208	1.0233
山西	2.0427	0.4611	0.7497	1.4581

续表

省（自治区、直辖市）	D_{tot}	D_{f_r}	D_H	D_{y_s}
内蒙古	1.5073	0.5773	0.8840	1.2719
辽宁	1.2600	0.4916	0.9605	1.0008
吉林	0.4511	1.0504	0.8376	0.2708
黑龙江	1.2775	0.6953	1.0094	1.2109
上海	1.2960	0.7083	0.9141	1.2133
江苏	0.7914	0.9294	0.9629	0.6843
浙江	0.6318	1.2151	0.8942	0.5251
安徽	0.5522	1.5056	0.8972	0.4509
福建	1.2538	0.8309	0.9389	1.0744
江西	0.2354	2.2189	0.8844	0.1592
山东	0.6694	1.0183	0.9409	0.5547
河南	0.9437	0.7806	0.9238	0.8676
湖北	0.8603	0.8607	0.7945	0.5686
湖南	1.8991	0.4362	0.8018	1.4646
广东	0.6627	1.0307	0.7767	0.4302
广西	0.7391	1.0363	0.8543	0.5602
海南	1.0360	0.6784	0.6768	0.5966
重庆	0.6413	1.0008	0.8122	0.3568
四川	0.9721	0.8989	1.0254	0.8513
贵州	1.0665	1.3167	1.2605	1.4586
云南	0.4161	2.6481	0.8668	0.3398
陕西	1.7984	1.0649	0.8263	2.2615
甘肃	1.3974	1.6225	0.8581	1.5419
青海	0.3811	0.9145	1.4290	0.2849
宁夏	1.1887	0.5587	0.8366	0.8381
新疆	1.1461	0.7273	0.9208	1.0233

本章参考文献

陈锡康，杨翠红，等. 2011. 投入产出技术. 北京：　科学出版社.

潘晨, 李善同, 何建武, 等. 2023. 考虑省际贸易结构的中国碳排放变化的驱动因素分析. 管理评论, 35(1): 3-15.

Ang B W, Liu N. 2007. Negative-value problems of the logarithmic mean Divisia index decomposition approach. Energy Policy, 35: 739-742.

Ang B W. 2004. Decomposition analysis for policymaking in energy: which is the preferred method? Energy Policy, 32(9): 1131-1139.

Ang B W. 2015. LMDI decomposition approach: a guide for implementation. Energy Policy, 86: 233-238.

Arto I, Dietzenbacher E, 2014. Drivers of the growth in global greenhouse gas emissions. Environ Sci Technol, 48: 5388-5394.

Arto I, Rueda-Cantuche, J M, Peters, G P, 2014. Comparing the GTAP-MRIO and WIOD database for carbon footprint analysis. Economic Systems Research, 26: 327-353.

de Boer P, Rodrigues J F D. 2020. Decomposition analysis: when to use which method? Economic Systems Research, 32(1): 1-28.

Dietzenbacher E, Kulionis V, Capurro F. 2020. Measuring the effects of energy transition: a structural decomposition analysis of the change in renewable energy use between 2000 and 2014. Applied Energy, 258: 114040.

Dietzenbacher E, Los B. 1998. Structural decomposition techniques: sense and sensitivity. Economic Systems Research, 10: 307-324.

Hoekstra R, Michel B, Suh S. 2016. The emission cost of international sourcing: using structural decomposition analysis to calculate the contribution of international sourcing to CO_2 emission growth. Economic Systems Research, 28: 1-17.

Hollis C. 1953. Regional analysis//Program Division of the Special Mission to Italy. The Structure and Growth of The Italian Economy. Rome: Mutual Security Agency: 96-115.

Isard W. 1951. Interregional and regional input-output analysis: a model of a space-economy. The Review of Economics and Statistics, 33(4): 318-328.

Jiang X, Guan D, López L A. 2018. The global CO_2 emission cost of geographic shifts in international sourcing. Energy Economics, 73: 122-134.

Kaltenegger O, Löschel A, Pothen F. 2017. The effect of globalisation on energy footprints: disentangling the links of global value chains. Energy Economics, 68(1): 148-168.

Lenzen M. 2016. Structural analyses of energy use and carbon emissions – an overview. Economic Systems Research, 28(2): 119-132.

Leontief W. 1970. Environmental repercussions and the economic structure: an input-output approach. The Review of Economics and Statistics, 52: 262-271.

Miller R E, Blair P D. 2009. Input-Output Analysis: Foundations and Extensions. Cambridge: Cambridge University Press.

Moses L N. 1955. The stability of interregional trading patterns and input-output analysis. The American Economic Review, 45(5): 803-826.

Owen A, Steen-Olsen K, Barrett J, et al. 2014. A structural decomposition approach to comparing MRIO databases. Economic Systems Research, 26: 262-283.

Su B, Ang B W. 2012. Structural decomposition analysis applied to energy and emissions: some methodological developments. Energy Economics, 34(1): 177-188.

Su B, Ang B W. 2016. Multi-region comparisons of emission performance: the structural decomposition analysis approach. Ecological Indicators, 67: 78-87.

Su B, Ang B W. 2017. Multiplicative structural decomposition analysis of aggregate embodied energy and emission intensities. Energy Economics, 65: 137-147.

Su B, Ang B W, Li Y. 2019. Structural path and decomposition analysis of aggregate embodied energy and emission intensities. Energy Economics, 83: 345-360.

Wang H, Ang B W, Su B. 2017a. Assessing drivers of economy-wide energy use and emissions: IDA versus SDA. Energy Policy, 107, 585-599.

Wang H, Ang B W, Su B. 2017b. A multi-region structural decomposition analysis of global CO_2 emission intensity. Ecological Economics, 142: 163-176.

Wang H, Yang Y F. 2023. Decomposition analysis applied to energy and emissions: a literature review. Frontiers of Engineering Management, 10(4): 625-639.

Wang J Y, Wang K, Klaus H, et al. 2021. Impacts of structural change in global trade on sustainable development. https://www.researchgate.net/publication/354040321_Impacts_of_structural_change_in_global_trade_on_sustainable_development [2024-06-13].

Wang Z G, Su B, Xie R, et al. 2020. China's aggregate embodied CO_2 emission intensity from 2007 to 2012: a multi-region multiplicative structural decomposition analysis. Energy Economics, 85: 104568.

Wiedmann T. 2009. A review of recent multi-region input-output models used for consumption-based emission and resource accounting. Ecological Economics, 69: 211-222.

Yang Y, Wang H, Löschel A, et al. 2022. Patterns and determinants of carbon emission flows along the Belt and Road from 2005 to 2030. Ecological Economics, 192:107260.

Zhang D Y, Wang H, Löschel A, et al. 2021. The changing role of global value chains in CO_2 emission intensity in 2000–2014. Energy Economics, 93: 105053.

Zhong S. 2018. Structural decompositions of energy consumption between 1995 and 2009: Evidence from WIOD. Energy Policy, 122: 655-667.

Zhu K F, Jiang X M. 2019. Slowing down of globalization and global CO_2 emissions: a causal or casual association? Energy Economics, 84: 104483.

第 13 章　生产分解分析模型

本章提要

生产分解分析（production decomposition analysis，PDA）模型是依托于生产理论，主要应用于能源环境领域中分解问题、定量分析的研究方法。作为一种较为新颖且尚处于发展阶段的分解分析模型，PDA 模型具有其独特的特点及优势。本章首先对 PDA 进行概述，其次对其理论基础和 PDA 模型进行介绍，最后以碳排放分解为例，阐释 PDA 模型在能源经济分析中的应用。

13.1　PDA 概述

PDA 是一种基于生产理论的因素分解方法，由 Ang 和 Zhou 于 2008 年首次提出。PDA 融合了 IDA 与环境生产技术的特点，将非参数距离函数（distance function）嵌入到分解公式中，并利用一组面板数据构造出生产前沿面（production frontier），测算目标决策单元（decision making units，DMU）的潜在期望与非期望产出，能够实现基于潜在效率与强度指标对碳排放变动贡献进行分解，并实现对恒等式构造过程中所产生的碳减排绩效指数与能源利用绩效指数进行进一步分解，对节能减排潜力和技术进步与技术效率影响下的碳排放变动解释力较强。

与 IDA、SDA 相比，PDA 具有许多优点。第一，PDA 所需要的数据相当易得，只需要部门级的数据即可，而 IDA 需要行业级或以上的数据，SDA 必须要有国家级的投入产出表的数据；第二，PDA 可以在对生产技术、碳排放技术或能源使用技术进行测度时，将其分解为技术效率和技术变化的作用；第三，PDA 可以同时通过时间互转检验、因子互转检验及零值稳定性检验，而多数 IDA、SDA 则不能同时通过上述检验。PDA 的不足主要是其并未对潜在指标（潜在能源强度、潜在碳强度）基于投入变量和产出变量的贡献进行进一步分解。

13.2　理论基础：生产理论

13.2.1　生产技术集

生产技术集是 PDA 在生产理论框架下分解的一个体现，在确定生产技术集之前，需要构建一个生产可能性集合。在一个生产过程中，若将总消费（E）、资本存量（K）和劳动力（L）视为投入，将生产总值（Y）和污染物排放（C）分别视为期望产出和非期望产出，那么生产可能性集合可以表示为：$T = \{(E,K,L,Y,C): E,K,L \text{ 可以产出}(Y,C)\}$。

在生产理论中，通常认为有限的投入只能得到有限的产出，故假设 T 为一个闭凸集（convex set）。此外，T 还需要满足以下三项假设。

（1）E，K，L，Y 具有强可处置性。即：若 $(E,K,L,Y,C) \in T$，且 $(E^1,K^1,L^1) \geqslant (E,K,L)$（或 $Y^1 \leqslant Y$），那么 $(E^1,K^1,L^1,Y,C) \in T$（或 $(E,K,L,Y^1,C) \in T$）。

（2）产出具有弱可处置性（weak disposability）。即：若 $(E,K,L,Y,C) \in T$，且 $0 \leqslant \theta \leqslant 1$，那么 $(E,K,L,\theta Y,\theta C) \in T$。

（3）期望产出和非期望产出具有零点相关性。即：如果 $(E,K,L,Y,C) \in T$，且 $C = 0$，那么 $Y = 0$。

上述三项假设意味着：在生产系统中，增加总投入，得到不变的两种产出是可能的；或者总投入不变，得到更少的两种产出的组合也在生产可能性集合中；非期望产出是伴随着期望产出共同生产出来的，可以实现同比例减少。据此，如果有 N 个 DMU 组合 (E_i,K_i,L_i,Y_i,C_i)，$i = 1,2,\cdots,N$，那么完整的具有规模报酬（return to scale）不变的生产可能性集合可以表示为

$$T = \left\{ (E,K,L,Y,C): \sum_{i=1}^{N} \omega_i E_i \leqslant E,\ \sum_{i=1}^{N} \omega_i K_i \leqslant K,\ \sum_{i=1}^{N} \omega_i L_i \leqslant L,\ \sum_{i=1}^{N} \omega_i Y_i \leqslant Y, \right.$$
$$\left. \sum_{i=1}^{N} \omega_i C_i \leqslant C,\ \omega_i \geqslant 0,\quad i = 1,2,\cdots,N \right\} \tag{13-1}$$

13.2.2　距离函数

在生产可能性集合中，最有效的生产状态，也就是生产可能性集合的生产前沿面由三面构成：①一定量的投入所带来的最大期望产出的组合；②一定量的投入所带来的最小非期望产出的组合；③一定量的产出所需最少的投入组合。距离函数的提出是为了衡量某个 DMU 与生产前沿面的"距离"，从而量化该 DMU 的相对技术效率。Shephard 距离函数包括投入导向和产出导向两种，前者表示在固定的期望产出与非期望产出下，实现投入要素的最大收缩幅度；后者表示在固定的投入要素下，实现期望产出的最大扩张幅度或非期望产出的最大收缩幅度。

基于式（13-1）所定义的生产可能性集合，某一期（t）的 Shephard 投入导向距离函数和产出导向距离函数可以分别表示如下：

$$D_e^t(E^t,K^t,L^t,Y^t,C^t) = \sup\left\{ \lambda : \left(\frac{E^t}{\lambda},K^t,L^t,Y^t,C^t \right) \in T^t \right\} \tag{13-2}$$

$$D_y^t(E^t,K^t,L^t,Y^t,C^t) = \inf\left\{ \eta : \left(E^t,K^t,L^t,\frac{Y^t}{\eta},C^t \right) \in T^t \right\} \tag{13-3}$$

$$D_c^t(E^t, K^t, L^t, Y^t, C^t) = \sup\left\{\theta : \left(E^t, K^t, L^t, Y^t, \frac{C^t}{\theta}\right) \in T^t\right\} \qquad (13\text{-}4)$$

假设 $(E^t, K^t, L^t, Y^t, C^t)$ 是属于 t 时期的生产可能性集合，则有以下结论。

（1）对于总投入来说，在既定的产出下，投入越少越好，即 $D_e^t(E^t, K^t, L^t, Y^t, C^t) \geqslant 1$，而 $D_e^t(E^t, K^t, L^t, Y^t, C^t)$ 的值越大，说明 DMU 在投入技术上越无效率。

（2）对于期望产出来说，在既定的投入和非期望产出下，期望产出越多越好，即 $D_y^t(E^t, K^t, L^t, Y^t, C^t) \leqslant 1$，$D_y^t(E^t, K^t, L^t, Y^t, C^t)$ 越小，意味着 DMU 在产出技术上越无效率。

（3）对于非期望产出，在既定的投入和期望产出下，非期望产出越少越好，即 $D_c^t(E^t, K^t, L^t, Y^t, C^t) \leqslant 1$，并且 $D_c^t(E^t, K^t, L^t, Y^t, C^t)$ 越大，则该组合在碳排放技术上越无效率。若对于某个 DMU $(E^t, K^t, L^t, Y^t, C^t)$，有 $D_e^t(E^t, K^t, L^t, Y^t, C^t) = 1$ 和 $D_y^t(E^t, K^t, L^t, Y^t, C^t) = 1$ 同时成立，该组合的总体生产技术是最有效率的。

使用 Shephard 距离函数测度效率的优点有：第一，相对传统的径向测度，Shephard 距离函数可以按照主观意愿去设定效率改进方向，使得投入和产出按预定的方向改变；第二，可以将生产技术细分为投入角度的技术和产出角度的技术，便于进行更细致深入的研究。

13.3　PDA 模型

求解距离函数的最常用方法之一即为生产理论中的环境 DEA 模型。环境 DEA 模型由 Färe 等在 2004 年提出。为了简化起见，这里假定其投入包括：能源（E），资本（K）和劳动力（L），期望产出为 GDP（Y），非期望产出为碳排放（C），生产可能性集合可以描述为：$T = \{(E, K, L, Y, C) : (E, K, L)$ 能生产出 $(Y, C)\}$。其中，T 集合是一个有界闭凸集，满足一般生产可能性集合所具有的投入与期望产出的强可处置性，此外，非期望产出碳排放具有弱可处置性，并且期望产出 GDP 与非期望产出碳排放具有非零相关性。这样，期望产出与非期望产出便有效地结合起来。在实证分析中，通常利用非参数化的 DEA 方法进行距离函数的计算，生产可能性集合表示如下：

$$T = \left\{(E, K, L, Y, C) : \sum_{i=1}^n z_i E_i \leqslant E, \ \sum_{i=1}^n z_i K_i \leqslant K, \ \sum_{i=1}^n z_i L_i \leqslant L, \ \sum_{i=1}^n z_i Y_i \leqslant Y, \right.$$
$$\left. \sum_{i=1}^n z_i C_i \leqslant C, \ z_i \geqslant 0, \quad i = 1, 2, \cdots, N \right\} \qquad (13\text{-}5)$$

在式（13-5）中，z_i 表示每个观测值的权重，权重变量非负表示生产过程规模报酬不变，不等式约束表明能源投入和 GDP 产出具有强可处置性，等式约束表明碳排放具有弱可处置性。对于生产理论中的效率，有如下两种情况：①给定输入，在生产可能性集合 T 中求出输出最大的生产活动；②给定输出，求出需要最小输入的生产组合。分别表示为

$$D_y^{(E, K, L, Y, C)} = \max \alpha$$

$$\text{s.t.} \begin{cases} \sum_{j \in J} E_j \lambda_j \leqslant E_0 \\ \sum_{j \in J} K_j \lambda_j \leqslant K_0 \\ \sum_{j \in J} L_j \lambda_j \leqslant L_0 \\ \sum_{j \in J} Y_j \lambda_j \geqslant \alpha Y_0 \\ \sum_{j \in J} \lambda_j C_j = C_0 \\ \lambda_j \geqslant 0, j \in J \end{cases} \tag{13-6}$$

和

$$D_e^{(E,K,L,Y,C)} = \min \theta$$

$$\text{s.t.} \begin{cases} \sum_{j \in J} E_j \lambda_j \leqslant \theta E_0 \\ \sum_{j \in J} K_j \lambda_j \leqslant K_0 \\ \sum_{j \in J} L_j \lambda_j \leqslant L_0 \\ \sum_{j \in J} Y_j \lambda_j \geqslant Y_0 \\ \sum_{j \in J} \lambda_j C_j = C_0 \\ \lambda_j \geqslant 0, j \in J \end{cases} \tag{13-7}$$

因此距离函数可利用式（13-6）和式（13-7）求解。接下来以二氧化碳排放总量变化为例，介绍 PDA 模型的形式。根据 Zhou 和 Ang（2008），假设某个经济体 k 在时期 0 和时期 T 的二氧化碳排放总量分别为 C_k^0 和 C_k^T，那么从时期 0 到时期 T 二氧化碳排放量的变化可以表示为以下乘法形式：

$$D_k = \frac{C_k^T}{C_k^0} = \left(\frac{C_k^T / E_k^T}{C_k^0 / E_k^0} \right) \times \left(\frac{E_k^T / Y_k^T}{E_k^0 / Y_k^0} \right) \times \left(\frac{Y_k^T}{Y_k^0} \right) \tag{13-8}$$

以时期 0 的生产技术为参考，我们可以将经济体 k 的总二氧化碳排放量的变化分解为

$$\begin{aligned} D_k &= \left(\frac{C_k^T / E_k^T}{C_k^0 / E_k^0} \right) \times \left(\frac{E_k^T / Y_k^T}{E_k^0 / Y_k^0} \right) \times \left(\frac{Y_k^T}{Y_k^0} \right) \\ &= \left[\frac{\left(C_k^T / D_c^0 \left(E_k^T, Y_k^T, C_k^T \right) \right) \times \left(1 / E_k^T \right)}{\left(C_k^0 / D_c^0 \left(E_k^0, Y_k^0, C_k^0 \right) \right) \times \left(1 / E_k^0 \right)} \right] \times \left[\frac{\left(E_k^T / D_e^0 \left(E_k^T, Y_k^T, C_k^T \right) \right) \times \left(1 / Y_k^T \right)}{\left(E_k^0 / D_e^0 \left(E_k^0, Y_k^0, C_k^0 \right) \right) \times \left(1 / Y_k^0 \right)} \right] \\ &\quad \times \left(\frac{Y_k^T}{Y_k^0} \right) \times \left(\frac{D_c^0 \left(E_k^T, Y_k^T, C_k^T \right)}{D_c^0 \left(E_k^0, Y_k^0, C_k^0 \right)} \right) \times \left(\frac{D_e^0 \left(E_k^T, Y_k^T, C_k^T \right)}{D_e^0 \left(E_k^0, Y_k^0, C_k^0 \right)} \right) \\ &= \text{PCFCH}_k^0 \times \text{PEICH}_k^0 \times \text{GDPCH}_k^0 \times \text{CEPCH}_k^0 \times \text{EUPCH}_k^0 \end{aligned} \tag{13-9}$$

在等式（13-9）的最后一行，第一个分量可以被解释为潜在的碳排放因子变化

（PCFCH_k^0），因为二氧化碳排放量因二氧化碳排放技术效率的提高而减少。二氧化碳排放的无效率将导致观察到的碳排放因子大于不存在无效情况时的碳排放因子。从 0 时期到 T 时期，二氧化碳排放技术效率的提高将导致更大的碳排放因子变化，因此更多的 C 的变化被分配给 C/E 的变化。第二个组成部分可以被解释为潜在的能源强度变化（PEICH_k^0），因为能源消耗因能源使用技术效率的提高而减少。与不存在无效的情况相比，能源消耗的低效率将导致观察到的能源强度更大。第三个组成部分，即 GDPCH_k^0，说明了 GDP 变化的影响。第四个和第五个组成部分本质上是两个 Malmquist 指数，分别衡量二氧化碳排放绩效的变化（CEPCH_k^0）和能源使用绩效（EUPCH_k^0）的变化。

若选择 T 时期的生产技术作为参考，则可以得到如下分解结果：

$$D_k = \mathrm{PCFCH}_k^T \times \mathrm{PEICH}_k^T \times \mathrm{GDPCH}_k^T \times \mathrm{CEPCH}_k^T \times \mathrm{EUPCH}_k^T \tag{13-10}$$

为避免参考技术选取的任意性，一般取式（13-9）和式（13-10）的几何平均值，得

$$
\begin{aligned}
D_k = & \left\{ \frac{\left[C_k^T / \left(D_c^0\left(E_k^T, Y_k^T, C_k^T\right) D_c^T\left(E_k^T, Y_k^T, C_k^T\right)\right)^{1/2} \right] \times \left(1/E_k^T\right)}{\left[C_k^0 / \left(D_c^0\left(E_k^0, Y_k^0, C_k^0\right) D_c^T\left(E_k^0, Y_k^0, C_k^0\right)\right)^{1/2} \right] \times \left(1/E_k^0\right)} \right\} \\
& \times \left\{ \frac{\left[E_k^T / \left(D_e^0\left(E_k^T, Y_k^T, C_k^T\right) D_e^T\left(E_k^T, Y_k^T, C_k^T\right)\right)^{1/2} \right] \times \left(1/Y_k^T\right)}{\left[E_k^0 / \left(D_e^0\left(E_k^0, Y_k^0, C_k^0\right) D_e^T\left(E_k^0, Y_k^0, C_k^0\right)\right)^{1/2} \right] \times \left(1/Y_k^0\right)} \right\} \times \left(\frac{Y_k^T}{Y_k^0} \right) \\
& \times \left[\left(\frac{D_c^0\left(E_k^T, Y_k^T, C_k^T\right)}{D_c^0\left(E_k^0, Y_k^0, C_k^0\right)} \times \frac{D_c^T\left(E_k^T, Y_k^T, C_k^T\right)}{D_c^T\left(E_k^0, Y_k^0, C_k^0\right)} \right)^{1/2} \right] \\
& \times \left[\left(\frac{D_e^0\left(E_k^T, Y_k^T, C_k^T\right)}{D_e^0\left(E_k^0, Y_k^0, C_k^0\right)} \times \frac{D_e^T\left(E_k^T, Y_k^T, C_k^T\right)}{D_e^T\left(E_k^0, Y_k^0, C_k^0\right)} \right)^{1/2} \right] \\
= & \ \mathrm{PCFCH}_k \times \mathrm{PEICH}_k \times \mathrm{GDPCH}_k \times \mathrm{CEPCH}_k \times \mathrm{EUPCH}_k
\end{aligned}
\tag{13-11}
$$

显然，式（13-11）中的最后两项为 Malmquist 指数，因此，其可以进一步分解为

$$\mathrm{CEPCH}_k = \left(\frac{D_c^T\left(E_k^T, Y_k^T, C_k^T\right)}{D_c^0\left(E_k^0, Y_k^0, C_k^0\right)} \right) \times \left[\left(\frac{D_c^0\left(E_k^T, Y_k^T, C_k^T\right)}{D_c^T\left(E_k^T, Y_k^T, C_k^T\right)} \times \frac{D_c^0\left(E_k^0, Y_k^0, C_k^0\right)}{D_c^T\left(E_k^0, Y_k^0, C_k^0\right)} \right)^{1/2} \right] \tag{13-12}$$

$$\mathrm{EUPCH}_k = \left(\frac{D_e^T\left(E_k^T, Y_k^T, C_k^T\right)}{D_e^0\left(E_k^0, Y_k^0, C_k^0\right)} \right) \times \left[\left(\frac{D_e^0\left(E_k^T, Y_k^T, C_k^T\right)}{D_e^T\left(E_k^T, Y_k^T, C_k^T\right)} \times \frac{D_e^0\left(E_k^0, Y_k^0, C_k^0\right)}{D_e^T\left(E_k^0, Y_k^0, C_k^0\right)} \right)^{1/2} \right] \tag{13-13}$$

对于每个分解效应，值小于 1 表示其有助于减少二氧化碳排放，而大于 1 则表示其会使二氧化碳排放增加。以上即为 PDA 模型的基本形式，实际应用中还可以根据研究对象进行扩展和变换。

另外，PDA 模型常与各类指数分解模型结合进行问题研究，其中，LMDI-PDA 模型的使用尤为广泛。

13.4　PDA 模型在能源经济分析中的应用

作为一种更具优势的分解分析方法，PDA 模型被广泛应用于能源经济分析领域中对分解问题的研究中，本节将以部门碳强度、能源消耗和碳排放强度等变化的分解为例，介绍 PDA 模型在能源经济分析中的应用。

13.4.1　案例 1：部门碳强度变化

1. 问题描述

探索推动部门层面碳强度变化的因素对于制定有针对性的减排政策非常重要。Wang 等（2018）提出了一种将 PDA、IDA 和归因分析（attribution analysis，AA）相结合的综合分解方法，该方法可以将部门层面的碳强度变化分解为九个驱动因素，并能够得到每个地区对单个驱动因素的贡献。Wang 等利用该方法对中国 30 个省区市（不包括西藏和港澳台地区）工业部门 2006—2014 年的碳排放强度进行因素分解。

2. 分解模型形式

1）生产分解分析

生产技术集：

$$S^n = \left\{ (E^n, Y^n, C^n) : \sum_{i=1}^{I} z_i E_i^n \leqslant E_i^n, \ \sum_{i=1}^{I} z_i Y_i^n \geqslant Y_i^n, \ \sum_{i=1}^{I} z_i C_i^n = C_i^n, \ z_i \geqslant 0, \ i = 1, 2, \cdots, I \right\}$$

Shephard 距离函数：

$$\left(D_E^m (E^n, Y^n, C^n) \right)^{-1} = \min \varphi$$

$$\text{s.t.} \ \sum_{i=1}^{I} z_i E_i^m \leqslant \varphi E_{i'}^n$$

$$\sum_{i=1}^{I} z_i Y_i^m \geqslant Y_{i'}^n$$

$$\sum_{i=1}^{I} z_i C_i^m = C_i^n + \chi_i$$

$$z_i \geqslant 0, \chi_i \geqslant 0, \quad i = 1, \cdots, I$$

$$\left(D_Y^m (E^n, Y^n, C^n) \right)^{-1} = \min \eta$$

$$\text{s.t.} \ \sum_{i=1}^{I} z_i E_i^m \leqslant E_i^n + \lambda_i$$

$$\sum_{i=1}^{I} z_i Y_i^m \geqslant \eta Y_{i'}^n$$

$$\sum_{i=1}^{I} z_i C_i^m = C_{i'}^n$$

$$z_i \geqslant 0, \lambda_i \geqslant 0, \quad i = 1, \cdots, I$$

$$m,n \in \{t,t+1\} \text{ 且 } m \neq n$$

t 时期的碳强度：

$$\text{CI}^t = \sum_{i=1}^{I} \sum_{j=1}^{J} \frac{C_{ij}^t}{E_{ij}^t} \times \frac{E_{ij}^t}{E_i^t} \times \frac{E_i^t}{Y_i^t} \times \frac{Y_i^t}{Y^t}$$

$$= \sum_{i=1}^{I} \sum_{j=1}^{J} \frac{E_{ij}^t}{E_i^t} \times \frac{Y_i^t \left(D_Y^t(E^t,Y^t,C^t) \times D_Y^{t+1}(E^t,Y^t,C^t)\right)^{\frac{1}{2}}}{\sum_{i=1}^{I} Y_i^t \left(D_Y^t(E^t,Y^t,C^t) \times D_Y^{t+1}(E^t,Y^t,C^t)\right)^{\frac{1}{2}}}$$

$$\times \frac{E_i^t / Y_i^t}{\left(D_E^t(E^t,Y^t,C^t) \times D_E^{t+1}(E^t,Y^t,C^t)\right)^{\frac{1}{2}}} \times \frac{C_{ij}^t}{E_{ij}^t} \times \frac{\sum_{i=1}^{I} Y_i^t \left(D_Y^t(E^t,Y^t,C^t) \times D_Y^{t+1}(E^t,Y^t,C^t)\right)^{\frac{1}{2}}}{Y^t}$$

$$\times D_E^t(E^t,Y^t,C^t) \times \left(\frac{D_E^{t+1}(E^t,Y^t,C^t)}{D_E^t(E^t,Y^t,C^t)}\right)^{\frac{1}{2}} \times D_Y^t(E^t,Y^t,C^t) \times \left(\frac{D_Y^t(E^t,Y^t,C^t)}{D_Y^{t+1}(E^t,Y^t,C^t)}\right)^{\frac{1}{2}}$$

上述等式可以简写为

$$\text{CI}^t = \text{CEF}^t \times \text{EMX}^t \times \text{PEI}^t \times \text{PIS}^t \times \text{ISG}^t \times \text{EUE}^t \times \text{EST}^t \times \text{YOE}^t \times \text{YCT}^t$$

其中，CEF，EMX，PEI，PIS，ISG，EUE，EST，YOE，YCT 分别表示碳排放系数、能源结构、潜在能源强度、潜在区域产出结构、产出差、能源利用技术效率、能源利用技术变化、期望产出技术效率、期望产出技术变化。同理，$t+1$ 时期的碳强度：

$$\text{CI}^{t+1} = \text{CEF}^{t+1} \times \text{EMX}^{t+1} \times \text{PEI}^{t+1} \times \text{PIS}^{t+1} \times \text{ISG}^{t+1} \times \text{EUE}^{t+1} \times \text{EST}^{t+1} \times \text{YOE}^{t+1} \times \text{YCT}^{t+1}$$

根据 LMDI-II 方法，t 时期到 $t+1$ 时期的碳强度变化：

$$D_{\text{tot}}^{t,t+1} = \frac{\text{CI}^{t+1}}{\text{CI}^t} = \left(D_{\text{EMX}}^{t,t+1} \times D_{\text{PIS}}^{t,t+1}\right) \times \left(D_{\text{PEI}}^{t,t+1} \times D_{\text{CEF}}^{t,t+1}\right) \times \left(D_{\text{ISG}}^{t,t+1}\right) \times \left(D_{\text{EUE}}^{t,t+1} \times D_{\text{EST}}^{t,t+1}\right) \times \left(D_{\text{YOE}}^{t,t+1} \times D_{\text{YCT}}^{t,t+1}\right)$$

$$D_{\text{CEF}}^{t,t+1} = \exp\left(\sum_{i=1}^{I} \sum_{j=1}^{J} w_{ij}^{S-V} \ln\left(\frac{\text{CEF}_{ij}^{t+1}}{\text{CEF}_{ij}^t}\right)\right)$$

$$D_{\text{EMX}}^{t,t+1} = \exp\left(\sum_{i=1}^{I} \sum_{j=1}^{J} w_{ij}^{S-V} \ln\left(\frac{\text{EMX}_{ij}^{t+1}}{\text{EMX}_{ij}^t}\right)\right)$$

$$D_{\text{PEI}}^{t,t+1} = \exp\left(\sum_{i=1}^{I} \sum_{j=1}^{J} w_{ij}^{S-V} \ln\left(\frac{\text{PEI}_{ij}^{t+1}}{\text{PEI}_{ij}^t}\right)\right)$$

$$D_{\text{PIS}}^{t,t+1} = \exp\left(\sum_{i=1}^{I} \sum_{j=1}^{J} w_{ij}^{S-V} \ln\left(\frac{\text{PIS}_{ij}^{t+1}}{\text{PIS}_{ij}^t}\right)\right)$$

$$D_{\text{ISG}}^{t,t+1} = \exp\left(\sum_{i=1}^{I} \sum_{j=1}^{J} w_{ij}^{S-V} \ln\left(\frac{\text{ISG}_{ij}^{t+1}}{\text{ISG}_{ij}^t}\right)\right)$$

$$D_{\text{EUE}}^{t,t+1} = \exp\left(\sum_{i=1}^{I} \sum_{j=1}^{J} w_{ij}^{S-V} \ln\left(\frac{\text{EUE}_{ij}^{t+1}}{\text{EUE}_{ij}^t}\right)\right)$$

$$D_{\text{EST}}^{t,t+1} = \exp\left(\sum_{i=1}^{I} \sum_{j=1}^{J} w_{ij}^{S-V} \ln\left(\frac{\text{EST}_{ij}^{t+1}}{\text{EST}_{ij}^{t}} \right) \right)$$

$$D_{\text{YOE}}^{t,t+1} = \exp\left(\sum_{i=1}^{I} \sum_{j=1}^{J} w_{ij}^{S-V} \ln\left(\frac{\text{YOE}_{ij}^{t+1}}{\text{YOE}_{ij}^{t}} \right) \right)$$

$$D_{\text{YCT}}^{t,t+1} = \exp\left(\sum_{i=1}^{I} \sum_{j=1}^{J} w_{ij}^{S-V} \ln\left(\frac{\text{YCT}_{ij}^{t+1}}{\text{YCT}_{ij}^{t}} \right) \right)$$

$$w_{ij}^{S-V} = \frac{L\left(C_{ij}^{t} / C^{t}, C_{ij}^{t+1} / C^{t+1} \right)}{\sum_{i=1}^{I} \sum_{j=1}^{J} L\left(C_{ij}^{t} / C^{t}, C_{ij}^{t+1} / C^{t+1} \right)}$$

其中，w_{ij}^{S-V} 表示地区 i 中第 j 类能源的权重；$L(a,b) = (a-b)/(\ln a - \ln b)$ 表示对数函数；$\left(D_{\text{EMX}}^{t,t+1} \times D_{\text{PIS}}^{t,t+1} \right)$ 表示结构效应；$\left(D_{\text{PEI}}^{t,t+1} \times D_{\text{CEF}}^{t,t+1} \right)$ 表示强度效应；$D_{\text{ISG}}^{t,t+1}$ 表示产出差异；$\left(D_{\text{EUE}}^{t,t+1} \times D_{\text{EST}}^{t,t+1} \right)$ 表示能源利用效率；$\left(D_{\text{YOE}}^{t,t+1} \times D_{\text{YCT}}^{t,t+1} \right)$ 表示期望产出效率。对于每个部分，当其小于 1 时，表示它有助于减少排放；当其大于 1 时，表示其会导致排放增加。作为单周期分解的扩展，[0, T]周期内碳强度变化的多周期 LMDI 分解如下：

$$D_{\text{tot}}^{0,T} = \frac{\text{CI}^{T}}{\text{CI}^{0}} = \prod_{t=0}^{T} \frac{\text{CI}^{t+1}}{\text{CI}^{t}}$$

2）归因分析

单周期分解的归因分析：

$$D_{\text{PEI}}^{t,t+1} - 1 = \sum_{i=1}^{I} \sum_{j=1}^{J} r_{ij} \left(\frac{\text{PEI}_{i}^{t+1}}{\text{PEI}_{i}^{t}} - 1 \right)$$

$$r_{ij} = \frac{\dfrac{w_{ij}^{S-V} \text{PEI}_{i}^{t}}{L\left(\text{PEI}_{i}^{t+1}, \text{PEI}_{i}^{t} D_{\text{PEI}}^{t,t+1} \right)}}{\sum_{i=1}^{I} \sum_{j=1}^{J} \dfrac{w_{ij}^{S-V} \text{PEI}_{i}^{t}}{L\left(\text{PEI}_{i}^{t+1}, \text{PEI}_{i}^{t} D_{\text{PEI}}^{t,t+1} \right)}}$$

[0, T]周期内碳强度变化的多周期归因分析：

$$D_{\text{PEI}}^{0,T} - 1 = \sum_{i=1}^{I} \sum_{j=1}^{J} \sum_{t=0}^{T} D_{\text{PEI}}^{0,T} r_{ij}^{t,t+1} \left(\frac{\text{PEI}_{i}^{t+1}}{\text{PEI}_{i}^{t}} - 1 \right)$$

$$r_{ij}^{t,t+1} = \frac{\dfrac{w_{ij}^{S-V,t,t+1} \text{PEI}_{i}^{t}}{L\left(\text{PEI}_{i}^{t+1}, \text{PEI}_{i}^{t} D_{\text{PEI}}^{t,t+1} \right)}}{\sum_{i} \sum_{j} \dfrac{w_{ij}^{S-V,t,t+1} \text{PEI}_{i,t}}{L\left(\text{PEI}_{i}^{t+1}, \text{PEI}_{i}^{t} D_{\text{PEI}}^{t,t+1} \right)}}$$

其中，r_{ij} 表示区域 i 第 j 种能源的权重，衡量了区域 i 中第 j 种能源对潜在能源强度变化的影响。

3. 分解结果分析

在 2006 年至 2014 年，中国工业部门的碳强度降低了 47.6%。这一降低主要归因于期望产出效率和强度的提升，以及能源利用效率的提高。期望产出技术变化和潜在能源强度是主要的推动因素，而产出差和潜在区域产出结构方面的影响相对较小。具体而言，期望产出技术变化在降低工业部门的碳强度方面起到了重要作用，其累计效应为 60.1%。潜在能源强度的提升也对工业碳强度的降低有一定贡献，累计效应为 42.2%。碳排放系数、能源利用技术变化和能源利用技术效率也促进了工业碳强度的降低。然而，产出差和潜在区域产出结构方面的影响对工业碳强度的降低产生了负面影响，其中产出差是主要的阻碍因素，累计效应达到了 1.8931。相比之下，潜在区域产出结构方面的影响相对较小，累计效应为 1.2331。

如表 13.1 所示，对于各具体省（自治区、直辖市）而言，期望产出技术变化和潜在能源强度是降低工业碳强度的主要因素。在期望产出技术变化效应方面，河北、山东和江苏等省份具有较大的贡献。在潜在能源强度效应方面，河南、辽宁和山东等省份的贡献较大。

表 13.1　各省（自治区、直辖市）碳强度的归因分析

省（自治区、直辖市）	D_{YCT}	D_{PEI}	省（自治区、直辖市）	D_{YCT}	D_{PEI}
北京	−0.50	−0.43	湖北	−2.59	−2.61
天津	−1.08	−0.27	湖南	−1.93	−2.97
河北	−5.72	−1.49	广东	−2.81	−0.76
山西	−2.67	−1.37	广西	−1.41	−1.57
内蒙古	−3.17	−2.83	海南	−0.19	−0.00
辽宁	−3.69	−3.71	重庆	−1.28	−0.96
吉林	−1.47	−1.94	四川	−2.74	−2.32
黑龙江	−1.15	−0.76	贵州	−1.08	−1.82
上海	−1.17	0.09	云南	−1.31	−1.04
江苏	−4.47	−1.54	陕西	−1.41	−0.79
浙江	−1.93	−1.51	甘肃	−0.78	−0.35
安徽	−1.72	−1.75	青海	0.64	−0.30
福建	−1.47	−0.97	宁夏	−1.66	−0.55
江西	−1.13	−0.71	新疆	−1.36	0.18
山东	−5.39	−3.18	总体改变	−60.07[*]	−42.15[*]
河南	−3.41	−3.90			

*加总有误差，是据原始数据计算后四舍五入所致

13.4.2　案例 2：能源强度变化

1. 问题描述

Zhou 等（2022）应用 PDA 方法，将能源强度变化的驱动分解为能源技术效率变化

效应（TE）、技术变化效应（TC）、资本能源替代效应（KE）和劳动能源替代效应（LE）四种效应，研究 2006 年至 2017 年中国城市能源强度变化的驱动力量。

2. 分解模型形式

考虑一个生产过程，使用资本（K）、劳动力（L）和能源（E）来生产 GDP（Y）。生产技术 T 可以表示如下：

$$T = \left\{(K, L, E, Y) : (K, L, E)可以生产 Y\right\}$$

在上式中，通常假设 T 是一个闭合有界集合，这意味着有限的输入只能产生有限的输出。

假设有 N 个城市（决策单元，DMUs）参与评估。对于每个城市，观测数据为 (K_i, L_i, E_i, Y_i)。使用非参数前沿方法，生产技术可以表示为

$$T = \left\{(K, L, E, Y) : \sum_{i=1}^{N} Z_i K_i \leqslant K, \sum_{i=1}^{N} Z_i L_i \leqslant L, \sum_{i=1}^{N} Z_i E_i \leqslant E, \sum_{i=1}^{N} Z_i Y_i \geqslant Y, Z_i \geqslant 0, i = 1, 2, \cdots, N\right\}$$

其中，Z_i 表示强度变量。非负的 Z_i 表示生产技术满足规模收益不变（constant returns to scale，CRS）假设。

根据上述生产技术，使用 Shephard 距离函数评估能源强度的分解成分。时期 t 的产出导向 Shephard 距离函数（产出距离函数）描述如下：

$$D_{i,t}(K_{i,t}, L_{i,t}, E_{i,t}, Y_{i,t}) = \sup\left\{\theta : \left(K_{i,t}, L_{i,t}, E_{i,t}, \frac{Y_{i,t}}{\alpha}\right) \in T_{i,t}\right\}$$

它描述了 DMU 与生产前沿之间的距离，表示在时期 t 内在生产技术内给定输入–输出组合的最大产出。如果距离函数等于 1，则 DMU 位于生产前沿上。若距离函数小于 1，意味着 DMU 偏离了前沿。

定义在时期 t 和 τ 之间的能源强度分解为

$$\frac{\mathrm{EI}_{i,\tau}}{\mathrm{EI}_{i,t}} = \frac{\dfrac{E_{i,\tau}}{Y_{i,\tau}}}{\dfrac{E_{i,t}}{Y_{i,t}}} = \frac{D_{i,t}(K_{i,\tau}, L_{i,\tau}, E_{i,\tau}, Y_{i,\tau})}{D_{i,t}(K_{i,t}, L_{i,t}, E_{i,t}, Y_{i,t})} \times \frac{D_{i,\tau}(K_{i,\tau}, L_{i,\tau}, E_{i,\tau}, Y_{i,\tau})}{D_{i,t}(K_{i,\tau}, L_{i,\tau}, E_{i,\tau}, Y_{i,\tau})}$$

$$\times \frac{E_{i,\tau}\Big/\big(Y_{i,\tau}/D_{i,t}(K_{i,\tau}, L_{i,\tau}, E_{i,\tau}, Y_{i,\tau})\big)}{E_{i,t}\Big/\big(Y_{i,t}/D_{i,t}(K_{i,t}, L_{i,t}, E_{i,t}, Y_{i,t})\big)}$$

产出距离函数的一个特性是，其在产出方面是线性齐次的。因此，

$$D_{i,t}\left(K_{i,t}, L_{i,t}, E_{i,t}, \frac{Y_{i,t}}{\theta}\right) = \frac{D_{i,t}(K_{i,t}, L_{i,t}, E_{i,t}, Y_{i,t})}{\theta}$$

基于产出距离函数的这个特性，能源强度分解的第三项可以重写为

$$\frac{E_{i,\tau}\Big/\big(Y_{i,\tau}/D_{i,t}(K_{i,\tau}, L_{i,\tau}, E_{i,\tau}, Y_{i,\tau})\big)}{E_{i,t}\Big/\big(Y_{i,t}/D_{i,t}(K_{i,t}, L_{i,t}, E_{i,t}, Y_{i,t})\big)} = \frac{E_{i,\tau} \times D_{i,t}(K_{i,\tau}, L_{i,\tau}, E_{i,\tau}, 1)}{E_{i,t} \times D_{i,t}(K_{i,t}, L_{i,t}, E_{i,t}, 1)}$$

产出距离函数的另一个特性是，在 CRS 假设下，它对投入是次齐次的，描述如下：

$$D_{i,t}\left(\frac{K_{i,t}}{\eta},\frac{L_{i,t}}{\eta},\frac{E_{i,t}}{\eta},Y_{i,t}\right)=\eta D_{i,t}(K_{i,t},L_{i,t},E_{i,t},Y_{i,t})$$

基于此，能源强度分解等式可以重写为

$$\frac{E_{i,\tau}\times D_{i,t}(K_{i,\tau},L_{i,\tau},E_{i,\tau},1)}{E_{i,t}\times D_{i,t}(K_{i,t},L_{i,t},E_{i,t},1)}=\frac{D_{i,t}(k_{i,\tau},l_{i,t},1,1)}{D_{i,t}(k_{i,t},l_{i,t},1,1)}$$

$$=\left(\frac{D_{i,t}(k_{i,\tau},l_{i,t},1,1)\times D_{i,t}(k_{i,\tau},l_{i,\tau},1,1)}{D_{i,t}(k_{i,t},l_{i,t},1,1)\times D_{i,t}(k_{i,t},l_{i,\tau},1,1)}\right)^{\frac{1}{2}}$$

$$\times\left(\frac{D_{i,t}(k_{i,t},l_{i,\tau},1,1)\times D_{i,t}(k_{i,\tau},l_{i,\tau},1,1)}{D_{i,t}(k_{i,t},l_{i,t},1,1)\times D_{i,t}(k_{i,t+1},l_{i,t},1,1)}\right)^{\frac{1}{2}}$$

其中，$k_{i,t}=K_{i,t}/E_{i,t}$ 和 $l_{i,t}=L_{i,t}/E_{i,t}$ 分别表示资本能源比率和劳动能源比率。等式右侧描述了资本能源替代效应和劳动能源替代效应。

综上可得以下关系：

$$\frac{\text{EI}_{i,\tau}}{\text{EI}_{i,t}}=\frac{D_{i,t}(K_{i,t},L_{i,t},E_{i,t},Y_{i,t})}{D_{i,\tau}(K_{i,\tau},L_{i,\tau},E_{i,\tau},Y_{i,\tau})}\times\frac{D_{i,t}(K_{i,\tau},L_{i,\tau},E_{i,\tau},Y_{i,\tau})}{D_{i,t}(K_{i,\tau},L_{i,\tau},E_{i,\tau},Y_{i,\tau})}$$

$$\times\left(\frac{D_{i,t}(k_{i,\tau},l_{i,t},1,1)\times D_{i,t}(k_{i,\tau},l_{i,\tau},1,1)}{D_{i,t}(k_{i,t},l_{i,t},1,1)\times D_{i,t}(k_{i,t},l_{i,\tau},1,1)}\right)^{\frac{1}{2}}$$

$$\times\left(\frac{D_{i,t}(k_{i,t},l_{i,\tau},1,1)\times D_{i,t}(k_{i,\tau},l_{i,\tau},1,1)}{D_{i,t}(k_{i,t},l_{i,t},1,1)\times D_{i,t}(k_{i,\tau},l_{i,t},1,1)}\right)^{\frac{1}{2}}$$

$$=\text{TE}\times\text{TC}(\tau)\times\text{KE}\times\text{LE}$$

因此，能源强度变化可以分解为四个效应：能源技术效率变化效应（TE）、技术变化效应（TC）、资本能源替代效应（KE）和劳动能源替代效应（LE）。对于与这些效应相关的所有值，如果其大于 1，则该效应对降低能源强度起到负面作用；如果其小于 1，则对降低能源强度起到积极作用。上述等式以时期 t 的生产技术为参考进行能源强度变化的分解。同样地，基于时期 τ 的技术的能源强度变化分解可以表示为

$$\frac{\text{EI}_{i,\tau}}{\text{EI}_{i,t}}=\frac{D_{i,t}(K_{i,t},L_{i,t},E_{i,t},Y_{i,t})}{D_{i,\tau}(K_{i,\tau},L_{i,\tau},E_{i,\tau},Y_{i,\tau})}\times\frac{D_{i,\tau}(K_{i,t},L_{i,t},E_{i,t},Y_{i,t})}{D_{i,t}(K_{i,t},L_{i,t},E_{i,t},Y_{i,t})}$$

$$\times\left(\frac{D_{i,\tau}(k_{i,\tau},l_{i,t},1,1)\times D_{i,\tau}(k_{i,\tau},l_{i,\tau},1,1)}{D_{i,\tau}(k_{i,t},l_{i,t},1,1)\times D_{i,\tau}(k_{i,t},l_{i,\tau},1,1)}\right)^{\frac{1}{2}}$$

$$\times\left(\frac{D_{i,\tau}(k_{i,t},l_{i,\tau},1,1)\times D_{i,\tau}(k_{i,\tau},l_{i,\tau},1,1)}{D_{i,\tau}(k_{i,t},l_{i,t},1,1)\times D_{i,\tau}(k_{i,\tau},l_{i,t},1,1)}\right)^{\frac{1}{2}}$$

$$=\text{TE}\times\text{TC}(\tau)\times\text{KE}\times\text{LE}$$

在计算二者的几何平均值之后，能源强度的最终分解可以表示为

$$\frac{\mathrm{EI}_{i,\tau}}{\mathrm{EI}_{i,t}} = \frac{D_{i,t}(K_{i,t},L_{i,t},E_{i,t},Y_{i,t})}{D_{i,\tau}(K_{i,\tau},L_{i,\tau},E_{i,\tau},Y_{i,\tau})} \times \left(\frac{D_{i,\tau}(K_{i,t},L_{i,t},E_{i,t},Y_{i,\tau})}{D_{i,t}(K_{i,t},L_{i,t},E_{i,t},Y_{i,t})} \times \frac{D_{i,\tau}(K_{i,\tau},L_{i,\tau},E_{i,\tau},Y_{i,t})}{D_{i,t}(K_{i,\tau},L_{i,\tau},E_{i,\tau},Y_{i,\tau})}\right)^{\frac{1}{2}}$$

$$\times \left[\left(\frac{D_{i,t}(k_{i,\tau},l_{i,t},1,1) \times D_{i,t}(k_{i,\tau},l_{i,\tau},1,1)}{D_{i,t}(k_{i,t},l_{i,t},1,1) \times D_{i,t}(k_{i,t},l_{i,\tau},1,1)}\right)^{\frac{1}{2}} \times \left(\frac{D_{i,\tau}(k_{i,\tau},l_{i,t},1,1) \times D_{i,\tau}(k_{i,\tau},l_{i,\tau},1,1)}{D_{i,\tau}(k_{i,t},l_{i,t},1,1) \times D_{i,\tau}(k_{i,t},l_{i,\tau},1,1)}\right)^{\frac{1}{2}}\right]^{\frac{1}{2}}$$

$$\times \left[\left(\frac{D_{i,t}(k_{i,t},l_{i,\tau},1,1) \times D_{i,t}(k_{i,\tau},l_{i,\tau},1,1)}{D_{i,t}(k_{i,t},l_{i,t},1,1) \times D_{i,t}(k_{i,\tau},l_{i,t},1,1)}\right)^{\frac{1}{2}} \times \left(\frac{D_{i,\tau}(k_{i,t},l_{i,\tau},1,1) \times D_{i,\tau}(k_{i,\tau},l_{i,\tau},1,1)}{D_{i,\tau}(k_{i,t},l_{i,t},1,1) \times D_{i,\tau}(k_{i,\tau},l_{i,t},1,1)}\right)^{\frac{1}{2}}\right]^{\frac{1}{2}}$$

$$= \mathrm{TE} \times \mathrm{TC} \times \mathrm{KE} \times \mathrm{LE}$$

3. 分解结果分析

从 2006 年至 2017 年，中国的能源强度呈现持续下降的趋势。东部地区的能源强度较低，中部地区和西部地区的能源强度较高。东部和中部地区的能源强度在研究期间持续下降，且两者之间的差距逐渐缩小。然而，西部地区的能源强度经历了显著波动，并且与东部地区之间的差距逐渐扩大。

在能源强度变化的影响因素方面，技术进步（技术变化效应）和资本能源替代效应对降低能源强度起到了重要作用。技术进步对能源强度的降低贡献最大，尤其是在 2014 年之后。然而，技术效率变化效应和劳动能源替代效应对能源强度产生了相反的影响。技术效率变化效应在大多数研究年份中对能源强度的降低产生了负面影响，而劳动能源替代效应的影响在 2014 年之后有所增大。不同地区的能源强度变化受到各因素的影响存在差异，技术效率变化效应对西部地区影响较大，而技术进步对东部地区影响较大。资本能源替代效应持续降低能源强度，劳动力能源替代效应存在波动，对能源强度产生负面影响。

本章参考文献

解百臣, 谭昕昀, 张爽. 2021. 基于生产理论分解分析的火电企业碳排放驱动因素与时变趋势. 中国人口·资源与环境, 31(4): 42-50.

Färe R, Grosskopf S, Hernandez-Sancho F. 2004. Environmental performance: an index number approach. Resource and Energy Economics, 26(4): 343-352.

Liu B Q, Shi J X, Wang H, et al. 2019. Driving factors of carbon emissions in China: a joint decomposition approach based on meta-frontier. Applied Energy, 256: 113986.

Wang Q W, Hang Y, Su B, et al. 2018. Contributions to sector-level carbon intensity change: an integrated decomposition analysis. Energy Economics, 70: 12-25.

Zhou P, Ang B W. 2008. Decomposition of aggregate CO$_2$ emissions: a production-theoretical approach. Energy Economics, 30(3): 1054-1067.

Zhou P, Zhang H, Zhang L P. 2022. The drivers of energy intensity changes in Chinese cities: a production-theoretical decomposition analysis. Applied Energy, 307: 118230.

第四篇 边界分析模型与应用

边界分析模型具有坚实的生产理论经济学基础，被广泛应用于解决能源与环境绩效测算、碳排放权分配、边际减排成本估计等科学问题，现已成为能源经济与管理研究中的一种常用且重要的分析工具与方法。

边界分析建模的基本思想是利用劳动力、资本、能源等生产要素数据集来刻画生产技术前沿，以此为基准评估各 DMU 的相对有效性。边界分析方法主要包括两种：非参数边界分析法和参数化边界分析法。其中，数据包络分析是最为常用的非参数边界分析法，能够利用线性规划方法对具有良好同质性的 DMUs 进行相对技术有效性评价，其优势在于能够处理多投入、多产出问题，无须事先假定生产技术前沿的具体函数形式，具有较强的客观性；而劣势在于估计了确定性的生产技术前沿，忽略随机因素对生产技术前沿位置的影响，易受统计误差、异常值等的影响。随机前沿分析是典型的参数化边界分析法，具有透明的生产技术前沿的函数形式，可以利用计量经济学工具对生产技术前沿函数进行估计，能够识别随机因素对生产技术前沿位置的影响。本篇内容主要由两部分构成，将分别详细介绍数据包络分析模型、随机前沿分析模型及其在能源经济分析中的应用。

第14章 数据包络分析模型

本章提要

数据包络分析（data envelopment analysis，DEA）模型是一种由数据驱动的边界分析方法，其能够利用线性规划方法刻画包含多投入、多产出的生产技术前沿，进而测算同类 DMUs 的相对技术效率，被广泛应用于解决能源经济学领域中的能源效率评价、污染物减排成本估计、碳排放权分配等问题。本章首先对 DEA 相关研究和发展历程进行概述，其次在简单阐释微观经济学生产理论、效率评价相关概念基础上，重点介绍 DEA 基本模型及 DEA 拓展模型，最后以能源效率评价、碳排放与能源绩效评价、大气污染物边际减排成本估计和二氧化碳排放最优控制路径等问题为例，说明 DEA 模型如何被应用于能源经济分析中。

14.1 DEA 概述

DEA 产生的最初动力来自效率评价问题，最初由美国著名运筹学家 Charnes 等（1978）提出，其利用线性规划方法拟合生产函数（production function），计算观测点到生产技术前沿面的距离，用以评价具有多投入、多产出 DMUs 的相对技术效率。DEA 的优势在于拓展了经济学的生产函数理论，无须事先假定生产函数的具体形式，其采用线性规划自我约束刻画生产技术前沿，避免了主观任意性导致的估计偏差。DEA 的劣势在于设定了确定性的生产技术前沿，忽视随机因素对生产技术前沿位置的影响，效率评估结果容易受统计误差和异常值等的影响。DEA 模型具有较强的适用性和客观性，这使其在较短时间内获得了较为广泛的应用。例如，公共部门的效率评价、区域经济的效率评价和金融机构的效率评价等。随着能源危机、资源紧缺和环境污染加剧，特别是在2000 年以后，基于 DEA 模型的应用研究迅速增加，DEA 的应用范围也在不断扩大，现已经成为解决能源与环境领域的科学问题的重要工具，主要研究方向涉及能源效率评价、环境绩效评价、污染物边际减排成本估计和碳排放权分配等。

DEA 模型最早可以追溯到 1957 年，Farrell（1957）在研究英国农业生产力时首次提出包络思想。Farrell 的理论也被认为是非参数化方法的开端，在运用和发展运筹学理论并进行实践的基础上，逐渐形成了依赖于线性规划技术，并常常用于效率定量测算的非参数方法，因此 DEA 方法又称为 Farrell 型有效性分析方法。早期 DEA 模型主要包括四个基本模型，即 CCR（Charnes Cooper Rhodes）模型、BCC（Banker Charnes Cooper）模型、FG（Färe Grosskopf）模型、ST（Seiford Thrall）模型。其中 CCR 模型可用于判断规模报酬不变情况下 DMUs 是否同时为技术有效（technically efficient）和规模有效；BCC 模型可用于判断规模报酬可变情况下 DMUs 是否为技术有效；FG 模型不仅可以评价 DMUs 的技术有效性，而且可以识别 DMUs 是处于规模报酬不变阶段还是规模报酬递减阶段；ST 模型不仅可以评价 DMUs 的技术有效性，亦可判断 DMUs 是处于规模报酬不变阶段还是规模报酬递增阶段。

伴随 DEA 方法理论的发展和对能源与环境问题的不断深入探索，大量改进的 DEA 模型如雨后春笋般不断涌现，特别是探索在传统 DEA 理论系统框架中如何纳入非期望产出成为 DEA 模型发展的重要推动力。例如，由 Shephard（1953）提出、经 Färe 和 Grosskopf（1985）及 Färe 等（1989）改进并发展的弱可处置环境生产技术，描述了期望产出和非期望产出间同增同减的伴生关系，在能源效率测算与环境绩效评价领域获得了广泛的应用。由 Murty 等（2012）提出的成本可处置环境生产技术描述了给定污染性投入下污染物排放的最低下界，同时将减排活动纳入环境生产技术中，可以有效识别成本有效性。Rødseth（2016，2017）基于物料平衡原则（materials balance principle，MBP）提出弱 G 可处置环境生产技术，将物料平衡原则纳入环境生产技术中，使得投入和产出关系满足基本的物理学定律，能够更为准确地刻画生产技术前沿。总体而言，不同环境生产技术的侧重点不同，在刻画 DMUs 的生产和减排行为等方面各具优势。

14.2 理论基础：生产理论

14.2.1 微观经济学生产理论

为了使读者更容易理解 DEA 的基本思想，本节对生产理论方面的基本知识进行回顾和阐述，同时阐释与效率评价相关的基础概念，学习这些基础知识有助于为理解边界分析方法特别是 DEA 模型奠定良好的基础。

1. 生产函数

作为产品的生产者和商品的供给者，厂商是指在市场经济条件下为获取利润而从事生产的某个经济单位，在 DEA 框架下通常被称为 DMUs。假设存在一个利用多种投入（如劳动力、资本、能源）生产一种产品的厂商。这样一个多投入 x、单产出 q 的厂商的生产技术可利用如下生产函数来表示：

$$q = f(x) \tag{14-1}$$

生产函数的基本假设来自对现实生产过程的抽象和简化，便于描述生产系统的结构和行为。生产函数描述了投入与产出之间的定量关系，首先简单介绍与生产函数式（14-1）有关的几个特性，为本章余下部分的经济分析奠定基础。

（1）非负性：$f(x)$ 的值是有限的、非负的实数。

（2）弱基本性：不使用任何一种投入，要生产正的产出是不可能的。

（3）单调性：投入的增加不会导致产出的减少，产出关于 x 非递减。更规范的表示为：如果 $x^1 \geqslant x^0$，则 $f(x^1) \geqslant f(x^0)$。如果生产函数是连续可微的，那么单调性就意味着所有投入要素的边际产出都是非负的。

2. 变换函数

如果将生产函数概念推广到一个厂商有多种产出的情况，传统的生产函数难以表示多投入、多产出的生产技术。为正确刻画一个使用多投入多产出厂商的生产技术。首先需要定义下述变换函数（transformation function）：

$$T(x, q) = 0 \tag{14-2}$$

此外，如果变换函数是二阶连续可微的，那么就可以利用微积分方法推导出一系列经济变量的数学表达式。受篇幅限制，本章未给出具体内容。

3. 规模报酬

规模报酬是指在其他条件不变的情况下，厂商内部各种投入要素按相同比例变化时所带来的产出变化情况。规模报酬分析的是厂商的生产规模变化与所引起的产出变化之间的关系。厂商只有在长期内才能变动全部生产要素，进而改变生产规模，因此企业的规模报酬分析属于长期生产理论问题。企业的规模报酬变化可以分为规模报酬递增、规模报酬递减和规模报酬不变三种情况。

规模报酬递增指产出增加的比例大于投入要素增加的比例，即 $f(\lambda x) - \lambda f(x) > 0$。

规模报酬递减指产出增加的比例小于投入要素增加的比例，即 $f(\lambda x) - \lambda f(x) < 0$。

规模报酬不变指产出增加的比例等于投入要素增加的比例，即 $f(\lambda x) - \lambda f(x) = 0$。

4. 等产量曲线与生产可能性曲线

等产量曲线［图 14.1（a）］是在技术水平不变的条件下生产同等产量商品的两种生产要素投入量的各种可能的组合形式。生产可能性曲线（production-possibility curve, PPC）［图 14.1（b）］则描绘了使用同样的投入能够生产的各种不同的产出组合形式。

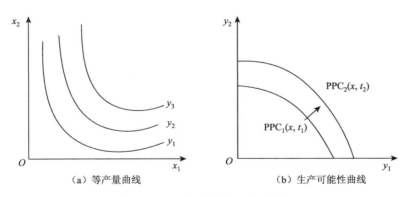

（a）等产量曲线　　　　　　（b）生产可能性曲线

图 14.1　两种角度的生产技术图示

14.2.2　效率评价的基础概念

1. 生产技术

DEA 建模的重要基础是构建能够反映现实生产过程的生产技术，常使用生产技术集来描述多投入、多产出的生产技术。假设一个厂商利用投入向量 $\boldsymbol{x}$ 生产得到产出向量 $\boldsymbol{y}$，投入和产出向量都是非负实数。生产技术集 $\boldsymbol{T}$ 可以被定义为

$$\boldsymbol{T} = \{(\boldsymbol{x}, \boldsymbol{y}): \boldsymbol{x}\text{可以生产出}\boldsymbol{y}\} \qquad (14\text{-}3)$$

生产技术能够等价地利用投入需求集 $\boldsymbol{L}(\boldsymbol{y})$ 与产出可能集 $\boldsymbol{P}(\boldsymbol{x})$ 来刻画。投入需求集描述生产给定的产出需求集合，被定义为下述集合：

$$\boldsymbol{L}(\boldsymbol{y}) = \{\boldsymbol{x}: \boldsymbol{x}\text{可以生产出}\boldsymbol{y}\} = \{\boldsymbol{x}: (\boldsymbol{x}, \boldsymbol{y}) \in \boldsymbol{T}\} \qquad (14\text{-}4)$$

类似地，产出可能集描述给定投入下可以生产的产出的集合，被定义为下述集合：

$$\boldsymbol{P}(\boldsymbol{x}) = \{\boldsymbol{y}: \boldsymbol{x}\text{可以生产出}\boldsymbol{y}\} = \{\boldsymbol{y}: (\boldsymbol{x}, \boldsymbol{y}) \in \boldsymbol{T}\} \qquad (14\text{-}5)$$

总之，产出可能集和投入需求集等价描述了生产技术，提供同样的投入和产出相互依存关系信息。在生产技术集 $\boldsymbol{T}$ 中，如果利用投入向量 $\boldsymbol{x}$ 能够生产得到产出向量 $\boldsymbol{y}$，表明向量 $\boldsymbol{y}$ 属于 $\boldsymbol{P}(\boldsymbol{x})$，同时也意味着向量 $\boldsymbol{x}$ 属于 $\boldsymbol{L}(\boldsymbol{y})$。

2. 距离函数

Shephard（1953）提出的距离函数和生产技术前沿密切相关，距离函数涉及投入和产出要素的收缩与扩张。距离函数允许在无须说明生产行为目的（如成本最小化或利润最大化）前提下，利用隐函数表示多投入、多产出的生产技术。距离函数主要包括 Shephard 距离函数和方向距离函数（directional distance function，DDF）。Shephard 距离函数包括投入距离函数和产出距离函数。投入距离函数指在给定产出向量下，刻画投入要素的最大缩减比例。同样在给定投入向量下，产出距离函数描述产出要素的最大扩张比例。图 14.2 基于产出可能集定义产出距离函数：

$$d_o(\boldsymbol{x}, \boldsymbol{y}) = \min\left\{\delta: \left(\frac{\boldsymbol{y}}{\delta}\right) \in \boldsymbol{P}(\boldsymbol{x})\right\} \qquad (14\text{-}6)$$

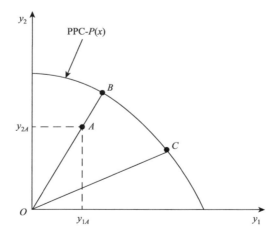

图 14.2　产出距离函数与产出可能集

对于在点 A 的厂商来说，使用等量投入向量 $\boldsymbol{x}$ 生产两种产出，产出距离函数的值为 $\delta = OA/OB$。产出距离函数测度的是保持给定投入水平下在产出可能集内所能增加的产出

量因子（*OB/OA*）的倒数。同时可以发现位于生产技术前沿上的点 *B*、点 *C* 的产出距离函数值都为 1。

图 14.3 基于投入需求集定义投入距离函数：

$$d_i(\boldsymbol{x}, \boldsymbol{y}) = \max\left\{\rho : \left(\frac{\boldsymbol{x}}{\rho}\right) \in \boldsymbol{L}(\boldsymbol{y})\right\} \tag{14-7}$$

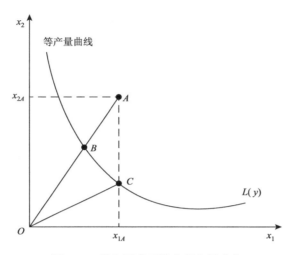

图 14.3　投入距离函数和投入需求集

对于在点 *A* 的厂商来说，需要两种投入生产既定产出，投入距离函数值为 *ρ* = *OA/OB*。投入距离函数测度的是生产给定产出在投入需求集内所能减少的投入量因子（*OB/OA*）的倒数。对于任意（*x*, *y*），在规模报酬不变情况下，投入距离函数值是产出距离函数值的倒数，虽然表达式均为 *OA/OB*，但实际上与点的位置有关，读者想明白这里为什么是倒数，相信定能明晰投入和产出距离函数的内涵。

Shephard 距离函数只能分析单一的投入缩减或产出扩张，而现实生产过程往往可以同时调整投入和产出。为此 Chambers 等（1996）提出了同时考虑投入与产出变动的方向距离函数，数学上方向距离函数表示形式如下：

$$\vec{D}(\boldsymbol{x}, \boldsymbol{y}; \boldsymbol{g}_x, \boldsymbol{g}_y) = \sup \beta : (\boldsymbol{x} - \beta \boldsymbol{g}_x, \boldsymbol{y} + \beta \boldsymbol{g}_y) \in \boldsymbol{T} \tag{14-8}$$

方向距离函数与 Shephard 距离函数的关系分别为

$$\vec{D}(\boldsymbol{x}, \boldsymbol{y}; \boldsymbol{x}, \boldsymbol{0}) = 1 - 1/d_i(\boldsymbol{x}, \boldsymbol{y}) \tag{14-9}$$

$$\vec{D}(\boldsymbol{x}, \boldsymbol{y}; \boldsymbol{0}, \boldsymbol{y}) = 1/d_o(\boldsymbol{x}, \boldsymbol{y}) - 1 \tag{14-10}$$

3. 生产技术前沿与技术效率

Koopmans（1957）首先提出了技术效率的概念，他将技术有效定义为：在一定的技术条件下，在既定的投入水平下，无法实现任意一种产出水平的增加或者在既定的产出水平下，无法实现任意一种投入水平的减少。生产率是与技术效率易混淆的重要概念。通常来说，生产率可以表示为厂商生产的产出与所需投入的比值：

$$生产率 = 产出/投入 \tag{14-11}$$

当生产过程是单投入、单产出时，此公式计算较为简单。考虑一种单投入（x）与单产出（y）的简单生产过程。在图 14.4 中，曲线 OF 表示生产技术前沿，刻画了给定投入下的最大产出水平。若一个厂商处于生产技术前沿上，那么此时的厂商在技术上是有效的；若处于生产技术前沿之下，那么此时的厂商在技术上是无效的。A 点表示技术无效点，而 B 点和 C 点则表示技术有效点。位于 A 点的厂商在技术上是无效的，因为从技术上讲，无须增加任何投入，它是可以实现 B 点所处的产出水平的，A 点没有达到 B 点的产出就是因为存在技术无效率情况。

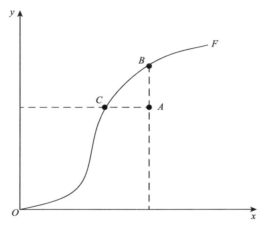

图 14.4　生产边界与技术效率

当生产过程是多投入、多产出时，为了计算生产率需要将多投入、多产出聚合成单一指标。Farrell（1957）进一步提出了多投入、多产出技术效率的测算方法，通过具体的线性规划模型对多个 DMUs 进行相对效率评价，现已得到了学术界的广泛认可，该方法随后逐渐发展为效率测度的基本框架，即 14.3 节介绍的 DEA 模型。

14.3　DEA 模型

14.3.1　DEA 基本模型

DEA 基本模型包括 CCR 模型、BCC 模型、FG 模型、ST 模型，这些 DEA 模型很好地阐释了 DEA 方法的基本思想，是初学者学习 DEA 方法必须掌握的基础知识，同时亦是学习更为复杂 DEA 模型的准备知识。

1. CCR 模型

CCR 模型是美国著名运筹学家 Charnes 等（1978）开发的优化模型，是其以相对技术效率概念为基础提出的一种崭新的系统分析方法。该方法将工程效率的定义推广到多投入、多产出系统的相对效率评价中，为 DMUs 之间的相对效率评价提供了一种切实可行的方法和有效工具。其通过虚拟产出（产出的加权和）与虚拟投入（投入的加权和）之比的最大化来决定 DMUs 的最优权重，可以避免权重设定时的主观任意性。

假设存在 n 个同质的 DMUs，每一个 DMU 消耗 m 种投入 $x_{ij}(i=1,2,\cdots,m)$ 得到 s 种产出 $y_{rj}(r=1,2,\cdots,s)$。对于被评价的 DMU_k，可以构建下述 CCR 模型：

$$\max \frac{\sum_{r=1}^{s} u_r y_{rk}}{\sum_{i=1}^{m} v_i x_{ik}}$$

$$\text{s.t.} \frac{\sum_{r=1}^{s} u_r y_{rj}}{\sum_{i=1}^{m} v_i x_{ij}} \leqslant 1, j=1,2,\cdots,n$$

$$v_i \geqslant 0, u_r \geqslant 0,\ i=1,2,\cdots,m; r=1,2,\cdots,s$$

（14-12）

其中，v_i，u_r 分别表示投入和产出的权重。

该模型保证所有 DMUs 的效率不大于 1，即在技术上是可行的，被评价的 DMU_k 会选择使自己效率最高的权重，即选择一个生产技术前沿更加贴近自己的生产技术。然而，由于模型（14-12）是分式规划模型，直接求解相对比较困难，通常需要进行 Charnes-Cooper 变换（Charnes et al.，1978），可将分式规划模型进一步等价转换为产出最大化的线性规划模型：

$$\max \sum_{r=1}^{s} u_r y_{rk}$$

$$\text{s.t.} \sum_{i=1}^{m} v_i x_{ik} = 1$$

$$\sum_{i=1}^{m} v_i x_{ij} - \sum_{r=1}^{s} u_r y_{rj} \geqslant 0, j=1,2,\cdots,n$$

$$v_i \geqslant 0, u_r \geqslant 0,\ i=1,2,\cdots,m; r=1,2,\cdots,s$$

（14-13）

对模型（14-13）进行对偶变换得到包络模型：

$$\min \theta$$

$$\text{s.t.} \sum_{j=1}^{n} \lambda_j x_{ij} \leqslant \theta x_{ik}, i=1,2,\cdots,m$$

$$\sum_{j=1}^{n} \lambda_j y_{rj} \geqslant y_{rk},\ r=1,2,\cdots,s$$

$$\lambda_j \geqslant 0, j=1,2,\cdots,n$$

（14-14）

该包络模型能够判断 DMUs 的投入规模是否适当，并给出 DMUs 投入的缩减程度。假定 (θ^*, λ_j^*) 为模型（14-14）的最优解，其中 θ^* 为被评价的 DMU_k 投入导向的 CCR 技术效率值，$\theta^* \in (0,1]$。如果 $\theta^* = 1$，称被评价的 DMU_k 是技术有效的，其观测点位于生产技术前沿上，即在该产出水平，投入不能再进一步减少；如果 $\theta^* < 1$，称被评价的 DMU_k

是技术无效的，即在保证产出不变的情况下，所有投入可以按 $1-\theta^*$ 等比例缩减，其在生产技术前沿上的投影点为 $\left(\sum\limits_{j=1}^{n}\lambda_j^* x_{ij}, \sum\limits_{j=1}^{n}\lambda_j^* y_{rj}\right)$。一般情况下，模型（14-13）和模型（14-14）分别称为 CCR 模型的乘数形式（multiplier form）和包络形式（envelopment form）。乘数形式模型（14-13）和包络形式模型（14-14）是投入导向（input-oriented）的 CCR 模型，又被称为 Farrell 模型，即在产出水平不变的条件下，最大可能地缩减投入的比例。

类似地，在保证投入水平不变条件下，最大程度增加产出，称为产出导向的 CCR 模型，产出导向的乘数形式模型如下：

$$\min \sum_{i=1}^{m} v_i x_{ik}$$

$$\text{s.t. } \sum_{r=1}^{s} u_r y_{rk} = 1$$

$$\sum_{i=1}^{m} v_i x_{ij} - \sum_{r=1}^{s} u_r y_{rj} \geqslant 0, \ j=1,2,\cdots,n$$

$$v_i \geqslant 0, u_r \geqslant 0, \ i=1,2,\cdots,m; r=1,2,\cdots,s \tag{14-15}$$

对偶模型（包络形式模型）：

$$\max \varphi$$

$$\text{s.t. } \sum_{j=1}^{n} \lambda_j x_{ij} \leqslant x_{ik}, \ i=1,2,\cdots,m$$

$$\sum_{j=1}^{n} \lambda_j y_{rj} \geqslant \varphi y_{rk}, \ r=1,2,\cdots,s$$

$$\lambda_j \geqslant 0, \ j=1,2,\cdots,n \tag{14-16}$$

假定 (φ^*, λ_j^*) 为模型（14-16）的最优解，则 $1/\varphi^*$ 为被评价 DMU_k 产出导向的 CCR 技术效率值，$\varphi^* \in [1,\infty)$。如果 $\varphi^*=1$，那么被评价 DMU 技术有效，否则技术无效。

2. BCC 模型

先前介绍的 CCR 模型假定生产技术规模报酬不变，即技术有效的 DMUs 均处于最优生产规模阶段。但实际生产中，技术有效的 DMUs 并非一定处于最优生产规模状态。Banker 等（1984）提出了不考虑生产可能集且满足锥性的 DEA 模型，即 BCC 模型。BCC 模型的出现进一步推进了 DEA 方法的发展，其后续成为与 CCR 模型并肩的经典 DEA 模型。

投入导向的 BCC 模型的包络形式[①]为

$$\min \theta$$

$$\text{s.t. } \sum_{j=1}^{n} \lambda_j x_{ij} \leqslant \theta x_{ik}, \ i=1,2,\cdots,m$$

---

① 由于 BCC 模型、FG 模型、ST 模型等 DEA 基本模型的许多概念和计算结果与 CCR 模型存在较多相似之处，在此只进行简要介绍，具体细节烦请参阅推荐的参考文献。

$$\sum_{j=1}^{n} \lambda_j y_{rj} \geqslant y_{rk}, \ r=1,2,\cdots,s$$

$$\sum_{j=1}^{n} \lambda_j = 1, \lambda_j \geqslant 0, \ j=1,2,\cdots,n \tag{14-17}$$

模型（14-18）为对偶模型，即 BCC 模型的乘法形式为

$$\max \sum_{r=1}^{s} u_r y_{rk} - \mu_o$$

$$\text{s.t.} \sum_{i=1}^{m} v_i x_{ik} = 1$$

$$\sum_{r=1}^{s} u_r y_{rj} - \sum_{i=1}^{m} v_i x_{ij} - \mu_o \leqslant 0, \ j=1,2,\cdots,n$$

$$v_i \geqslant 0, u_r \geqslant 0, \mu_o \in R$$

$$i=1,2,\cdots,m; r=1,2,\cdots,s \tag{14-18}$$

产出导向的 BCC 模型，其包络形式为

$$\max \varphi$$

$$\text{s.t.} \sum_{j=1}^{n} \lambda_j x_{ij} \leqslant x_{ik}, \ i=1,2,\cdots,m$$

$$\sum_{j=1}^{n} \lambda_j y_{rj} \geqslant \varphi y_{rk}, \ r=1,2,\cdots,s$$

$$\sum_{j=1}^{n} \lambda_j = 1, \lambda_j \geqslant 0, \ j=1,2,\cdots,n \tag{14-19}$$

CCR 模型建立在规模报酬不变的假设基础之上，它认为技术有效的 DMUs 已经达到了生产的最优规模状态，因此通过 CCR 模型得到的技术效率涵盖了规模效率（scale efficiency），BCC 模型得到的技术效率被称为纯技术效率（pure technical efficiency）。这三种效率之间的关系（Färe and Grosskopf，1985）为

$$规模效率 = CCR 技术效率/纯技术效率 \tag{14-20}$$

3. FG 模型

基于生产可能集 T_{FG}，投入导向和产出导向的 FG 模型分别在模型（14-14）和模型（14-16）的基础上增加约束条件 $\sum_{j=1}^{n} \lambda_j \leqslant 1$（Färe and Grosskopf，1985），刻画非规模报酬递增（non-increasing returns to scale，NIRS）的生产技术。

投入导向的 FG 数据包络模型为

$$\min \theta$$

$$\text{s.t.} \sum_{j=1}^{n} \lambda_j x_{ij} \leqslant \theta x_{ik}, \ i=1,2,\cdots,m$$

$$\sum_{j=1}^{n} \lambda_j y_{rj} \geqslant y_{rk}, \ r=1,2,\cdots,s$$

$$\sum_{j=1}^{n} \lambda_j \leqslant 1, \lambda_j \geqslant 0, j = 1, 2, \cdots, n \tag{14-21}$$

产出导向的 FG 数据包络模型为

$$\max \varphi$$

$$\text{s.t.} \sum_{j=1}^{n} \lambda_j x_{ij} \leqslant x_{ik}, i = 1, 2, \cdots, m$$

$$\sum_{j=1}^{n} \lambda_j y_{rj} \geqslant \varphi y_{rk}, r = 1, 2, \cdots, s$$

$$\sum_{j=1}^{n} \lambda_j \leqslant 1, \lambda_j \geqslant 0, j = 1, 2, \cdots, n \tag{14-22}$$

4. ST 模型

基于生产可能集 $\boldsymbol{T}_{\text{ST}}$，投入导向和产出导向的 ST 模型分别在模型（14-14）和模型（14-16）的基础上增加约束条件 $\sum_{j=1}^{n} \lambda_j \geqslant 1$（Seiford and Thrall，1990），刻画非规模报酬递减（non-decreasing returns to scale，NDRS）的生产技术。

投入导向的 ST 数据包络模型为

$$\min \theta$$

$$\text{s.t.} \sum_{j=1}^{n} \lambda_j x_{ij} \leqslant \theta x_{ik}, i = 1, 2, \cdots, m$$

$$\sum_{j=1}^{n} \lambda_j y_{rj} \geqslant y_{rk}, r = 1, 2, \cdots, s$$

$$\sum_{j=1}^{n} \lambda_j \geqslant 1, \lambda_j \geqslant 0, j = 1, 2, \cdots, n \tag{14-23}$$

产出导向的 ST 数据包络模型为

$$\max \varphi$$

$$\text{s.t.} \sum_{j=1}^{n} \lambda_j x_{ij} \leqslant x_{ik}, i = 1, 2, \cdots, m$$

$$\sum_{j=1}^{n} \lambda_j y_{rj} \geqslant \varphi y_{rk}, r = 1, 2, \cdots, s$$

$$\sum_{j=1}^{n} \lambda_j \geqslant 1, \lambda_j \geqslant 0, j = 1, 2, \cdots, n \tag{14-24}$$

根据上述 DEA 基本模型简介，可以发现 DEA 模型主要包括两大部分：生产技术刻画和技术效率测度。生产技术主要由投入、产出的可处置性假设（周鹏等，2020）及规模报酬特征决定，而技术效率测度由测度类型和方向决定。

5. 数值算例

将 DEA 模型应用于能源领域始于 20 世纪 80 年代后期，美国放松能源市场管制之后形成了能源企业重组浪潮，DEA 模型也成为能源领域，尤其是电力领域的主要工具（Jamasb and Pollitt，2003）。传统研究中经常利用能源强度来衡量能源利用效率，其具有计算简单、易于理解的优点，但忽视了劳动力、资本等非能源要素和能源要素之间的替代关系。Hu 和 Wang（2006）在生产框架中增加了劳动力、资本等非能源要素，并将其内生化于生产技术中，首次提出了全要素能源效率（total factor energy efficiency，TFEE）的概念。TFEE 可以定义为

$$\mathrm{TFEE}_k = \frac{\mathrm{TEI}_k}{\mathrm{AEI}_k}$$

其中，TEI_k 表示目标能源投入量；AEI_k 表示实际能源投入量。假定有 n 个 DMUs，每个 DMU 利用 z 种能源要素和 m 种非能源要素（如劳动力和资本）生产 s 种期望产出（如 GDP）。令 e_{qj}、x_{ij} 和 y_{rj} 分别表示第 j 个 DMU 的第 q 种能源要素、第 i 种非能源要素和第 r 种期望产出。规模报酬不变条件下投入导向的能源效率可以通过以下 CCR 模型求解：

$$\min \theta$$
$$\text{s.t.} \sum_{j=1}^{n} \lambda_j e_{qj} \leqslant \theta e_{qk}, \ q = 1, 2, \cdots, z$$
$$\sum_{j=1}^{n} \lambda_j x_{ij} \leqslant x_{ik}, i = 1, 2, \ldots, m$$
$$\sum_{j=1}^{n} \lambda_j y_{rj} \geqslant y_{rk}, \ r = 1, 2, \cdots, s$$
$$\lambda_j \geqslant 0, \ j = 1, 2, \cdots, n$$

下面介绍一个简单数值算例。

假设存在五个火力发电厂，利用劳动力（L）、资本（K）、燃料（E）生产得到发电量（Y），具体的投入产出数据见表 14.1。

表 14.1　火力发电厂投入产出数据（一）

火力发电厂	劳动力（L）	资本（K）	燃料（E）	发电量（Y）
1	9	23	40	118
2	10	22	51	136
3	6	16	33	89
4	15	30	65	168
5	5	19	35	95

以求解火力发电厂 1 的能源效率为例，需要构建下述 CCR-DEA 模型：

$$\min \theta$$
$$\text{s.t.} \sum_{j=1}^{5} \lambda_j E_j \leqslant \theta E_1$$

$$\sum_{j=1}^{5} \lambda_j L_j \leqslant L_1$$

$$\sum_{j=1}^{5} \lambda_j K_j \leqslant K_1$$

$$\sum_{j=1}^{5} \lambda_j Y_j \geqslant Y_1$$

$$\lambda_j \geqslant 0, \ j = 1, 2, \cdots, 5$$

每次求解某一火力发电厂的能源效率时，需要将上述 CCR-DEA 模型右端项替换为被评价的 DMU 的相关数据。代入具体的数据，以火力发电厂 1 为例，可以写出模型的具体线性规划形式：

$$\min \theta$$
$$\text{s.t. } 40\lambda_1 + 51\lambda_2 + 33\lambda_3 + 65\lambda_4 + 35\lambda_5 \leqslant 40\theta$$
$$9\lambda_1 + 10\lambda_2 + 6\lambda_3 + 15\lambda_4 + 5\lambda_5 \leqslant 9$$
$$23\lambda_1 + 22\lambda_2 + 16\lambda_3 + 30\lambda_4 + 19\lambda_5 \leqslant 23$$
$$118\lambda_1 + 136\lambda_2 + 89\lambda_3 + 168\lambda_4 + 95\lambda_5 \geqslant 118$$
$$\lambda_j \geqslant 0, \ j = 1, 2, \cdots, 5$$

14.3.2　DEA 拓展模型

伴随 DEA 方法理论的发展和对能源与环境问题的不断深入探索，大量改进的 DEA 模型如雨后春笋般不断涌现，接下来主要介绍在能源与环境领域应用较为广泛的重要 DEA 模型。

传统 DEA 模型，如 CCR 模型，假定投入和产出满足强（自由）可处置性（strong disposability）假设，即投入和产出满足：如果 $(x, y) \in T$ 且 $\tilde{x} \geqslant x$，那么 $(\tilde{x}, y) \in T$；如果 $(x, y) \in T$ 且 $\tilde{y} \leqslant y$，那么 $(\tilde{x}, y) \in T$。然而，在现实生产过程中投入和产出可能不完全满足强可处置性假设。例如，火力发电厂的电力生产过程经常伴随 SO_2 等非期望产出，减少这种非期望产出通常需要一定的成本，这种有别于期望产出的污染物不再是自由减少的，因此假定所有产出是强可处置的变得不再恰当。污染物等非期望产出的出现使得传统的生产技术难以满足能源与环境领域对 DEA 模型进行研究的需要，大量学者提出拓展 DEA 模型，尝试将非期望产出纳入传统生产技术框架中。

首先，在介绍这些拓展的 DEA 模型之前需要对环境生产技术中投入和期望产出的相互依赖关系进行表示，学者在非期望产出处置性方面存在诸多分歧，由此产生各具特色的环境生产技术。考虑这样一个生产过程：假定有 K 个同质 DMUs，每个 DMU 使用投入要素 $x \in R_+^m$（如劳动力、资本和能源），联合生产得到期望产出 $y \in R_+^n$ 和非期望产出 $b \in R_+^j$。环境生产技术集 T 可以表示为

$$T = \left\{ (x, y, b) \big| x \text{可以生产出} (y, b) \right\} \tag{14-25}$$

基于生产经济学理论，传统生产技术通常需要对投入和期望产出施加以下标准假设

（周鹏等，2020；周鹏和安超，2022）。

假设 14.1　无为（inactivity）：$(x, 0, 0) \in T$。

由给定的投入，不生产任何产出在技术上是可行的。

假设 14.2　没有免费的午餐：如果 $(y, b) \geqslant (0, 0)$，那么 $(0, y, b) \notin T$。

不消耗任何投入要素，要生产正的产出在技术上是不可行的。

假设 14.3　环境生产技术集 T 是闭集：环境生产技术的边界仍然是集合的一部分。

假设 14.4　环境生产技术集 T 是有界的。

假设 14.5　环境生产技术集 T 是凸集：如果 $(x, y, b) \in T$ 且 $(\tilde{x}, \tilde{y}, \tilde{b}) \in T$，那么 $[\mu(x, y, b) + (1 - \mu)(\tilde{x}, \tilde{y}, \tilde{b})] \in T$，$\mu \in (0, 1)$。

假设 14.6　投入强可处置性：如果 $(x, y, b) \in T$ 且 $\tilde{x} \geqslant x$，那么 $(\tilde{x}, y, b) \in T$。

同等数量的产出可以由更高水平的投入生产。

假设 14.7　产出强可处置性：如果 $(x, y, b) \in T$ 且 $\tilde{y} \leqslant y$，那么 $(x, \tilde{y}, b) \in T$。

同等数量的投入可以生产更少数量的期望产出。

1. 弱可处置 DEA 模型

弱可处置概念最早由 Shephard 提出，后经 Färe 及其合作者改进和发展，在环境评估领域得到了广泛的应用，相关研究可参考 Zhou 等（2008）的研究工作。弱可处置环境生产技术认为非期望产出不能像期望产出一样可被自由处置，非期望产出的减少往往伴随期望产出的损失。该环境生产技术下期望产出和非期望产出共同满足弱可处置性和零结合性假设（Färe et al.，1989；Färe and Grosskopf，2004）。

假设 14.8　弱可处置性：如果 $(x, y, b) \in T$，且 $0 \leqslant \theta \leqslant 1$，那么 $(x, \theta y, \theta b) \in T$。

假设 14.9　零结合性（null-jointness）：如果 $(x, y, b) \in T$ 且 $b = 0$，那么 $y = 0$。

零结合性表示，如果企业想要完全消除污染物，只能停止当前生产活动。

规模报酬不变条件下弱可处置环境生产技术 T^w 非参数模型可以定义为

$$T^w = \{(x, y, b) : x \geqslant x\lambda, y \leqslant y\lambda, b = b\lambda, \lambda \geqslant 0\} \tag{14-26}$$

式（14-26）的核心约束是：b 满足等式约束 $b = b\lambda$。企业试图单独减少非期望产出在技术上是不可行的，减少非期望产出需要付出一定的经济代价。例如，燃煤发电厂在燃煤发电过程中会生成 SO_2，弱可处置性表明要想减少 10% 的 SO_2 必须同比例减少 10% 的发电量。当企业面临环境管制时，为了达到排放标准，企业不得不缩减生产规模，通过减少能源消耗来实现污染物和期望产出同步减少。那么，弱可处置环境生产技术可以基于环境管制导致的经济损失来测度环境管制成本。

从技术生产效率视角测度能源效率，首先需要定义距离函数，主要包含 Shephard 投入（产出）距离函数和方向距离函数。首先定义 Shephard 投入距离函数如下[①]：

$$\vec{D}(x^{ne}, e, y, b) = \sup\{\theta : (x^{ne}, e/\theta, y, b)\} \tag{14-27}$$

Shephard 投入距离函数，即式（14-27）尝试在保持投入产出关系满足产出可能集前提下尽可能减少能源消耗，x^{ne} 表示非能源要素（本质属于非引致污染投入），$e/\vec{D}(x^{ne}, e, y, b)$

---

① 关于 Shephard 投入和产出距离函数的详尽讨论请参阅 Färe 和 Primont（1994，1995）。

表示假想 DMU 变得有效率时的目标能源消耗量。能源效率可以通过计算目标能源消耗量和实际能源消耗量之比得到，数值上等价于 Shephard 投入距离函数的倒数：

$$\text{EE} = 1/\vec{D}(x^{\text{ne}}, e, y, b) = \frac{1}{\theta} \qquad (14\text{-}28)$$

如果某一 DMU 的能源效率为 1，则表明该 DMU 恰好处于生产技术前沿上；反之，如果某一 DMU 的能源效率小于 1，则该 DMU 位于生产技术前沿下方。图 14.5 表示当资本和劳动力固定不变时，能源和期望产出的生产曲线。假设需要估计点 A 的能源效率，为了使得点 A 到达生产技术前沿，需要将点 A 的能源消耗由 E_0 减少到 E_1。因此，Shephard 投入距离函数值等于 CA/CB，而能源效率值等于它的倒数 CB/CA。

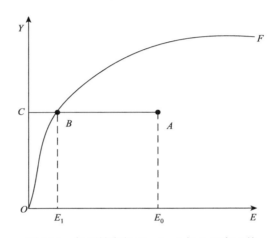

图 14.5　能源效率与 Shephard 投入距离函数

基于 Shephard 投入距离函数测度能源效率，数学上，可以通过求解以下弱可处置 DEA 模型得到：

$$\text{EE} = 1/\vec{D}(x^{\text{ne}}, e, y, b) = \min \theta$$

$$\text{s.t.} \sum_{k=1}^{K} \lambda_k x_{mk}^{\text{ne}} \leqslant x_{mo}^{\text{ne}}, \ m = 1, 2, \cdots, M$$

$$\sum_{k=1}^{K} \lambda_k e_{qk} \leqslant \theta e_{qo}, \ q = 1, 2, \cdots, Q$$

$$\sum_{k=1}^{K} \lambda_k y_{nk} \geqslant y_{no}, \ n = 1, 2, \cdots, N$$

$$\sum_{k=1}^{K} \lambda_k b_{jk} = b_{jo}, \ j = 1, 2, \cdots, J$$

$$\lambda_k \geqslant 0, \ k = 1, 2, \cdots, K \qquad (14\text{-}29)$$

其中，下标 o 表示被评价的 DMU，对于不同种类的能源采用一致的缩减比例 θ，因此该 DEA 模型属于径向能源效率评价模型，不能有效识别能源结构对能源效率的影响。考虑到能源结构对能源效率的混合效应，可以构建下述非径向弱可处置 DEA 模型来测度能源效率：

$$EE = 1 / \vec{D}(x^{\text{ne}}, e, y, b) = \min \frac{1}{Q} \sum_{q=1}^{Q} \theta_q$$

$$\text{s.t.} \sum_{k=1}^{K} \lambda_k x_{mk}^{\text{ne}} \leqslant x_{mo}^{\text{ne}}, m = 1, 2, \cdots, M$$

$$\sum_{k=1}^{K} \lambda_k e_{qk} \leqslant \theta_q e_{qo}, q = 1, 2, \cdots, Q$$

$$\sum_{k=1}^{K} \lambda_k y_{nk} \geqslant y_{no}, n = 1, 2, \cdots, N$$

$$\sum_{k=1}^{K} \lambda_k b_{jk} = b_{jo}, j = 1, 2, \cdots, J$$

$$\lambda_k \geqslant 0, k = 1, 2, \cdots, K \qquad (14\text{-}30)$$

基于方向距离函数测度效率，能够在增加期望产出的同时尽可能减少投入和非期望产出（Chambers et al.，1996），能够同时测度能源效率和环境绩效，因此在测度能源与环境绩效时更具优势。令 $g = (-g_{x^{\text{ne}}}, -g_e, g_y - g_b)$ 为方向向量，弱可处置环境生产技术下的方向距离函数可以表示为

$$\vec{D}\left[x^{\text{ne}}, e, y, b; g = (-g_{x^{\text{ne}}}, -g_e, g_y - g_b) \right]$$
$$= \sup\left[\beta \,|\, (x^{\text{ne}} - \beta g_{x^{\text{ne}}}, e - \beta g_e, y + \beta g_y, b - \beta g_b) \in T^w \right] \qquad (14\text{-}31)$$

在生产过程中企业往往既追求节能又注重减排，因此需要对能源效率和环境绩效进行综合评价，为测度能源与环境绩效可以构建以下径向弱可处置 DEA 模型：

$$\vec{D}\left[x^{\text{ne}}, e, y, b; g = (0, -e, 0, -b) \right] = \max \beta$$

$$\text{s.t.} \sum_{k=1}^{K} \lambda_k x_{mk}^{\text{ne}} \leqslant x_{mo}^{\text{ne}}, m = 1, 2, \cdots, M$$

$$\sum_{k=1}^{K} \lambda_k e_{qk} \leqslant (1-\beta) e_{qo}, q = 1, 2, \cdots, Q$$

$$\sum_{k=1}^{K} \lambda_k y_{nk} \geqslant y_{no}, n = 1, 2, \cdots, N$$

$$\sum_{k=1}^{K} \lambda_k b_{jk} = (1-\beta) b_{jo}, j = 1, 2, \cdots, J$$

$$\lambda_k \geqslant 0, k = 1, 2, \cdots, K \qquad (14\text{-}32)$$

在方向距离函数中松弛比例或非效率值 β 完全相同，因此模型（14-32）是径向 DEA 模型。如果 $\beta = 0$，那么对应的 DMU 被看作是有效率的，不存在进一步改善的潜力空间。$\beta > 0$ 表明对应的 DMU 是无效率的。

径向方向距离函数允许所有投入收缩（产出扩张）相同的比例，这样可能导致弱技术有效。基于径向方向距离函数的效率测度模型通常会高估效率，因为期望产出存在潜在扩张空间，依然可以进一步缩减投入和非期望产出。非径向方向距离函数可以进一步识别过多投入或产出不足导致的未释放的潜力。选择非径向方向距离函数测算能源与环境绩效，在数学上可以构建以下弱可处置 DEA 模型求解：

$$\vec{D}\left[\boldsymbol{x}^{\mathrm{ne}}, \boldsymbol{e}, \boldsymbol{y}, \boldsymbol{b}; \boldsymbol{g}=(\boldsymbol{0}, -\boldsymbol{e}, \boldsymbol{0}, -\boldsymbol{b})\right]$$

$$= \max \frac{1}{2}\left(\frac{1}{Q}\sum_{q=1}^{Q}\beta_q + \frac{1}{J}\sum_{j=1}^{J}\beta_j\right)$$

$$\text{s.t.} \sum_{k=1}^{K}\lambda_k x_{mk}^{\mathrm{ne}} \leqslant x_{mo}^{\mathrm{ne}}, \ m=1,2,\cdots,M$$

$$\sum_{k=1}^{K}\lambda_k e_{qk} \leqslant (1-\beta_q)e_{qo}, \ q=1,2,\cdots,Q$$

$$\sum_{k=1}^{K}\lambda_k y_{nk} \geqslant y_{no}, \ n=1,2,\cdots,N$$

$$\sum_{k=1}^{K}\lambda_k b_{jk} = (1-\beta)b_{jo}, \ j=1,2,\cdots,J$$

$$\lambda_k \geqslant 0, \ k=1,2,\cdots,K \qquad\qquad （14\text{-}33）$$

其中，β_q 和 β_j 分别表示能源投入和非期望产出松弛比例。

弱可处置环境生产技术前沿包含负相关区域，也即图 14.6 中显示的向后弯曲部分，反映了生产过程中期望产出存在拥挤现象，即非期望产出增加到一定程度会导致期望产出减少。考虑到污染物技术特征，不同污染物对弱可处置性的适用性存在差异。工业生产中能源消耗会不可避免产生二氧化碳，但目前该技术对二氧化碳末端减排作用微乎其微，大多通过缩减生产规模来减少二氧化碳排放。因此，对二氧化碳施加弱可处置性假设通常是合乎常理的。然而，企业可以借助脱硫脱硝设备去除绝大部分的 SO_x 和 NO_x，期望产出和非期望产出不需要同比例减少。因此，对 SO_x 和 NO_x 施加弱可处置性假设可能是不恰当的。

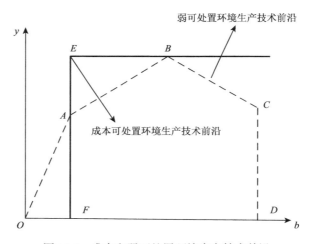

图 14.6　成本和弱可处置环境生产技术前沿

弱可处置环境生产技术尽管得到环境领域多数研究者的认可，但仍然存在以下诸多不足（周鹏等，2020）。第一，弱可处置环境生产技术可能会生成无经济意义的污染物影子价格。第二，该环境生产技术对所有 DMUs 施加完全一致的减排因子，忽视 DMUs 间的异质性，会形成有偏的环境生产技术前沿。第三，该环境生产技术没有考虑投入要素质量的提升，导致与部分环境保护现实不一致。例如，火力发电厂改用高品质煤炭（单位质量标准煤排放更少二氧化碳），尽管煤炭消耗数量在增加，但二氧化碳排放总量却在减少。第四，弱可处置没有考虑企业的技术革新和管理创新对环境生产技术的影响，而减排技术革新是企业目前应对环境管制的重要策略。第五，在不考虑末端减排，给定投入不变的条件下，认为污染物和期望产出会同比例减少，会导致违背物料平衡原则。

2. 成本可处置 DEA 模型

弱可处置 DEA 模型建立于单方程的环境生产技术之上，投入、期望产出和非期望产出间经常形成违反直觉的替代关系。鉴于此，Murty 等（2012）提出了成本可处置性假设，构建了副产品技术（by-product technology），该技术通过多方程生产技术框架正确刻画了投入、产出要素之间合理的数量关系。成本可处置环境生产技术由期望产出生产技术和非期望产出生产技术的交集构成。期望产出生产技术满足标准性假设，追求给定投入条件下的最大期望产出；非期望产出生产技术满足成本可处置性假设，其核心是刻画给定引致污染投入条件下的最低污染物排放量，非效率生产活动生成的污染物数量会超出该最低排放量。此外，成本可处置环境生产技术的一个重要特征是将减排行为作为特殊的期望产出纳入环境生产技术中，可以更加准确地估算减排成本。成本可处置环境生产技术 $\boldsymbol{T}^c$ 可以表示为

$$\boldsymbol{T}^c = T_1 \bigcap T_2$$

期望产出生产技术 T_1：

$$T_1 = \left\{(\boldsymbol{x}^p, \boldsymbol{x}^{np}, \boldsymbol{y}, \boldsymbol{y}^a) : (\boldsymbol{x}^p, \boldsymbol{x}^{np}) \text{可以共同生产出} (\boldsymbol{y}, \boldsymbol{y}^a)\right\} \tag{14-34}$$

非期望产出生产技术 T_2：

$$T_2 = \left\{(\boldsymbol{x}^p, \boldsymbol{y}^a, \boldsymbol{b}) : \boldsymbol{x}^p \text{可以生产出} (\boldsymbol{y}^a, \boldsymbol{b})\right\} \tag{14-35}$$

假设 14.10 成本可处置：

$$(\boldsymbol{x}^p, \boldsymbol{y}^a, \boldsymbol{b}) \in T_2, \text{ 且 } \tilde{\boldsymbol{x}}^p \leqslant \boldsymbol{x}^p, \quad \tilde{\boldsymbol{b}} \geqslant \boldsymbol{b}, \text{ 那么 } (\tilde{\boldsymbol{x}}^p, \boldsymbol{y}^a, \boldsymbol{b}) \in T_2$$

其中，$\boldsymbol{x}^p$ 和 $\boldsymbol{x}^{np}$ 分别表示引致污染投入（如能源）和非引致污染投入（如劳动力和资本）；$\boldsymbol{y}^a$ 表示减排活动，该环境生产技术将其看作特殊的期望产出。

期望产出生产技术满足标准假设，即强可处置性，其非参数模型为

$$T_1 = \left\{(\boldsymbol{x}^p, \boldsymbol{x}^{np}, \boldsymbol{y}, \boldsymbol{y}^a) : \boldsymbol{x}^p \geqslant \boldsymbol{x}^p \lambda, \boldsymbol{x}^{np} \geqslant \boldsymbol{x}^{np} \lambda, \boldsymbol{y} \leqslant \boldsymbol{y} \lambda, \boldsymbol{y}^a \leqslant \boldsymbol{y}^a \lambda, \lambda \geqslant 0\right\} \tag{14-36}$$

非期望产出生产技术满足成本可处置性，引致污染投入满足"$\leqslant$"约束，而减排活动和污染物排放满足"$\geqslant$"约束，其非参数模型为

$$T_2 = \left\{(\boldsymbol{x}^p, \boldsymbol{y}^a, \boldsymbol{b}) : \boldsymbol{x}^p \leqslant \boldsymbol{x}^p \boldsymbol{\mu}, \boldsymbol{y}^a \geqslant \boldsymbol{y}^a \boldsymbol{\mu}, \boldsymbol{b} \geqslant \boldsymbol{b} \boldsymbol{\mu}, \boldsymbol{\mu} \geqslant 0\right\} \tag{14-37}$$

成本可处置环境生产技术的非参数模型为

$$\boldsymbol{T}^c = \begin{cases} (\boldsymbol{x}^p, \boldsymbol{x}^{np}, \boldsymbol{y}, \boldsymbol{y}^a, \boldsymbol{b}) : \boldsymbol{x}^p \geqslant \boldsymbol{x}^p \lambda, \boldsymbol{x}^{np} \geqslant \boldsymbol{x}^{np} \lambda, \boldsymbol{y} \leqslant \boldsymbol{y} \lambda, \\ \boldsymbol{y}^a \leqslant \boldsymbol{y}^a \lambda, \boldsymbol{x}^p \leqslant \boldsymbol{x}^p \boldsymbol{\mu}, \boldsymbol{y}^a \geqslant \boldsymbol{y}^a \boldsymbol{\mu}, \boldsymbol{b} \geqslant \boldsymbol{b} \boldsymbol{\mu}, \lambda \geqslant 0, \boldsymbol{\mu} \geqslant 0 \end{cases} \tag{14-38}$$

为测度期望产出的技术效率，基于期望产出生产技术可以构建以下 DEA 模型：

$$\max \theta$$
$$\text{s.t. } \boldsymbol{x}^p \geqslant \boldsymbol{x}^p \boldsymbol{\lambda}$$
$$\boldsymbol{x}^{\mathrm{np}} \geqslant \boldsymbol{x}^{\mathrm{np}} \boldsymbol{\lambda}$$
$$\theta \boldsymbol{y} \leqslant \boldsymbol{y} \boldsymbol{\lambda}$$
$$\boldsymbol{y}^a \leqslant \boldsymbol{y}^a \boldsymbol{\lambda}$$
$$\boldsymbol{\lambda} \geqslant \boldsymbol{0} \tag{14-39}$$

为测度环境绩效，基于非期望产出生产技术可以构建以下 DEA 模型：

$$\min \beta$$
$$\text{s.t. } \boldsymbol{x}^p \leqslant \boldsymbol{x}^p \boldsymbol{\mu}$$
$$\boldsymbol{y}^a \geqslant \boldsymbol{y}^a \boldsymbol{\mu}$$
$$\beta \boldsymbol{b} \geqslant \boldsymbol{b} \boldsymbol{\mu}$$
$$\boldsymbol{\mu} \geqslant \boldsymbol{0} \tag{14-40}$$

此外，可以构建产出导向的双曲（hyperbolic）效率指数 DEA 模型测度期望产出和非期望产出的综合技术效率：

$$E_H(\boldsymbol{x}^p, \boldsymbol{x}^{\mathrm{np}}, \boldsymbol{y}, \boldsymbol{y}^a, \boldsymbol{T}_c) = \max \theta$$
$$\text{s.t. } \boldsymbol{x}^p \geqslant \boldsymbol{x}^p \boldsymbol{\lambda}, \boldsymbol{x}^{\mathrm{np}} \geqslant \boldsymbol{x}^{\mathrm{np}} \boldsymbol{\lambda}$$
$$\theta \boldsymbol{y} \leqslant \boldsymbol{y} \boldsymbol{\lambda}, \boldsymbol{y}^a \leqslant \boldsymbol{y}^a \boldsymbol{\lambda}$$
$$\boldsymbol{x}^p \leqslant \boldsymbol{x}^p \boldsymbol{\mu}$$
$$\boldsymbol{y}^a \geqslant \boldsymbol{y}^a \boldsymbol{\mu}, \boldsymbol{b} / \theta \geqslant \boldsymbol{b} \boldsymbol{\mu}$$
$$\boldsymbol{\lambda} \geqslant \boldsymbol{0}, \boldsymbol{\mu} \geqslant \boldsymbol{0} \tag{14-41}$$

同样，可以构建产出导向的方向距离函数测度期望产出和非期望产出技术无效率：

$$I_{\mathrm{DDF}}\left(\boldsymbol{x}^p, \boldsymbol{x}^{\mathrm{np}}, \boldsymbol{y}, \boldsymbol{y}^a, \boldsymbol{b}; \boldsymbol{g} = (\boldsymbol{0}, \boldsymbol{0}, \boldsymbol{y}, \boldsymbol{0}, -\boldsymbol{b})\right) = \max \beta$$
$$\text{s.t. } \boldsymbol{x}^p \geqslant \boldsymbol{x}^p \boldsymbol{\lambda}, \boldsymbol{x}^{\mathrm{np}} \geqslant \boldsymbol{x}^{\mathrm{np}} \boldsymbol{\lambda}$$
$$(1 + \beta) \boldsymbol{y} \leqslant \boldsymbol{y} \boldsymbol{\lambda}, \boldsymbol{y}^a \leqslant \boldsymbol{y}^a \boldsymbol{\lambda}$$
$$\boldsymbol{x}^p \leqslant \boldsymbol{x}^p \boldsymbol{\mu}$$
$$\boldsymbol{y}^a \geqslant \boldsymbol{y}^a \boldsymbol{\mu}, (1 - \beta) \boldsymbol{b} \geqslant \boldsymbol{b} \boldsymbol{\mu}$$
$$\boldsymbol{\lambda} \geqslant \boldsymbol{0}, \boldsymbol{\mu} \geqslant \boldsymbol{0} \tag{14-42}$$

成本可处置环境生产技术将投入区分为引致污染投入和非引致污染投入，将期望产出区分为普通经济产出和减排活动。非引致污染投入满足强可处置性，引致污染投入需要满足成本可处置。直觉上来看，引致污染投入超出生产活动必要量后，其再增加不再是没有经济代价的，因为会生成更高水平的污染物，从而需要投入更多减排成本来减小其危害。

弱可处置环境生产技术认为期望产出和非期望产出间的正相关性是伴生关系，将期望和非期望产出看作共生产品（joint products）。成本可处置环境生产技术将期望产出和非期望产出间的正相关性归因于企业减排行为，给定投入条件下，分配到减排活动中的投入要素越多，则可用于生产期望产出的投入要素越少，导致期望产出和非期望产出都减少。此外，弱可处置环境生产技术前沿会包含向后弯曲区域，成本可处置环境生产技术不包含该区域，因而成本可处置环境生产技术前沿会低于弱可处置环境生产技术前沿。因此，弱可处置环境生产技术会高估技术效率值。弱可处置环境生产技术认为减少污染物却不造成经济损失在技术上是不可行的，成本可处置环境生产技术认为若考虑投入要素间的替代性，如用资本、劳动力等非引致污染投入去替代能源等引致污染投入，可以实现污染物排放单独下降。

成本可处置环境生产技术假定期望产出和非期望产出生产过程是相互独立的，即污染物生成情况不会影响期望产出生产数量，这种完全隔离不符合现实生产过程。因为污染物是期望产出生产过程中的伴随产物，理性企业不会选择主动单独生产污染物。此外，生产过程的复杂性导致难以有效完全分离出引致污染投入以及核算减排活动实现的减排量，成本可处置环境生产技术在实际应用中受到诸多限制。当然，目前成本可处置环境生产技术没有考虑物料平衡原则，可能会违背物料平衡原则。

3. 弱 G 可处置 DEA 模型

物质在生产过程中不可能凭空产生也不会凭空泯灭，投入产出要素应严格遵循 MBP。Rødseth（2016，2017）基于 MBP 提出弱 G 可处置性替代投入和产出强可处置性。弱 G 可处置环境生产技术下投入和产出满足弱 G 可处置性和必要性（essentiality）假设。

假设 14.11　弱 G 可处置性：如果 $(x,y,b) \in T$ 且 $s_x g_x + s_y g_y = g_b$，那么 $(x+g_x, y-g_y, b+g_b) \in T$。

s_x 和 s_y 是投入和产出物质排放系数向量，代表单位投入和产出的物质含量（如氮元素和硫元素）。当投入和期望产出中不包含引致污染物质时，s_x 和 s_y 为零向量，如投入中的劳动力、资本要素和期望产出中的电力均不包含任何引致污染物质。

假设 14.12　产出必要性：如果 $(x,y,b) \in T$ 且 $b=0$，那么 $x^p = 0$。其中 x^p 是引致污染投入。

假设 14.13　投入必要性：如果 $(x,y,b) \in T$ 且 $x^p = 0$，那么 $b=0$。其中 x^p 是引致污染投入。

非参数弱 G 可处置环境生产技术 T^{wg}，可以定义为

$$T^{wg} = \left\{ (x,y,b) : x=x\lambda+g_x, y=y\lambda-g_y, b=b\lambda+g_b, s_x g_x+s_y g_y=g_b, \lambda \geqslant 0 \right\}$$

其中，$s_x g_x + s_y g_y = g_b$ 保证投入产出要素满足 MBP。在实证应用中 g_x 和 g_y 将选择松弛变量，表示生产行为的调整方向。

为估计 MBP 下的环境绩效，首先构建下述最小化目标的线性规划模型：

$$b_{MBP} = \min \frac{1}{J} \sum_{j=1}^{J} b_j$$

$$\text{s.t. } x = x\lambda + g_x$$

$$y = y\lambda - g_y$$

$$b = b\lambda + g_b$$

$$s_x g_x + s_y g_y = g_b$$

$$\lambda \geqslant 0, j=1,2,\cdots,J \tag{14-43}$$

环境绩效可以通过下述环境绩效指数测度：

$$EP = \frac{\boldsymbol{b}_{\text{MBP}}}{\boldsymbol{b}_o} \qquad (14\text{-}44)$$

弱 G 可处置将物料平衡原则纳入生产技术框架中，能够更为准确地刻画生产技术前沿。非期望产出数量由 MBP 决定，避免了传统环境生产技术中非期望产出和投入与期望产出间复杂的替代关系。但是弱 G 可处置环境生产技术需要更为苛刻的投入和产出数据，需要测算每种投入要素所包含的某种元素的单位物质量，并且不能遗漏任何生产要素，否则会破坏 MBP，这极大限制了弱 G 可处置环境生产技术在实践中的应用。

4. SBM-DEA 模型

Charnes 等（1985）提出了 DEA 加性模型，试图从松弛变量的视角来判断技术的有效性，CCR 加性 DEA 模型如下：

$$\max \sum_{r=1}^{s} s_r^+ + \sum_{i=1}^{m} s_i^-$$

$$\text{s.t.} \sum_{j=1}^{n} \lambda_j y_{rj} - s_r^+ = y_{ro}, \ r = 1, 2, \cdots, s$$

$$\sum_{j=1}^{n} \lambda_j x_{ij} + s_i^- = x_{io}, \ i = 1, 2, \cdots, m$$

$$\lambda_j \geqslant 0, \ j = 1, 2, \cdots, n, \ s_r^+, s_i^- \geqslant 0 \qquad (14\text{-}45)$$

通过上述模型可以区别有效和无效的 DMU，但是与传统的 CCR 模型一样无法判断无效的程度。为此，Fried 等（2002）提出多阶段方法，第一阶段构建 CCR 加性 DEA 模型来识别投入和产出松弛变量，第二阶段利用回归模型，对无效率部分进行松弛归因分解。

但是，Fried 等（2002）仅通过对松弛变量 s_i^- 和 s_i^+ 的分解来探究外部环境变量对技术效率的影响，对无效率部分的剖析不够全面和客观。事实上，技术效率 θ 和生产要素的松弛变量 s_i^- 和 s_i^+ 从不同视角反映了 DMU 的无效率程度。Tone（2001a，2001b），提出基于松弛测量（slacks-based measure，SBM）模型来计算 DMU 的无效率程度，它的目标函数旨在最大化投入和产出的松弛。

考虑 n 个 DMUs，每个 DMU 有 m 种投入和 s 种产出，以及存在 p 种环境变量，即投入向量 $\boldsymbol{x}_j = (x_{1j}, x_{2j}, \cdots, x_{mj})$、产出向量 $\boldsymbol{y}_j = (y_{1j}, y_{2j}, \cdots, y_{sj})$ 和环境变量 $\boldsymbol{z}_j = (z_{1j}, z_{2j}, \cdots, z_{pj})$ 分别表示 DMU$_j$（$j = 1, 2, \cdots, n$）的投入、产出和环境向量。Tone 提出的 SBM 模型如下：

$$\min \rho = \frac{1 - \dfrac{1}{m} \sum_{i=1}^{m} \dfrac{s_i^-}{x_{io}}}{1 + \dfrac{1}{s} \sum_{r=1}^{s} \dfrac{s_r^+}{y_{ro}}}$$

$$\text{s.t.} \sum_{j=1}^{n} \lambda_j y_{rj} - s_r^+ = y_{ro}, \ r = 1, 2, \cdots, s$$

$$\sum_{j=1}^{n} \lambda_j x_{ij} + s_i^- = x_{io}, \ i=1,2,\cdots,m$$

$$\lambda_j \geqslant 0, j=1,2,\cdots,n, \ s_r^+, s_i^- \geqslant 0 \qquad (14\text{-}46)$$

模型（14-46）的最优解给出了每个被评价单元 $m+s$ 个松弛变量，这些松弛变量可以很好地解释被评价单元的无效率程度。然而，模型（14-46）是非线性规划模型，难以直接求解。为此，假定 $1+\dfrac{1}{s}\displaystyle\sum_{r=1}^{s}\dfrac{s_r^+}{y_{ro}}=\dfrac{1}{t}$，$\lambda_j=\dfrac{\wedge_j}{t}$，$s_i^-=s_i^{-'}/t$，$s_r^+=s_r^{+'}/t$，那么目标函数就可以转化为 $\min\rho=t\times\left(1-\dfrac{1}{m}\displaystyle\sum_{i=1}^{m}\dfrac{s_i^-}{x_{io}}\right)=t-\dfrac{1}{m}\displaystyle\sum_{i=1}^{m}\dfrac{s_i^{-'}}{x_{io}}$，模型（14-46）可以等价转化为线性形式：

$$\min \rho = t - \frac{1}{m}\sum_{i=1}^{m}\frac{s_i^{-'}}{x_{io}}$$

$$\text{s.t. } 1 = t + \frac{1}{s}\sum_{r=1}^{s}\frac{s_r^{+'}}{y_{ro}}$$

$$t x_{io} = \sum_{j=1}^{n} \wedge_j x_{ij} + s_i^{-'}$$

$$t y_{ro} = \sum_{j=1}^{n} \wedge_j y_{rj} + s_i^{+'}$$

$$\wedge_j \geqslant 0, j=1,2,\cdots,n, \ s_i^{-'},s_i^{+'} \geqslant 0 \qquad (14\text{-}47)$$

在传统 SBM 框架中纳入非期望产出，增加非期望产出约束，目标函数增加非期望产出的松弛变量，为评价环境绩效需要构建下述 SBM-DEA 模型：

$$\min\rho^* = \frac{1-\dfrac{1}{m}\displaystyle\sum_{i=1}^{m}\dfrac{s_i^-}{x_{io}}}{1+\dfrac{1}{s+q}\left(\displaystyle\sum_{r=1}^{s}\dfrac{s_r^+}{y_{ro}}+\displaystyle\sum_{k=1}^{q}\dfrac{s_k^-}{b_{ko}}\right)}$$

$$\text{s.t. } \sum_{j=1}^{n} \lambda_j y_{ro} - s_r^+ = y_{ro}, \ r=1,2,\cdots,s$$

$$\sum_{j=1}^{n} \lambda_j x_{io} + s_i^- = x_{io}, \ i=1,2,\cdots,m$$

$$\sum_{j=1}^{n} \lambda_j b_{ko} + s_k^- = b_{ko}, \ k=1,2,\cdots,q \qquad (14\text{-}48)$$

由于模型（14-48）是分式规划，同理需要转换为线性规划模型。线性化过程与模型（14-47）类似，留给读者作为练习。值得注意的是，ρ^* 并非环境绩效，其本质上是投入技术效率均值与产出技术效率均值的乘积，反映了一种非导向的综合技术效率。环境绩效需要根据目标非期望产出加权均值（$\dfrac{1}{q}\displaystyle\sum_{k=1}^{q}(b_{ko}-s_k^-)$）与实际非期望产出的加权均值（$\dfrac{1}{q}\displaystyle\sum_{k=1}^{q}b_{ko}$）的比值计算。类似地，读者可以根据能源效率的定义来设计能源效率指数。

5. 集中化 DEA 模型

Lozano 和 Villa（2004）提出了集中化 DEA 思想，即在传统的单目标单个 DMU 优化基础上，进行多目标多个 DMUs 的组合优化。假定所有 DMUs 的下标为 $j=1,2,\cdots,J$；$i=1,2,\cdots,M$ 为投入要素种类；$k=1,2,\cdots,P$ 为产出要素种类；x_{ij} 为第 j 个 DMU 消费的第 i 种投入的数量；y_{kj} 为第 j 个 DMU 产出的第 k 种要素的数量；θ 为所有 DMUs 第 i 种投入的径向调整比例；s_i 为第 i 种投入的松弛变量；t_k 为第 k 种产出的松弛变量；$(\lambda_{1r},\lambda_{2r},\cdots,\lambda_{Nr})$ 为第 r 个 DMU 对所有 DMUs 的强度变量。第一阶段，可以构建如下投入导向的 DEA 模型：

$$
\min \theta
$$
$$
\text{s.t.} \sum_{r=1}^{N}\sum_{j=1}^{N}\lambda_{jr}x_{ij} \leqslant \theta \sum_{j=1}^{N}x_{ij},\ i=1,2,\cdots,M
$$
$$
\sum_{r=1}^{N}\sum_{j=1}^{N}\lambda_{jr}y_{kj} \geqslant \sum_{j=1}^{N}y_{kj},\ k=1,2,\cdots,P
$$
$$
\sum_{j=1}^{N}\lambda_{jr}=1,\ r=1,2,\cdots,N
$$
$$
\lambda_{jr} \geqslant 0,\ \theta \in R \tag{14-49}
$$

此线性规划模型具有 N^2+1 个变量与 $M+N+P$ 个约束。假定 θ^* 为模型（14-49）的最优值。第二阶段构造基于松弛变量的 DEA 模型如下：

$$
\max \sum_{i=1}^{M}s_i + \sum_{k=1}^{P}t_k
$$
$$
\text{s.t.} \sum_{r=1}^{N}\sum_{j=1}^{N}\lambda_{jr}x_{ij} = \theta^* \sum_{j=1}^{N}x_{ij} - s_i,\ i=1,2,\cdots,M
$$
$$
\sum_{r=1}^{N}\sum_{j=1}^{N}\lambda_{jr}y_{kj} = \sum_{j=1}^{N}y_{kj} + t_k,\ k=1,2,\cdots,P
$$
$$
\sum_{j=1}^{N}\lambda_{jr}=1,\ r=1,2,\cdots,N
$$
$$
\lambda_{jr},s_i,t_k \geqslant 0 \tag{14-50}
$$

第二阶段模型最优解下的强度变量为 $(\lambda_{1r}^*,\lambda_{2r}^*,\cdots,\lambda_{Nr}^*)$，其为第 r 个 DMU 对所有 DMUs 的强度变量。可以通过此强度变量求解每个 DMU 的最优投入与产出，得

$$
\hat{x}_{ir}^* = \sum_{j=1}^{N}\lambda_{jr}^*x_{ir},\ i=1,2,\cdots,M;r=1,2,\cdots,N
$$
$$
\hat{y}_{ir}^* = \sum_{j=1}^{N}\lambda_{jr}^*y_{ir},\ k=1,2,\cdots,P;r=1,2,\cdots,N \tag{14-51}
$$

上述模型与传统模型的区别在于，将传统的针对单一 DMU 进行线性规划的方法，改为针对所有 DMUs 进行线性规划的方法。然而，上述模型将所有 DMUs 的传统凸性约束的集合作为分配依据，在模型的构造上允许个别 DMUs 不满足凸性公理假设，不利于参考生产可能性边界进行技术有效性分析。有必要在参考技术的构造过程中仍然以单个

DMU 为基础，将全部 DMUs 期望产出最大化设置为目标函数，实现期望与非期望产出的同步优化。

假定生产系统的产出仅包括 GDP 一种期望产出和二氧化碳排放一种非期望产出，可以设计一种在特定时期在不同 DMUs 之间进行二氧化碳排放总量分配的 DEA 模型：

$$\max \sum_{l=1}^{K} \hat{Y}_l$$

$$\text{s.t.} \sum_{k=1}^{K} \lambda_{kl} x_{mk} \leqslant x_{ml}, \ m=1,2,\cdots,M; l=1,2,\cdots,K$$

$$\sum_{k=1}^{K} \lambda_{kl} e_{qk} \leqslant e_{ql}, \ q=1,2,\cdots,Q; l=1,2,\cdots,K$$

$$\sum_{k=1}^{K} \lambda_{kl} Y_k \geqslant \hat{Y}_l, \ l=1,2,\cdots,K$$

$$\sum_{k=1}^{K} \lambda_{kl} B_k = \hat{B}_l, \ l=1,2,\cdots,K$$

$$\sum_{l=1}^{K} \hat{B}_l = \delta \sum_{k=1}^{K} B_k$$

$$\lambda_{kl} \geqslant 0, \ k=1,2,\cdots,K; l=1,2,\cdots,K \tag{14-52}$$

其中，参数 l 和 k 表示第 l 个和第 k 个 DMU，$l=1,2,\cdots,K$，$k=1,2,\cdots,K$；参数 m 表示第 m 种投入，$m=1,2,\cdots,M$；x_{ml} 和 x_{mk} 分别表示第 l 个和第 k 个 DMU 消耗的第 m 种投入；e_{ql} 和 e_{qk} 分别表示第 l 个和第 k 个 DMU 消耗的第 q 种能源投入；Y_k 表示第 k 个 DMU 的 GDP；B_k 表示第 k 个 DMU 的二氧化碳排放量；λ_{kl} 表示第 l 个 DMU 对第 k 个 DMU 的强度变量；$\hat{Y}_l$ 与 $\hat{B}_l$ 分别表示待估计的第 l 个 DMU 的 GDP 与二氧化碳排放；δ 表示减排系数。目标函数在实现最大化经济产出的同时在不同 DMUs 之间进行二氧化碳排放权的分配；前四个约束设计是为了满足环境生产技术的要求；第五个约束将二氧化碳排放总量缩减为原始量的 $100(1-\delta)\%$；此模型共有 $(M+Q+2)K+1$ 个约束条件和 $(K+2)K$ 个变量。

6. ZSG-DEA 模型

Lins 等（2003）提出了零和收益 DEA（zero-sum gains DEA，ZSG-DEA）模型。该模型假设投入或产出值的总和是固定的。要进行二氧化碳排放权的分配，可以假定所有 DMUs 的二氧化碳排放的总量 $\sum_{k=1}^{K} b_k$ 固定，DMUs 为提高环境效率会尽可能减少二氧化碳排放。然而，在总量固定的情况下，第 s 个 DMU 减少二氧化碳排放（$(1-\theta)b_s$）必然会使其他 DMUs 的二氧化碳排放增加 $(1-\theta)b_s$，而且某一 DMU 离生产技术前沿越远，需要减少的二氧化碳排放量越大，自然对其他 DMUs 的影响就越大。对此情况，Lins 等（2003）提出了两种策略来调节不同 DMUs 以实现所有 DMUs 均 DEA 有效：平均分配策略和比例分配策略。考虑到采取平均分配策略会使原本二氧化碳排放较少的地区突然增加较多的二氧化碳排放，导致违背现实生产过程。相比而言，比例分配策略可能优于平均分配策略。因此，本章主要介绍比例分配策略，比例分配策略要求各个 DMU 按照原有的二氧化碳排放 b_k 来调整，原先二氧化碳排放 b_k 越多，需要增排的量也越多。为了达到技术有效，第 s 个 DMU 减少二氧化碳排放（$(1-\theta)b_s$），比例假设意味着其他 DMU 新增的二氧化碳排放量为 $\dfrac{b_k}{\sum\limits_{k \neq s} b_k}(1-\theta)b_s$。在此考虑弱可处置下 ZSG-DEA 模型的具体计算公式为

$$\min \theta$$

$$\text{s.t.} \sum_{k=1}^{K} \lambda_k x_{mk} \leqslant x_{ms}, \ m = 1, 2, \cdots, M$$

$$\sum_{k=1}^{K} \lambda_k e_{qk} \leqslant e_{qs}, \ q = 1, 2, \cdots, Q$$

$$\sum_{k=1}^{K} \lambda_k y_{nk} \geqslant y_{ns}, \ n = 1, 2, \cdots, N$$

$$\sum_{k=1}^{K} \lambda_k b_k \left[1 + \frac{(1-\theta)b_s}{\sum\limits_{k \neq s} b_k} \right] = \theta b_s$$

$$\sum_{k=1}^{K} \lambda_k = 1$$

$$\lambda_k, \theta \geqslant 0; k = 1, 2, \cdots, K \tag{14-53}$$

7. 数值算例

1）能源与环境绩效

假设存在五个火力发电厂，利用劳动力（L）、资本（K）、燃料（E）生产得到发电量（Y），同时生成污染物，如二氧化碳（B），其具体的投入产出数据见表 14.2，

表 14.2 火力发电厂投入产出数据（二）

火力发电厂	劳动力（L）	资本（K）	燃料（E）	发电量（Y）	二氧化碳（B）
1	9	23	40	118	283
2	10	22	51	136	336
3	6	16	33	89	256
4	15	30	65	168	429
5	5	19	35	95	220

以测度火力发电厂 1 的能源与环境绩效为例，基于弱可处置环境生产技术，可以构建下述 DEA 模型：

$$\max \beta$$

$$\text{s.t.} \sum_{j=1}^{5} \lambda_j E_j \leqslant (1-\beta)E_1$$

$$\sum_{j=1}^{5} \lambda_j L_j \leqslant L_1$$

$$\sum_{j=1}^{5} \lambda_j K_j \leqslant K_1$$

$$\sum_{j=1}^{5} \lambda_j Y_j \geqslant Y_1$$

$$\sum_{j=1}^{5} \lambda_j B_j = (1-\beta) B_1$$

$$\lambda_j \geqslant 0, j = 1, 2, \cdots, 5$$

每次求解某一火力发电厂的能源与环境绩效时，需要将模型右端项替换为被评价的 DMU 的相关数据。代入具体的数据，可以写出如下线性规划形式：

$$\max \beta$$

$$\text{s.t.} \quad 40\lambda_1 + 51\lambda_2 + 33\lambda_3 + 65\lambda_4 + 35\lambda_5 \leqslant (1-\beta) \times 40$$

$$9\lambda_1 + 10\lambda_2 + 6\lambda_3 + 15\lambda_4 + 5\lambda_5 \leqslant 9$$

$$23\lambda_1 + 22\lambda_2 + 16\lambda_3 + 30\lambda_4 + 19\lambda_5 \leqslant 23$$

$$118\lambda_1 + 136\lambda_2 + 89\lambda_3 + 168\lambda_4 + 95\lambda_5 \geqslant 118$$

$$283\lambda_1 + 336\lambda_2 + 256\lambda_3 + 429\lambda_4 + 220\lambda_5 = (1-\beta) \times 283$$

$$\lambda_j \geqslant 0, j = 1, 2, \cdots, 5$$

上述 DEA 模型求解出的 β，实际上是无效率部分，因此能源与环境绩效应为 $1-\beta$。

2）边际减排成本

Färe 等提出了基于效率分析视角测算非期望产出边际减排成本的影子价格分析框架，现有的各种影子价格模型均遵循这一框架。影子价格分析框架首先利用距离函数构造环境生产技术，其次根据对偶理论或拉格朗日乘法推导非期望产出影子价格的计算公式，最后利用 DEA 模型估计距离函数、计算得出影子价格（Färe et al., 1993; Zhou et al., 2014b）。例如，二氧化碳的影子价格表示在给定技术水平和生产现状下，额外减少一单位二氧化碳排放导致的期望产出减少量，可以用于估计二氧化碳边际减排成本。基于此，首先构建基于方向距离函数的 DEA 模型如下：

$$\vec{D}\left[(\boldsymbol{x}^{\text{ne}}, \boldsymbol{e}, \boldsymbol{y}, \boldsymbol{b}); \boldsymbol{g} = (\boldsymbol{0}, \boldsymbol{0}, \boldsymbol{y}, -\boldsymbol{b}) \right] = \max \beta$$

$$\text{s.t.} \quad \sum_{k=1}^{K} \lambda_k x_{mk}^{\text{ne}} \leqslant x_{mo}^{\text{ne}}, \quad m = 1, 2, \cdots, M$$

$$\sum_{k=1}^{K} \lambda_k e_{qk} \leqslant e_{qo}, \quad q = 1, 2, \cdots, Q$$

$$\sum_{k=1}^{K} \lambda_k y_{nk} \geqslant (1+\beta) y_{no}, \quad n = 1, 2, \cdots, M$$

$$\sum_{k=1}^{K} \lambda_k b_{jk} = (1-\beta) b_{jo}, \quad j = 1, 2, \cdots, J$$

$$\lambda_k \geqslant 0, \quad k = 1, 2, \cdots, K$$

根据 Boyd 等（1996）的研究，令 r_y 表示期望产出的影子价格，则第 j 种非期望产出边际减排成本可以通过期望产出与非期望产出约束条件的对偶变量值进行计算，如下式所示：

$$\text{MAC} = -r_y \times \frac{\dfrac{\partial \vec{D}(\boldsymbol{x}^{\text{ne}},\boldsymbol{e},\boldsymbol{y},\boldsymbol{b};\boldsymbol{g})}{\partial b}}{\dfrac{\partial \vec{D}(\boldsymbol{x}^{\text{ne}},\boldsymbol{e},\boldsymbol{y},\boldsymbol{b};\boldsymbol{g})}{\partial y}} = -r_y \times \frac{\text{非期望产出的对偶变量值}}{\text{期望产出的对偶变量值}}$$

基于表 14.2，以测度火力发电厂 1 的二氧化碳边际减排成本为例，基于弱可处置环境生产技术，首先需要构建下述 DEA 模型：

$$\hat{\vec{D}}^t\left[E,L,K,Y,B;g=(0,0,0,Y,-B)\right] = \max\beta$$

$$\text{s.t.} \sum_{j=1}^{5}\lambda_j E_j \leqslant E_1$$

$$\sum_{j=1}^{5}\lambda_j L_j \leqslant L_1$$

$$\sum_{j=1}^{5}\lambda_j K_j \leqslant K_1$$

$$\sum_{j=1}^{5}\lambda_j Y_j \geqslant (1+\beta)Y_1$$

$$\sum_{j=1}^{5}\lambda_j B_j = (1-\beta)B_1$$

$$\lambda_j,\beta \geqslant 0, \quad j=1,2,\cdots,5$$

每次求解某一火力发电厂的边际减排成本时，需要将上述模型右端项替换为被评价的 DMU 的相关数据。代入具体的数据，可以写出如下线性规划形式：

$$\hat{\vec{D}}^t\left[E,L,K,Y,B;g=(0,0,0,Y,-B)\right] = \max\beta$$

$$\text{s.t. } 40\lambda_1 + 51\lambda_2 + 33\lambda_3 + 65\lambda_4 + 35\lambda_5 \leqslant 40$$

$$9\lambda_1 + 10\lambda_2 + 6\lambda_3 + 15\lambda_4 + 5\lambda_5 \leqslant 9$$

$$23\lambda_1 + 22\lambda_2 + 16\lambda_3 + 30\lambda_4 + 19\lambda_5 \leqslant 23$$

$$118\lambda_1 + 136\lambda_2 + 89\lambda_3 + 168\lambda_4 + 95\lambda_5 \geqslant (1+\beta)118$$

$$283\lambda_1 + 336\lambda_2 + 256\lambda_3 + 429\lambda_4 + 220\lambda_5 = (1-\beta)283$$

$$\lambda_j,\beta \geqslant 0, \quad j=1,2,\cdots,5$$

线性规划的规范形式为

$$\max 0\times\lambda_1 + 0\times\lambda_2 + 0\times\lambda_3 + 0\times\lambda_4 + 0\times\lambda_5 + 1\times\beta$$

$$\text{s.t. } 40\lambda_1 + 51\lambda_2 + 33\lambda_3 + 65\lambda_4 + 35\lambda_5 + \beta\times 0 \leqslant 40$$

$$9\lambda_1 + 10\lambda_2 + 6\lambda_3 + 15\lambda_4 + 5\lambda_5 + \beta\times 0 \leqslant 9$$

$$23\lambda_1 + 22\lambda_2 + 16\lambda_3 + 30\lambda_4 + 19\lambda_5 + \beta\times 0 \leqslant 23$$

$$118\lambda_1 + 136\lambda_2 + 89\lambda_3 + 168\lambda_4 + 95\lambda_5 - \beta\times 118 \geqslant 118$$

$$283\lambda_1 + 336\lambda_2 + 256\lambda_3 + 429\lambda_4 + 220\lambda_5 + \beta\times 283 = 283$$

$$\lambda_j,\beta \geqslant 0, j=1,2,\cdots,5$$

假定燃料、劳动力、资本、发电量和二氧化碳的对偶变量分别为 R_E，R_L，R_K，R_Y，R_B，则其对偶线性规划：

$$\min 9R_L + 23R_K + 40R_E + 118R_Y + 283R_B$$

$$\text{s.t. } 9R_L + 23R_K + 40R_E + 118R_Y + 283R_B \geqslant 0$$

$$10R_L + 22R_K + 51R_E + 136R_Y + 336R_B \geqslant 0$$

$$6R_L + 16R_K + 33R_E + 89R_Y + 256R_B \geqslant 0$$

$$15R_L + 30R_K + 65R_E + 168R_Y + 429R_B \geqslant 0$$

$$5R_L + 19R_K + 35R_E + 95R_Y + 220R_B \geqslant 0$$

$$R_L \times 0 + R_K \times 0 + R_E \times 0 - 118R_Y + 283R_B \geqslant 1$$

$$R_L \geqslant 0; R_K \geqslant 0; R_E \geqslant 0; R_Y \leqslant 0; R_B \geqslant 0$$

根据上述模型中的 R_Y 和 R_B，同时假定期望产出影子价格为 1，可以估计火力发电厂二氧化碳边际减排成本为

$$\mathrm{MAC} = -\frac{R_B}{R_Y}$$

3）碳排放权分配：集中化 DEA

基于表 14.2，假定二氧化碳总量不变，基于集中化 DEA 分配思想，可以构建如下 DEA 模型：

$$\max \sum_{l=1}^{5} \hat{Y}_l$$

$$\text{s.t. } 9\lambda_{11} + 10\lambda_{21} + 6\lambda_{31} + 15\lambda_{41} + 5\lambda_{51} \leqslant 9$$

$$9\lambda_{12} + 10\lambda_{22} + 6\lambda_{32} + 15\lambda_{42} + 5\lambda_{52} \leqslant 10$$

$$9\lambda_{13} + 10\lambda_{23} + 6\lambda_{33} + 15\lambda_{43} + 5\lambda_{53} \leqslant 6$$

$$9\lambda_{14} + 10\lambda_{24} + 6\lambda_{34} + 15\lambda_{44} + 5\lambda_{54} \leqslant 15$$

$$9\lambda_{15} + 10\lambda_{25} + 6\lambda_{35} + 15\lambda_{45} + 5\lambda_{55} \leqslant 5$$

$$23\lambda_{11} + 22\lambda_{21} + 16\lambda_{31} + 30\lambda_{41} + 19\lambda_{51} \leqslant 23$$

$$23\lambda_{12} + 22\lambda_{22} + 16\lambda_{32} + 30\lambda_{42} + 19\lambda_{52} \leqslant 22$$

$$23\lambda_{13} + 22\lambda_{23} + 16\lambda_{33} + 30\lambda_{43} + 19\lambda_{53} \leqslant 16$$

$$23\lambda_{14} + 22\lambda_{24} + 16\lambda_{34} + 30\lambda_{44} + 19\lambda_{54} \leqslant 30$$

$$23\lambda_{15} + 22\lambda_{25} + 16\lambda_{35} + 30\lambda_{45} + 19\lambda_{55} \leqslant 19$$

$$40\lambda_{11} + 51\lambda_{21} + 33\lambda_{31} + 65\lambda_{41} + 35\lambda_{51} \leqslant 40$$

$$40\lambda_{12} + 51\lambda_{22} + 33\lambda_{32} + 65\lambda_{42} + 35\lambda_{52} \leqslant 51$$

$$40\lambda_{13} + 51\lambda_{23} + 33\lambda_{33} + 65\lambda_{43} + 35\lambda_{53} \leqslant 33$$

$$40\lambda_{14} + 51\lambda_{24} + 33\lambda_{34} + 65\lambda_{44} + 35\lambda_{54} \leqslant 65$$

$$40\lambda_{15} + 51\lambda_{25} + 33\lambda_{35} + 65\lambda_{45} + 35\lambda_{55} \leqslant 35$$

$$118\lambda_{11} + 136\lambda_{21} + 89\lambda_{31} + 168\lambda_{41} + 95\lambda_{51} \geqslant \hat{Y}_1$$

$$118\lambda_{12} + 136\lambda_{22} + 89\lambda_{32} + 168\lambda_{42} + 95\lambda_{52} \geqslant \hat{Y}_2$$

$$118\lambda_{13} + 136\lambda_{23} + 89\lambda_{33} + 168\lambda_{43} + 95\lambda_{53} \geqslant \hat{Y}_3$$

$$118\lambda_{14}+136\lambda_{24}+89\lambda_{34}+168\lambda_{44}+95\lambda_{54}\geqslant\hat{Y}_4$$

$$118\lambda_{15}+136\lambda_{25}+89\lambda_{35}+168\lambda_{45}+95\lambda_{55}\geqslant\hat{Y}_5$$

$$283\lambda_{11}+336\lambda_{21}+256\lambda_{31}+429\lambda_{41}+220\lambda_{51}=\hat{B}_1$$

$$283\lambda_{12}+336\lambda_{22}+256\lambda_{32}+429\lambda_{42}+220\lambda_{52}=\hat{B}_2$$

$$283\lambda_{13}+336\lambda_{23}+256\lambda_{33}+429\lambda_{43}+220\lambda_{53}=\hat{B}_3$$

$$283\lambda_{14}+336\lambda_{24}+256\lambda_{34}+429\lambda_{44}+220\lambda_{54}=\hat{B}_4$$

$$283\lambda_{15}+336\lambda_{25}+256\lambda_{35}+429\lambda_{45}+220\lambda_{55}=\hat{B}_5$$

$$\sum_{k=1}^{K}\hat{B}_k=283+336+256+429+220$$

$$\lambda_{kl}\geqslant 0,\ k,l=1,\cdots,K$$

4）碳排放权分配：ZSG-DEA

基于表 14.2，假定二氧化碳总量不变，基于 ZSG-DEA 分配思想，以火力发电厂 1 的碳排放权分配为例，可以构建如下 DEA 模型：

$$\min\theta$$

$$\text{s.t. } 9\lambda_1+10\lambda_2+6\lambda_3+15\lambda_4+5\lambda_5\leqslant 9$$

$$23\lambda_1+22\lambda_2+16\lambda_3+30\lambda_4+19\lambda_5\leqslant 23$$

$$40\lambda_1+51\lambda_2+33\lambda_3+65\lambda_4+35\lambda_5\leqslant 40$$

$$118\lambda_1+136\lambda_2+89\lambda_3+168\lambda_4+95\lambda_5\geqslant 118$$

$$283\lambda_1\times283+336\lambda_2\times336\left[1+\frac{1}{\sum_{k\neq1}b_k}(1-\theta)\times283\right]+256\lambda_3\times256\left[1+\frac{1}{\sum_{k\neq1}b_k}(1-\theta)\times283\right]$$

$$+429\lambda_4\times429\left[1+\frac{1}{\sum_{k\neq1}b_k}(1-\theta)\times283\right]+220\lambda_5\times220\left[1+\frac{1}{\sum_{k\neq1}b_k}(1-\theta)\times283\right]=\theta\times283$$

$$\sum_{k=1}^{5}\lambda_k=1,\lambda_k\geqslant 0,\ \ k=1,2,\cdots,K;\theta\geqslant 0$$

14.4 DEA 模型在能源经济分析中的应用

14.4.1 案例 1：21 个 OECD 成员国的能源效率测算

1. 问题描述

Zhou 和 Ang（2008）将非期望产出纳入效率评价框架中，基于弱可处置性假设构建环境生产技术，在考虑不同能源种类对效率结果的混合效应后，构建能源效率绩效指数（energy efficiency performance index，EEPI）测算了 1997—2001 年 21 个 OECD 成员国（现有 38 个成员国）的能源效率。

2. 弱可处置 DEA 模型构建

假设存在 K 个 DMUs，利用 N 种非能源投入向量 x 和 L 种能源投入向量 e，生产得到 M 种期望产出向量 y 和 J 种非期望产出向量 u。首先构建弱可处置环境生产技术集 T：

$$T = \left\{ (x,e,y,u) \mid (x,e)\text{可以生产出}(y,u) \right\}$$

其次，定义 Shephard 投入距离函数如下：

$$D_i(x,e,y,u) = \sup \left\{ a : (x, e/a, y, u) \in T \right\}$$

基于上述环境生产技术，结合非期望产出和期望产出的弱可处置性假设，可以构建下述投入导向的 DEA 模型：

$$\text{EEPI} = \frac{1}{D_i(x,e,y,u)} = \frac{1}{\alpha} = \min \frac{1}{L} \sum_{l=1}^{L} \theta_l$$

$$\text{s.t.} \sum_{k=1}^{K} z_k x_{nk} \leqslant x_{no}, n=1,2,\cdots,N$$

$$\sum_{k=1}^{K} z_k e_{lk} \leqslant \theta_l e_{lo}, l=1,2,\cdots,L$$

$$\sum_{k=1}^{K} z_k y_{mk} \geqslant y_{mo}, m=1,2,\cdots,M$$

$$\sum_{k=1}^{K} z_k u_{jk} = u_{jo}, j=1,2,\cdots,J$$

$$z_k \geqslant 0, k=1,2,\cdots,K$$

其中，x 表示非能源投入，在本案例中包括资本和劳动力；e 表示能源投入，在本案例中包括煤炭、石油、天然气和其他能源；y 表示期望产出，本案例中只有 GDP；u 表示非期望产出，本案例中只考虑二氧化碳。其中第四个约束非期望产出被施加等式约束，表示该环境生产技术满足弱可处置性假设。EEPI 实际上测度了考虑能源混合效应的能源效率，EEPI 为 1 表示该国的能源效率是技术有效的，否则该国家的能源效率是技术无效的，还存在进一步改善能源效率的空间。

3. 结论

表 14.3 测度 1997—2001 年 21 个 OECD 成员国的能源效率，并在此基础上估计了 OECD 成员国总的节能潜力。研究结果表明，澳大利亚、奥地利、加拿大、丹麦、芬兰、法国、希腊、爱尔兰、意大利、挪威、葡萄牙、瑞典、瑞士、英国、美国的能源效率在 1997—2001 年始终为 1，表明这些国家在样本期间的能源效率在技术上是有效的，而其他国家的能源效率在样本期间至少有一年是技术无效率的，还存在进一步改善的空间。

表 14.3 1997—2001 年 21 个 OECD 成员国的能源效率

国家	EEPI				
	1997	1998	1999	2000	2001
澳大利亚	1	1	1	1	1
奥地利	1	1	1	1	1
比利时	0.92	0.94	0.83	0.82	0.88
加拿大	1	1	1	1	1
丹麦	1	1	1	1	1
芬兰	1	1	1	1	1
法国	1	1	1	1	1
德国	0.99	1	1	1	1
希腊	1	1	1	1	1
爱尔兰	1	1	1	1	1
意大利	1	1	1	1	1
日本	0.94	0.94	0.93	0.94	0.93
荷兰	0.98	0.98	0.88	0.92	0.89
新西兰	1	0.99	0.95	1	0.94
挪威	1	1	1	1	1
葡萄牙	1	1	1	1	1
西班牙	0.93	0.93	0.92	0.90	0.88
瑞典	1	1	1	1	1
瑞士	1	1	1	1	1
英国	1	1	1	1	1
美国	1	1	1	1	1
平均值	0.99	0.99	0.98	0.98	0.98

资料来源：Zhou 和 Ang（2008）

14.4.2 案例 2：126 个国家（地区）电力生产的碳排放与能源绩效评价

1. 问题描述

Zhou 等（2012）从生产效率视角提出一种非径向方向距离函数，构建弱可处置性假设下的环境生产技术，在此基础上提出多个碳排放与能源绩效指数，实证测算了 2005 年 126 个国家（地区）的碳排放与能源绩效。

2. 弱可处置 DEA 模型构建

假设存在 N 个 DMUs，利用燃料 F 进行生产，得到电力产出 E 和非期望产出（二氧化碳）C。首先构建弱可处置环境生产技术 T：

$$T = \left\{ (F, E, C) \,\middle|\, F 可以生产出 (E, C) \right\}$$

其次，定义非径向方向距离函数如下：

$$\vec{D}(F, E, C; g) = \sup \left\{ w_1^T \beta : ((F, E, C) + g \times \text{diag}(\beta)) \in T \right\}$$

基于弱可处置环境生产技术，可以构建下述 DEA 模型估计上述方向距离函数：

$$\vec{D}(F, E, C; g) = \max \; w_F \beta_F + w_E \beta_E + w_C \beta_C$$

$$\text{s.t.} \sum_{n=1}^{N} z_n F_n \leqslant F - \beta_F g_F$$

$$\sum_{n=1}^{N} z_n E_n \geqslant E + \beta_E g_E$$

$$\sum_{n=1}^{N} z_n C_n = C - \beta_C g_C$$

$$z_n \geqslant 0, n = 1, 2, \cdots, N, \beta_F, \beta_E, \beta_C \geqslant 0$$

其中，中非期望产出被施加等式约束，表示该环境生产技术满足弱可处置性假设。

假定 β_F^*、β_E^* 和 β_C^* 是上述 DEA 模型的最优解，则碳排放与能源绩效可以通过下述指数计算：

$$\text{EP} = \frac{1 - \dfrac{1}{2} \left(\beta_F^* + \beta_C^* \right)}{1 + \beta_E^*}$$

EP 为 1 表示该国家（地区）的碳排放与能源绩效是有效的，否则该国家（地区）的碳排放与能源绩效是无效的，还存在进一步改善的空间。

3. 结论

基于弱可处置非径向的方向距离函数，测度 2005 年 126 个国家（地区）的碳排放与能源绩效。研究结果表明运用非径向方向距离函数测度效率具有更高的鉴别力；在电力生产过程中 OECD 成员国比非 OECD 成员国有着更优的碳排放与能源绩效；同时发现仅从能源效率方面来看，OECD 成员国的能源效率和非 OECD 成员国的能源效率在统计上不存显著差异。

14.4.3　案例 3：中国 30 个城市大气污染物边际减排成本估计

1. 问题描述

Ji 等（2021）在方向距离函数框架下，利用影子价格方法估计 2006—2015 年中国 30 个城市二氧化碳、SO_2、NO_x 和 PM 的边际减排成本。探究了近 200 种方向向量选择下边际减排成本估计结果的差异，搜寻出最接近中国碳排放权交易市场碳价的方向向量。

2. 影子价格模型构建

假设存在 K 个 DMUs，利用投入向量 x 进行生产，得到期望产出向量 y 和非期望产

出向量 **b**。则可以定义环境生产技术 **T** 为

$$T = \left\{ (\boldsymbol{x}, \boldsymbol{y}, \boldsymbol{b}) \middle| \boldsymbol{x} \text{可以生产出} (\boldsymbol{y}, \boldsymbol{b}) \right\}$$

相应的产出集可以定义为

$$P(\boldsymbol{x}) = \left\{ (\boldsymbol{y}, \boldsymbol{b}) : \boldsymbol{x} \text{可以生产出} (\boldsymbol{y}, \boldsymbol{b}) \right\} = \left\{ \boldsymbol{y} : (\boldsymbol{x}, \boldsymbol{y}, \boldsymbol{b}) \in \boldsymbol{T} \right\}$$

为表示前述的环境生产技术，定义产出导向的方向距离函数如下：

$$\vec{D}\big((\boldsymbol{x}, \boldsymbol{y}, \boldsymbol{b}); \boldsymbol{g}\big) = \sup \left\{ \varphi : (\boldsymbol{y} + \varphi \boldsymbol{g}_y, \boldsymbol{b} - \varphi \boldsymbol{g}_b) \in P(\boldsymbol{x}) \right\}$$

假定方向向量 $\boldsymbol{g} = (\boldsymbol{g}_y, \boldsymbol{g}_b) = (\sigma, -\tau, -\tau, -\tau, -\tau)$，规模报酬不变条件下弱可处置的方向距离函数可以通过以下 DEA 模型进行估计：

$$\vec{D}\big((\boldsymbol{x}, \boldsymbol{y}, \boldsymbol{b}); \boldsymbol{g}\big) = \max \varphi$$

$$\text{s.t.} \sum_{t=1}^{T} \sum_{k=1}^{K} \lambda_{kt} y_{kt} \geqslant (1 + \varphi\sigma) \times y^{kt}$$

$$\sum_{t=1}^{T} \sum_{k=1}^{K} \lambda_{kt} b_{jkt} \leqslant (1 - \varphi\tau) \times b_j^{kt}, \ j = 1, 2, \cdots, J$$

$$\sum_{t=1}^{T} \sum_{k=1}^{K} \lambda_{kt} x_{nkt} \leqslant x_n^{kt}, \ n = 1, 2, \cdots, N$$

$$\lambda_{kt} \geqslant 0, \ k = 1, 2, \cdots, K; t = 1, 2, \cdots, T; \varphi \geqslant 0$$

其中，y_{kt} 表示第 k 个城市在第 t 年的唯一期望产出；b_{jkt} 表示第 k 个城市在第 t 年的第 j 种非期望产出；x_{nkt} 表示第 k 个城市在第 t 年的第 n 种投入；y^{kt} 表示被评价城市的期望产出；b_j^{kt} 表示被评价城市的第 j 种非期望产出；x_n^{kt} 表示被评价城市的第 n 种投入；λ_{kt} 表示强度向量。

求解上述 DEA 模型中的期望产出和非期望产出的对偶值，则第 j 种非期望产出的影子价格 q_j 可以通过以下公式计算：

$$q_j = -p_m \left(\frac{\partial \vec{D}\big((\boldsymbol{x}, \boldsymbol{y}, \boldsymbol{b}); \boldsymbol{g}\big) / \partial b_j}{\partial \vec{D}\big((\boldsymbol{x}, \boldsymbol{y}, \boldsymbol{b}); \boldsymbol{g}\big) / \partial y_m} \right)$$

3. 结论

基于弱可处置非径向方向距离函数，探究近 200 种方向向量选择情况下 2006—2015 年中国 30 个城市二氧化碳、SO_2、NO_x 和 PM 的边际减排成本。研究表明方向向量的选择影响影子价格的估计结果，估计出的各种污染物的边际减排成本存在较大差异。同时发现估计的污染物影子价格存在大量负值，认为这违反现实经济规则，减少污染物排放是有成本的。最终得出结论：非参数 DEA 模型或许不是估计多污染物影子价格的合适方法。

14.4.4　案例 4：效率视角下中国二氧化碳排放最优控制路径

1. 问题描述

Zhou 等（2014a）从效率视角提出时间维度、空间维度和时空维度三种集中化 DEA

模型，探究 1995—2011 年中国省际和区域尺度二氧化碳排放的最优控制路径，搜寻中国实现经济发展和二氧化碳减排双重目标的最优排放控制策略，并对排放控制系数进行敏感性分析，探究排放控制系数对二氧化碳排放最优控制路径的影响。

2. 集中化 DEA 模型构建

假设存在 K 个 DMUs，利用投入向量 $\boldsymbol{x}$ 进行生产，得到区域生产总值 y 和二氧化碳排放量 c。则可以定义满足弱可处置环境生产技术 $\boldsymbol{T}$ 为

$$\boldsymbol{T} = \left\{ (\boldsymbol{x}, y, c) \middle| \boldsymbol{x}\text{可以生产出}(y, c) \right\}$$

规模报酬不变条件下，空间维度下二氧化碳排放总量分配的集中化 DEA 模型：

$$\max \sum_{l=1}^{K} \hat{y}_l$$

$$\text{s.t.} \sum_{k=1}^{K} \lambda_{kl} x_{mk} \leqslant x_{ml}, \ m = 1, 2, \cdots, M, \ l = 1, 2, \cdots, K$$

$$\sum_{k=1}^{K} \lambda_{kl} y_k \geqslant \hat{y}_l, l = 1, 2, \cdots, K$$

$$\sum_{k=1}^{K} \lambda_{kl} c_k = \hat{c}_l, l = 1, 2, \cdots, K$$

$$\sum_{l=1}^{K} \hat{c}_l = \delta \sum_{k=1}^{K} c_k$$

$$\lambda_{kl}, \hat{y}_l, \hat{c}_l \geqslant 0, \ k = 1, 2, \cdots K; \ l = 1, 2, \cdots, K$$

类似地，可以构建时间维度和时空维度下二氧化碳排放总量分配的集中化 DEA 模型，详细模型可参阅 Zhou 等（2014b）。

3. 结论

基于改进的集中化 DEA 模型，探究 1995—2011 年中国省际和区域尺度二氧化碳排放的最优控制路径。研究结果发现从效率视角来看，通过模型计算出的东部地区省区市的二氧化碳排放路径与其实际的二氧化碳排放路径最接近，二氧化碳排放量在 2005 之前略低于实际水平，而在 2005 年之后则相反。这可能是因为这些地区更接近生产技术前沿面，二氧化碳排放需要调整的空间较小，同时采取"先增排后减排"的策略对东部地区省区市可能是更优的。此外，研究结果表明发达地区承担更多的二氧化碳减排责任。

本章参考文献

周鹏, 安超. 2022. 二氧化碳影子价格参数化估计: 一个统一框架. 计量经济学报, 2(3): 490-509.

周鹏, 安超, 孙杰, 等. 2020. 非参数环境生产技术建模及应用研究综述. 系统工程理论与实践, 40(8): 2065-2075.

Banker R D, Charnes A, Cooper W W. 1984. Some models for estimating technical and scale inefficiencies in data envelopment analysis. Management Science, 30(9): 1078-1092.

Boyd G, Molburg J, Prince R. 1996. Alternative methods of marginal abatement cost estimation: non-parametric distance functions.

Boston: 17. Annual North American Conference of the International Association for Energy Economics.

Chambers R G, Chung Y, Färe R. 1996. Benefit and distance functions. Journal of Economic Theory, 70(2): 407-419.

Charnes A, Cooper W W, Golany B, et al. 1985. Foundations of data envelopment analysis for Pareto-Koopmans efficient empirical production functions. Journal of Econometrics, 30(1/2): 91-107.

Charnes A, Cooper W W, Rhodes E. 1978. Measuring the efficiency of decision making units. European Journal of Operational Research, 2(6): 429-444.

Färe R, Grosskopf S. 1985. A nonparametric cost approach to scale efficiency. The Scandinavian Journal of Economics, 87(4) : 594-604.

Färe R, Grosskopf S. 2004. Modeling undesirable factors in efficiency evaluation: comment. European Journal of Operational Research, 157(1): 242-245.

Färe R, Grosskopf S, Lovell C A K, et al. 1989. Multilateral productivity comparisons when some outputs are undesirable: a nonparametric approach. The Review of Economics and Statistics, 71(1): 90.

Färe R, Grosskopf S, Lovell C A K, et al. 1993. Derivation of shadow prices for undesirable outputs: a distance function approach. The Review of Economics and Statistics, 75(2): 374-380.

Färe R, Primont D.1994. The unification of Ronald W. Shephard's duality theory[J]. Journal of Economics, 60(2):199-207.

Färe R, Primont D. 1995. Multi-Output Production and Duality: Theory and Applications. Boston: Kluwer Academic Publishers.

Farrell M J. 1957. The measurement of productive efficiency. Journal of the Royal Statistical Society, Series A (General), 120(3): 253-281.

Fried H O, Lovell C A K, Schmidt S S, et al. 2002. Accounting for environmental effects and statistical noise in data envelopment analysis. Journal of Productivity Analysis, 17: 157-174.

Hu J L, Wang S C. 2006. Total-factor energy efficiency of regions in China. Energy Policy, 34(17): 3206-3217.

Jamasb T, Pollitt M. 2003. International benchmarking and regulation: an application to European electricity distribution utilities. Energy Policy, 31(15): 1609-1622.

Ji D J, Zhou P, Wu F. 2021. Do marginal abatement costs matter for improving air quality? Evidence from China's major cities. Journal of Environmental Management, 286: 112123.

Koopmans T C. 1957. Three Essays on the State of Economic Science. New York: McGraw-Hill.

Lins M P E, Gomes E G, Soares de Mello J C C B, et al. 2003. Olympic ranking based on a zero sum gains DEA model. European Journal of Operational Research, 148(2): 312-322.

Lozano S, Villa G. 2004. Centralized resource allocation using data envelopment analysis. Journal of Productivity Analysis, 22(1): 143-161.

Murty S, Robert Russell R, Levkoff S B. 2012. On modeling pollution-generating technologies. Journal of Environmental Economics and Management, 64(1): 117-135.

Rødseth K L. 2016. Environmental efficiency measurement and the materials balance condition reconsidered. European Journal of Operational Research, 250(1): 342-346.

Rødseth K L. 2017. Axioms of a polluting technology: a materials balance approach. Environmental and Resource Economics, 67(1): 1-22.

Seiford L M, Thrall R M. 1990. Recent developments in DEA: the mathematical programming approach to frontier analysis. Journal of Econometrics, 46(1/2): 7-38.

Shephard R W. 1953. Cost and Production Functions. Princeton: Princeton University Press.

Tone K. 2001a. A slacks-based measure of efficiency in data envelopment analysis. European Journal of Operational Research, 130(3): 498-509.

Tone K. 2001b. A slacks-based measure of super-efficiency in data envelopment analysis. European Journal of Operational Research, 143(1): 32-41.

Zhou P, Ang B W. 2008. Linear programming models for measuring economy-wide energy efficiency performance. Energy Policy,

36(8): 2911-2916.

Zhou P, Ang B W, Poh K L. 2008. A survey of data envelopment analysis in energy and environmental studies. European Journal of Operational Research, 189(1): 1-18.

Zhou P, Ang B W, Wang H. 2012. Energy and CO_2 emission performance in electricity generation: a non-radial directional distance function approach. European Journal of Operational Research, 221(3): 625-635.

Zhou P, Sun Z R, Zhou D Q. 2014a. Optimal path for controlling CO_2 emissions in China: a perspective of efficiency analysis. Energy Economics, 45: 99-110.

Zhou P, Zhou X, Fan L W. 2014b. On estimating shadow prices of undesirable outputs with efficiency models: a literature review. Applied Energy, 130: 799-806.

第 15 章　随机前沿分析模型

本章提要

随机前沿分析（stochastic frontier analysis，SFA）方法能够识别随机因素对效率评价的影响，基于设定的生产函数形式，采用统计学方法对生产函数进行估计，是评价各种决策单元相对效率及其影响因素分析的有力工具。本章首先对 SFA 进行概述，其次依照历史发展脉络介绍 SFA 模型，最后以能源效率和环境绩效测度为例，阐释 SFA 模型在能源经济分析中的应用。

15.1　SFA 概述

第 14 章介绍的非参数 DEA 方法无须对基本的生产函数做出明确的定义，而是通过所观测数据基于生产有效性标准找出位于生产技术前沿上的有效点。然而非参数方法的局限之处在于其主要运用线性规划模型进行计算，无法进行统计检验，且其对观测数据也有一定的限制性要求。参数边界分析方法通过设定某一个具体的生产函数形式，如经济学中耳熟能详的柯布-道格拉斯（Cobb-Douglas，C-D）生产函数，然后估计生产函数参数。参数边界分析方法围绕误差项的确立，又分为随机性参数边界分析方法和确定性参数边界分析方法。确定性边界分析方法不考虑随机因素的影响，直接采用线性规划方法估计生产技术前沿。随机性边界分析方法把影响最优产出的技术无效率项和影响平均产出的随机误差项统一成一个非负的误差项 ε，以此来衡量企业的技术效率水平，通常可以运用最小二乘法或极大似然法来估计。

SFA 的开创性文章由 Meeusen 和 van den Broeck（1977）以及 Aigner 等（1977）几乎同时发表，之后 Battese 和 Corra（1977）发表了第三篇关于 SFA 的文章。这三篇文章均在 SFA 模型中采用了组合误差项，即 $y = f(x;\beta) \cdot \exp\{v - \mu\}$，其中，第一个误差项 $v \sim N(0, \sigma_v^2)$ 用于控制统计噪声，如天气、罢工、运气等，用以表示系统非效率因素；第二个误差项 $\mu \geqslant 0$ 是厂商可以控制的非效率因素，衡量技术非有效性。因此，判断决策单元的生产状况是在随机生产前沿上还是低于生产前沿，只需要看 μ 是大于 0 还是小于 0。

15.2　SFA 模型

15.2.1　确定性参数前沿模型

利用确定性参数前沿模型来评价技术效率时，通常假定所有厂商共有一个固定的生产技术前沿，即存在一个确定的上界生产函数，并假设残差项为正值。Aigner 和 Chu（1968）

首次提出确定性参数前沿分析模型，以此来估计齐次柯布-道格拉斯生产函数的参数，其模型可写为

$$\ln Y = \ln f(K,L) - \mu = \ln\left[(AK^{\alpha}L^{\beta})e^{-\mu}\right] = A' + \alpha\ln K + \beta\ln L - \mu \qquad (15\text{-}1)$$

其中，Y 表示实际产出；K 表示资本；L 表示劳动力；α 和 β 表示参数；A 表示技术水平，$A' = \ln A$；μ 表示技术无效率因素。为了估计出生产技术前沿，采用线性规划方法估计生产技术前沿中的参数值。这就要求所有的观察点 Y 只能位于 $f(L,K)$ 的边界上或位于边界下方，而不能位于边界上方，即有 $Y \leqslant f(L,K)$，所以可以建立线性规划模型（15-18），即在 $\mu_i \geqslant 0$ 的约束下，使 $\sum\limits_{i=1}^{n}\mu_i$ 最小化：

$$\min\sum_{i=1}^{n}(A' + \alpha\ln K_i + \beta\ln L_i - \ln Y_i)$$

$$\text{s.t. } A' + \alpha\ln K_i + \beta\ln L_i \geqslant \ln Y_i, \quad \alpha,\beta > 0$$

$$i = 1,2,\cdots,n \qquad (15\text{-}2)$$

则每个厂商的技术效率可由下式给出：

$$\text{TE}_i = \frac{Y_i}{AK_i^{\alpha}L_i^{\beta}}, \ i = 1,2,\cdots,n \qquad (15\text{-}3)$$

采用线性规划方法能以简洁的数学方程式估计生产技术前沿，但该估计方法易受数据选择的影响，且无法对估计值进行统计检验。Afriat（1972）建立了具有统计性质的生产函数，并对模型进行了统计分析检验，成为运用计量经济学模型来估计技术效率的开端。Afriat 在假设 μ_i 为服从 γ 分布的随机变量的前提下，采用极大似然法对模型中的参数进行估计，其模型可以表示为

$$\ln Y_i = \ln\left(f(K_i,L_i)\right) - \mu_i \qquad (15\text{-}4)$$

其中，$\ln\left(f(K_i,L_i)\right)$ 表示生产技术前沿中确定性部分。当 $\mu_i = 0$ 时，实际观测点的产出落在生产技术前沿上，此时该厂商的技术是有效的，且其技术效率为 1；当 $\mu_i > 0$ 时，表示实际产出与理想最优产出存在差距，此时该厂商的技术无效率，技术效率可由下式估计：

$$\text{TE}_i = \ln Y_i / \ln\left(f(K_i,L_i)\right) \qquad (15\text{-}5)$$

但是 Afriat 利用极大似然法对生产技术前沿进行参数估计的结果，很容易受残差分布形式的影响，不同的残差项假设常常会产生不同的估计结果。为此，Richmond（1974）进一步提出修正的普通最小二乘法（corrected ordinary least squares，COLS）来估计生产函数的相关参数。COLS 是对厂商生产技术前沿面的一种修正，目的在于考虑不同的外生变量对生产函数的影响。

15.2.2　SFA 方法

1. 随机前沿生产模型

尽管确定性参数前沿模型符合生产理论，能够有效估计基本的生产技术前沿，但是将影响产出的非技术因素（如气候、政策、测量误差和函数设定偏误等）和技术效

率因素不加区分全部作为技术无效率因素来测算，可能导致估计出的生产函数与现实生产情况不符，进而导致技术效率估计结果与真实情况存在较大偏差，造成估计结果不稳健。

　　为了解决确定性参数前沿模型的缺点，Aigner 等（1977）以及 Meeusen 和 van den Broeck（1977）在确定性参数前沿模型基础上引入随机扰动项，分别独立提出了 SFA 模型，可以更为准确地刻画现实生产技术。

　　假设共有 I 个厂商的截面数据，则随机前沿生产模型设定如下：

$$\ln q_i = \boldsymbol{x}_i^{\mathrm{T}} \boldsymbol{\beta} + v_i - \mu_i \qquad (15\text{-}6)$$

其中，q_i 表示第 i 个厂商的产出；$\boldsymbol{x}_i$ 表示一个由投入的对数组成的 $K \times 1$ 维向量；$\boldsymbol{\beta}$ 表示未知参数向量；v_i 表示捕捉了统计噪声的对称随机误差项；μ_i 表示与技术无效率有关的非负随机误差项。随机误差 v_i 可正可负，因此，随机生产技术前沿产出围绕模型的确定部分 $\exp(\boldsymbol{x}_i^{\mathrm{T}} \boldsymbol{\beta})$ 变动。

　　随机前沿生产模型可以通过图 15.1 进行说明。横轴表示要素投入，纵轴表示产出。点 A 和点 B 分别为两个厂商的投入与产出的观测值，点 A' 和点 B' 为它们的随机前沿产出。当噪声影响为正时，可观测的产出就会位于前沿确定部分之上。反之，则可观测的产出就会位于前沿确定部分之下。当然，由于噪声无法观测，前沿也无法观测。实际上，随机前沿函数拟合的曲线是处于随机前沿产出之间的，当随机误差 v_i 对实际产出的影响大于与技术无效率有关的非负随机误差项 μ_i 对实际产出的影响，即 $v_i - \mu_i > 0$ 时，其观测值就落在随机前沿函数拟合的曲线的上方，反之则会落在随机前沿函数拟合的曲线的下方。

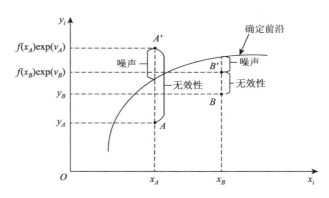

图 15.1　随机前沿生产模型

　　假设 v_i 是独立同分布的，且对称分布并独立于 μ_i，则复合扰动项 $\varepsilon_i \equiv v_i - \mu_i$ 为非对称分布（因为 $\mu_i \geqslant 0$）。如果假设 μ_i，v_i 与 x_i 不相关，则可以利用 OLS 一致地估计 $\beta_1, \cdots, \beta_K$；但是 OLS 无法一致地估计 β_0，因为复合扰动项的期望值 $E(\varepsilon_i) = E(v_i - \mu_i) = E(-\mu_i) \leqslant 0$。

　　在利用随机前沿生产模型估计生产函数的参数的基础上，我们可以利用随机前沿分析模型估计每个厂商的技术效率 μ_i，其中最常用的产出导向的技术效率可以通过可观测产出与相应的随机前沿产出之比计算求得

$$\text{TE}_i = \frac{q_i}{\exp\left(\boldsymbol{x}_i^\text{T}\boldsymbol{\beta} + v_i\right)} = \frac{\exp\left(\boldsymbol{x}_i^\text{T}\boldsymbol{\beta} + v_i - \mu_i\right)}{\exp\left(\boldsymbol{x}_i^\text{T}\boldsymbol{\beta} + v_i\right)} = \exp(-\mu_i) \tag{15-7}$$

由模型（15-7）测度的技术效率的取值分布在 0 和 1 之间，它反映了在使用相同投入量条件下，第 i 个厂商的产出与处于生产技术前沿面上有效率的厂商的产出之间的相对差异。为了估计 μ_i，需要对 μ_i 和 v_i 的分布做出假设，通常假定 μ_i 和 v_i 相互独立，并且两个误差项与解释变量不相关（不存在内生性），在此基础上，我们可以利用更有效率的最大似然估计（maximum likelihood estimate，MLE）进行估计。

首先，对 μ_i 和 v_i 的分布做出以下假设（Aigner et al.，1977）

$$v_i \sim \text{iid } N\left(0, \sigma_v^2\right) \tag{15-8}$$

$$\mu_i \sim \text{iid } N^+\left(0, \sigma_\mu^2\right) \tag{15-9}$$

其次，利用 MLE 对生产函数进行估计，在该半正态模型中，对数似然函数按照 $\sigma^2 = \sigma_v^2 + \sigma_\mu^2$，$\lambda^2 = \sigma_\mu^2 / \sigma_v^2$ 进行参数化。如果 $\lambda = 0$，则不存在技术无效率因素，并且所有相对于生产技术前沿的偏离都是由统计噪声引起的。对数似然函数具体为：

$$\ln L(\boldsymbol{y}\,|\,\boldsymbol{\beta},\sigma,\lambda) = -\frac{I}{2}\ln\left(\frac{\pi\sigma^2}{2}\right) + \sum_{i=1}^{I}\ln\Phi\left(-\frac{\varepsilon_i\lambda}{\sigma}\right) - \frac{1}{2\sigma^2}\sum_{i=1}^{I}\varepsilon_i^2 \tag{15-10}$$

其中，$\boldsymbol{y}$ 表示取对数后得到的产出向量；$\varepsilon_i \equiv v_i - \mu_i = \ln q_i - \boldsymbol{x}_i^\text{T}\boldsymbol{\beta}$ 表示复合误差项；$\Phi(x)$ 表示标准正态随机变量的累积分布函数在 x 点的值。

利用拉格朗日乘子法可以求解对数似然函数最大化问题，需要计算关于未知参数的一阶导数，并假设它们为 0。然而模型（15-10）的一阶导数条件都是高度非线性的，而且不能从函数中直接解出 β、σ 和 $\lambda\beta$、$\sigma\lambda$，通常可以通过迭代优化程序求得似然函数最大化的条件。

对于其他模型，普遍采用的方法是用下述条件：

$$\mu_i \sim \text{iid } N^+\left(\mu, \sigma_\mu^2\right) \text{（截断正态分布）} \tag{15-11}$$

$$\mu_i \sim \text{iid } G(\lambda, 0) \text{（均值为}\lambda\text{的指数分布）} \tag{15-12}$$

或者考虑利用 $\mu_i \sim \text{iid } G(\lambda, m)$（均值为 λ、自由度为 m 的分布）来替代 Aigner 等（1977）的半正态假设。

理论上的考虑可能会影响到对分布设定的选取。比如，一些研究者会避免使用半正态分布和指数分布，因为在统计上这些分布在 0 附近存在众数，导致估计的技术无效率大多数在 0 附近取值，进而估计的技术效率大多数将在 1 附近取值。截断正态分布与 γ 分布模型则允许有更为宽泛的分布形状。当在模型之间进行选择时，一个需要考虑的情况是：不同的分布假设会导致不同的技术效率的估计结果。然而，当我们在估计的技术效率基础上对厂商效率进行排序时，厂商间效率排序相对于分布选择却是非常稳健的，这表明这种效率测算序数有效。在仅需要分析多个厂商的效率排序时，选取比较简单的半正态分布和指数分布就可以更容易计算出需要的结果。

事实上，已经有证据表明单边误差项对分布假设并非十分敏感。举例来讲，Greene（1990）分别用半正态分布、指数分布、截断正态分布和 γ 分布对 123 个美国电力公司的横截面数据进行了随机生产技术前沿估计。结果表明，样本的技术效率平均值分别为：0.8766（半正态分布）、0.9011（指数分布）、0.8961（截断正态分布）和 0.8949（γ 分布）。计算所有样本观察值中各对效率估计值的等级相关系数，最低的值为 0.7467（存在于指数分布和 γ 分布中），最高的值是 0.9803（存在于半正态分布和截断正态分布中），这一结果说明，使用相对简单的分布（如半正态分布和指数分布）要优于灵活的分布（如截断正态分布和 γ 分布）。

2. 距离函数

在没有价格信息或者不宜假定厂商成本最小化的情况下，距离函数可以用来估计具有多产出生产函数的参数。相比产出，当厂商在投入上拥有更大控制力时，选择投入距离函数往往优于选择产出距离函数，反之亦然。为了避免重复，此处只以投入距离函数为例进行说明。

假设存在 I 个厂商的横截面数据，定义有 N 种投入、M 种产出的投入距离函数形式如下：

$$d_i^I = d^I(x_{1i}, x_{2i}, \cdots, x_{Ni}, q_{1i}, q_{2i}, \cdots, q_{Mi}) \tag{15-13}$$

其中，x_{ni} 表示厂商 i 的第 n 种投入；q_{mi} 表示厂商 i 的第 m 种产出；$d_i^I \geqslant 1$ 表示在产出向量不变的情况下投入向量能够径向削减的最大程度。函数 $d^I(\cdot)$ 的重要性质包括：关于投入是非递减的、线性齐次性以及关于投入的凹函数，而关于产出是非递增的以及拟凹的。

估计投入距离函数的第一步是为 $d^I(\cdot)$ 选择一个适当的生产函数形式。超越对数生产函数和柯布-道格拉斯生产函数是最常用的生产函数形式。我们选择更为简单的超越对数生产函数形式，则式（15-13）变为

$$\ln d_i^I = \beta_0 + \sum_{n=1}^{N} \beta_n \ln x_{ni} + \sum_{m=1}^{M} \phi_m \ln q_{mi} + v_i \tag{15-14}$$

其中，v_i 表示统计噪声。如果对于任意的 n，有 $\beta_n \geqslant 0$，并且

$$\sum_{n=1}^{N} \beta_n = 1 \tag{15-15}$$

那么这个函数对于投入是非递减的、线性齐次的以及凹的，如果 d_i^I 对产出的一阶与二阶导数非线性函数都是非负的，则原函数关于产出也是拟凹的。把式（15-15）代入式（15-14）中并重新整理，可得齐次约束函数，它可以写成如下形式：

$$\ln \frac{1}{x_{Ni}} = \beta_0 + \sum_{n=1}^{N-1} \beta_n \ln(x_{ni} / x_{Ni}) + \sum_{m=1}^{M} \phi_m \ln q_{mi} + v_i - \mu_i \tag{15-16}$$

其中，$\mu_i \equiv \ln d_i^I$ 表示技术无效率项；$\ln d_i^I$ 表示投入投入距离函数的对数，从而可以利用 MLE 来估计模型中的参数。此外，投入导向的技术效率可以如下形式求解：

$$\text{TE}_i = \frac{1}{d_i^I} = \exp(-\mu_i) \tag{15-17}$$

3. 面板随机前沿分析模型

使用横截面数据的随机前沿分析模型一般假设 μ_i，v_i 都与 x_i 不相关，然而由于厂商

很可能知道自己的 μ_i，并据此调整最优投入，故此假定可能在现实中不成立，导致参数估计量不一致，但这是横截面数据所无法攻克的困难。一般来说，需要使用面板数据才能在 μ_i 与 x_i 相关的情况下得到一致估计。

Schmidt 和 Sickles（1984）指出，横截面数据的随机生产边界模型存在以下两个问题：一是用极大似然法对随机生产边界模型进行估计和从统计噪声中分离出技术无效率项都要求对每个误差组成部分设定严格的分布假设，对于这些假设的推导尚无充分的论证；二是极大似然法还要求技术无效率项与自变量无关，事实上，技术效率是很容易与生产者选择的投入变量相关的。

如果使用面板数据，上述问题就可以避免。面板数据比横截面数据包含更为丰富的信息，从而可以放松横截面数据对分布假设的要求。首先，传统的面板数据估计方法并不完全依赖于严格的分布假设，各决策单元重复的观察值可以替代分布假设。其次，并非所有面板数据估计方法都要求技术无效率项与自变量无关，各决策单元重复的观察值也可以取代独立性假设。最后，增加每一个决策单元的观察值比仅仅增加横截面中决策单元的数量可以提供更多的信息，在 $T \to \infty$ 时技术有效性的估计值具有一致性（T 为每个决策单元的观察值的数目）。

为了避免不必要的符号混淆，假设面板数据是平衡的，即各个决策单元均有 T 个观察值，该面板数据模型对于非平衡的面板数据也是适用的。假设存在 I 个厂商，分别记为 $i = 1, \cdots, I$，在 T 时间区间内，以 $t = 1, \cdots, T$ 作下标。根据技术无效率项（inefficiency term）μ_i 是否随时间而变，可将面板随机前沿分析模型分为两类：非时变的技术有效性和时变的技术有效性。

1）非时变的技术有效性

非时变的柯布-道格拉斯生产函数可以写成

$$\ln y_{it} = \beta_0 + \sum_n \beta_n \ln x_{nit} + v_{it} - \mu_i$$

$$\mathrm{TE}_i = \frac{1}{d_i^I} = \exp(-\mu_i)$$

（15-18）

其中，v_{it} 表示随机统计噪声；$\mu_i \geqslant 0$ 表示技术无效率项，值得注意的是，生产技术被假设为不随时间而变的常量，即假设不存在技术进步。这个模型和横截面生产边界模型结构非常类似，唯一的区别是在产出、投入和统计噪声项添加了时间角标。和传统的面板数据模型仅考虑决策单元的影响而没有考虑时间影响相比，唯一的区别在于该模型要求各决策单元的影响为非负，因为它们代表了技术无效率。

A. 固定效应模型

固定效应模型是最简单的面板数据模型，假设 $\mu_i \geqslant 0$，$v_{it} \sim \mathrm{iid}\, N(0, \sigma_v^2)$ 且与自变量不相关，对 μ_i 的分布不设定假设，且允许 μ_i 与自变量相关或与 v_{it} 相关。因为 μ_i 被看作是固定的，它可作为不因决策单元而异的截距的参数，且与 β_n 同时被估计出来。利用 OLS 对式（15-19）进行回归

$$\ln y_{it} = \beta_{oi} + \sum_n \beta_n \ln x_{it} + v_{it}$$

（15-19）

其中，$\beta_{oi} = (\beta_0 - \mu_i)$ 表示各决策单元的截距项，对 β_{oi} 的估计可以通过三种模型进行：①排除 β_0，估计 I 个决策单元的截距；②保留 β_0，估计 $(I-1)$ 个决策单元的截距；③将所有数据表示成对于均值的偏差，将 I 个截距作为各个决策单元残差的均值。以上三种模型均称为 LSDV 模型。

在固定效应模型中，至少有一个决策单元被假设是技术有效的，其他决策单元的技术有效性水平可以通过与该决策单元对比得到。固定效应模型具有简单的优点且具有一致性，特别是与 MLE 的横截面模型相比，固定效应面板数据模型提供了因决策单元而异的、具有一致性的技术有效性的估计量。然而，其内在的严重缺陷也不容忽视。固定效应 μ_i 被认为可以捕获非时变的技术有效性，但它们同时也捕获了其他所有非时变但因决策单元而异的影响因素，而不论在模型中加入何种影响因子，这种混淆都是不可避免的，这种缺陷促使我们转向对另一个面板数据模型的讨论。

B. 随机效应模型

在固定效应模型中，我们允许固定效应 μ_i 可以与自变量相关。现在，我们假设 μ_i 是随机的，其均值与方差是常数，但与自变量和 ν_{it} 均无关，仍然不对其分布做任何假定，仍然要求其是非负的。具体模型设定如下：

$$\ln y_{it} = \left(\beta_0 - E(\mu_i)\right) + \sum_n \beta_n \ln x_{nit} + \nu_{it} - \left(\mu_i - E(\mu_i)\right)$$
$$= \beta_0^* + \sum_n \beta_n \ln x_{nit} + \nu_{it} - \mu_i^* \tag{15-20}$$

其中，假设 μ_i 是随机的，这使得一些 x_{nit} 可以非时变。随机效应模型与面板数据中的单一误差模型很符合，可以用标准的两步广义最小二乘法来估计。第一步是用 OLS 来求得所有参数的估计量，两个方差可以通过前述任何一种方法估计。第二步是用可行广义最小二乘法估计 β_0^* 和 β_n。这里，β_0^* 不随 i 而变化，因为 $E(\mu_i)$ 是正常数，因此只有一个截距要估计。

一旦 $\hat{\beta}_0^*$ 和 $\hat{\beta}_n$ 被求得，μ_i^* 就可以从残差中分离出来：

$$\hat{\mu}_i^* = \frac{1}{T} \sum_t \left(\ln y_{it} - \hat{\beta}_0^* - \sum_n \hat{\beta}_n \ln x_{nit} \right) \tag{15-21}$$

μ_i 的估计量可用正规化方程表示：

$$\hat{\mu}_i = \max_i \left\{ \hat{\mu}_i^* \right\} - \hat{\mu}_i^* \tag{15-22}$$

至此，我们可以借助随机效应模型得到具有一致性的特定决策单元的技术有效性。

2）时变的技术有效性

在竞争环境下，人们很难接受技术效率不随时间而改变的假设，或者说，当面板的数据时间维度较大时，技术效率不随时间而变的假设就变得不现实，数据中的时间序列越长，就越应该放松该假设，我们可以通过引进新参数来实现。在非时变的技术有效性模型基础上，有两种方法可以用来估计具有时变性的技术有效性：固定效应模型和随机效应模型及 MLE。

A. 固定效应模型和随机效应模型

Cornwell 等[1]（1990）以及 Kumbhakar（1990）率先提出用面板数据随机生产边界模型来估计时变的技术有效性，模型如下：

$$\ln y_{it} = \beta_{ot} + \sum_n \beta_n \ln x_{nit} + v_{it} - \mu_{it} = \beta_{it} + \sum_n \beta_n \ln x_{nit} + v_{it} \qquad (15\text{-}23)$$

其中，β_{oi} 表示各决策单元的截距，对于所有决策单元在 t 时间点上是恒定的；$\beta_{it} = \beta_{oi} - \mu_{it}$ 表示决策单元 i 在 t 时间点上的截距，其余变量同原定义。

我们的首要目标是求得描述生产技术结构的所有参数的估计值，继而得到各决策单元的技术有效性估计值。显然，在 $I \times T$ 的面板数据中，不可能得到 $I \times T$ 个截距 β_{it}、N 个斜率参数以及 σ_v^2 的估计值。Cornwell 等（1990）将这个问题表示为

$$\beta_{it} = \Omega_{i1} + \Omega_{i2}t + \Omega_{i3}t^2 \qquad (15\text{-}24)$$

式（15-24）将截距参数减少至 $I \times 3$ 个，然而该式仍留下许多待估计的参数，尤其是当 I/T 的值很大时更是如此。这里，待估计的参数与观察值数量的比率为 $(I \times 3 + N + 1)/(I \times T)$。

估计方法包括固定效应和随机效应，其中，固定效应估计采用以下步骤：①删除 μ_{it} 后从残差中估计 β_n，并用残差对 t 和 t^2 进行回归得到 $(\Omega_{i1}, \Omega_{i2}, \Omega_{i3})$ 的估计值；②当 I/T 相对较小时，保留 μ_{it} 估计出 Ω_{i1}、Ω_{i2} 和 Ω_{i3}，其分别为决策单元虚拟变量的系数、决策单元虚拟变量与 t 和 t^2 交互影响的系数；③得到 β_{it} 的估计值，并定义在时间 t 时生产边界的截距 $\hat{\beta}_{0i} = \max_i\{\hat{\beta}_{it}\}$。那么，$t$ 时间点上的技术有效性为 $TE_{it} = \exp\{-\hat{\mu}_{it}\}$，其中 $\hat{\mu}_{it} = (\hat{\beta}_{0i} - \hat{\beta}_{it})$。因此，在每一个时间点上，至少有一个决策单元为 100%技术有效的，但多数完全技术有效的决策单元是因时间而异的。

非时变的回归元不能与非时变的技术有效性一起包含在固定效应模型中，就像它们不能包含在 Cornwell 等的时变的技术效率模型中一样。因此，Cornwell 等开发了一种基于 GLS 的随机效应估计值，其允许非时变的回归元融入非时变的技术效率模型中。对固定的 T 而言，在时变的技术有效性的估计中，GLS 估计值比固定效应估计值更加有效。然而，如果技术有效性与自变量相关，GLS 的估计值是不具有一致性的，因此，Cornwell 等又提出了有效工具变量（efficient instrumental variables，EIV）估计的概念，该估计值在技术有效性与自变量相关时是具有一致性的，且该估计值允许存在非时变的自变量。在 GLS 和 EIV 的估计中，对截距和效率的估计同前述的固定效应估计，唯一不同的是它们分别使用不同的残差集合。

Lee 和 Schmidt（1993）提出了另外一种公式，等式（15-23）中的 μ_{it} 被限定为

$$\mu_{it} = \beta(t) \times \mu_i \qquad (15\text{-}25)$$

其中，函数 $\beta(t)$ 被定义为时间虚拟变量 β_t 的一个集合，从某种意义上讲其要比 CSS 模型灵活得多，因为它没有将时间状态限定为任何一种参数形式。该模型从另外意义上讲不如 CSS 模型灵活，因为它没有将 μ_{it} 的时间状态限制为对各决策单元均相同的 β_t。该模型适合时间序列较短的情况，因为它要求加入 $T-1$ 个额外的参数。如果所有 $\beta_t = 1$，这个

---

[1] 即 Cornwell、Schmidt 和 Sickles，其提出的模型简称为 CSS 模型。

模型即转变为非时变的技术效率模型。

Lee 和 Schmidt（1993）同时考虑了估计时变的技术有效性的固定和随机效应模型，在这两种模型中，β_t 被当作是固定或随机效应 μ_i 的系数。求得 $\hat{\beta}_t$ 和 μ_i，可对式（15-26）进行估计：

$$\mu_{it} = \max\{\hat{\beta}_t \hat{\mu}_i\} - (\hat{\beta}_t \hat{\mu}_i) \tag{15-26}$$

由此，可计算出 $\mathrm{TE}_{it} = \exp\{-\hat{\mu}_{it}\}$。

B. MLE

如果独立性和分布假设成立，同样可以运用极大似然法来估计时变的技术效率模型。对于模型

$$\ln y_{it} = \beta_{oi} + \sum_n \beta_n \ln x_{nit} + v_{it} - \mu_{it} = \beta_{it} + \sum_n \beta_n \ln x_{nit} + v_{it}$$

其中，$\mu_{it} = \beta_t \mu_i$，$v_{it} \sim \mathrm{iid}\, N(0, \sigma_v^2)$ 且 $\mu_i \sim \mathrm{iid}\, N^+(0, \sigma_u^2)$，给定 $\varepsilon_{it} = v_{it} - \mu_{it} = v_{it} - \beta_t \mu_i$，且 $\boldsymbol{\varepsilon}_i = (\varepsilon_{i1}, \cdots, \varepsilon_{iT})^{\mathrm{T}}$，则有

$$f(\varepsilon_i) = \int_0^\infty f(\varepsilon_i, \mu_i)\mathrm{d}\mu_i = \int_0^\infty \prod_t f(\varepsilon_{it} - \beta_t \mu_i) f(\mu_i)\mathrm{d}\mu_i$$

$$= \frac{2}{(2\pi)^{(T+1)/2} \sigma_v^T \sigma_\mu} \int_0^\infty \exp\left\{-\frac{1}{2}\left[\frac{\sum_t (\varepsilon_{it} - \beta_t \mu_i)^2}{\sigma_v^2} + \frac{\mu_i^2}{\sigma_\mu^2}\right]\right\}\mathrm{d}\mu_i \tag{15-27}$$

$$= \frac{2\sigma_* \exp\left\{-\frac{1}{2}a_i^*\right\}}{(2\pi)^{T/2} \sigma_v^T \sigma_\mu} \int_0^\infty \frac{1}{\sqrt{2\pi}\sigma_*} \exp\left\{-\frac{1}{2\sigma_*^2}(\mu_i - \mu_i^*)^2\right\}\mathrm{d}\mu_i$$

其中，

$$\int_0^\infty \frac{1}{\sqrt{2\pi}\sigma_*} \exp\left\{-\frac{1}{2\sigma_*^2}(\mu_i - \mu_i^*)^2\right\}\mathrm{d}\mu_i = 1 - \Phi\left(-\frac{\mu_i^*}{\sigma_*}\right)$$

$$\sigma_*^2 = \frac{\sigma_v^2 \sigma_\mu^2}{\sigma_v^2 + \sigma_\mu^2 \sum_t \beta_t^2}$$

$$\mu_i^* = \frac{\left(\sum_t \beta_t \varepsilon_{it}\right)\sigma_v^2}{\sigma_v^2 + \sigma_\mu^2 \sum_t \beta_t^2}$$

$$a_i^* = \frac{1}{\sigma_v^2}\left[\sum_t \varepsilon_{it}^2 - \frac{\sigma_\mu^2\left(\sum_t \beta_t \varepsilon_{it}\right)^2}{\sigma_v^2 + \sigma_\mu^2 \sum_t \beta_t^2}\right] \tag{15-28}$$

Kumbhakar（1990）将 $\beta(t)$ 定义为时间参数方程，表示如下：

$$\beta(t) = \left[1 + \exp(\gamma t + \delta t^2)\right]^{-1} \tag{15-29}$$

该模型包含两个额外的待估参数，即 γ 和 δ，非时变的技术有效性的假设可通过检测 $\gamma = \delta = 0$ 的假设检验加以验证。

Battese 和 Coelli（1992）提出了另外一种时变的技术有效性模型，将 $\beta(t)$ 定义为

$$\beta(t) = \exp\{-\eta(t-T)\} \tag{15-30}$$

该模型仅增加参数 η，也是应用最广泛的时变的技术有效性模型。其中，T 表示决策单元的时间维度，而 $\mu_i \sim N^+(\mu, \sigma_\mu^2)$，式（15-30）表明 $\beta(t)$ 随时间的推移而递减，因此也被称为"时变衰减模型"（time-varying decay model）。显然，如果 $\eta = 0$，则退化为非时变的模型，因此，只要检验"$H_0: \eta = 0$"即可判断。

时间序列较长的面板数据不仅利于估计时变的技术有效性模型，而且利于对技术改变进行考察，在时变的技术有效性模型中，时间标识变量可以包含在自变量中，从而将技术变化的效应从技术效率变化的效应中分解出来。

4. 效率估计的外生影响

对生产效率的分析至少应包括两个组成部分。第一个组成部分是对生产边界的估计，该边界是测度生产技术有效性的基准。因此，估计生产边界的目的是在某些行为目标假设的前提下，对生产者分配投入和产出的效率进行估计。

第二个组成部分也同样重要。它涉及一些外生变量，这些外生变量既不是生产过程中的投入，也不是产出，但同样影响到生产者行为。该部分分析的目的是把与生产表现有关的变量和刻画生产环境的外生变量联系起来。这些外生变量有竞争压力的强度、投入和产出的质量指标、网络特性、所有权形式和不同管理模式等。在解释生产表现时，我们往往忽视了外生变量的特殊作用，而这些外生变量可能会影响决定投入转化为产出的技术结构或效率。

常用的方法是先估计随机前沿函数，测算出企业的技术效率水平，再用回归方式对影响因素进行分析。关于这一方面的研究可以运用三类方法：混合估计法、两步估计法与一步估计法。

混合估计法将影响技术效率的因素变量连同生产投入要素一起作为前沿生产函数的变量。这样，变量直接影响产出，并通过随机前沿生产函数的技术参数间接影响生产者的技术效率。基本模型可以写成：

$$\ln y_i = \ln f(x_i, z_i, \beta_i) + v_i - \mu_i, \ \mu_i \geqslant 0, i = 1, \cdots, n \tag{15-31}$$

其中，x_i 表示厂商所使用的投入要素；z_i 表示技术效率的影响因素变量；y_i 表示产出变量；β_i 表示需要估计的参数。模型中的变量扩展为 x_i 和 z_i；需要估计的参数 β_i 不仅包括技术结构参数，也包括环境参数；$v_i \sim$ iid $N(0, \sigma_v^2)$ 衡量随机噪声对生产过程的影响；$\mu_i \sim$ iid $N^+(\mu, \sigma_\mu^2)$ 反映技术无效率的非负项，模型的估计方法与传统前沿生产函数模型完全一致。但是，若采用极大似然法进行估计，就必须假定 z_i 和 x_i 都与扰动项（包括技术无效率项 μ_i）无关。这就意味着影响因素不是通过影响生产者的技术效率，而是通过影响前沿生产函数的结构，即投入与产出之间的结构关系来影响厂商的效率。因此，估计模型所得到的随机前沿生产函数的特征远比不含 z_i 变量的模型合理，估计的技术效率更精确。但是，该模型最大的缺陷是并不能直接解释影响技术效率差异的因素。

　　Pitt 和 Lee（1981）采用两步估计法分析了技术无效率的决定因素。他们首先基于随机前沿分析模型估计出厂商的技术效率，然后再用技术效率的估计值对影响因素进行回归，以此来度量影响因素对技术效率的影响。

　　在实际计算时，首先用极大似然法来对技术效率进行估计，其次分解混合误差项，用所分解出来的技术无效率项 μ_i 的估计值 $E(\mu_i)$ 对影响因素变量进行回归，即 $E(\mu_i) = \varphi(z_i, \theta) + \varepsilon_i$，其中，$z_i$ 代表技术效率的影响因素变量，θ 为需要估计的参数，$\varepsilon_i \sim iid\, N^+\left(0, \sigma_\varepsilon^2\right)$。在两步估计法中，影响因素变量 z_i 对 y_i 的影响是间接的，是通过对技术效率的影响来体现的。影响因素变量 z_i 并不影响随机前沿生产函数的结构，但是影响因素变量确实影响生产者实际产出与前沿产出间的差异。两步估计法倾向于认为影响因素变量 z_i 与 μ_i 相关，或者与估计值 $E(\mu_i)$ 相关。如果两者不相关，影响因素变量 z_i 对技术效率就没有任何的解释意义。但是若从计量的角度看，两步估计法可能会出现严重的问题。首先，两步估计法必须假定影响因素变量 z_i 与生产投入要素 x_i 不相关，若两变量之间（高度）相关，并且在第一步随机前沿生产函数模型的估计中忽略了相关变量 z_i，就会导致参数 β 的 MLE 是有偏的。那么，第二步使用的技术效率估计值也会是有偏的。其次，在第一步模型估计中假定技术无效率项 μ_i 是独立同分布的，显然与第二步模型估计中的假设相矛盾。在第一步估计的模型中，$E(\mu_i)$ 为常数，而第二步的模型却表明预测的技术效率与变量 z_i 存在着函数关系，随着影响因素的变化而变化。所以，采用两步估计法来估计，不能够确定影响效率变化的因素。

　　Kumbhakar 等（1991）提出一步极大似然法估计方法，允许影响因素变量直接影响生产前沿的随机部分，技术无效率被假定为厂商特征的特定函数。Huang 和 Liu（1994）提出了适用于随机前沿生产函数的类似模型，在他们的模型中，技术无效率与投入变量有交叉作用。Battese 和 Coelli（1995）将这些方法扩展到面板数据模型，从而可以估计影响技术无效率的因素的参数。

　　该模型假设技术无效率是独立分布（但非同分布）的非负变量。对于第 t 期的第 i 个厂商而言，技术无效率将均值为 $z_{it}\delta$ 和方差为 σ^2 的正态分布从 0 截断，其中 z_{it} 是 M 维列向量，表示可观察的解释变量，δ 是 M 维行向量，表示未知的待估计参数，它们之间的关系可以表示为：$\mu_{it} = z_{it}\delta + \omega_{it}$。其中，$\omega_{it}$ 是服从均值为 0 和方差为 σ^2 截断分布的随机变量，截断点为 $-z_{it}\delta$，以保证 $\omega_{it} \geqslant -z_{it}\delta$，这样就与 $\mu_{it} \sim N^+(z_{it}\delta, \sigma^2)$ 的假设一致了。在这个扩展的模型里，也同样假设 $\sigma_s^2 = \sigma_\mu^2 + \sigma_\nu^2$，$\gamma = \sigma_\mu^2 / \sigma_s^2 = \sigma^2 / \left(\sigma^2 + \sigma_\nu^2\right)$，显然，$\gamma \in [0, 1]$。Battese 和 Coelli（1992）认为，当 $\gamma = 0$ 时，$\sigma_\mu^2 = 0$，说明样本中不存在技术无效率状况，此时，使用 OLS 即可进行估计。反之，则说明样本中存在技术无效率状况，此时，就需要使用 SFA 方法进行分析。

　　一步估计法直接把各种解释变量引入非效率部分的表达式中，将前沿生产函数模型与影响技术效率的决定性因素变量联合起来一起进行估计，不仅对技术效率的差异进行了较好的解释，而且对原始的技术效率水平进行了调节，调节项反映了厂商的经营环境的特征。另外，在两步估计法中忽略的变量相关以及独立性分布假设的问题也被单阶段非线性回归有效地规避了。因此，一步估计法是测度技术效率影响因素最为科学的方法。

15.3　SFA 模型在能源经济分析中的应用

15.3.1　案例 1：基于参数方法评估国家（地区）尺度能源效率

1. 问题描述

Zhou 等（2012）从生产效率的角度出发，提出用 SFA 方法来估计整个经济体的能源效率表现，并将得到的效率与 DEA 所得结果进行对比分析，认为 SFA 模型比 DEA 模型具有更高的辨识度。

2. 模型构建

1）变量选取

投入变量：资本存量（K）、劳动力（L）、能源消费总量（E）。

产出变量：地区生产总值（Y）。

2）模型设定

以资本存量（K）、劳动力（L）和能源消费总量（E）为投入要素，地区生产总值（Y）为产出，定义生产技术集：

$$T = \{(K, L, E, Y) : (K, L, E) 可以生产出 Y\}$$

T 是一个封闭的、有界的集合，另外投入和产出满足强可处置性，即 $(K', L', E', Y') \in T$，如果 $(K', L', E') \geqslant (K, L, E)$ 且 $Y' \leqslant Y$。

首先定义 Shephard 能源距离函数：

$$D_E(K, L, E, Y) = \sup\{\alpha : (K, L, E/\alpha, Y) \in T\}$$

上式表示在假定的生产技术和投入水平下，试图尽可能地减少能源的使用。$E/D_E(K, L, E, Y)$ 反映了一个国家或地区潜在的最优能源使用量。将潜在最优能源使用量与实际能源消费总量之比定义为能源效率指数，即 $EEI = 1/D_E(K, L, E, Y)$。如果 EEI 等于 1 表示被评估的国家或地区位于最佳生产前沿面上；反之，如果 EEI 小于 1 时，表示被评估的国家或地区位于最佳生产前沿面下方，此时能源效率非有效，且 EEI 的数值越高意味着能源效率水平越高。

接下来通过 SFA 模型估计 Shephard 能源距离函数，利用柯布-道格拉斯生产函数构建截面数据的 SFA 模型：

$$\ln D_E(K_i, L_i, E_i, Y_i) = \beta_0 + \beta_K \ln K_i + \beta_L \ln L_i + \beta_E \ln E_i + \beta_Y \ln Y_i + v_i$$

其中，$i = 1, 2, \cdots, n$ 表示 n 个国家或地区；(K_i, L_i, E_i, Y_i) 分别表示第 i 个国家或地区的投入要素和产出要素；v_i 表示随机变量，刻画统计噪声和近似误差。由于 Shephard 能源距离函数在能源方向有线性齐次的特性，因此有

$$D_E(K_i, L_i, E_i, Y_i) = E_i D_E(K_i, L_i, 1, Y_i)$$

即

$$\ln D_E(K_i, L_i, E_i, Y_i) = \ln E_i + \beta_0 + \beta_K \ln K_i + \beta_L \ln L_i + \beta_E \ln 1 + \beta_Y \ln Y_i + v_i$$

整理上述两式，可得

$$\ln(1/E_i) = \beta_0 + \beta_K \ln K_i + \beta_L \ln L_i + \beta_Y \ln Y_i + v_i - u_i$$

其中，$u_i \equiv \ln D_E(K_i, L_i, E_i, Y_i)$ 表示一个刻画能源效率的非负变量。假设 v_i 服从独立同分布且均值为零的正态分布，利用 FRONTIER 4.1 软件包分别计算 u_i 在服从半正态分布和截断正态分布假定时的能源效率水平。

为进行比较分析，同时也构建了 CRS 假设下的 DEA 模型，如下：

$$EEI_i = 1/D_E(K_i, L_i, E_i, Y_i) = \min \theta$$

$$\text{s.t.} \sum_{j=1}^{n} \lambda_j K_j \leqslant K_i$$

$$\sum_{j=1}^{n} \lambda_j L_j \leqslant L_i$$

$$\sum_{j=1}^{n} \lambda_j E_j \leqslant \theta E_i$$

$$\sum_{j=1}^{n} \lambda_j Y_j \geqslant Y_i$$

$$\lambda_j \geqslant 0, j = 1, 2, \cdots, n$$

还构建了可变规模报酬（variant returns to scale，VRS）假设下的 DEA 模型，如下所示：

$$EEI_i = 1/D_E(K_i, L_i, E_i, Y_i) = \min \theta$$

$$\text{s.t.} \sum_{j=1}^{n} \lambda_j K_j \leqslant K_i$$

$$\sum_{j=1}^{n} \lambda_j L_j \leqslant L_i,$$

$$\sum_{j=1}^{n} \lambda_j E_j \leqslant \theta E_i$$

$$\sum_{j=1}^{n} \lambda_j Y_j \geqslant Y_i,$$

$$\sum_{j=1}^{n} \lambda_j = 1$$

$$\lambda_j \geqslant 0, j = 1, 2, \cdots, n$$

3. 结论

通过对比分析 SFA 和 DEA 两种模型得到的能源效率，Zhou 等（2012）发现，对于大多数国家（地区）来说，在 SFA 和 DEA 模型之间的选择不仅会影响能源效率分数，还会影响排名。此外，在不同的分布假设下，通过 SFA 模型估算的国家（地区）的能源效率水平是不同的，但它们在排名上相对一致。在使用 DEA 模型时，有部分国家（地区）的能源效率数值是相同的，彼此之间无法比较，而在使用 SFA 模型时则不会出现这种情况，这也意味着 SFA 模型比 DEA 模型具有更高的辨识度。

15.3.2　案例 2：美国住宅能源需求与能源效率——随机需求前沿方法

1. 问题描述

Filippini 和 Hunt（2012）利用 SFA 模型对 1995—2007 年美国 48 个州的居民总能源需求函数进行估计，利用能源需求模型对每个州的用能效率进行回归，探究其居民的能源利用效率。

2. 模型构建

1）变量选取

被解释变量：居民总能源消耗（E_{it}）。

解释变量：居民实际收入（Y_{it}）、能源价格（P_{it}）、人口（POP_{it}）、居民平均户数（AHS_{it}）、采暖日数（HDD_{it}）、制冷日数（CDD_{it}）。

2）模型设定

居民对能源的需求来源于对采暖、照明、烹饪和热水等的日常需求，依据住宅生产理论，居民购买市场上的商品，作为生产过程的投入，生产可以作为家庭效用函数的商品。其中，居民总能源需求是一个输入需求函数。假设存在如下住宅总能源需求关系：

$$E_{it} = E(P_{it}, Y_{it}, POP_{it}, AHS_{it}, HDD_{it}, CDD_{it}, SDH_i, D_t, EF_{it})$$

其中，E_{it} 表示居民总能源消耗；Y_{it} 表示居民实际收入；P_{it} 表示能源价格；POP_{it} 表示人口；AHS_{it} 表示居民平均户数；HDD_{it} 表示采暖日数；CDD_{it} 表示制冷日数；SDH_i 表示州 i 的独栋房屋比重；D_t 表示时间虚拟变量；EF_{it} 表示第 i 个州在第 t 年的潜在能源效率水平。

基于上述假设，采用 SFA 模型的面板双对数函数形式刻画住宅能源需求函数，如下：

$$e_{it} = \alpha + \alpha^p p_{it} + \alpha^y y_{it} + \alpha^{pop} pop_{it} + \alpha^{ahs} ahs_{it} + \alpha^{hdd} hdd_{it} + \alpha^{cdd} cdd_i + \alpha^{SDH} SDH_{it} + \alpha^t D_t + u_{it} + v_{it}$$

其中，e_{it} 表示居民总能源消耗（E_{it}）的自然对数；p_{it} 表示能源价格（P_{it}）的自然对数；y_{it} 表示居民实际收入的自然对数；pop_{it} 表示人口（POP_{it}）的自然对数；ahs_{it} 表示居民平均户数（AHS_{it}）的自然对数；hdd_{it} 表示采暖日数（HDD_{it}）的自然对数；cdd_{it} 表示制冷日数（CDD_{it}）的自然对数；SDH_i、D_t 的定义同上述。此外，上式中的误差项由两个独立的部分组成，v_{it} 是捕获噪声影响的对称扰动项，假定服从正态分布，u_{it} 可以解释为低效利用能源的指标，如浪费能源，服从半正态分布。

为处理不可观测的变量偏差产生的影响，考虑将单个特定效应 u_i 与解释变量的相关性纳入辅助方程中，给出如下公式：

$$u_i = AX_i \pi + \gamma_i$$

$$AX_i = \frac{1}{T} \sum_{t=1}^{T} X_{it}, \quad \gamma_i \sim iid(1, \sigma_\delta^2)$$

其中，X_i 表示解释变量的向量；AX_i 表示解释变量的均值向量；π 表示对应的系数向量。潜在能源效率的水平可以表示为

$$EF_{it} = \frac{E_{it}^F}{X_{it}} = \exp(-\hat{u}_{it})$$

其中，X_{it} 表示居民总能源消耗；E_{it}^F 表示潜在最优能源需求。

3. 结论

该案例结合能源需求函数和 SFA 模型估计了美国 48 个州的潜在住宅能源效率和相对能源效率水平。研究发现，用能源强度指标衡量能源效率水平并不恰当。然而，通过控制经济等其他因素的影响，利用该案例提出的方法可以更好地刻画真实能源需求和能源效率。

15.3.3　案例 3：环境治理约束与中国经济增长——以控制碳排放为例的实证分析

1. 问题描述

朱磊等（2018）通过引入面板门槛模型研究了经济增长与环境治理约束的关系，并采用 SFA 模型探究环境因素和其他经济因素如何影响经济增长效率，之后用反事实度量方法测算我国东、中、西和东北地区经济效率损失情况。

2. 模型构建

1）变量选取

投入变量：资本存量（K）、劳动力（L）。

产出变量：经济产出（Y）。

影响因素变量如下。

（1）环境约束的主要代理变量：碳排放量（CE）、工业污染治理投资强度（invi）和化石能源消费量（energy）。

（2）其他控制变量：第二产业占 GDP 的比重（second）、第三产业占 GDP 的比重（third）、进出口总额（trade）、外贸依存度（open）。

2）模型设定

（1）面板门槛模型构建：

$$Y_{it} = \alpha_0 + \alpha_1 CE_{it} \cdot I(T \leq \gamma) + \alpha_2 CE_{it} \cdot I(T > \gamma) + \boldsymbol{X}\boldsymbol{\beta} + D_{it} + e_{it}$$

其中，CE_{it} 表示省份 i 在时期 t 的碳排放量；Y_{it} 表示 i 年度 t 省份的经济产出，用 GDP 来衡量；$\boldsymbol{X}$ 表示其他控制变量的矩阵，包括城镇化水平、产业结构、外贸依存度、技术创新能力、进出口总额以及社会消费水平等；I 表示门槛二元虚拟变量；T 表示门槛变量，表示年份；γ 表示门槛值；D_{it} 表示控制时间效应的虚拟变量；e_{it} 包括了其他所有与控制变量不相关的因素。若无门槛效应，说明不存在环境约束的结构突变；若存在门槛效应，则重点关注 γ 的取值。

（2）SFA 模型构建。

SFA 模型的一般形式为

$$y_{it} = [f(x_{it}, \beta) \exp(v_{it})] \cdot \text{TE}_{it}$$

$$\text{TE}_{it} = \exp(-u_{it})$$

其中，y_{it} 表示实际产出；$f(x_{it}, \beta)$ 表示生产前沿；x_{it} 表示生产投入要素；β 表示待估参数；v_{it} 表示随机干扰项，通常假设其服从正态分布，即 $v_{it} \sim N(0, \sigma_v^2)$；$u_{it}$ 表示误差项，被称为无效率项，u_{it} 服从半正态分布，即 $u_{it} \sim N^+(\omega_i, \sigma_{it}^2)$，且满足 $\text{Cov}(u_{it}, v_{it}) = 0$。$\text{TE}_{it}$ 表示技术效率，可利用下式估计，一旦得到各参数的 MLE 估计量，就可以估计出 TE_{it}。

$$\text{TE}_{it} = E\{\exp(-\mu_{it}) \mid \varepsilon_{it}\} = \frac{1 - \varphi\left(\tilde{\sigma} - \dfrac{\tilde{\mu}_{it}}{\tilde{\sigma}}\right)}{1 - \varphi\left(-\dfrac{\tilde{\mu}_{it}}{\tilde{\sigma}}\right)} \cdot \exp\left(-\tilde{\mu}_{it} + \frac{\tilde{\sigma}^2}{2}\right)$$

假设技术无效率项 u_{it} 随个体和时间发生变化，具体设定如下：

$$u_{it} = g(t) \cdot u_i = \exp[-\varphi(t - T_i)] \cdot u_i$$

或

$$u_{it} = g_{it} \cdot u_i$$

$$g_{it} = f(z_{it}\delta) \quad u_i \sim N^+(\mu, \sigma_{it}^2)$$

其中，T_i 表示个体 i 的最长时间长度；φ 表示延迟参数，用来衡量无效率误差项随时间推移而下降的程度。可以通过减少待估参数个数，避免伴随参数问题。此外，g_{it} 表示影响技术无效率项的外生变量 z_{it} 的函数，受不随时间变化的因素 u_i 的影响。

在采用 SFA 模型对经济效率进行估计时，需要对生产函数进行设定，采用相对灵活的超越对数函数形式，其模型设定如下：

$$\ln Y_{it} = \beta_0 + \beta_1 \ln L_{it} + \beta_2 \ln K_{it} + \beta_3 (\ln L_{it})^2 + \beta_4 (\ln K_{it})^2 + \beta_5 (\ln L_{it} \ln K_{it}) + v_{it} - u_{it}$$

$$g_{it} = \delta_1 \text{CE}_{it} + \delta_2 \text{invi}_{it} + \delta_3 \text{energy}_{it} + \delta_4 \text{second}_{it} + \delta_5 \text{third}_{it} + \delta_6 \text{open}_{it}$$

其中，Y_{it} 表示经济产出；L_{it} 表示劳动力投入；K_{it} 表示资本存量投入。invi_{it} 表示工业污染治理投资强度，用地区工业污染治理占实际 GDP 的比重衡量；energy_{it} 表示化石能源消费量；second_{it} 和 third_{it} 分别表示第二产业和第三产业占 GDP 的比重；open_{it} 表示外贸依存度。为了得到收敛的回归结果，部分指标取对数后加入模型。

3. 结论

研究发现，实施环境治理政策并不会导致经济增长与碳排放的关系出现结构性变化，但会使得经济增长与碳排放强度的关系发生突变，且碳排放等环境因素在一定程度上降低了经济增长效率。在环境约束政策下，东北地区的技术效率损失最大，中部地区效率损失偏大，东部地区效率损失最小。碳排放强度与经济增长之间的门槛效应反映出了经济转型的迫切性，考虑到碳排放仍会对经济增长的技术效率产生负面影响，因此研究建议应继续降低碳排放总量，并通过技术创新利用更加清洁廉价的替代能源。

本章参考文献

朱磊, 张建清, 孙元元, 等. 2018. 环境治理约束与中国经济增长: 以控制碳排放为例的实证分析. 中国软科学, (6): 163-171.

Afriat S N. 1972. Efficiency estimation of production functions. International Economic Review, 13(3): 568.

Aigner D, Chu S F. 1968. On estimation the industry production function. American Economic Review, 58: 826-839.

Aigner D, Lovell C A K, Schmidt P. 1977. Formulation and estimation of stochastic frontier production function models. Journal of Econometrics, 6(1): 21-37.

Battese G E, Coelli T J. 1992. Frontier production functions, technical efficiency and panel data: with application to paddy farmers in India. Journal of Productivity Analysis, 3(1): 153-169.

Battese G E, Coelli T J. 1995. A model for technical inefficiency effects in a stochastic frontier production function for panel data. Empirical Economics, 20(2): 325-332.

Battese G E, Corra G S. 1977. Estimation of a production frontier model: with application to the pastoral zone of eastern Australia. Australian Journal of Agricultural Economics, 21(3): 169-179.

Cornwell C, Schmidt P, Sickles R C. 1990. Production frontiers with cross-sectional and time-series variation in efficiency levels. Journal of Econometrics, 46(1/2): 185-200.

Filippini M, Hunt L C. 2012. US residential energy demand and energy efficiency: a stochastic demand frontier approach. Energy Economics, 34(5): 1484-1491.

Greene W H. 1990. A Gamma-distributed stochastic frontier model. Journal of Econometrics, 46(1/2): 141-163.

Huang C J, Liu J T. 1994. Estimation of a non-neutral stochastic frontier production function. Journal of Productivity Analysis, 5(2): 171-180.

Kalirajan K. 1981. An econometric analysis of yield variability in paddy production. Canadian Journal of Agricultural Economics, 29(3): 283-294.

Kumbhakar S C. 1990. Production frontiers, panel data, and time-varying technical inefficiency. Journal of Econometrics, 46(1/2): 201-211.

Kumbhakar S C, Ghosh S, McGuckin J T. 1991. A generalized production frontier approach for estimating determinants of inefficiency in U.S. dairy farms. Journal of Business & Economic Statistics, 9(3): 279-286.

Lee Y H, Schmidt P A. 1993. A production frontier model with flexible temporal variation in technical efficiency//Fried H O, Lovell C A K, Schmidt S S. The Measurement of Productive Efficiency: Techniques and Applications. New York: Oxford University Press.

Meeusen W, van den Broeck J. 1977. Efficiency estimation from Cobb-Douglas production functions with composed error. International Economic Review, 18(2): 435-444.

Pitt M M, Lee L F. 1981. The measurement and sources of technical inefficiency in the Indonesian weaving industry. Journal of Development Economics, 9(1): 43-64.

Richmond J. 1974. Estimating the efficiency of production. International Economic Review, 15: 515-521.

Schmidt P, Sickles R C. 1984. Production frontiers and panel data. Journal of Business and Economic Statistics, 2(4): 367-374.

Zhou P, Ang B W, Zhou D Q. 2012. Measuring economy-wide energy efficiency performance: a parametric frontier approach. Applied Energy, 90(1): 196-200.

第五篇　仿真模型与应用

在科学研究中，经常需要对现实世界中的系统运作过程进行建模分析，然而系统具有复杂性特征，对复杂系统进行抽象而构建出的复杂数学模型通常无法求出解析解，在这种情况下，需要通过计算机对模型进行实验模拟，即通过对模型施加输入，观察其对系统输出的影响，以估计模型的期望真实特征，该过程即为本篇要介绍的仿真。仿真模型可按三种不同的域进行分类：按系统是否随时间变化可将仿真模型分为动态仿真模型与静态仿真模型；按是否含有随机的不确定性成分可将仿真模型分为随机的仿真模型与确定的仿真模型；按系统变化是否只发生在部分时间点可将仿真模型分为离散仿真模型以及连续仿真模型（Law and Kelton，2014）。

当前仿真模型及方法已被广泛应用到了军事、制造、运输、服务等多种行业领域，以及计算机科学与技术、通信技术、管理科学与运筹学等学科的研究中，用以解决制造系统的设计与分析、运输系统的设计与运营、服务组织的评估设计、采矿作业分析以及市场的供需变化等问题。此外，仿真模型及方法也被运用到了能源经济领域的多个方面，如能源市场要素配置、能源需求预测、能源企业决策、能源技术扩散以及能源政策评估等。

本篇主要分为两章，分别介绍两种代表性的动态且随机的仿真模型，包括基于主体的仿真模型与系统动力学模型。通过两章的介绍，旨在让读者掌握基于主体的仿真模型及系统动力学方法的内涵与实现方法，同时了解其在能源经济分析中的主要应用。

第 16 章 基于主体的仿真模型

本章提要

本章第一部分阐述了基于主体的仿真模型的基本概念、发展及应用，概括了该建模技术的特征，介绍了基于主体的仿真模型的常用语言及软件平台，并对基于主体的仿真的经典模型与案例进行了简单介绍。第二部分阐释了多主体系统仿真模型的构成，展示基于主体的仿真模型内在结构。前两部分内容旨在使读者充分把握基于主体的仿真模型"是什么"。本章第三部分结合具体案例对基于主体的仿真模型步骤进行详细阐述，旨在通过理论结合实际的方式使读者理解基于主体进行建模时应该"怎么做"。本章第四部分介绍了基于主体的仿真模型在能源经济领域的具体应用案例，以使读者理解基于主体的仿真模型的理论和技术具体如何应用。

16.1 基于主体的仿真模型概述

16.1.1 基于主体的仿真模型的基本概念、发展及应用

基于主体的仿真模型（agent-based modelling and simulation）是一种通过对主体及其所处环境的规则及行为进行定义，从而展现环境中不同主体间互动行为与策略的计算机建模仿真技术。基于主体的仿真模型技术主要可用于：①辅助获取对系统的理解；②从相关性和复杂性等方面检验对系统的理解；③观察个体如何产生聚合模式，辅助理解个体行为的微观规则如何在系统的宏观行为中显现；④从聚合和个体尺度上针对真实数据验证相关理论；⑤做出关于系统的相关预测；⑥通过检验"如果……将会怎样"的情景来对未来规划进行指导。

最早的基于主体的仿真模型可追溯到 20 世纪四五十年代，诸如阿兰·麦席森·图灵等数学家、计算机先驱开始用基于主体的仿真模型的思想来探索生物学等学科内主体的复杂交互问题。基于主体的仿真模型技术与面向对象的计算机语言解决问题的方式大致相同，因此，随着近些年面向对象的程序设计语言的不断发展，以及计算机在计算能力和互联性等方面的进步，基于主体的仿真模型从技术角度更加易于实现。20 世纪八九十年代，基于主体的仿真模型技术迎来发展浪潮，被应用到生物学、化学、材料学、计算机科学、社会学等多个领域且达到了良好的研究效果并产生了多个经典模型案例，如美国学者 Wilensky 和 Reisman（1998）在进行计算生物学研究时所提出的"狼-羊"捕食者模型。近年来随着能源环境问题的不断显现，基于主体的仿真模型在能源环境领域的应用亦愈加广泛，如在能源主体行为研究、新型能源技术扩散及采纳、能源政策评估、能源产业

发展路径规划等问题上具有重要作用和价值，本章最后将对基于主体的仿真模型技术在能源经济分析中的应用案例进行介绍。

16.1.2　基于主体的仿真模型特征

基于主体的仿真模型特征及其内在结构使该技术易于与其他如数学及统计行为模型等技术相融合。与单纯的数学模型相比，基于主体的仿真模型主要基于个体对象及其行为运动规则构建，而方程模型主要基于数学特征与符号建立，基于主体的仿真模型表现方式使同样的现象和问题更容易理解，也为复杂现象的仿真和研究提供了更加方便和灵活的方式。此外，基于主体的仿真模型可通过可视化技术为研究和预测者提供即时的反馈，更便于对问题进行探索和对模型本身进行修正，该建模技术主要处理更易理解的分散而非连续的现象的特征，这些特征更加符合现实情景且在表达时需要较少的规范数学计算步骤。

但当方程模型有解时，其能够直接计算出问题的结果而无须运行模型，这比基于主体的仿真模型更加直接和简洁。尤其是当基于主体的模型中包含大量主体时，计算模型结果将耗费大量模型运行时间，为减少模型运行时间、提升运行速度，需对基于主体的仿真模型中所构建的方程做很多简化假设，当主体具有足够的同质性特征时，可对模型进行简化，从而利用主体的平均数量和特征平均值处理模型，但当基于主体的仿真模型具有较强的异质性时，则无法进行过多简化。

16.1.3　基于主体的仿真模型常用语言及软件平台

基于主体的仿真模型的语言或软件平台有很多种，当前常用的包括美国西北大学连接学习与计算机建模中心（Center for Connected Learning and Computer-Based Modeling）持续开发的 NetLogo、圣菲研究所（Santa Fe Institute）开发的 Swarm、阿贡国家实验室（Argonne National Laboratory）开发的开源仿真工具 Repast HPC 以及乔治梅森大学（George Mason University）开发的 MASON 等，此类基于主体的仿真模型工具当前多为开源资源。其他基于主体的仿真模型软件平台还有 AnyLogic、Ascape、Breve、MASS、SESAM、Altreva Adaptive Modeler 及 Cougaar 等。此外，基于主体的仿真模型可通过任意编程语言进行编写，当使用非基于主体的编程语言进行编写时，模型运行时间可能会更快，然而整个开发周期的时间将会相当长。本章中涉及的经典模型等均通过 NetLogo 进行实现。

16.1.4　经典模型与案例

基于主体的仿真模型方法自面世以来受到了国内外专家学者的广泛关注，在数学、生物学、化学、材料学、计算机科学、社会学等领域取得了较多成果。本章按主体结构由简单到复杂的顺序先后选取了兰顿蚂蚁模型、种族隔离模型和"狼-羊"捕食者模型三个常见模型，以便读者在接触理论内容之前更直观形象地了解基于主体的仿真模型。

1. 兰顿蚂蚁模型

兰顿蚂蚁模型是由美国学者 Langton（1986）进行"人工生命"相关研究时提出的一个二维通用图灵机示例，演示了简单的确定性规则形成复杂行为的过程，表明了时间可逆性与复杂行为并不矛盾，该模型于 2000 年被证明具有图灵完备性。兰顿蚂蚁模型仅由黑白格子和一只蚂蚁构成，且蚂蚁的移动规则较为简单：当蚂蚁在白色格子时，则将该格子改为黑色，右转 90 度并向前移动一步；当蚂蚁在黑色格子时，则将该格子改为白色，左转 90 度并向前移动一步。

以 NetLogo 模型库中的兰顿蚂蚁模型为例（Wilensky，1999；Wilensky，2005），设计一个具有 241×241 个"斑块"（patches）的二维网络用于表示兰顿蚂蚁的活动空间，假定初始条件下所有格子均为白色，且兰顿蚂蚁位于网格中心，可以人为选择蚂蚁的移动方向是向前还是向后。当蚂蚁的移动方向为向前时，其移动 50 000 步后所形成的图像如图 16.1（a）所示，从该图中可以发现，兰顿蚂蚁的移动形成了数条以 104 步为周期的"高速公路"，演示了由简单的确定性规则到复杂行为的过程。在 50 000 步之后将蚂蚁的移动方向改为向后，可以发现之前形成的"高速公路"会逐渐"消失"，蚂蚁继续向后移动 50 000 步所形成的图像如图 16.1（b）所示，网格恢复到初始状态，表明了兰顿蚂蚁的移动具有时间可逆性。

 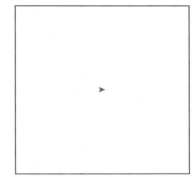

（a）向前移动50 000步　　　　　　（b）继续向后移动50 000步

图 16.1　兰顿蚂蚁移动路径

2. 种族隔离模型

种族隔离模型是美国经济学家 Schelling（1978）建立的一个用于解释种族隔离现象的模型，描述了异质性对空间隔离的影响与作用，揭示了种族和收入隔离背后的原理。在该模型中，黑人和白人共同生活在一个由二维网络构成的社区中，当居民周围同种人在邻居中的比例不低于可接受阈值时，该居民会继续居住在当前住址；当居民周围同种人在邻居中的比例低于可接受阈值时，该居民会搬离当前住址，并寻找邻居中同种人比例高于阈值的地方安家。

以 NetLogo 模型库中的种族隔离模型为例（Wilensky，1999；Wilensky and Rand，

2006），设计一个具有 $a×b$ 个"斑块"的二维网络用于表示黑人和白人共同生活的社区，假定初始条件下有 m 个黑人和 n 个白人共同生活在该社区，居民可接受的同种人在邻居中的最低比例为 t。当同种人在邻居中的比例 t' 大于或等于阈值 t 时，该居民认为这是一个"宜居"的环境，暂时不会选择离开当前住所；当同种人在邻居中的比例 t' 小于阈值 t 时，该居民认为这不是一个"宜居"的环境，并迁移至其他空闲住所。模型会不断重复上述过程，直到所有居民都找到"宜居"的住所为止。

随着居民对邻居中同种人比例需求的增加，种族隔离现象将愈加明显，当阈值 t 大于某临界值时，黑人和白人之间甚至出现了无人居住的"隔离带"。此外，模型分析结果表明，即使个人不介意在另一个种族占主体的邻里环境中生活，他们仍会不约而同地选择与同种人聚集，整体上会呈现出"大杂居、小聚居"的特征。

3. "狼-羊"捕食者模型

"狼-羊"捕食者模型是由美国学者 Wilensky 和 Reisman（1998）在进行计算生物学研究时所提出的一个仅由狼、羊和草场构成的简单生态系统的仿真模型，分析了各种群在不同情景下的数量变化及原因。在该模型中，狼、羊和草场共存于一个由二维网格构成的生态系统中，狼和羊分别通过捕食羊和啃食草场来获取生存所需的能量，被啃食过的草场在一定时间后才会恢复。此外，每只狼和羊在每个周期均会以一定概率繁殖后代，活跃程度越高的个体繁殖后代的概率越高，但个体的觅食行为和繁殖行为会不同程度地消耗自身能量，能量耗尽的个体便会死去。

以 NetLogo 模型库中的"狼-羊"捕食者模型为例（Wilensky，1997c；Wilensky，1999），设计一个具有 $c×d$ 个"斑块"的二维网络用于表示该生态系统，假定初始条件下有 w 匹狼、s 只羊和 g 块草场，三者可重合地随机分布在该生态系统中，且狼和羊有较为充足的初始能量以保证其能度过初始期。各仿真主体的行为规则如表 16.1所示。

表 16.1　各仿真主体的行为规则

仿真主体	移动	觅食	繁殖
狼	对上一周期的前进方向做出一定调整，并在当前周期内前移动 1 个单位，且每走一步消耗 1 个单位的能量	当与羊处于同一网格中时随机吃掉一只羊，每吃掉一只羊增加 20 个单位的能量	每走一步提高 4% 的后代繁殖概率；每次繁殖，母体能量减半且仅产生 1 个具有母体一半能量的后代
羊		当与草场处于同一网格中时吃掉一块草场，每吃掉一块草场增加 4 个单位的能量	每走一步提高 5% 的后代繁殖概率；每次繁殖，母体能量减半且仅产生 1 个具有母体一半能量的后代
草场	—	—	被吃光的空地恢复成草场需经过 30 个时间周期

在上述条件下执行 1000 个迭代周期后，由狼、羊和草场构成的简单生态系统在上述条件下基本处于生态平衡状态，狼与草场的数量变化趋势相同、与羊的数量变化趋势相反。此外，草场的数量变化趋势略滞后于狼的数量变化趋势，其原因可能是当狼的数量

增加（减少）后，羊被捕食的概率提高（降低）、羊的数量减少（增加），进而导致羊所需吃掉的草场数量减少（增加）、草场数量增加（减少）。

16.2　多主体系统仿真模型的构成

目前基于主体的仿真模型方法已在多领域得到广泛应用，尤其与复杂性研究的关系较为密切。复杂系统中包含大量组分，这些组分不仅聚集在一起，而且通常存在着复杂的相互作用机理并推动着系统运动演化（张发等，2009），通过基于主体的仿真模型则可实现对复杂系统各组分的行为及其交互作用的模拟和观测。依据复杂系统理论以及仿真建模的思路，学界将基于主体的仿真模型的主要组分划分为三部分，即主体、环境及交互机制（薛领和杨开忠，2003；宗利永等，2011；倪建军等，2012），本节将就这三项基于主体的仿真模型的主要组分进行阐释。

16.2.1　主体

1. 主体的定义及特征

主体是基于主体的仿真模型中最基础的单元，不同环境下，主体将会呈现出不同的特征，很难严格具体抽象出主体的概念（张军，2013）。目前国内外学者多从主体的特征角度对其展开定义。Wooldridge 和 Jennings（1995）认为主体一般是具有自治性、反应性、主动性及社会性等属性的单元；Maes（1994）给主体赋予智能、独立、自治的属性，将其定义为可以在复杂的动态环境中代表一个用户或一个程序执行操作的软件实体；张军（2013）认为主体是一个具备一定智能性的概念和计算模型，其中计算模型是指可计算的模型，通常需要结合特定的软件环境演绎解释；张发等（2009）将主体定义为系统中具有一定的自治性、智能性和适应性的个体。结合以往学者的观点，本书认为主体是为了简化和表现研究对象而抽象出的一个具有多属性特征的个体概念，多属性特征主要体现在个体的自治性、适应性、智能性和异质性。

自治性是指主体拥有自己特定的目标、行动时间和行为变化。外界环境将会影响主体，但是不能直接决定主体的选择，如果没有外界因素的作用，主体将自行控制自己的行为和状态。

适应性是指主体能够在自身主动性的基础上表现出一定的应激反应。主动性可以理解为主体依据自身固有属性表现出的主观行为，而应激反应是指主体因环境变化所表现出的反馈行为。系统中的主体为适应环境能够根据环境的变化实时调整其状态、参数，或通过协同、合作、竞争的形式与其他主体取得联系（张永安和李晨光，2010；DeRosa and McCaughin，2007）。

智能性主要表现了主体行为的逻辑性和合理性，即主体行为是在特定环境下基于一定的交互机制而实现的。

异质性是指基于主体的仿真模型中通常涉及多种类型的主体，不同类型的主体在属性和行为规则方面呈现差异性特征，且各类型主体分别按自身的逻辑采取行动（张发等，2009）。

2. 主体类型

主体类型的确定有助于多主体模型在仿真软件中高效处理和运行，其分类方法有多种。目前最常用的主体类型划分方式是依据主体的不同位置状态将其划分为移动主体、固定主体和连接主体（Wilensky and Rand，2015）。移动主体指可以在所生存空间上随意移动的主体；固定主体指在仿真系统中位置状态相对固定的主体，即不会随着时间的推移或外在环境的影响而发生位移；连接主体具有连接其他主体的功能，不会自己发生移动，但会随着所连接主体的移动而改变运动状态。在 NetLogo 软件平台中，"海龟"（turtles）为移动主体，"斑块"为固定主体，连线（links）为连接主体。其中，连线通常用来表示"海龟"主体间的关系，同时也用来表示系统环境（如交通线路、信息渠道等）。

Russell 和 Norvig（1995）依据不同的主体行为决策过程或主体认知将主体划分为反射型主体、效用导向型主体、目标导向型主体和调适型主体四类。四类主体的认知复杂度依次递增，且可以相互融合与适配（如建模者可依据现实情景将主体定义为效用导向的调适型主体）。反射型主体拥有最基础的"认知"，在软件平台中通常可通过"if-then"的规则来实现其对输入指令的行为映射，以 NetLogo 模型库中交通基础模型为例，当正在行驶的汽车发现前方一定距离内有其他汽车时将减速，反之则将加速，该状态下的汽车可被称为反射型主体；而当为汽车主体增加基于车速的能源效率等属性时，其制动过程则需在不发生事故的前提下最小化油耗，此时汽车被称为效用导向型主体；若将汽车置于社会网络中，则需为其赋予"家"及"工作单位"的属性，此时汽车则需要在合理时间内从"家"移动至"工作单位"，该状态下的汽车被称为目标导向型主体；若汽车主体通过对以往经验的归纳，适时调整符合当前形势的制动时间及制动距离，以在避免交通事故的前提下提升车速，则此时的汽车为调适型主体。

除以上两种分类方式外，学者在建模时可依据主体的属性、行为准则、位置等相似性特征自定义主体类别，如在"狼-羊"捕食者模型建模过程中，建模者可依据主体的差异性行为准则将主体划分为狼、羊两类。总而言之，上述依据位置状态、主体行为决策过程或主体认知及自定义的主体分类方式是当前学者在对基于主体的仿真模型进行时用到的主要的主体分类方法，但有两种特殊的主体类型不属于上述任何一种分类方式，需简要指出：元主体（meta-agents）及原主体（proto-agents）。元主体是一个单独的主体，其本身含有其他主体，而被包含的主体可被称为子主体（sub-agents）。在人与人交互的系统中，某个人作为元主体，其本身亦含有器官、组织及细胞等物质方面的子主体，或情感、智力等精神方面的子主体。建模时，建模者需根据希望刻画的具体的主体行为来决定选择什么级别的元主体。原主体是指为辅助反映其与其他主体之间的交互行为而设置的没有自身属性或行为的主体，可被看作是未来模型主体的"占位符"。例如，居民在选择居住位置时，需考虑附近是否有足够的服务中心（如饭店、商超等），为反映居民主体与服务中心的交互行为，建模者需将服务中心设为主体，但无须为其设置与居民主体属性一样详细的属性值，此时服务中心主体即为原主体。随着模型的复杂程度的不断增大，建模者需在后续模型中为服务中心加入更加具体的属性特征，此时原主体成为普通的主体。两种特殊的主体提供了一种模型简化的方式，并为后续模型的不断丰富提供了方便。

3. 主体行为

主体行为是主体与其生存的世界产生交互的最基本的方式。通过主体行为的产生，主体可实现环境、其他主体及自身状态的改变，体现了主体的自治性、适应性及智能性等特征。主体行为是主体在意愿内部驱动和环境影响下的外在表现（何可等，2015）。类比自然界中的一般主体行为，基于主体的仿真模型系统中的主体行为要经过感知、分析和行动三步来实现。在计算机软件操作环境中，主体行为过程则体现为：系统仿真模型的操作者或观察者对主体进行属性变量的设置，并在生存环境内赋予主体自身或相互间作用的指令，从而产生主体自身的行为或多主体的交互行为。以种族隔离模型为例，系统中的黑人或白人个体通过感知邻居中同种人的比例，分析判断自身是否处于"宜居"的环境，进而产生是否要离开当前环境的行为。

当前许多基于主体的仿真建模的工具包都开发出了一套标准的主体行为，通常这些简单的行为可直接通过设置主体的属性来实现。在 NetLogo 仿真工具中，观测者可通过 FORWARD、BACKWARD、LEFT、RIGHT 等简单的属性指令来分别实现主体在生存世界中前、后、左、右移动的行为。对于一些较为复杂的交互行为，观测者可根据交互机制通过更为复杂的程序代码来实现。

16.2.2 环境

1. 环境的定义

基于主体的仿真模型的环境是指主体生存、行动和交互的外部依存场景。环境可以影响主体的决定，而主体的决定同样可以对其所处的环境产生影响（Wilensky and Rand，2015）。例如，在种族隔离模型中，黑人和白人生活的社区即为系统的环境，同种人在邻居中的比例 t 的值将影响居民做出是否搬家的决定，而居民的搬家行为也将对居民社区环境产生影响。作为外部世界的抽象概念，环境不仅是一些外生变量，还是主体赖以生存的系统状态和系统边界，主体从环境中获得感知，环境也将受到主体的反馈并做出改变（Railsback et al.，2006；张军，2013）。由此，环境存在一定的智能性，部分学者将环境视为特殊的主体。

2. 几种常见的环境类型的介绍

在多主体仿真模型中，常见的环境类型主要有：空间环境、基于网络的环境和以 3D 世界（3D world）环境、地理信息系统（GIS）环境为代表的特殊类环境。

1）空间环境

空间环境在多主体模型中，通常有离散型和连续型两种类型。在离散型空间环境中，主体可能产生的感知和行动是一个离散值集合；而在连续型空间环境中，主体所感知和行动的空间的取值是连续的。离散型空间环境通常也被称为规则网络，其特点是每个节点的近邻数目都相同，如一维链、二维晶格、完全图等（刘涛等，2005），在基于主体的仿真建模的工具软件中，离散型空间环境通常由无数个点集构成，只不过在呈现方式上比较多样，以 NetLogo 软件为例，离散型空间环境的点集可由正方形、正六边形等晶格展现。严格的连续型空间环境一般很难在相关仿真软件中实现，因此在仿真过程中，连续型空间环境通常用间隔距离非常近的离散型点集来近似表示。不论是离散型的还是连续型的，空间环境都可以是有限的或者无限的。

2）基于网络的环境

在现实情景中，特别是当面对如舆情传播、网络信息传播等社会背景的复杂问题或案例时，简单的空间环境很难表现复杂系统的建模环境，这时通常要使用基于网络的环境来具体刻画。在基于网络的环境设计中，常用的复杂网络类型有随机网络、小世界网络、无标度网络等。

A. 随机网络

20 世纪 50 年代末，Erdös 和 Rényi（1959）提出了一种完全随机的网络模型——ER 随机网络，目前已在诸如军事、车辆、救援和医疗服务等多领域得到实际应用（Trifunovic et al.，2014）。它指在由 N 个节点构成的图中以概率 p 随机连接任意两个节点而成的网络，即两个节点之间是否存在连边存在不确定性，其连边存在与否由概率 p 决定。换言之，在由 N 个节点构成的图中，可以存在多条边，从中随机连接 M 条边所构成的网络就叫随机网络（刘建香，2009）。在随机网络模型中，不同个体间可通过添加连接主体随意连接。很显然，现实世界中的网络一般不可能是完全随机的，随机网络属于一种极端情况，通常在近似刻画一些无序环境时采用随机网络。

B. 小世界网络

小世界网络模型是由 Watts 和 Strogatz（1998）最先提出的，他们将规则网络中的各条边重新以概率 p 随机连接到网络中的一个新节点上，构造出一种介于规则网络和随机网络之间的网络——W-S 网络，该网络同时兼具较短的平均路径和较大的聚集系数两种特性（吴俊等，2007）。W-S 网络模型提出后，Newman 和 Watts（1999）等又做了进一步的改进，提出 N-W 小世界网络模型。N-W 小世界网络模型的优点在于简化了理论分析，不会像 W-S 网络模型一样可能存在孤立节点。小世界网络目前在生物、Internet 等领域的发展已较为成熟，亦有越来越多的学者将其运用到经济管理和社会科学问题的研究中（黄萍等，2007；Hu et al.，2020）。以舆情传播多主体仿真建模为例，信息传播特点介于规则和随机之间，大部分信息传播发生在周围聚集环境中，但有部分传播地域跨度大，需要用连接主体连接距离较远的不同个体，因此可采用小世界网络设计模型环境。

C. 无标度网络

诸多实证研究结果表明，对于大多数大规模真实网络，用幂率分布来描述它们的度分布更加精确（Albert and Barabási，2002）。小世界网络模型尽管可以很好地刻画现实世界的小世界性和高聚集性，但其节点的度分布仍为指数分布形式（Barrat and Weigt，2000）。幂率分布相对于指数分布来说，其图形没有峰值，大多数节点仅有少量连接，而少数节点拥有大量连接，不存在随机网络中的特征标度，于是 Barabási 和 Bonabeau（2003）称这种度分布具有幂率特征的网络为无标度网络。为解释无标度网络的形成机制，Barabási 和 Albert（1999）提出了 B-A 模型，该模型考虑了真实网络所具有的增长性和择优连接性等属性，同时利用统计物理中的平均场方法给出了模型的解析解（刘涛等，2005）。B-A 模型的提出标志着人们对客观网络世界的认识更加深入，之后越来越多的学者基于该模型，提出诸如非线性择优连接、加速增长、适应性竞争（Bianconi and Barabási，2001）等改进模型。许多现实世界的网络，诸如互联网、电网、航空路线等均具有与无标度网络相似的特性，因此可用无标度网络刻画其仿真环境。

3）特殊类环境

除上述两类常规的环境外，3D 世界环境和 GIS 环境等较为特殊的环境在多主体仿真模型中也经常被采用。3D 世界允许主体可以在三维空间里移动，GIS 可以将实际的地理信息数据导入多主体仿真模型中。以下是对两个环境的具体介绍。

A. 3D 世界环境

模型对象生活在三维空间中，很多复杂系统的研究也都在三维空间中，但当第三个维度对研究的结果没有显著影响时，为简化模型，研究者通常将三维空间转化为二维空间。以"狼-羊"捕食者模型为例，现实世界中狼、羊都生活在三维空间中，但它们的移动轨迹和捕食行为完全可以通过二维空间清晰刻画，因此在该模型中选用二维空间作为多主体仿真模型的环境。当研究主体的行为需要在立体空间中才能完全刻画时（如要研究追踪导弹的运行路径和轨迹），则需要将三维空间作为多主体仿真模型的环境。

B. GIS 环境

GIS 环境可被视为记录地球物理位置有关数据的环境，被广泛应用于环境科学、城市规划、园林管理、交通运输、资源勘查及自然灾害预警等诸多领域的多主体仿真建模中。GIS 可以提供诸如海拔、土地使用、地表覆盖等相关地理数据，移动主体可直接在 GIS 提供的地理环境中发生交互，通过访问地理位置便能够获取到研究主体或现象的相关信息。同时也可以利用 GIS 对数据进行编码以进一步丰富研究主体的信息，如在研究地域异质性对地区经济发展的影响时，可以通过 GIS 对相关数据进行编码，在相应地区地理位置处嵌入居民的经济社会状态。此外，已有研究者开发出 GIS 分析工具，可以快速对相关数据进行分析并得出研究主体或现象的空间分布，这些工具的应用在极大程度上帮助了研究人员对复杂系统的深入探索。

16.2.3　交互机制

交互机制是系统内部各主体实现演化的仿真机制或作用规则。多主体系统的演化是基于其中主体之间的交互作用形成的，作为系统重要的组成要素，交互机制是促成系统演化的动力来源（何晨琛，2018）。在基于主体的仿真模型中，一般存在五种交互机制，即主体自身交互、不同主体交互、环境自身交互、不同环境交互、主体与环境交互。

1. 主体自身交互

基于主体的仿真模型中，主体除和其他主体及环境交互外，也会存在自身交互行为。主体自身交互指主体先对当前自身状态进行识别，然后再采取下一步行为的过程。这种交互方式在生物学、社会科学及化学等诸多领域存在，如生物的生殖繁衍、组织团体的分化、原子合成分子等均属于主体自身交互。

2. 不同主体交互

不同主体交互是基于主体的仿真模型系统中最重要的一种交互关系。在一个多主体系统中，主体是自主的，除了自身交互，不同主体之间也存在交互作用关系。对于现实世界中存在的事物，可以将其个体或组织视作多智能体，按照每个智能体的本质属性赋予其行为规则。在多主体活动空间中，不同主体按照各自的规则进行活动，随着时间的推移，系统会形成不同的场景。"狼-羊"捕食者模型中，狼捕食羊是一种典型的不同主体交互行为。

3. 环境自身交互

环境自身交互指不需要借助其他主体的作用，环境状态进行自我改变的现象。"狼-羊"捕食者模型中存在最为经典的环境自身交互实例：被羊吃过的草重新生长出的过程即为环境自身交互。

4. 不同环境交互

环境与环境的交互通常用来研究扩散现象，在基于主体的仿真模型应用场景中并不常见。以蚂蚁觅食模型（Wilensky，1997a）为例，蚂蚁向环境释放某种信息激素，然后通过环境与环境的相互作用使信息激素得到扩散，该过程则为不同环境交互。

5. 主体与环境交互

主体与环境的交互机制是相互的，即主体可以感知和改变自己所处的环境，环境也会对主体的行为进行约束和调整。在"狼-羊"捕食者模型中，羊通过啃食草场来获取生存所需的能量，被啃食过的草场在一定时间后才会恢复，其间，羊会转移到草相对旺盛的区域，在这个基本处于平衡状态的系统中，草场的数量变化趋势与羊的数量变化趋势相反。

16.3　基于主体的仿真模型应用的一般过程及建模流程

16.3.1　基于主体的仿真模型应用的一般过程

基于主体的仿真模型是以主体间的影响关系和行为准则的构建为核心，通过仿真的方式来模拟系统演化发展的路径及结果的方法，在关于复杂系统问题方面的研究成效显著，是理解复杂经济及社会系统动态发展过程的有效手段之一。基于主体的仿真模型解决问题的一般过程大致分为如图 16.2 所示的五个步骤。

图 16.2　基于主体的仿真模型解决问题的一般过程

（1）问题识别：确定仿真目标和建模目的，明确拟解决的关键问题。

（2）系统辨析：确定仿真系统边界，抓住模拟系统的主要特征，根据模拟系统固有的层次结构、系统信息和仿真目标等信息，选择合理的抽象层次。

（3）多主体建模：识别模拟系统中各主体固有的属性、特征、联系和交互机制，明确主体之间的物质流、资金流和信息流等各类"流"的组成情况、流动方式和流动路径，在此基础上设计各主体的属性、连接和行为规则。

（4）仿真与实现：利用 NetLogo、Swarm、AnyLogic、Altreva Adaptive Modeler 和 Cougaar 等软件平台实现基于主体的仿真模型分析，并对模型进行参数调整和结构优化。

（5）结果分析：结合提出的关键问题对模型仿真结果进行分析与讨论。

16.3.2　基于主体的仿真模型流程

本节以 Wilensky（1997b）提出的合作行为演化模型为例，借助 NetLogo 软件平台（Wilensky，1999），从问题识别、系统辨析、多主体建模、仿真与实现和结果分析五个方面对基于主体的仿真模型实现流程进行系统介绍和展开说明。

此案例主要通过对牛群生存过程的模拟来探索种群中合作行为的演化过程。Wilensky 所构建的生态系统中仅由"贪婪"的牛、"理性"的牛和草场组成，其中牛群通过啃食草场来获取生存所需的能量，被啃食过的草场在一定时间后才会恢复。在每个迭代周期中，牛群中的个体都会消耗一定能量以寻找新的草场，且个体能量较高的牛会消耗一定能量以繁殖后代，当个体能量耗尽时便会死去。

1．问题识别

本案例的主要目的在于探究种群在有限生存空间下会在"贪婪"和"理性"之间做出何种进化选择，即在草场面积有限的前提下研究"贪婪"和"理性"两种觅食偏好的牛在不同情景下的种群数量占比，进而探索种群中合作行为的演化过程。

2．系统辨析

本案例研究的仿真系统为仅由牛群和草场组成的简单生态系统，其中牛群中的牛分为"贪婪"的牛和"理性"的牛两类，且两类牛中的个体具有同质化的属性和行为，而光照、气候等自然因素和捕食者、竞争者等生态环境因素均在系统边界以外。

3. 多主体建模

通过系统辨析可以发现本案例研究的仿真系统仅包含"贪婪"的牛、"理性"的牛和草三类主体，其中"贪婪"的牛和"理性"的牛为动态主体，草为静态主体。各主体之间的关系如图 16.3 所示，无论是"贪婪"的牛还是"理性"的牛都需要通过啃食草来获取生存所需的能量，而在有限的生存空间下二者之间又存在竞争关系。

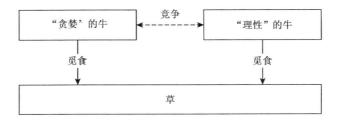

图 16.3　合作行为演化模型各主体之间的关系

作为动态主体的牛有移动、觅食和繁殖三种行为，其首先在每个迭代周期开始时会对上一周期的前进方向做出一定调整，并消耗一定能量以向前移动若干单位，但能量耗尽的牛此时便会死去；其次分别通过"贪婪"和"理性"两种策略啃食草来获取能量，其中"贪婪"的牛会无视草的高度，直到将其啃食殆尽，而"理性"的牛会有选择性地觅食，只吃超过指定高度的草；最后在迭代周期期末，具有较高个体能量的牛会消耗一定能量以繁殖后代，且后代具有与母体相同的觅食偏好。作为静态主体的草仅有生长（繁殖）这一种行为，当草的高度低于"快速生长阈值"时会以较慢的速度生长，当草的高度超过"快速生长阈值"时会以较快的速度生长，但是当达到最高高度之后草便会停止生长。

4. 仿真与实现

在厘清系统边界和主体行为特征之后，该案例接下来的工作就是在仿真模型中刻画各主体的行为规则，利用 NetLogo 等软件平台进行模型仿真以及对模型进行参数调整和结构优化。

首先，设计一个具有 21×21 个"斑块"的二维网络用于表示该生态系统，20 头牛随机分布在铺满生态系统的草场上。此外，假定初始条件下草场中的草处于最高高度，具有"贪婪"和"理性"两种觅食偏好的牛在牛群中存在的概率相同，且具有较为充足的初始能量以保证其能度过初始期。各仿真主体的行为规则如表 16.2 所示。

表 16.2　各仿真主体的行为规则

仿真主体	移动	觅食	繁殖
"贪婪"的牛	对上一周期的前进方向做出一定调整，并在当前周期向前移动指定单位，且每走一步消耗 8 单位的能量	对所有草"一视同仁"，每吃 1 个单位的草增加 50 个单位的能量	个体能量大于 100 的个体会消耗 50 个单位的能量进行繁殖，且后代的属性、位置等信息与母体完全一致
"理性"的牛		只吃高度大于 5 个单位的草，每吃 1 个单位的草增加 50 个单位的能量	

续表

仿真主体	移动	觅食	繁殖
草	—	—	高度低于 5 个单位的草在每个迭代周期仅有 30%的概率会长高 1 个单位,而高度超过 5 个单位的草在每个迭代周期有 80%的概率会长高 1 个单位,但草的最高高度不会超过 10 个单位

其次,牛每次移动的距离限制了牛群的活动范围,进而决定了种群觅食偏好的局部化程度,因此设置移动距离分别为 0.6、0.8 和 1.0 时的三种情景,在保证其他条件不变的情况下分别对其在 2000 个迭代周期内的种群数量变化趋势进行仿真研究。

最后,利用 NetLogo 软件平台对该基于主体的仿真模型进行仿真实现。

5. 结果分析

对比三种情景下的种群数量变化趋势可以发现,移动距离会对牛群的觅食偏好产生显著影响。当个体的移动能力较弱时,牛群觅食偏好的局部化程度较高,倾向于通过理性的合作来避免过度啃食草场的牛更易获得生存优势。随着个体的移动能力的增强,牛群群落中的个体密度下降,减轻了群落内部的生存压力,进而使得尽可能多地获取能量的个体更易获得生存优势。此外还可以发现,在同等生存空间约束下,倾向于进行理性合作的种群的环境容纳量要显著大于未采取合作行为的种群。在案例情景下,个体的移动能力在一定程度上反映了种群所面临的生存压力,个体的移动能力较弱(强)时,种群所面临的生存压力较大(小)。进而可以发现,种群在面临较大生存压力时更倾向于选择符合长远利益的理性合作,而随着生存压力的降低,其更倾向于选择符合短期利益的非理性行为,但是非理性行为的盛行会降低种群的整体收益,进而使该种群在同等条件下的环境容纳量显著下降。

16.4　基于主体的仿真模型在能源经济分析中的应用

16.4.1　案例 1:模拟中国城市电动汽车扩散趋势

1. 案例引言

邱云秋(2022)在考虑居民与其他主体间交互作用的情况下,解析中国城市电动汽车扩散趋势。其揭示了消费者的个体属性、社会系统属性以及电动汽车自身属性等要素会对居民的电动汽车采纳行为产生何种动态作用,并在基于主体的仿真模型基础上探究案例城市政府应如何有针对性地细化与更新电动汽车激励政策组合。

2. 模型简介

该案例从电动汽车扩散过程中的相关主体行为特征识别切入,构造基于主体的模型框架，并提出相关的模型假设，最终进行基于主体的仿真模型构建。城市居民个体的电动汽车采纳流程的主要环节包括"决定是否买车""周围人的影响是否达到一定阈值""寻找不超过预算的车型""判断各预算内的车型为其带来的总效用""选择效用值最大的车型"。该案例将各车型为消费者带来的总效用表示为三大效用的线性函数，主要包括汽车自身属性为消费者带来的效用（汽车外观、内饰、动力性能等较难量化的要素所致效用、汽车续航里程所致效用、充电时间所致效用、持有期间总成本所致效用）以及消费者自身及其社会系统环境属性使其所感知的效用（绿色偏好所致效用、政策偏好所致效用及社会网络所致效用），效用值计算如下。

$$\max\sum_{m=1}^{M}\beta_m U_{ij}, \ U_{ij}=\left(U_{ij}^{SP},U_{ij}^{R},U_{ij}^{CT},U_{ij}^{TCO},U_{ij}^{G},U_{ij}^{P},U_{ij}^{SN}\right)$$

其中，U_{ij}^{G} 表示对于第 j 辆车消费者 i 的绿色偏好所致效用；U_{ij}^{P} 表示政策偏好所致效用；U_{ij}^{SN} 表示社会网络所致效用；U_{ij}^{SP} 表示汽车自身属性为消费者带来的效用中由汽车外观、内饰或动力性能等较难量化的要素所致的效用，可通过车辆价格函数来衡量，车辆性能与其价格相关，性能越强价格越高；U_{ij}^{R} 表示汽车续航里程所致效用；U_{ij}^{CT} 表示充电时间所致效用；U_{ij}^{TCO} 表示持有期间总成本所致效用；β_m 表示各效用的权重。估计不同车辆为其带来的总效用是消费者进行电动汽车采纳决策的重要一环，该案例在求解总效用值前首先对各效用值进行了标准化处理。

模型中各参数的初始值设定主要依据现实数据，数据来源主要包括各案例城市国民经济和社会发展统计公报、各城市政府相关网站、相关文献。该案例设计了电动汽车激励政策动态及静态两种调整模式，即政府主体将依据纯电动汽车销量在新增购置车辆中的市场份额是否满足拟定的电动汽车推广目标值而选择减小或加大政策实施力度，也可保持起始年份政策力度始终不变。结合不同的政策调整模式，为案例城市分别设置了四种政策组合情景进行模拟仿真，仿真工作基于 Python 的 Mesa 库完成。

3. 研究结论

案例研究结果表明具有不同特征的城市所适用的最优政策及政策组合存在显著差异。例如，对上海等存在燃油汽车限购政策的城市而言，电动汽车不限购政策足以使其实现电动汽车大规模扩散的目标，但若该政策适时终结，则强化初始年份的其他政策组合力度并保持力度不变将是该类城市最优的政策选择。基于此，该案例从案例城市自身特征出发结合仿真结果，提出了适应各案例城市自身特征的政策组合建议。

16.4.2　案例 2：模拟不同主体的技术采纳策略

1. 案例引言

Chen 和 Zhou（2019）通过对技术采纳中合作与独立两类主体行为建模，探究了校准的代表性主体模型能否代表异质性主体模型，并对比分析了不同投资成本、市场规模、主体风险偏好以及碳税水平下两类模型的仿真结果。

2. 模型简介

本案例基于对技术的有限预见方法（limited foresight method），构造了具有不同预见性的两类决策主体，并假设各主体具有异质的风险预期和风险态度，在技术溢出效应方面通过能源交易或技术流动相互作用。其中，独立主体的目标在于最小化自身成本，而合作主体的目标在于最小化系统总成本，两类主体的目标函数计算如下。

$$\min f(A_n) = U_n^I + U_n^E + U_n^{OM} + U_n^R$$

$$\min \sum_{n=1}^{N} f(A_n) = \sum_{n=1}^{N} \left(U_n^I + U_n^E + U_n^{OM} + U_n^R \right)$$

其中，U_n^I 表示第 n 个主体在决策范围内的总投资成本；U_n^E 表示第 n 个主体在决策范围内的总资源提取成本；U_n^{OM} 表示第 n 个主体在决策范围内的总运维成本；U_n^R 表示第 n 个主体关于最先进技术的预期风险成本。此外，本案例假设存在现有技术 T_1、增量技术 T_2 和革命性技术 T_3 三类技术。其中，现有技术 T_1 的效率与初始投资成本均最低，且没有技术学习潜力；增量技术 T_2 的效率与初始投资成本较高，具有一定的技术学习潜力；革命性技术 T_3 的效率、初始投资成本与技术学习潜力均最高。基于上述模型与假设，本案例依托现实数据与相关文献初始化模型所涉及的各个参数，并进行模拟仿真。

3. 研究结论

仿真结果显示，代表性主体模型在某些情况下可能无法准确代表异质性主体的聚合行为，尤其是在政策变化或实施碳税时，可能会导致高估政策效果；而当市场规模变化时，经过校准的代表性主体模型的反应与异质性主体的聚合行为几乎相同。此外，仿真结果表明上述结论在采用不同校准方法的情况下具有良好的一致性。通过模型构建与仿真，本案例指出了在使用代表性代理模型进行政策分析时可能存在的局限性。

本章参考文献

何晨琛. 2018. 绿色住宅市场多主体系统交互演化研究. 武汉: 华中科技大学.

何可, 张俊飚, 张露, 等. 2015. 人际信任、制度信任与农民环境治理参与意愿: 以农业废弃物资源化为例. 管理世界, (5): 75-88.

黄萍, 张许杰, 刘刚. 2007. 小世界网络的研究现状与展望. 情报杂志, (4): 66-68, 65.

刘建香. 2009. 复杂网络及其在国内研究进展的综述. 系统科学学报, 17(4): 31-37.

刘涛, 陈忠, 陈晓荣. 2005. 复杂网络理论及其应用研究概述. 系统工程, (6): 1-7.

倪建军, 刘明华, 任黎, 等. 2012. 强化学习在基于多主体模型决策支持系统中的应用: 以湖泊水环境决策支持系统为例. 系统工程理论与实践, 32(8): 1777-1783.

邱云秋. 2022. 中国城市电动汽车激励政策评估及仿真研究. 南京: 南京航空航天大学.

吴俊, 谭跃进, 邓宏钟, 等. 2007. 无标度网络拓扑结构非均匀性研究. 系统工程理论与实践, (5): 101-105.

薛领, 杨开忠. 2003. 城市演化的多主体 (multi-agent) 模型研究. 系统工程理论与实践, (12): 1-9, 17.

张发, 宜慧玉, 赵巧霞. 2009. 复杂系统多主体仿真方法论. 系统仿真学报, 21(8): 2386-2390.

张军. 2013. 多主体系统: 概念、方法与探索. 北京: 首都经济贸易大学出版社.

张永安, 李晨光. 2010. 复杂适应系统应用领域研究展望. 管理评论, 22(5): 121-128.

宗利永, 孙绍荣, 顾宝炎. 2011. 基于多主体建模方法的行为管理制度设计研究. 管理学报, 8(9): 1318-1324.

Albert R, Barabási A L. 2002. Statistical mechanics of complex networks. Reviews of Modern Physics, 74(1): 47-97.

Barabási A L, Albert R. 1999. Emergence of scaling in random networks. Science, 286(5439): 509-512.

Barabási A L, Bonabeau E. 2003. Scale-free networks. Scientific American, 288(5): 60-69.

Barrat A, Weigt M. 2000. On the properties of small-world network models. The European Physical Journal B-Condensed Matter and Complex Systems, 13: 547-560.

Bianconi G, Barabási A L. 2001. Competition and multiscaling in evolving networks. Europhysics Letters, 54(4): 436-442.

Chen H, Zhou P. 2019. Modeling systematic technology adoption: can one calibrated representative agent represent heterogeneous agents? Omega, 89: 257-270.

DeRosa J K, McCaughin L K. 2007. Combined systems engineering and management in the evolution of complex adaptive systems. Honolulu: 2007 lst Annual IEEE Systems Conference.

Erdös P, Rényi A. 1959. On random graphs. Publicationes Mathematicae, 6: 290-297.

Hu Y, Wang Z Y, Li X R. 2020. Impact of policies on electric vehicle diffusion: an evolutionary game of small world network analysis. Journal of Cleaner Production, 265: 121703.

Langton C G. 1986. Studying artificial life with cellular automata. Physica D: Nonlinear Phenomena, 22(1/2/3): 120-149.

Law A, Kelton D. 2014. Simulation Modeling and Analysis. Beijing: McGraw-Hill.

Maes P. 1994. Agents that reduce work and information overload. Communications of the ACM, 37(7): 30-40.

Newman M E J, Watts D J. 1999. Renormalization group analysis of the small-world network model. Physics Letters A, 263(4/5/6): 341-346.

Railsback S F, Lytinen S L, Jackson S K. 2006. Agent-based simulation platforms: review and development recommendations. SIMULATION: Transactions of The Society for Modeling and Simulation International, 82: 609-623.

Russell S J, Norvig P. 1995. Artificial Intelligence: A Modern Approach. Upper Saddle River: Prentice-Hall.

Schelling T C. 1978. Micromotives and Macrobehavior. New York: W. W. Norton & Company.

Trifunovic S, Kurant M, Hummel K A, et al. 2014. Preventing spam in opportunistic networks. Computer Communications, 41(15): 31-42.

Watts D J, Strogatz S H. 1998. Collective dynamics of "small world" networks. Nature, 393: 440-442.

Wilensky U. 1997a. NetLogo ants model. Evanston: Center for Connected Learning and Computer-Based Modeling.

Wilensky U. 1997b. NetLogo cooperation model. Evanston: Center for Connected Learning and Computer-Based Modeling.

Wilensky U. 1997c. NetLogo wolf sheep predation model. Evanston: Center for Connected Learning and Computer-Based Modeling.

Wilensky U. 1999. NetLogo. Evanston: Center for Connected Learning and Computer-Based Modeling.

Wilensky U. 2005. NetLogo vants model. Evanston: Center for Connected Learning and Computer-Based Modeling.

Wilensky U, Rand W. 2006. NetLogo segregation simple model. Evanston: Center for Connected Learning and Computer-Based Modeling.

Wilensky U, Rand W. 2015. An Introduction to Agent-Based Modeling; Modeling Natural, Social, and Engineered Complex Systems with NetLogo. Cambridge: MIT Press.

Wilensky U, Reisman K. 1998. Connected science: learning biology through constructing and testing computational theories. InterJournal of Complex Systems, 234: 1-12.

Wooldridge M, Jennings N R. 1995. Intelligent agents: theory and practice. The Knowledge Engineering Review, 10(2): 115-152.

第 17 章　系统动力学模型

本章提要

本章主要介绍了系统动力学方法论和系统动力学在能源经济分析中的应用两部分，以"理论研究＋案例建模＋应用"的模式展开。理论研究部分包括方法概述、建模基础以及应用的一般过程及建模流程三部分。首先，从起源与发展、基本原理、建模优势、经典模型四个方面对系统动力学进行了简单概述；其次，从因果关系反馈图（causal loop diagram，CLD）、存量流量图、Dynamo 方程、模型检验、仿真实验五个方面对系统动力学的建模基础进行了理论学习；最后，为进一步了解系统动力学在应用中的一般过程，借助案例"啤酒游戏"来探究供应链中的牛鞭效应，从问题识别、确定系统边界、绘制系统结构图、编写方程及仿真实现五个方面对系统学习系统动力学在应用中的具体建模流程进行介绍。应用部分采用案例的形式着重介绍了系统动力学在能源经济分析中的应用，案例涉及三个主题：能源消耗与碳排放、能源投资、能源安全，每个主题从案例简介、模型简介、研究结论三个方面详细介绍了系统动力学的实际应用情况。

17.1　系统动力学方法概述

17.1.1　起源与发展

20 世纪四五十年代，Forrester 将系统动力学最初应用于对军事生产与工业生产控制等的研究。到了 20 世纪 60 年代，《工业动力学》（Forrester，1961）、《系统的原则》（Forrester，1968）及《城市动力学》（Forrester，1969）等书的出版，标志着系统动力学的诞生。20 世纪 70 年代，《世界动力学》（Forrester，1971）、《增长的极限——罗马俱乐部关于人类困境项目的报告》（Meadows et al.，1972）等书的出版推动系统动力学发展趋向成熟。随着与控制论、系统科学、突变理论、耗散结构与分叉、参数估计、统计分析等理论与方法之间联系的建立，从 20 世纪 80 年代开始，系统动力学在全世界范围内得到了广泛的运用与传播，研究主题涉及经济、能源、交通、环境、生态、生物、医学、工业、城市等广泛的领域。20 世纪 70 年代末，作为我国系统动力学研究的先驱，以杨通谊、王其藩、许庆瑞、陶在朴、胡玉奎等为代表的专家学者积极推动了系统动力学在我国的发展和应用，相关研究涉及区域和城市规划、企业管理、产业研究、科技管理、生态环保、能源经济等领域。

17.1.2　基本原理

对于初学者而言，最大的困惑就是不明白系统动力学如何解决实际问题，即系统动力学的基本原理。对于这一困惑，必须要明确以下几个问题。

（1）系统动力学的基本出发点是什么？系统结构决定系统行为，通过寻找系统的较优结构，来获得较优的系统行为。

（2）什么是系统？系统结构又是什么？系统是一个由相互区别、相互作用的元素有机地联结在一起，为达到同一目的而形成的某种功能的集合体，如生态系统、社会-经济-生态系统、宏观经济发展系统（涉及能源、经济、文化、社会等）等。系统内的诸多变量在它们相互作用的反馈环里有因果关系，反馈之间的相互关系所形成的网络即为系统结构，这一组织的结构决定了组织的行为。

（3）如何模拟真实系统的结构？经过对系统的剖析，建立系统因果关系反馈图，画出存量流量图，建立系统动力学模型，运用 Dynamo 语言编写方程，通过仿真软件对模型进行计算机模拟，来完成对真实系统结构的仿真。

（4）如何寻找较优的系统结构？寻找较优的系统结构主要包含三个方面：参数优化，改变敏感参数；结构优化，增加或者减少模型中的水平变量、速率变量；边界优化，改变系统边界。

17.1.3　建模优势

总结相关文献，如 Selvakkumaran 和 Ahlgren（2020），笔者认为系统动力学具备以下优势：①系统动力学适用于解决具有动态性、反馈、延迟或复杂性特征的问题；②系统动力学建模过程具有系统性思维；③系统动力学建模过程具有学科交叉的特点；④系统动力学模型能够充分反映系统中参与者的交互行为。

17.1.4　经典模型

1. 人口数量模型

人口数量的变化受经济、社会、文化、环境、能源等诸多方面的影响，这些影响因素构成一个复杂的动态反馈系统，人口数量模型将人口作为一个存量指标，生育、死亡、迁入、迁出等均是影响其发展变化的关键因素。人口数量模型可以反映人口发展过程，能对未来人口数量进行科学预测与仿真，对于我国实现可持续发展及构建社会主义和谐社会具有非常重要的现实意义，人口数量模型涉及多系统、多要素，为简化模型，本节只罗列人口结构子系统的部分模型，如图 17.1 所示。

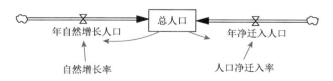

图 17.1　人口结构子系统的部分模型

2. 牛鞭效应模型

麻省理工学院的讲师 Forrester（1961）从系统动力学理论角度首次发现牛鞭效应。20 世纪 90 年代，宝洁、惠普等公司在考察其某项产品的订货情况时，相继发现了供应链信息传导不畅导致的需求被异常放大的问题。因从产品的零售商到供应商，订货需求的波动幅度逐渐变大，形似一条鞭子，故称为牛鞭效应。多位学者对牛鞭效应进行了分析，其中最著名的是 Sterman（1995）设计的"啤酒游戏"，它形象地反映出牛鞭效应的存在及影响。案例中只考虑供应链中零售商、批发商、供应商，以及他们之间的库存订货系统，首先分析确定反馈关系并用因果链和极性进行连接和标注，其次绘制因果关系图和存量流量图，最后建立 Dynamo 方程进行仿真分析，并从供应链结构和信息结构角度对缓解牛鞭效应提出相应的建议，如图 17.2 所示。

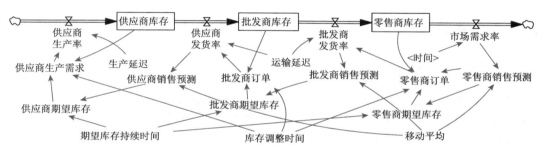

图 17.2　供应链牛鞭效应模型

3. 监狱犯人模型

从全球范围来看，许多国家的监狱面临着人满为患的问题，为提高监狱的安全系数，需要科学控制监狱的人数，因而通过系统动力学建立监狱犯人模型，对于科学控制监狱人数，解决人满为患的问题具有较大的现实意义。通常情况下，监狱中犯人的数量随监禁率的提高而增加，随释放率或完刑率的提高而减少。状态变量被视为变化率之间的去耦环节，在监狱犯人模型中，状态变量"狱中罪犯"置于因果链中的辅助变量间的连接处，因而起到去耦的作用，使辅助变量更加独立。模型假定当狱满或超过额定容量时，犯人将更快地被假释以腾出地方给新犯人，因此，当罪犯数与监狱容量比逐渐增大时，容量对服刑期的影响的相应系数取值随之减小，平均服刑时间相应缩短，如图 17.3 所示。

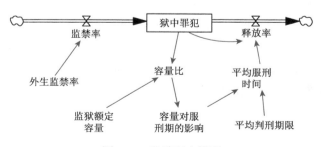

图 17.3　监狱犯人模型

17.1.5　小结

本节着重介绍了系统动力学的起源与发展以及经典模型的例子。首先，系统动力学起源于 20 世纪四五十年代，诞生于五六十年代，成熟于七八十年代，并于 80 年代开始广泛传播与应用，这要归功于 Forrester 及其同事在麻省理工学院斯隆管理学院的工作，20 世纪 70 年代末，在杨通谊、王其藩等先驱的引领下我国专家学者开始了系统动力学研究并将其应用到各个领域。其次，说明了系统动力学的基本原理，相继介绍了系统动力学的建模优势以及几种经典的系统动力学模型，如人口数量模型、牛鞭效应模型、监狱犯人模型等。

17.2　系统动力学建模基础

17.2.1　建模基础

1. 因果关系反馈图

用一个例子来理解因果关系反馈图的作用：放牧垦荒会导致土地荒漠化，进而导致土地生产力降低，从而引发贫困饥荒，而贫困饥荒又将导致居民进一步放牧垦荒，产生恶性循环。根据这句话作因果关系反馈图（图 17.4）。

图 17.4　因果关系反馈图

以上例子可帮助初步了解因果关系反馈图，那么因果关系反馈图是什么？用来做什么？因果关系反馈图是表示系统反馈结构的重要工具，它可以迅速表达关于系统动态形成原因的假说，引出并表达个体或团队的心智模型，如果你认为某个重要反馈是问题形成的原因，你可以用因果关系反馈图将这个反馈传达给他人。

该如何画因果关系反馈图？变量由因果链联系，因果链由箭头表示，每条因果链都有极性，要么正（+），要么负（−），该极性指出了当独立变量变化时，相关变量随之呈何种方向的变化。但需要指出的是，因果链极性只描述结构，不描述系统真实行为。

因果关系反馈图必然涉及反馈，那么什么是反馈？根据王其藩教授所著的《系统动力学》一书，反馈是指系统输出与来自外部环境的输入的关系，即信息的接收与再输出对结果产生的影响。

在因果关系反馈图中，如果存在正反馈，那么必然会有负反馈，以维持系统的平衡。

用一个简单的例子（图 17.5）来说明因果关系反馈图的作用以及正、负反馈。人口平均寿命的增加会使死亡率降低，进而人口数量增加。但人口数量的增加，导致老年人口数量增加，死亡人口数量也会相应增加，从而死亡率提高。

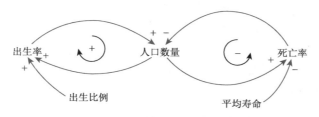

图 17.5　正、负反馈因果关系反馈图

2. 存量流量图

同样，用一个简单的例子初步了解一下什么是存量流量图。大多数人对这样一个初中数学问题应该并不感到陌生：假设每个人都是一边注水一边放水的"变态"水池管理员，有一个水池，3 小时能把水池灌满，5 小时能把满池水放完，如果边灌水边放水，问多长时间能把水池灌满（图 17.6）？

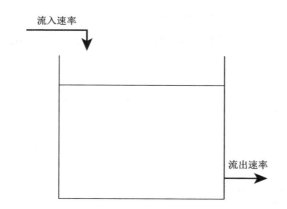

图 17.6　"变态"水池管理

水量为状态变量，即存量；流入速率、流出速率为速率变量，即流量。因此，将这个问题凝练成存量流量图的形式，如图 17.7 所示。

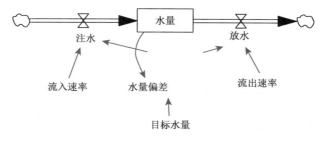

图 17.7　"变态"水池管理存量流量图

从以上简单的例子初步了解了存量流量图，那么存量流量图用来做什么？因果关系反馈图适合于表达系统中的因果关系和反馈回路，在建模初期，因果关系反馈图可辅助建模人员就所研究的问题及建模思路进行沟通交流，目的是了解系统结构。但当需要量化模型的时候，只用因果关系反馈图就难以表达清楚，因为此时需要区别不同类型的变量，在因果关系反馈图的基础上画出存量流量图，目的是建立变量之间的数学关系，量化模型。

在存量流量图中，存量是积累变量，其数学意义是积分，它积累了流入量和流出量的差（净流入），公式为

$$\text{Stock}(t) = \int_{t_0}^{t} \big(\text{Inflow}(s) - \text{Outflow}(s)\big) + \text{Stock}(t_0)$$

流量是速率变量，是存量的净改变率，也就是存量的导数，是流入减去流出，公式为

$$\frac{\text{d}(\text{Stock})}{\text{d}t} = \text{Inflow}(t) - \text{Outflow}(t)$$

在系统中，流量永远比存量重要，最大的增量是最值得关注的地方。

3. Dynamo 方程

模型的 Dynamo 方程用来明确变量与变量之间的数学关系，进而量化模型，为仿真做准备。以"变态"水池管理模型为例，来看一下模型的 Dynamo 方程的书写规范，如表 17.1 所示。

表 17.1 "变态"水池管理模型的 Dynamo 方程

序号	方程	序号	方程
01	FINAL TIME = 100 Units: Min 仿真最后时间	07	水量 = INTEG (注水–放水,50) Units: ml
02	INITIAL TIME = 0 Units: Min 仿真初始时间	08	水量偏差 = 目标水量–水量 Units: ml
03	SAVEPER = TIME STEP Units: Month [0,?] 存储输出频率	09	注水 = 注水速率 × Time Units: ml
04	TIME STEP = 1 Units: Month [0,?] 仿真时间步长	10	注水速率 = 6 Units: ml/min
05	放水 = 放水速率 × Time Units: ml	11	目标水量 = 500 Units: ml
06	放水速率 = 3 Units: ml/min	12	

从表 17.1 可以看出，"变态"水池管理模型的 DYNAMO 方程包括：积量方程、率量方程、辅助变量方程、常数方程、初值方程等，具体的写作规范见本书 17.3.2 节。

4. 模型检验

做任何模型的有效性检验时，必须要明确以下几点：①模型是对真实世界的抽象，具有局限性；②无法判断模型是否真实，但至少可以判断是否有误；③调用辅助假设，在现实明确的前提下，可以视其是相对合理的；④科学的目的是在更广泛领域达到理性的共识。因此，"完全的有效性和检验是不可能的"。对于系统动力学模型，要如何检验模型的有效性？系统动力学模型有效性检验主要包括四个方面：边界测试，结构评价、参数分析及行为重现，极限情况、灵敏度测试，系统改进。有效性检验四方面的内涵如下。

（1）边界测试。边界测试主要考查的是目的性、适用性和边界，即模型的目的是什么？时间范围是什么？边界是什么？

（2）结构评价、参数分析及行为重现。这一检验主要考查的是物理和决策机构，即模型是否符合基本的物理规律，物质是否守恒？是否考虑了时间延迟？参数是否能与现实相对应？模型是否能重现人们感兴趣的行为？

（3）极限情况、灵敏度测试。这一检验主要考查的是模型的稳健性和对其他假设的敏感程度，即模型在输入条件发生极端变化的时候是否仍然适用？政策对假设的合理变动是否敏感？

（4）系统改进。这一检验主要考查的是模型适用的技巧和策略，即模型是否可以重复，是否可以永久改善系统？运行模型需要多少成本？

5. 仿真实验

假设有一案例，在明确其因果关系反馈图及反馈，画出存量流量图，并明确各变量之间的关系，即写出相关的 Dynamo 方程之后，又经过一系列的检验，证明了模型是有效的，那么接下来的工作便是仿真实验。对于系统动力学，如何做仿真实验？仿真实验最重要的是如何做好策略设计。系统动力学策略的形式，一般发生在参数层、结构层及边界层。

（1）参数层策略：主要通过寻找关键敏感变量并确定其合适或者较优的参数值来提高系统绩效水平，关键敏感变量及其合适或较优的参数值即是系统要找寻和设计的策略。

（2）结构层策略：通过改变模型结构中相关变量之间的关系（流径、连线等）来改善系统绩效；能显著改善系统绩效的新的结构即是要探寻的结构层策略，是一种来自系统内部流程的改进，得到的策略称为闭环解；结构层策略及行为一般会与系统结构产生互动；连线对应于决策信息，相对较易调整；而流径对应实体的流程，即组织中的业务流程，相对较难随意调整。

（3）边界层策略：在系统基本结构单元增删导致系统边界变化情况下的策略设计。

根据策略所涉及的基本结构单元的范围，系统动力学策略又可分为单点策略、多点策略及全局策略三种。

（1）单点策略：一次只调整单个变量参数或只为单个决策点设计决策函数。

（2）多点策略：一次调整多个变量参数或为多个决策点设计决策函数。

（3）全局策略：一次调整全部变量参数或为全部决策点设计决策函数。全局策略包含了多点策略，多点策略包含了单点策略；原则上，全局策略改动范围最大，也更符合实际。

无论是参数层或结构层，还是单个或全局设计，都涉及建模过程变量及相互关系的确定和策略设计中目标函数的选取以及数值的确定，即系统动力学策略设计的方法有两类。

（1）非规范化策略设计方法：依靠研究者的经验通过不断试误实现以上过程。

（2）规范化方法：按固定标准程序设计，一般利用优化算法选取和确定目标函数及参数值，有一定章法可循。

对于参数层上的单点、多点及全局策略，如何进行策略设计？采用的策略设计方法是什么？以下为参数层单点、多点及全局策略设计方法。

（1）单点变量参数层策略设计：采用敏感度分析方法找寻单个变量参数的改变对系统模型绩效的影响。

（2）多点变量参数层策略设计：采用特定方法（如田口试验设计方法）一次检验多个参数来探寻较优的参数组合，以减少试验次数。

（3）全局变量参数层策略设计：全局变量参数层策略设计将决定系统绩效的函数看作优化问题的目标函数，将各参数的范围及相互间的线性关系作为限制条件，采用优化算法求解参数优化值。优化原则上包含了所有参数，可认为是全局层面的设计，常用的优化算法有：响应面分析法、共轭方向法、最速下降法、模糊理论及遗传算法等。

17.2.2 小结

本节着重介绍了系统动力学的建模基础及使用系统动力学的原因。在建模基础方面，首先介绍了因果关系反馈图、存量流量图的作用，并用简单的例子加以说明如何绘制因果关系反馈图及存量流量图，其次用案例说明了 Dynamo 方程的书写规范，再次，介绍了系统动力学模型检验所涉及的几个方面，最后着重介绍了仿真实验中如何进行策略设计。

17.3 系统动力学应用的一般过程及建模流程

17.3.1 系统动力学应用的一般过程

系统动力学应用的一般过程大体分为五个步骤（图 17.8）。

图 17.8 系统动力学应用的一般过程

（1）提出问题。明确建立模型的目的，即要明确要研究和解决什么问题。

（2）参考行为模式分析。分析系统的结构、性质及实际存在的行为模式，提出设想和期望的系统行为模式，作为改善和调整系统结构的目标。

（3）提出假设建立模型。根据行为模式提出系统的结构假设；从假设出发，绘制模型的因果关系反馈图、存量流量图，列出方程并定义相关参数；将一系列的系统动力学假设表示成清晰的数学关系集合，并进行模型有效性检验。

（4）模型模拟。调整参数，运行模型，产生不同的行为模式，观察系统的行为变化。建立好的模型是一个实验室，可以通过参数的调整和结构的变化来捕捉系统的行为。

（5）得出结论。在模型模拟的基础上，得出设想和期望的系统行为模式，并得出结论。

17.3.2　建模流程

系统动力学具体建模流程分为问题识别、确定系统边界、绘制系统结构图、编写方程、仿真实现及政策分析六个步骤（图 17.9）。其中，绘制系统结构图包括因果关系反馈图和存量流量图。

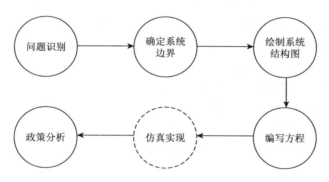

图 17.9　系统动力学具体建模流程

下面借助案例"啤酒游戏"来探究供应链中的牛鞭效应，系统学习系统动力学详细建模流程，软件平台借助 Vensim PLE（Vensim personal learning edition，Vensim 个人学习版）。

案例介绍如下。此案例主要通过模拟"啤酒游戏"来仿真供应链中的牛鞭效应。首先假设"啤酒游戏"中包含零售商、批发商、供应商三个成员。同时对游戏中的参数做出假设：前 4 周市场对啤酒的需求为 1000 箱/周，在第 5 周时开始随机波动，波动幅度为 ±200 箱/周，均值为 0，波动次数为 100 次，随机因子为 4 个；各节点初始库存和期望库存为 3000 箱，期望库存持续时间为 3 周，库存调整时间为 4 周，平均移动时间为 5 周，生产延迟时间和运输延迟时间均为 3 周，不存在订单延迟情况。仿真时间为 0—200 周，仿真步长为 1 周。期望库存等于期望库存持续时间和各节点的销售预测之积。

下面从问题识别、确定系统边界、绘制系统结构图、编写方程、仿真实现五个方面展开。

1. 问题识别

本案例主要研究供应链中的牛鞭效应。各个供应链节点库存积压，库存波动幅度比较大，不够稳定，导致供应链的成本居高不下，失去了竞争优势。因此急需采取措施来削弱牛鞭效应，从而降低整条供应链的成本，建立稳定的竞争优势。将上述问题转化为科学问题：本案例通过"啤酒游戏"来对供应链进行仿真，寻找较优的供应链结构来削弱牛鞭效应，降低成本。

2. 确定系统边界

本案例中系统边界只考虑供应链中的零售商、批发商、供应商，而且只考虑他们之间的库存订货系统，不涉及供应商的生产系统、供应链中的物流供应系统等。

3. 绘制系统结构图

1）因果关系反馈图

当市场需求增加时，零售商库存会减少，从而导致零售商期望库存和零售商的库存之差（零售商库存差）增大；当零售商库存差增大时，零售商向批发商增加订货量来弥补库存差。零售商订货量增加会提高批发商对零售商的送货率，这个过程存在两个延迟：①信息延迟，即零售商将市场需求变化情况反馈给批发商的过程；②物质延迟，即批发商得到零售商的订货需求之后需要一个时间过程来满足这个要求。同样，当批发商库存减少时，批发商认为在期望库存与实际库存之间会产生库存差，批发商就会向供应商增加订货量来弥补库存差。同理，批发商增加订货量会使供应商向生产商或者上级供应商增加订货量，在这两个弥补库存差的过程中同样存在延迟，以此来体现市场需求的响应时间。因此通过 Vensim 平台绘制出"啤酒游戏"的因果关系反馈图，如图 17.10 所示。

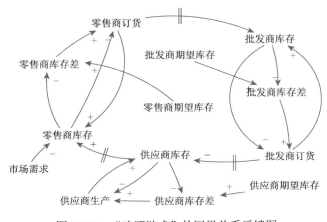

图 17.10   "啤酒游戏"的因果关系反馈图

2）存量流量图

此部分将根据因果关系反馈图，来绘制存量流量图。首先明确模型中的水平变量、速率变量、辅助变量。水平变量：供应商库存、批发商库存、零售商库存；速率变量：供应商生产率、供应商发货率、批发商发货率和市场需求率；辅助变量：各节点/成员的订单，期望库存、销售预测、供应商生产需求。明确了各变量的性质之后，"啤酒游戏"的存量流量图可用流图符号表示出来，如图 17.11 所示。

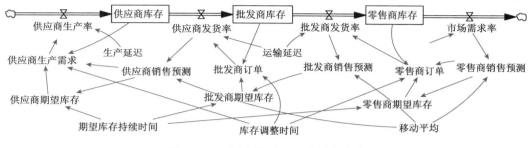

图 17.11　"啤酒游戏"的存量流量图

4. 编写方程

绘制完成因果关系反馈图及存量流量图之后，接下来的工作就是将模型量化，即明确各变量之间的数学关系，为仿真做准备。该模型共包括 16 个方程，如表 17.2 所示。

表 17.2　模型相关方程

编号	模型中的水平变量、速率变量、辅助变量的相关方程
1	市场需求率 = 1000 + IF THEN ELSE (Time>4, RANDOM NORMAL(−200,200,0,100,4),0)，单位：箱/周
2	零售商销售预测 = SMOOTH (市场需求率, 移动平均)，单位：箱/周
3	零售商期望库存 = 期望库存持续时间×零售商销售预测，单位：箱/周
4	零售商库存 = INTEG (批发商发货率−市场需求率, 3000)，单位：箱
5	零售商订单 = MAX (0, 零售商销售预测 + (零售商期望库存−零售商库存))/库存调整时间，单位：箱/周
6	批发商发货率 = DELAY3 (零售商订单, 运输延迟)，单位：箱/周
7	批发商销售预测 = SMOOTH (批发商发货率, 移动平均)，单位：箱/周
8	批发商库存 = INTEG (供应商发货率−批发商发货率, 3000)，单位：箱
9	批发商期望库存 = 批发商销售预测×期望库存持续时间，单位：箱
10	批发商订单 = MAX (0, 批发商销售预测 + (批发商期望库存−批发商库存))/库存调整时间，单位：箱/周
11	供应商发货率 = DELAY3 (批发商订单, 运输延迟)，单位：箱/周
12	供应商销售预测 = SMOOTH (供应商发货率, 移动平均)，单位：箱/周
13	供应商生产需求 = MAX (0, 供应商销售预测 + (供应商期望库存−供应商库存))/库存调整时间
14	供应商期望库存 = 供应商销售预测×期望库存持续时间，单位：箱
15	供应商库存 = INTEG (供应商生产率−供应商发货率, 3000)，单位：箱
16	供应商生产率 = DELAY3 (供应商生产需求, 生产延迟)，单位：箱

5. 仿真实现

通过仿真结果（图 17.12、图 17.13）可以发现，"啤酒游戏"可以很好地模拟供应链中的牛鞭效应。系统中各个成员的库存和订单量波动幅度都很大，市场需求信息在供应链中逐级放大。

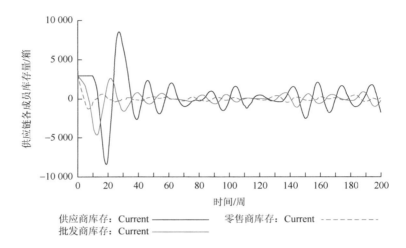

图 17.12　供应链各成员库存量波动变化趋势图

Current 为当前数据集

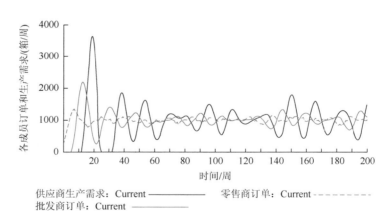

图 17.13　各成员订单和生产需求波动变化趋势图

Current 为当前数据集

17.3.3　小结

本节主要介绍了系统动力学应用的一般过程和具体的建模流程及如何在软件中实现。系统动力学应用的一般过程包括：提出问题、参考行为模式分析、提出假设建立模型、模型模拟、得出结论五个步骤；借助案例"啤酒游戏"来探究供应链中的牛鞭效应，从问题识别、确定系统边界、绘制系统结构图、编写方程、仿真实现五个方面系统学习系统动力学的具体建模流程。

17.4　系统动力学在能源经济分析中的应用

17.4.1　案例 1：绿氢行业补贴政策影响评估

1. 案例简介

Li 等（2022）采用系统动力学模型模拟了涵盖补贴形式、补贴强度、补贴持续时间、补贴退坡方式等单一或组合补贴政策情景下，绿氢行业装机容量、投资收益率、碳减排及相应政府支出的动态演变。

2. 模型简介

本案例建立因果反馈模型和存量流量模型，分别从定性和定量角度分析不同政府补贴政策情景下未来绿氢产业的成本效益和发展。

在因果反馈模型中，考虑了绿氢行业学习率、电解效率、可再生能源配额制度等多种影响绿氢生产成本和收益的因素，以及多种政府补贴对绿氢行业发展的影响，构建了集可交易绿色电力证书（简称绿色证书）市场模块、电力市场模块和绿氢生产行业模块于一体的研究系统。根据因果反馈模型，在存量流量模型中进一步量化了各变量间的关系，同时考虑了可交易绿色证书市场和电力市场对制氢电价的影响，综合模拟了不同政府补贴政策情景下绿氢产业的未来发展趋势、相应的碳减排效果和政府支出情况。最后，进一步探讨了适合绿氢产业不同发展阶段的组合补贴政策、补贴标准和退坡机制。两个模型均在 Vensim PLE 7.3.5 软件中完成构建。

3. 研究结论

研究结果表明对投资、生产、制氢电价和所得税税率的补贴政策将在不同程度上促进绿氢产业的发展。政府未来需要采取灵活的组合补贴政策，以与绿氢产业的发展、技术和补贴支出相协调。具体而言，在初始阶段，可持续实施 5 年的 35%～40%的初始投资补贴或 30%～40%的生产补贴，并结合所得税税率（15%～20%）和较高的制氢电价（0.3～0.35 元/kWh）政策，或 25%的所得税税率和较低的制氢电价（0.25～0.3 元/kWh）政策，以确保绿氢行业的快速发展。之后，政府可根据规模、技术进步和成本，以每 1—2 年将补贴强度降低 5%～10%的速度，动态调整补贴政策。

17.4.2　案例 2：可交易绿色证书市场和碳排放交易市场对电力市场的交互影响评估

1. 案例简介

作为能源密集型行业，电力行业是中国碳排放的主要贡献者之一，也是可交易绿色证书市场和碳排放交易市场的主要参与主体。如何应对可交易绿色证书市场和碳排放交易市场的共同影响，是中国电力行业面临的巨大挑战，也是亟待解决的现实问题。为此，Yu 等（2021）基于系统动力学理论和情景设计方法建立了仿真模型，模拟可交易绿色证书市场和碳排放交易市场对电力行业的交互影响。

2. 模型简介

本案例采用系统动力学方法构建的复杂系统模型主要涵盖三个子系统，即可交易绿色证书市场子系统、碳排放交易市场子系统和电力市场子系统。在构建模型之前，首先依据现实情景，对绿色证书的供应主体、电力行业碳排放总量、GDP 和电力需求的增长率、绿色证书的有效期及相关市场交易价格的上下限进行了设定。其次根据两种主要的电力供应商，即煤电供应商和可再生能源电力供应商，在可交易绿色证书市场和碳排放交易市场政策实施前后的收益及绿色电力投资行为的变化，构建因果关系反馈模型和存量流量模型，分析两个市场政策的实施对电力行业的交互影响。

为了分析不同的可交易绿色证书市场和碳排放交易市场政策对电力市场和自然环境的影响，本案例设置了多种政策情景，分别模拟不实施绿色证书市场政策和碳排放交易市场政策情景、当前国家政策情景、可再生能源投资组合标准不同增长率情景、绿色电力技术不同投资率情景和煤电技术不同投资率情景对电力市场的影响。该模型的研究时间为 2018 年底至 2035 年，采用 AnyLogic 软件进行仿真。

3. 研究结论

研究结果表明，可交易绿色证书和碳排放交易机制的实施有助于控制电力行业的碳排放，促进中国碳减排目标的实现；电力结构的优化与可再生能源投资组合标准正相关；可再生能源发电技术投资的增加不仅为电力公司带来了巨大的利润，而且促进了国家层面可持续发展目标的实现。

17.4.3　小结

本节内容以案例的形式着重介绍了系统动力学在能源经济分析中的应用，案例涉及主体包括能源消耗与二氧化碳排放、能源投资、能源安全，每个主题从案例简介、模型简介、研究结论三个方面详细介绍了系统动力学的实际应用情况。

本章参考文献

Forrester J W. 1961. Industrial Dynamics. Cambridge: MIT Press.

Forrester J W. 1968. Principles of Systems. Waltham: Pegasus Communications.

Forrester J W. 1969. Urban Dynamics. Cambridge: MIT Press.

Forrester J W. 1971. World Dynamics. Cambridge: MIT Press.

Li C Z, Zhang L B, Ou Z H, et al. 2022. Using system dynamics to evaluate the impact of subsidy policies on green hydrogen industry in China. Energy Policy, 165: 112981.

Meadows D H, Meadows D L, Randers J, et al. 1972. The Limits to Growth: A Report for the Club of Rome's Project on the